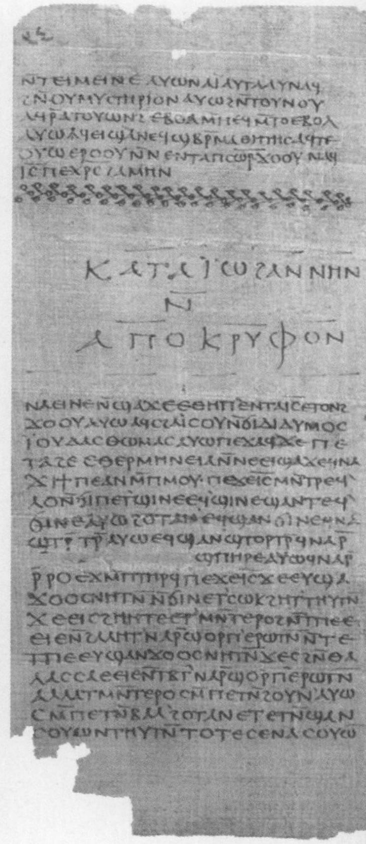

요한의 비전 콥트어 필사본 단편
© wikimedia commons

네 생물은 예수님의 본성과 역할을 상징하는데 각 복음서가 그 가운데 하나를 중점적으로 부각한다는 것이다. 이레네우스 이후 다른 저자들도 네 생물을 복음사가와 연결 짓는 시도를 이어나갔는데 저자에 따라 조금씩 다른 양상을 보였다. 아우구스티누스는 사자는 마태오, 사람은 마르코, 황소는 루카, 독수리는 요한을 상징한다고 보았다(『복음서들의 조화』 1.6.9). 그러다가 4세기 살라미스의 에피파니우스(『무게와 치수들』 35)와 히에로니무스(『마태오 복음 주해』 서문)가, 황소는 루카, 사람은 마태오, 독수리는 요한, 마르코는 사자를 상징한다고 보았다. 그 이후 동서 교회 화가들은 대부분 에피파니우스와 히에로니무스의 연결을 따랐다. 현존하는 대부분의 신약성경 필사본과 교회 장식에 에피파니우스와 히에로니무스의 방식이 채택되고 있음을 관찰할 수 있다.

구약성경·신구약 외경과 함께 본

네 복음서 대조

4. 요한 복음

구약성경·신구약 외경과 함께 본
네 복음서 대조 4: 요한 복음

—

교회인가 2025년 11월 05일 (의정부교구장 손희송 베네딕토 주교)
초판 1쇄 2025년 12월 27일

엮은이 정태현 · 송혜경 · 이효임
펴낸이 조병우
펴낸곳 한님성서연구소
등록 제85호
주소 경기도 의정부시 평화로 604
전화 031)846-3467
팩스 031)846-3595
카페 cafe.naver.com/biblicum

ISBN 978-89-94359-58-8 94230
ISBN 978-89-94359-49-6 94230 (전 4권)
책값은 뒤표지에 있습니다.

구약성경·신구약 외경과 함께 본

네 복음서 대조

4. 요한 복음

정태현 송혜경 이효임 엮음

한님성서연구소
Hannim Biblical Institute

펴내며

성경의 정경화 말씀은 하느님에게서 왔지만 그 말씀을 담은 책들은 하늘에서 갑자기 떨어지지 않았다. 유다교와 그리스도교의 방대하고 다양한 문헌들은 오랜 세월에 걸쳐 말씀을 받아들이고 실천해온 다양한 신앙 공동체들 안에서 태어나고 자라났다. 이 문헌들 가운데 신앙 공동체의 전통적 믿음과 종교 관습을 가장 선명하게 담고 있다고 여겨지는 문헌들을 정경canon이라고 부른다. 그런데 유다교와 그리스도교에서 정경의 확정은 다같이 비교적 늦은 시기에 이루어졌다. 유다교 경전인 구약성경의 정경 확정은 기원후 1세기(70–90년 야브네 종교회의 가설)로 추정되지만, 그리스도교 경전인 신구약성경의 최종 정경 확정은 가톨릭의 경우 1546년 트렌트 공의회에서, 그리스 정교의 경우 1672년 예루살렘 시노드에서, 그리고 개신교 경우 16세기 종교개혁자들에 의해서 이루어졌다. 그리스도교에서 최종 정경 확정이 늦어진 것은 구약성경 정경에 히브리 성경에 없는 칠십인역 그리스 성경 문헌들을 어느 정도까지 받아들이냐에 대한 논란 때문이었다. 결과적으로 그리스도교의 이 세 종파는 저마다 구약성경의 상이한 정경 목록을 갖게 되었다.[1]

신약성경의 경우에는 비교적 이른 시기에 정경의 가닥이 잡혔다. 2세기 말엽까지 수많은 그리스도교 문헌이 생겨나고 퍼져나갔지만 정경화의 필요성은 아직 제기되지 않았다. 그러다가 여러 이단 교사들이 나타나고 그들의 가르침을 담은 문헌들이 작성되어 유통되면서 여러 지역 교회에서 혼란이 일어났다. 그러자 올바른 신앙 교리와 규범을 제시하는 정통 그리스도교 경전을 마련해야겠다는 자각이 보편교회에서 일어나기 시작했고 무라토리 경전 목록,[2] 에우세비우스의 경전 목록(4세기 초 『교회사』), 라오디케이아 공의회의 결정(363년 묵시록을 제외한 26권)을 거쳐 마침내 카르타고 공의회(397년)에서 아타나시우스의 정경 목록을 받아들여 신약성경의 정경을 27권으로 선포하였다.

외경 우리는 이 정경화 과정을 통해, 처음에는 교회 안에 신앙 공동체들의 신앙과 종교 관습을 반영하는 방대하고 다양한 문헌들이 생겨나고 자라고 유통되었다는 사실을 알 수 있다. 이 문헌들 가운데 정경과 직간접으로 관련된 문헌들을 외경이라 한다. 외경은 종종 정경의 내용을 보완하거나 그 내용과 관련하여 제기되는 난해함이나 의혹을 설명해주는 구실을 한다. 우리가 성전聖傳이라고 부르는 신앙 전통은 이런 문헌들에 바탕을 두는 경우가 많다. 예를 들어 구약 외경에서는 구약성경에서 미진하게 다룬 천사와 악마의 기원과 역할·사후생과 종말·메시아의 역할 등을 상세히 다루고, 신약 외경에서는 신약성경에서 거의 다루지 않은 공생활 이전 예수님의 나자렛 생활이나 성모님의 가계(혈통과 부모)와 생애를 폭넓게 다룬다. 이런 내용들은 유다교

1 이에 대한 상세한 논의는 정태현, 『성경 입문 하권』(한님성서연구소 2023), 204–210.

2 루도비코 무라토리가 170–210년경 이탈리아에서 작성한 것으로 추정된다.

와 그리스도교의 중요한 교리를 형성하는 데 큰 기여를 했다. 가톨릭에서는 이 문헌들을 외경apocrypha이라고 하는 반면, 개신교에서는 위경pseudepigrapha이라 부른다.[3]

이 책에서 네 복음서의 공관synopsis에 구약 외경과 신약 외경의 관련 구절들을 함께 배치한 이유도 이 모든 문헌들이 동일한 유다-그리스도교 신앙 전통에서 생겨나 서로 깊은 영향을 주고 받았기 때문이다. 정경 목록과는 달리 외경 목록은 아직 확정되지 않아서 그 범위를 어디까지 확장시켜야 할지 논란 중이다. 심지어 쿰란 문서도 구약 외경에 포함시켜야 한다는 주장도 있다. 이 책에 제시된 외경 본문들은 한님성서연구소에서 펴낸 구약 외경과 신약 외경 우리말 번역으로 한정한다.

구약과 신약의 연관성 시노페의 마르키온은 144년경 로마에서 그리스도에 의해서 개시된 새 시대에 맞는 참된 경전이라고 하면서 자기가 편집한 성경을 출간하였다. 마르키온에 따르면 그리스도께서는 구약성경에 반영된 이스라엘의 신앙과 아무런 상관없는 새로운 종교의 창시자였다. 그리스도께서 계시하신 아버지 하느님은 자비와 사랑의 신으로서, 물질 세계를 창조하고 예언자들을 통해 말씀을 전한 이스라엘의 하느님이자 정의와 심판의 하느님보다 우위에 계시다는 것이다. 구약성경을 완전히 배제한 마르키온의 경전은 둘로 구성되는데, 하나는 '복음'이고 다른 하나는 '사도'다. '복음'은 주로 제3복음서인 루카 복음을 위주로 재구성한 복음서이고, '사도'는 바오로 사도가 지역 교회들에 보낸 열 개의 편지(히브리서와 사목서간은 제외)와 필레몬서를 재편집한 서간이다. 바오로 사도의 열렬한 추종자였던 마르키온은, 예수님이 열두 제자에게 복음을 전해 주셨지만 그들은 복음을 제대로 보전하고 전파하지 못했다고 여겼다. 그리고 그는 복음의 진정한 수호자요 선포자는 바오로뿐이라고 판단하여 신약성경에서 다른 사도들의 서간들은 모두 배척하였다. 마르키온의 '두 하느님 교리'와 구약과 신약의 단절은 로마 교회와의 결별로 이어졌고 결국 이단으로 단죄되었다. 다른 한편 마르키온의 이단은 가톨릭(보편) 신앙을 견지한 교회 지도자들에게 구약과 신약, 유다교와 그리스도교의 연관성을 재정립하는 계기가 되었다.[4] 하느님의 구원역사는 예수 그리스도에게서 출발하는 것이 아니라 세상창조와 인간창조로부터 시작되고 하느님 백성인 이스라엘과 교회의 역사를 거쳐 종말까지 중단없이 이어진다. 그리스도교는 유다교와 단절된 것이 아니라 아브라함에게서 시작된 이스라엘 열두 지파 신앙의 수렴이요 완성이다. 예수님 사건과 운동을 다루는 신약성경은 구약성경을 끊임없이 인용하면서 이 사건과 운동이 이스라엘 신앙에 근거하고 구약성경에 이미 예고된 것임을 드러낸다. 아우구스티누스의 말대로 "신약은 구약에 숨어 있고, 구약은 신약에서 드러난다"(『칠경에 대한 질문』 2.73).

3 가톨릭에서 구약의 정경으로 받아들이고 제2경전이라고 부르는 칠십인역 일곱 권의 책, 곧 토빗기, 유딧기, 마카베오기 상·하권, 지혜서, 집회서, 바룩서를 개신교에서는 (구약) 외경이라고 부른다.

4 마르키온이 경전을 만들어낸 이후 교부들도 정경 확정의 필요성을 자각하게 되었다. 마르키온을 교부들의 정경화 작업을 촉발시킨 인물이라고 불러도 지나치지 않다. 마르키온의 저서는 남아 있지 않으나 그의 생각은 테르툴리아누스의 『마르키온 논박』을 통해 유추할 수 있다.

네 복음서는 예수님의 삶과 가르침을 소개하면서 끊임없이 구약성경을 인용하거나 암시한다. 예수님 당신 자신도 구약성경에 정통하셨고 스스로 구약성경을 들어 당신의 신원과 삶을 설명하셨다. 따라서 네 복음서 공관에 관련 구약성경을 인용하는 것은 당연하고 필수적이다.

네 복음서의 대조 초기 그리스도교에서는 보통 한 교회 공동체가 자기 공동체 상황에 맞는 한 가지 복음서만 사용하였다. 초기 그리스도인들은 복음서를 성경으로 인식하기보다 나자렛 예수님의 삶과 가르침에 대한 역사적 기록으로 받아들였다. 나중에 다른 지역에서 사용되는 복음서들을 만난 이들은 적잖이 당황했을 것이다. 그들은 예수님에 대한 기록과 전통적으로 '복음'이라고 불리는 그리스도교 메시지가 통일되고 일관성이 있어야 한다고 생각했을 법하다. 이런 생각을 반영한 복음서가 바로 170년경 타티아누스가 만든 디아테사론(διὰ τεσσάρων '넷을 통하여')이다. 그는 네 복음서의 중복되거나 충돌되는 부분들을 취사선택하고 정리하여 일관된 예수님의 전기와 가르침을 담은 조화복음서 또는 통일복음서를 편찬하였다. 조화복음서는, 필사본 제작의 경제성과 소지의 편리성 때문에 2-4세기 시리아 교회에서 특히 순회 선교사들에 의해 널리 애용되었다.[5] 그런데 이런 일관성 있는 복음서를 편찬하려는 움직임과는 달리 네 복음서 이외에도 지역 교회의 특수성에 맞는 복음서 편찬이 끊임없이 시도되었다. 그러다가 계속 이어지는 복음서 집필의 혼란과 한 복음서에만 집착하려는 경향을 다 같이 방지하기 위해 가장 권위가 있는 네 복음의 인준이 필요했다. 서방교회에서는 180년경 리옹의 이레네우스가 영지주의 이단을 거슬러 그리스도교의 정통 교리를 주장할 때 네 복음서를 언급하고 활용했다. 이후 3세기 중엽에는 네 복음서가 보편 교회 안에서 확고한 경전의 위치를 차지했다. 한 가지 유념할 사항은 네 복음서의 인준과 보급 과정에서 이 책들은, 별권으로서가 아니라 합본으로서, 예수 그리스도의 삶과 가르침을 증언하는 경전으로 그 권위를 인정받았다는 사실이다. 이는 네 복음서의 서로 다른 서술이나 내용들이 예수 그리스도의 신원과 가르침을 다양한 각도에서 조명함으로써 네 복음서가 증언하는 구원역사의 결정적 사건들을 좀더 깊고 넓게 이해시키는 구실을 한다.

관련 있는 네 복음서 대목들을 한눈에 비교하며 보는 것은 복음서 연구의 기본이다. 네 복음서 '공관'synopsis으로 각 복음서 저자가 속한 공동체 상황, 저자가 공동체와 독자들에게 전하고자 하는 메시지, 저자가 일관되게 강조하려는 신학적 의도 등을 파악할 수 있다.[6]

성경을 공부하고 연구하는 데 가장 아쉽게 여겨지는 도구가 바로 네 복음서 대조다. 기존의 복음서 대조는 1993년에 분도출판사에서 정양모·배은주·김윤주 편찬으로 출간되었다. 이는 쿠르트 알란드K. Aland 교수가 펴낸 *Synopsis Quattuor Evangeliorum* (Stuttgart 1978)을 대본으로 삼아 엮어낸 것인데, 우리말 본문은 『한국 천주교회 200주년 신약성서』(분도출판사 1991년)에서 가져왔다. 그로부터 31년이 흐른 지금, 국내외 기존의 대본 없이 한님성서연구소만의 독창적 네

5
그러나 디아테사론의 필사본들과 번역본들이 제각각이어서 그 원문을 재구성하기란 어렵다.

6
이들 모두가 통합되어 그리스도교의 핵심 전승이 형성된다.

복음서 대조를 펴낸다. 네 복음서 상호간의 대조는 물론 각 복음서와 관련된 구약 외경과 신약 외경의 본문, 그리고 구약성경 본문까지 유다-그리스도 경전의 본문들을 대거 동원하였다. 네 복음서와 구약성경 본문은 『성경』(한국천주교중앙협의회)에서, 신구약 외경 본문은 한님성서연구소에서 출간된 송혜경 역주, 『구약 외경 1·2』·『신약 외경 1』·『영지주의자들의 성서』에서 가져왔다. 『구약성경·신구약 외경과 함께 본 네 복음서 대조』는 총 네 권으로 출간된다. 제1권이 마태오 복음서를 기준으로 한 대조다.[7]

이 자리를 빌려 이 책의 출간에 도움을 주신 한님성서연구소 이사장 조병우 베네딕토 님을 비롯한 이사들과 연구소 후원자들에게 깊은 감사를 드린다.

7 제4권인 이 책은 요한 복음서를 기준으로 한 대조다. 외경 본문의 출처로 『신약 외경 3』(2025년 출간)이 추가되었다.

2024년 6월 29일 성 베드로와 성 바오로 사도 대축일
의정부 한님성서연구소에서 엮은이 정태현·송혜경·이효임

일러두기

1. 이 책은 신약성경 네 복음서를 대조하며 한눈에 볼 수 있게(시놉시스) 만든 책이다. 마태오 복음 기준(제1권), 마르코 복음 기준(제2권), 루카 복음 기준(제3권), 요한 복음 기준(제4권), 이렇게 총 4권으로 구성된다.
2. 네 복음서 대조표를 만든 토대는 『성경』(한국천주교중앙협의회)이다. 단락 구분과 병행 본문 설정은 『성경』에 제공된 정보에 준하는 것을 기본원칙으로 하였다. 네 복음서 대조표 중심부는 네 복음서가 차지한다. 마태오, 마르코, 루카, 요한 순으로 배열하되, 기준 복음서가 가장 왼쪽에 위치한다. 마르코 복음서 기준일 경우는 마르코, 마태오, 루카, 요한 순이 되겠다.
3. 난외(欄外)에는 구약성경, 구약 외경, 신약 외경 병행본문들을 실었다. 페이지의 좌측 난외와 우측 난외를 활용하였다. 왼쪽 페이지의 좌측 난외에는 구약성경 및 구약 외경을 싣고, 오른쪽 페이지 우측 난외에는 신약 외경 병행문을 실었다. 병행 본문의 선택 기준은 기준점이 되는 복음서와의 병행 여부에 따랐다. 가령 요한 복음서 기준인 이 책 제4권은, 요한 복음서와 병행하는 구약성경·구약 외경·신약 외경 본문들을 좌우 난외에 실었다.
4. 구약성경 및 구약 외경 병행 본문을 실은 것은, 신약성경 네 복음서가 구약성경 및 구약 외경과 어떤 식으로 연결되는지 드러내 보이려는 취지에서다. 구약성경을 비롯한 유다교 전통과 신약성경의 연속성을 확인하는 계기가 될 것이다. 신약 외경 병행 본문을 실은 것은, 신약성경과 신약 외경의 연속성을 살피려는 취지에서다. 신약성경과 동시대 또는 직후 시대 저자들이 예수님 사건을 어떻게 이해하고 해석하는지 비교하며 읽을 수 있을 것이다.
5. 여기에 인용한 외경 본문들은 모두 고대어 비평본문에서 우리말로 직접 옮긴 것들이다.
6. 네 복음서를 구약성경, 구약 외경, 신약 외경과 함께 읽음으로써, 구약성경에서 시작하여 신약 외경으로 이어지는 기나긴 믿음의 역사가 한 줄기 선상에 드러남을 확인할 수 있을 것이다. 네 복음서를 바라보고 이해하는 지평이 크게 확장되리라 믿는다.
7. 병행구 또는 병행 대목 검색에 Google Gemini 2.5 Pro를 보조도구로 활용하였다(2025년 9월 세션).
8. 각 페이지에 담긴 상세한 인용 규칙은 다음 쪽을 참조하라.

[각 페이지의 상세한 인용 규칙 예시]

요한 복음과 병행하는 본문이
없는 경우 공백으로 남긴다.

구약성경 · 구약 외경

요한 13,36—14,1

베드로가 당신을 모른다고 할 것을 예고하시다

구약 외경 병행 본문
구약성경 병행 본문과
함께 구약 외경 병행
본문이 이 위치에 놓인다.
인용한 구약 외경 병행
본문의 문맥을 드러내기
위해 병행 본문 앞뒤 넓은
범위로 인용한다.

요한 13,36-38

35 시몬 베드로가 예수님께 "주님, 어디로 가십니
까?" 하고 물었다. 예수님께서는 그에게, "내가 가
는 곳에 네가 지금은 따라올 수 없다. 그러나 나
중에는 따라오게 될 것이다." 하고 대답하셨다.

37 베드로가 다시 "주님, 어찌하여 지금은 주님을
따라갈 수 없습니까? 주님을 위해서라면 저는 목
숨까지 내놓겠습니다." 하자,
38 예수님께서 대답하셨다. "나를 위하여 목숨을
내놓겠다는 말이냐? 내가 진실로 진실로 너에게
말한다. 닭이 울기 전에 너는 세 번이나 나를 모
른다고 할 것이다."

| 요한 13,36 // 21,18-19
| 요한 13,37 // 6,68-69
| 요한 13,37-38 // 21,15-17

마태 26,31-35

31 그때에 예수님께서 제자들에게 말씀하셨다. "오
늘 밤에 너희는 모두 나에게서 떨어져 나갈 것이
다. 성경에
'내가 목자를 치리니
양 떼가 흩어지리라.'고
기록되어 있기 때문이다.
32 그러나 나는 되살아나
서 너희보다 먼저 갈릴래아로 갈 것이다."
33 그러자 베드로가 예수님께 말하였다. "모두 스
승님에게서 떨어져 나갈지라도, 저는 결코 떨어져
나가지 않을 것입니다."
34 예수님께서 그에게 말씀하셨다. "내가 진실로 너
에게 말한다. 오늘 밤 닭이 울기 전에 너는 세 번
이나 나를 모른다고 할 것이다."

35 베드로가 다시 예수님께 말하였다. "스승님과 함
께 죽는 한이 있더라도, 저는 스승님을 모른다고
하지 않겠습니다." 다른 제자들도 모두 그렇게 말
하였다.

요한 복음 내 병행구
장,절만 표시하고
인용문은 담지 않는다.

아버지께 가는 길

구약성경 병행 본문
요한 14,1이 이사 41,10;
시편 56,4과 병행함을
가리킨다.

14,1 // 이사 41,10 나 너와 함께 있으니 두려워하지 마라. 내가 너의 하느님이니 겁내지 마라. 내가 너의 힘을 북돋우고 너를 도와주리라. 내 의로운 오른팔로 너를 붙들어 주리라.
14,1 // 시편 56,4 제가 무서워 떠는 날 저는 당신께 의지합니다.

요한 14,1-14

1 "너희 마음이 산란해지는 일이 없도록 하여라.
하느님을 믿고 또 나를 믿어라.

마태

세상 걱정과 하느님의 나라 6,25-34

6,31 "그러므로 너희는 '무엇을 먹을까?', '무엇을 마
실까?', '무엇을 차려입을까?' 하며 걱정하지 마라.
32 이런 것들은 모두 다른 민족들이 애써 찾는 것
이다. 하늘의 너희 아버지께서는 이 모든 것이 너희에게 필
요함을 아신다.
33 너희는 먼저 하느님의 나라와 그분의 의로
움을 찾아라. 그러면 이 모든 것도 곁들여 받게 될 것이다."

182

쓰인 맥락은 다른데 한두 구절이 병행하거나 비슷한 의미를 담은 경우다.
해당 구절이 포함된 대목의 제목과 장,절을 작은 글씨체로 표시한 뒤 병행 구절을 인용한다.

요한 복음과 병행하는 본문이
없는 경우 공백으로 남긴다.

마르 14,27-31

27 예수님께서 제자들에게 말씀하셨다. "너희는 모
두 떨어져 나갈 것이다. 성경에
'내가 목자를 치리니
양들이 흩어지리라.'고
기록되어 있다. 28 그러나 나는 되살아나서 너희보
다 먼저 갈릴래아로 갈 것이다."

29 그러자 베드로가 예수님께 말하였다. "모두 떨
어져 나갈지라도 저는 그러지 않을 것입니다."

30 예수님께서 그에게 말씀하셨다. "내가 진실로 너
에게 말한다. 오늘 이 밤, 닭이 두 번 울기 전에 너
는 세 번이나 나를 모른다고 할 것이다."

31 그러자 베드로가 더욱 힘주어 장담하였다. "스
승님과 함께 죽는 한이 있더라도, 저는 결코 스승
님을 모른다고 하지 않겠습니다." 다른 이들도 모
두 그렇게 말하였다.

루카 22,31-34

31 "시몬아, 시몬아! 보라, 사탄이 너희를 밀처럼 체
질하겠다고 나섰다. 32 그러나 나는 너의 믿음이 꺼
지지 않도록 너를 위하여 기도하였다. 그러니 네
가 돌아오거든 네 형제들의 힘을 북돋아 주어라."

33 베드로가 "주님, 저는 주님과 함께라면 감옥에
갈 준비도 되어 있고 죽을 준비도 되어 있습니다."
하고 말하였다.

34 그러자 예수님께서 말씀하셨다. "베드로야, 내
가 너에게 말한다. 오늘 닭이 울기 전에 너는 세
번이나 나를 모른다고 할 것이다."

13,36-38 // 파윰 단편. 1 [...] 그분께서
(그들을 데리고) 나가[시며] 말[씀]
하셨다. "[바로] 오늘 밤에 [너희는
모]두 걸려 넘어질 것이다. 성경에
'내가 [목자를] 치리[니] 양들이 흩
어지리라'고 쓰여 있는 [대로다]."
2 그러자 베드로가 [말하였다]. "모
두 그렇게 한다 해도 [저는] 그러
지 않을 [것입니다]." 3 [예수님께
서 말씀하셨다]. "닭이 두 번 울[기
전]에 [너는 세 번이나 나를 모]른
다고 할 것이다. [...]"

신약 외경 병행 본문
요한 13,36-38이 파윰 단편 1-3과 병행함을 가리킨다. 인용한 신약 외경 병행 본문의 문맥을 드러내기 위해 병행 본문 앞뒤 넓은 범위로 인용한다. 직접 병행하는 단어나 절 또는 문장은 음영으로 표시한다. 병행 본문의 [...]는 원문이 훼손되어 복구하기 어려운 경우를 가리킨다.

마르

루카

세상 걱정과 하느님의 나라 12,22-32
12,29 "너희는 무엇을 먹을까, 무엇을 마실까 하고
찾지 마라. 염려하지 마라. 30 이런 것들은 모두 이
세상 다른 민족들이 애써 찾는 것이다. 너희의 아
버지께서는 이것들이 너희에게 필요함을 아신다.
31 오히려 너희는 그분의 나라를 찾아라. 그러면 이
것들도 곁들여 받게 될 것이다."

183

요한 복음과 병행하는 본문이 없는 경우 공백으로 남긴다.

쓰인 맥락은 다른데 한두 구절이 병행하거나 비슷한 의미를 담은 경우다.
해당 구절이 포함된 대목의 제목과 장,절을 작은 글씨체로 표시한 뒤 병행 구절을 인용한다.

구약성경 · 구약 외경

요한 복음

마태오 복음

마르코 복음

루카 복음

신약 외경

머리글

요한 1,1-18

1 한처음에 말씀이 계셨다.
말씀은 하느님과 함께 계셨는데
말씀은 하느님이셨다.
2 그분께서는 한처음에 하느님과 함께 계셨다.
3 모든 것이 그분을 통하여 생겨났고
그분 없이 생겨난 것은 하나도 없다.
4 그분 안에 생명이 있었으니
그 생명은 사람들의 빛이었다.
5 그 빛이 어둠 속에서 비치고 있지만
어둠은 그를 깨닫지 못하였다.

1,1-3 // 창세 1,1 한처음에 하느님께
서 하늘과 땅을 창조하셨다. 2 땅
은 아직 꼴을 갖추지 못하고 비
어 있었는데, 어둠이 심연을 덮
고 하느님의 영이 그 물 위를 감
돌고 있었다. 3 하느님께서 말씀하
시기를 "빛이 생겨라." 하시자 빛
이 생겼다.

1,1-3 // 잠언 8,22 "주님께서는 그 옛
날 모든 일을 하시기 전에 당신의
첫 작품으로 나를 지으셨다. 23 나
는 한처음 세상이 시작되기 전에
영원에서부터 모습이 갖추어졌다.
24 심연이 생기기 전에, 물 많은 샘
들이 생기기 전에 나는 태어났다.
25 산들이 자리 잡기 전에, 언덕들
이 생기기 전에 나는 태어났다. 26 그분께서 땅과 들을, 누리의 첫 흙을 만드시기 전이다. 27 그분께서 하
늘을 세우실 때, 심연 위에 테두리를 정하실 때 나 거기 있었다. 28 그분께서 위의 구름을 굳히시고 심
연의 샘들을 솟구치게 하실 때, 29 물이 그분의 명령을 어기지 않도록 바다에 경계를 두실 때, 그분께
서 땅의 기초를 놓으실 때 30 나는 그분 곁에서 사랑받는 아이였다. 나는 날마다 그분께 즐거움이었고
언제나 그분 앞에서 뛰놀았다."

1,1-3 // 시편 33,6 주님의 말씀으로 하늘이, 그분의 입김으로 그 모든 군대가 만들어졌네.

1,1-3 // 4에즈 6,38 나는 말하였다. "오 주님, 내 주님. 참으로 당신께서는 당신 창조의 시작부터 말씀하셨
습니다. 첫째 날 당신께서 말씀하셨습니다. '하늘과 땅아 있어라!' 그러자, 내 주님, 당신의 말씀이 작
품을 빚었습니다. 39 영이 감돌고 있었고 어둠과 침묵이 뒤덮고 있었습니다. 아직 사람의 소리는 없었
습니다. 40 그리고 당신께서는, 빛의 광선에게 당신 곳간에서 나와 당신 작품들을 보이게 만들라고 말
씀하셨습니다."

1,3 // 2바룩 14,16 저는 당신 앞에서 다시 말할 것입니다, 주님! 저의 주님! 17 맨 처음, 세상도 그 안에 사는
사람도 없었을 때 당신께서는 계획을 세우시고 말씀을 선포하셨습니다. 그러자 곧바로 당신께서 창조
하신 작품들이 당신 앞에 섰습니다.

1,3 // 4에즈 6,43 당신의 말씀이 나오면 순식간에 작품이 만들어졌습니다.

1,5 // 2바룩 59,2 그때 영원한 율법의 등불이 어둠 속에 있는 모든 이들을 비추었다. 그것은, 믿는 이들에
게는 그들이 받을 상급의 약속을, 거부하는 자들에게는 그들에게 유보된 불의 형벌을 선포할 것이다.

마태

갈릴래아 전도를 시작하시다 4,12-17

4,16 "어둠 속에 앉아 있는 백성이
큰 빛을 보았다.
죽음의 그림자가 드리운 고장에 앉아 있는 이들
에게
빛이 떠올랐다."

6 하느님께서 보내신 사람이 있었는데
그의 이름은 요한이었다.
7 그는 증언하러 왔다.
빛을 증언하여
자기를 통해 모든 사람이 믿게 하려는 것이었다.
8 그 사람은 빛이 아니었다.

1,6-8 // 말라 3,1 보라, 내가 나의 사자
를 보내니 그가 내 앞에서 길을 닦
으리라. 너희가 찾던 주님, 그가 홀
연히 자기 성전으로 오리라. 너희
가 좋아하는 계약의 사자 보라, 그
가 온다.

1,6-8 // 이사 40,3 한 소리가 외친다.
"너희는 광야에 주님의 길을 닦아
라. 우리 하느님을 위하여 사막에
길을 곧게 내어라."

세례자 요한의 설교 3,1-12

3,1 그 무렵에 세례자 요한이 나타나 유다 광야에
서 이렇게 선포하였다. 2 "회개하여라. 하늘 나라가
가까이 왔다." 3 요한은 이사야 예언자가 말한 바로
그 사람이다. 이사야는 이렇게 말하였다.
"광야에서 외치는 이의 소리.
'너희는 주님의 길을 마련하여라.

마르

세례자 요한의 설교 1,1-8

1,2 이사야 예언자의 글에
"보라, 내가 네 앞에 내 사자를 보내니
그가 너의 길을 닦아 놓으리라."
3 "광야에서 외치는 이의 소리.
'너희는 주님의 길을 마련하여라.
그분의 길을 곧게 내어라.'"

루카

시메온과 한나의 예언 2,25-39

2,32 "다른 민족들에게는 계시의 빛이며
당신 백성 이스라엘에게는 영광입니다."

즈카르야의 노래 1,67-79

1,78 "우리 하느님의 크신 자비로
높은 곳에서 별이 우리를 찾아오시어
79 어둠과 죽음의 그늘에 앉아 있는 이들을 비추시고
우리 발을 평화의 길로 이끌어 주실 것이다."

세례자 요한의 설교 3,1-18

3,2 또 한나스와 카야파가 대사제로 있을 때, 하느
님의 말씀이 광야에 있는 즈카르야의 아들 요한
에게 내렸다. 3 그리하여 요한은 요르단 부근의 모
든 지방을 다니며, 죄의 용서를 위한 회개의 세례
를 선포하였다. 4 이는 이사야 예언자가 선포한 말
씀의 책에 기록된 그대로이다.

1,1 // 사도들의 편지 17. 우리는 그분께 말하였습니다. "그런데 당신께서 '내가 곧 오겠다!'고 저희에게 말씀하신 것은 무슨 뜻입니까? 어떻게 '곧 오실 분은 나를 보내신 분이시다'라고 하십니까?" 그러자 그분께서 우리에게 말씀하셨습니다. "닮은 형상, 능력과 완전성, 빛, 온전한 규격과 소리를 통하여, 나는 온전히 내 아버지 안에 있고 내 아버지는 내 안에 계신다. 나는 로고스다."

1,2 // 토마 유년기 복음 6,10 그러자 예수가 그들에게 대답하며 말하였다. "많이 놀라셨습니까? 그보다는 제가 여러분에게 한 말을 잘 새겨 들으십시오. 저는 정말로 여러분과 여러분의 아버지들이 언제 태어났는지 알고 있습니다. 여러분에게 놀라운 일을 말씀드리겠습니다. 세상이 창조되었을 때 저는 존재했고, 저를 여러분에게 보내신 분도 존재하셨습니다."

1,2 // 토마 유년기 복음 7,1 자캐오 선생은 첫 글자의 우의에 대한 아이의 이러저러한 설명을 듣고, 그 변론과
가르침에 당황하였다. 2 그리고 거기 있는 사람들에게 말하였다. "불쌍한 나! 비참한 나는 몹시 당황하
였소. 이 아이를 데려오다니 나 자신에게 부끄러울 따름이오. 3 그러니 요셉 형제, 이 아이를 데려가기
바라오. 나는 이 아이의 예리한 눈길과 정확한 말을 견딜 수가 없소. 4 이 아이는 흙에서 나온 아이가
아니오. 이 아이는 불마저 길들일 수 있소. 어쩌면 이 아이는 세상 창조 이전에 태어났을 거요. 5 어떤
태가 이 아이를 담을 수 있었는지, 그리고 어떤 어미가 이 아이에게 젖을 먹일 수 있었는지 모르겠소.
6 불쌍한 나! 친구여. 내가 정신이 나갔던 것 같소. 7 내가 나 자신을 속였소. 나는 몹시도 불행하오. 제자
한 명을 얻으려다가 도리어 스승을 얻었다는 게 드러났소. 8 친구들이여, 부끄러움에 대해 생각하고 있
소. 나이 많은 내가 아이에게 졌으니 말이오. 9 나는 절망했으며 이 아이 때문에 죽을 것 같소. 지금 이
순간 아이의 얼굴을 바라볼 수가
없소. 10 모두들 내가 조그만 아이
에게 졌다고 말하는데, 내가 무슨
말을 할 수 있겠소? 그 아이가 첫
글자의 선들에 대해 말한 내용에
대해 내가 뭐라고 말할 수 있겠소?
모르겠소, 친구들이여. 사실 나는
이 아이의 시작과 끝을 알지 못하
오. 11 그러니 자네에게 청하오, 요
셉 형제여. 이 아이를 집으로 데려
가시오. 이 아이는 참으로 대단하

빛을 증언하러 왔을 따름이다.

그분의 길을 곧게 내어라.’”

세례자 요한에 관하여 말씀하시다 11,7-19

11,10 “그는 성경에 이렇게 기록되어 있는 사람이다.
‘보라, 내가 네 앞에 나의 사자를 보낸다.
그가 네 앞에서 너의 길을 닦아 놓으리라.’”

엘리야의 재림 17,10-13

17,12 “내가 너희에게 말한다. 엘리야는 이미 왔지
만, 사람들은 그를 알아보지 못하고 제멋대로 다
루었다. 그처럼 사람의 아들도 그들에게 고난을
받을 것이다.” 13 그제야 제자들은 그것이 세례자
요한을 두고 하신 말씀인 줄을 깨달았다.

1,9-11 // 2바룩 18,1 나는 대답하며 말
하였다. “빛을 비춘 이는 빛에게서
빛을 취하였습니다. 그런데 그를
본받은 이는 드뭅니다. 2 그가 빛
을 비추어준 자들 가운데 상당수
가 아담의 어둠을 취하였습니다.
그리고 그들은 등불의 빛에서 기
쁨을 찾지 않았습니다.”

1,9 // 4바룩 9,3 예레미야는 기도를
드리며 이렇게 말하였다. “거룩하
시다, 거룩하시다, 거룩하시다! 살
아 있는 나무들의 향이시여! 당신
께로 들어 올려질 때까지 저를 비
추시는 참된 빛이시여!”

1,11 // 이사 53,1 우리가 들은 것을 누
가 믿었던가? 주님의 권능이 누구
에게 드러났던가? 2 그는 주님 앞
에서 가까스로 돋아난 새순처럼,
메마른 땅의 뿌리처럼 자라났다.
그에게는 우리가 우러러볼 만한
풍채도 위엄도 없었으며 우리가
바랄 만한 모습도 없었다. 3 사람
들에게 멸시받고 배척당한 그는
고통의 사람, 병고에 익숙한 이였
다. 남들이 그를 보고 얼굴을 가
릴 만큼 그는 멸시만 받았으며 우
리도 그를 대수롭지 않게 여겼다.

1,11 // 4바룩 9,21 예레미야가 하느님
의 아들을 두고 ‘그분께서 세상에
오십니다!’ 하고 말하자 백성은 화
가 나서 말하였다. “이 말들은 아
모스의 아들 이사야가 ‘나는 하느
님과 하느님의 아들을 뵈었습니
다!’라며 했던 말과 같습니다. 22 그
러니 그를 그런 죽음으로는 죽이
지 말도록 합시다. 대신 그에게 돌
을 던집시다!”

9 모든 사람을 비추는
참빛이 세상에 왔다.

갈릴래아 전도를 시작하시다 4,12-17

4,16 “어둠 속에 앉아 있는 백성이
큰 빛을 보았다.
죽음의 그림자가 드리운 고장에 앉아 있는 이들
에게
빛이 떠올랐다.”

10 그분께서 세상에 계셨고
세상이 그분을 통하여 생겨났지만
세상은 그분을 알아보지 못하였다.
11 그분께서 당신 땅에 오셨지만
그분의 백성은 그분을 맞아들이지 않았다.

포도밭 소작인의 비유 21,33-46

21,42 예수님께서 그들에게 말씀하셨다. “너희는 성
경에서 이 말씀을 읽어 본 적이 없느냐?
‘집 짓는 이들이 내버린 돌
그 돌이 모퉁이의 머릿돌이 되었네.
이는 주님께서 이루신 일
우리 눈에 놀랍기만 하네.’”

하고 기록된 대로, 1,4 세례자 요한이 광야에 나타
나 죄의 용서를 위한 회개의 세례를 선포하였다.

"광야에서 외치는 이의 소리.
'너희는 주님의 길을 마련하여라.
그분의 길을 곧게 내어라.'"

오! 하느님인지 천사인지, 혹은 누구라고 말해야 할지 모르겠소."

1,4 // 토마 복음 77,1 예수님께서 말씀하셨다. "나는 그것들 모두 위에 있는 빛이다. 나는 모든 것이다. 모든 것이 바로 내게서 나왔고 또 모든 것이 내게로 왔다. [2] 나무를 쪼개 보아라. 내가 거기 있다. 돌을 들어 보아라. 거기서 나를 찾을 것이다."

세례자 요한에 관하여 말씀하시다 7,24-35

7,27 "그는 성경에 이렇게 기록되어 있는 사람이다.
'보라, 네 앞에 나의 사자를 보낸다.
그가 네 앞에서 너의 길을 닦아 놓으리라.'"

세례자 요한의 출생 예고 1,5-25

1,13 천사가 그에게 말하였다. "두려워하지 마라, 즈
카르야야. 너의 청원이 받아들여졌다. 네 아내 엘리사벳이 너에게 아들을 낳아 줄 터이니, 그 이름을
요한이라 하여라. 14 너도 기뻐하고 즐거워할 터이지만 많은 이가 그의 출생을 기뻐할 것이다. 15 그가 주
님 앞에서 큰 인물이 될 것이기 때문이다. 그는 포도주도 독주도 마시지 않고 어머니 태중에서부터 성
령으로 가득 찰 것이다. 16 그리고 이스라엘 자손들 가운데에서 많은 사람을 그들의 하느님이신 주님께
돌아오게 할 것이다. 17 그는 또 엘리야의 영과 힘을 지니고 그분보다 먼저 와서, 부모의 마음을 자녀에
게 돌리고, 순종하지 않는 자들은 의인들의 생각을 받아들이게 하여, 백성이 주님을 맞이할 준비를 갖
추게 할 것이다."

시메온과 한나의 예언 2,25-39

2,32 "다른 민족들에게는 계시의 빛이며
당신 백성 이스라엘에게는 영광입니다."

1,9 // 토마 복음 77,1 예수님께서 말씀하셨다. "나는 그것들 모두 위에 있는 빛이다. 나는 모든 것이다. 모든 것이 바로 내게서 나왔고 또 모든 것이 내게로 왔다. [2] 나무를 쪼개 보아라. 내가 거기 있다. 돌을 들어 보아라. 거기서 나를 찾을 것이다."

포도밭 소작인의 비유 12,1-12

12,10 "너희는 이 성경 말씀을 읽어 본 적이 없느냐?
'집 짓는 이들이 내버린 돌
그 돌이 모퉁이의 머릿돌이 되었네.
11 이는 주님께서 이루신 일
우리 눈에 놀랍기만 하네.'"

포도밭 소작인의 비유 20,9-19

20,17 그러자 예수님께서 그들을 똑바로 보시며 말
씀하셨다. "그러면 이렇게 기록된 말씀은 무슨 뜻
이냐?
'집 짓는 이들이 내버린 돌
그 돌이 모퉁이의 머릿돌이 되었네.'
18 그 돌 위에 떨어지는 자는 누구나 부서지고, 그

1,11.14 // 야고보의 비전 9. 사실 나는 너희와 함께 살기 위해서 내려 왔다. 너희가 나와 함께 살게 하려는 것이었다. 그리고 나는 너희의 집들에 지붕이 없다는 것을 발견하고 그 집들에 거처를 정하였다. 내가 내려올 때 그것들이 나를 맞아들일 수 있을 터였기 때문이다.

나자렛에서 무시를 당하시다 13,54-58

13,57 그러면서 그들은 그분을 못마땅하게 여겼다.
그러자 예수님께서 그들에게 이르셨다. "예언자는
어디에서나 존경받지만 고향과 집안에서만은 존
경받지 못한다." 58 그리고 그들이 믿지 않으므로
그곳에서는 기적을 많이 일으키지 않으셨다.

1,12 // 신명 14,1 "너희는 주 너희 하느님의 자녀들이다."
1,12 // 호세 2,1 "너희는 살아 계신 하느님의 자녀들이다."

12 그분께서는 당신을 받아들이는 이들,
당신의 이름을 믿는 모든 이에게
하느님의 자녀가 되는 권한을 주셨다.
13 이들은 혈통이나 육욕이나
남자의 욕망에서 난 것이 아니라
하느님에게서 난 사람들이다.

참행복 5,3-12

5,9 "행복하여라, 평화를 이루는 사람들!
그들은 하느님의 자녀라 불릴 것이다."

원수를 사랑하여라 5,43-48

5,44 그러나 나는 너희에게 말한다. 너희는 원수를
사랑하여라. 그리고 너희를 박해하는 자들을 위
하여 기도하여라. 45ㄱ 그래야 너희가 하늘에 계신
너희 아버지의 자녀가 될 수 있다.

1,14 // 탈출 34,29 모세는 시나이산에서 내려왔다. 산에서 내려올 때 모세의 손에는 증언판 두 개가 들려 있었다. 모세는 주님과 함께 말씀을 나누어 자기 얼굴의 살갗이 빛나게 되었으나, 그것을 알지 못하였다. 30 아론과 이스라엘의 모든 자손이 모세를 보니, 그 얼굴의 살갗이 빛나고 있었다. 그래서 그들은 그에게 가까이 가기를 두려워하였다.

14 말씀이 사람이 되시어
우리 가운데 사셨다.
우리는 그분의 영광을 보았다.
은총과 진리가 충만하신
아버지의 외아드님으로서 지니신
영광을 보았다.

영광스러운 모습으로 변모하시다 17,1-9

17,1 엿새 뒤에 예수님께서 베드로와 야고보와 그
의 동생 요한만 따로 데리고 높은 산에 오르셨다.
2 그리고 그들 앞에서 모습이 변하셨는데, 그분의
얼굴은 해처럼 빛나고 그분의 옷은 빛처럼 하얘졌
다. 3 그때에 모세와 엘리야가 그들 앞에 나타나 예
수님과 이야기를 나누었다. … 5 베드로가 말을 채
끝내기도 전에 빛나는 구름이 그들을 덮었다. 그
리고 그 구름 속에서, "이는 내가 사랑하는 아들,
내 마음에 드는 아들이니 너희는 그의 말을 들어
라." 하는 소리가 났다.

돌에 맞는 자는 누구나 으스러질 것이다."

나자렛에서 무시를 당하시다 6,1-6

6,4 그러자 예수님께서 그들에게 이르셨다. "예언자
는 어디에서나 존경받지만 고향과 친척과 집안에
서만은 존경받지 못한다." 5 그리하여 예수님께서
는 그곳에서 몇몇 병자에게 손을 얹어서 병을 고
쳐 주시는 것밖에는 아무런 기적도 일으키실 수
없었다. 6 그리고 그들이 믿지 않는 것에 놀라셨다.

나자렛에서 희년을 선포하시다 4,16-30

4,24 그리고 계속 이르셨다. "내가 진실로 너희에게
말한다. 어떠한 예언자도 자기 고향에서는 환영
을 받지 못한다." … 28 회당에 있던 모든 사람들
은 이 말씀을 듣고 화가 잔뜩 났다. 29 그래서 그
들은 들고일어나 예수님을 고을 밖으로 내몰았다.
그 고을은 산 위에 지어져 있었는데, 그들은 예수
님을 그 벼랑까지 끌고 가 거기에서 떨어뜨리려
고 하였다.

부활 논쟁 20,27-40

20,35 "그러나 저세상에 참여하고 또 죽은 이들의
부활에 참여할 자격이 있다고 판단받는 이들은 더 이상 장가드는 일도 시집가는 일도 없을 것이다.
36 천사들과 같아져서 더 이상 죽는 일도 없다. 그들은 또한 부활에 동참하여 하느님의 자녀가 된다."

원수를 사랑하여라 6,27-36

6,35 "그러나 너희는 원수를 사랑하여라. 그에게 잘
해 주고 아무것도 바라지 말고 꾸어 주어라. 그러면 너희가 받을 상이 클 것이다. 그리고 너희는 지극
히 높으신 분의 자녀가 될 것이다. 그분께서는 은혜를 모르는 자들과 악한 자들에게도 인자하시기 때
문이다."

영광스러운 모습으로 변모하시다 9,2-10

9,2 엿새 뒤에 예수님께서 베드로와 야고보와 요
한만 따로 데리고 높은 산에 오르셨다. 그리고 그
들 앞에서 모습이 변하셨다. 3 그분의 옷은 이 세
상 어떤 마전장이도 그토록 하얗게 할 수 없을 만
큼 새하얗게 빛났다. 4 그때에 엘리야가 모세와 함
께 그들 앞에 나타나 예수님과 이야기를 나누었
다. … 7 그때에 구름이 일어 그들을 덮더니 그 구
름 속에서, "이는 내가 사랑하는 아들이니 너희는
그의 말을 들어라." 하는 소리가 났다.

영광스러운 모습으로 변모하시다 9,28-36

9,28 이 말씀을 하시고 여드레쯤 되었을 때, 예수
님께서 베드로와 요한과 야고보를 데리고 기도하
시러 산에 오르셨다. 29 예수님께서 기도하시는데,
그 얼굴 모습이 달라지고 의복은 하얗게 번쩍였
다. 30 그리고 두 사람이 예수님과 이야기를 나누
고 있었다. 그들은 모세와 엘리야였다. 31 영광에
싸여 나타난 그들은 예수님께서 예루살렘에서 이
루실 일, 곧 세상을 떠나실 일을 말하고 있었다.
32 베드로와 그 동료들은 잠에 빠졌다가 깨어나 예
수님의 영광을 보고, 그분과 함께 서 있는 두 사

1,14 // 토마 유년기 복음 6,4 예수가 요셉
이 하는 말을 듣고 웃으면서 자캐
오에게 말하였다. "사실입니다, 선
생님. 제 아버지가 선생님께 하신
말씀은 모두 사실입니다. 5 제가 이
사람들의 주님입니다. 지금은 제
가 당신 곁에 있습니다. 저는 여러
분들 가운데 태어났으며 지금 여
러분과 함께 있습니다. 6 저는 여러
분이 어디에서 왔는지, 여러분이
살아갈 햇수가 얼마나 될지 압니
다. 선생님, 진실로 당신께 말합니
다. 당신이 태어났을 때에도 저는
존재했습니다. 당신이 완전한 선
생이 되길 바란다면 제 말을 들으
십시오. 저와 저를 여러분에게 보
내신 분 말고는 아무도 알지 못하
는 지혜를 당신에게 가르쳐 주겠
습니다. 7 사실 당신이야말로 제 제
자가 되어야 합니다. 저는 당신이
몇 살인지 그리고 얼마나 살지 알
고 있습니다. 8 제 아버지가 말한
제 십자가를 당신이 보게 되는 바
로 그때에 당신은 제가 말한 모든
것이 사실임을 믿게 될 것입니다."

1,14 // 토마 복음 28,1 예수님께서 말
씀하셨다. "나는 세상 한가운데
발을 내딛고 그들에게 육신으로
나타났다. 2 나는 그들이 모두 술
에 취하였으나 그들 가운데 누구
도 목말라하지 않는 것을 보았다.
나의 영혼은 사람들의 아들들 때
문에 고통스러워하였다. 그들 마
음의 눈이 멀어 보지 못하기 때문
이다. 3 그들은 빈손으로 이 세상
에 왔고 또 빈손으로 세상을 떠나
려 하고 있다. 지금 그들은 술에 취
해 있다. 그들이 술에서 깨어나는
그때 회개할 것이다."

1,14 // 사도들의 편지 19 보[라]. 나는
[내] 육신을 입었다. 나는 육신을
통해 생겨났으며 육신에 못 박혔
다. 그리고 나는 [나를 보내]신 내
아버지 덕분에 다시 일어났다.

1,14 // 마리아영면 40 그러자 주님(예
수님)께서 그녀(마리아)에게 말

15 요한은 그분을 증언하여 외쳤다.
“그분은 내가 이렇게 말한 분이시다.
‘내 뒤에 오시는 분은
내가 나기 전부터 계셨기에
나보다 앞서신 분이시다.’”

16 그분의 충만함에서 우리 모두
은총에 은총을 받았다.
17 율법은 모세를 통하여 주어졌지만
은총과 진리는 예수 그리스도를 통하여 왔다.

18 아무도 하느님을 본 적이 없다.
아버지와 가장 가까우신 외아드님
하느님이신 그분께서 알려 주셨다.

| 요한 1,1-3 // 1,10; 8,58; 16,28-30; 17,5
| 요한 1,4 // 1,9; 5,26; 6,35; 8,12; 11,25
| 요한 1,4-5 // 12,46
| 요한 1,5 // 3,19-21
| 요한 1,6-8 // 1,15.19-23; 3,28; 5,33-35
| 요한 1,9 // 1,4; 1,10; 5,26; 6,35; 8,12; 11,25; 12,46
| 요한 1,10 // 1,1-3; 1,9; 8,58; 17,5
| 요한 1,10-11 // 3,9-11
| 요한 1,11 // 12,37-38
| 요한 1,15 // 1,6-8; 1,27; 3,28-30; 5,33-36; 8,58
| 요한 1,18 // 6,46; 14,7-9

세례자 요한의 설교 3,1-12

3,11 “나는 너희를 회개시키려고 물로 세례를 준다.
그러나 내 뒤에 오시는 분은 나보다 더 큰 능력을
지니신 분이시다. 나는 그분의 신발을 들고 다닐
자격조차 없다. 그분께서는 너희에게 성령과 불로
세례를 주실 것이다. 12 또 손에 키를 드시고 당신
의 타작마당을 깨끗이 하시어, 알곡은 곳간에 모
아들이시고 쭉정이는 꺼지지 않는 불에 태워 버
리실 것이다.”

하느님 아버지와 아들 11,25-27

11,27 “나의 아버지께서는 모든 것을 나에게 넘겨주
셨다. 그래서 아버지 외에는 아무도 아들을 알지
못한다. 또 아들 외에는, 그리고 그가 아버지를 드
러내 보여 주려는 사람 외에는 아무도 아버지를
알지 못한다.”

세례자 요한의 설교 1,1-8

1,7 그리고 이렇게 선포하였다. "나보다 더 큰 능력
을 지니신 분이 내 뒤에 오신다. 나는 몸을 굽혀
그분의 신발 끈을 풀어 드릴 자격조차 없다. 8 나
는 너희에게 물로 세례를 주었지만, 그분께서는
너희에게 성령으로 세례를 주실 것이다."

람도 보았다. … 9,35 이어 구름 속에서 "이는 내가
선택한 아들이니 너희는 그의 말을 들어라." 하는
소리가 났다.

세례자 요한의 설교 3,1-18

3,16 그래서 요한은 모든 사람에게 말하였다. "나는
너희에게 물로 세례를 준다. 그러나 나보다 더 큰
능력을 지니신 분이 오신다. 나는 그분의 신발 끈
을 풀어 드릴 자격조차 없다. 그분께서는 너희에
게 성령과 불로 세례를 주실 것이다. 17 또 손에 키
를 드시고 당신의 타작마당을 깨끗이 치우시어,
알곡은 당신의 곳간에 모아들이시고 쭉정이는 꺼
지지 않는 불에 태워 버리실 것이다."

하느님 아버지와 아들 10,21-24

10,22 "나의 아버지께서는 모든 것을 나에게 넘겨주
셨다. 그래서 아버지 외에는 아들이 누구인지 아
무도 알지 못한다. 또 아들 외에는, 그리고 그가
아버지를 드러내 보여 주려는 사람 외에는 아버지
께서 누구이신지 아무도 알지 못한다."

씀하셨다. "슬퍼하지 마세요! 오
히려 어머니 마음은 기뻐하고 즐
거워하세요! 당신은, 내 아버지께
서 나에게 선사하신 영광을 바라
보는 은총을 입었기 때문입니다."

세례자 요한의 증언

요한 1,19-28

19 요한의 증언은 이러하다. 유다인들이 예루살렘에서 사제들과 레위인들을 요한에게 보내어, "당신은 누구요?" 하고 물었을 때, 20 요한은 서슴지 않고 고백하였다. "나는 그리스도가 아니다." 하고 고백한 것이다. 21 그들이 "그러면 누구란 말이오? 엘리야요?" 하고 묻자, 요한은 "아니다." 하고 대답하였다. "그러면 그 예언자요?" 하고 물어도 다시 "아니다." 하고 대답하였다. 22 그래서 그들이 물었다. "당신은 누구요? 우리를 보낸 이들에게 우리가 대답을 해야 하오. 당신은 자신을 무엇이라고 말하는 것이오?"

마태 3,1-12(세례자 요한의 설교)

1 그 무렵에 세례자 요한이 나타나 유다 광야에서 이렇게 선포하였다. 2 "회개하여라. 하늘 나라가 가까이 왔다."

1,21 // 말라 3,23 보라, 주님의 크고 두려운 날이 오기 전에 내가 너희에게 엘리야 예언자를 보내리라.

23 요한이 말하였다. "나는 이사야 예언자가 말한 대로

'너희는 주님의 길을 곧게 내어라.' 하고
광야에서 외치는 이의 소리다."

3 요한은 이사야 예언자가 말한 바로 그 사람이다. 이사야는 이렇게 말하였다.

"광야에서 외치는 이의 소리.
'너희는 주님의 길을 마련하여라.
그분의 길을 곧게 내어라.'"

1,23 // 이사 40,3 한 소리가 외친다. "너희는 광야에 주님의 길을 닦아라. 우리 하느님을 위하여 사막에 길을 곧게 내어라."

4 요한은 낙타털로 된 옷을 입고 허리에 가죽띠를 둘렀다. 그의 음식은 메뚜기와 들꿀이었다. 5 그때에 예루살렘과 온 유다와 요르단 부근 지방의 모든 사람이 그에게 나아가, 6 자기 죄를 고백하며 요르단강에서 그에게 세례를 받았다.

24 그들은 바리사이들이 보낸 사람들이었다. 25 이들이 요한에게 물었다. "당신이 그리스도도 아니고 엘리야도 아니고 그 예언자도 아니라면, 세례는 왜 주는 것이오?"

7 그러나 요한은 많은 바리사이와 사두가이가 자기에게 세례를 받으러 오는 것을 보고, 그들에게 말하였다. "독사의 자식들아, 다가오는 진노를 피하라고 누가 너희에게 일러 주더냐? 8 회개에 합당

마르 1,2-8(세례자 요한의 설교)

2 이사야 예언자의 글에
"보라, 내가 네 앞에 내 사자를 보내니
그가 너의 길을 닦아 놓으리라."

3 "광야에서 외치는 이의 소리.
'너희는 주님의 길을 마련하여라.
그분의 길을 곧게 내어라.'"
하고 기록된 대로, 4 세례자 요한이 광야에 나타
나 죄의 용서를 위한 회개의 세례를 선포하였다.

5 그리하여 온 유다 지방 사람들과 예루살렘 주민
들이 모두 그에게 나아가, 자기 죄를 고백하며 요
르단강에서 그에게 세례를 받았다. 6 요한은 낙타
털 옷을 입고 허리에 가죽띠를 둘렀으며, 메뚜기
와 들꿀을 먹고 살았다.

루카 3,1-9.15-18(세례자 요한의 설교 3,1-18)

1 티베리우스 황제의 치세 제십오년, 본시오 빌라
도가 유다 총독으로, 헤로데가 갈릴래아의 영주
로, 그의 동생 필리포스가 이투래아와 트라코니티
스 지방의 영주로, 리사니아스가 아빌레네의 영주
로 있을 때, 2 또 한나스와 카야파가 대사제로 있
을 때, 하느님의 말씀이 광야에 있는 즈카르야의
아들 요한에게 내렸다.

3 그리하여 요한은 요르단 부근의 모든 지방을 다
니며, 죄의 용서를 위한 회개의 세례를 선포하였
다. 4 이는 이사야 예언자가 선포한 말씀의 책에 기
록된 그대로이다.
"광야에서 외치는 이의 소리.
'너희는 주님의 길을 마련하여라.
그분의 길을 곧게 내어라.
5 골짜기는 모두 메워지고
산과 언덕은 모두 낮아져라.
굽은 데는 곧아지고
거친 길은 평탄하게 되어라.
6 그리하여 모든 사람이 하느님의 구원을 보리라.'"

7 요한은 자기에게 세례를 받으러 오는 군중에게
말하였다. "독사의 자식들아, 다가오는 진노를 피
하라고 누가 너희에게 일러 주더냐? 8 회개에 합
당한 열매를 맺어라. 그리고 '우리는 아브라함을

한 열매를 맺어라. 3,9 그리고 '우리는 아브라함을
조상으로 모시고 있다.'고 말할 생각일랑 하지 마
라. 내가 너희에게 말하는데, 하느님께서는 이 돌
들로도 아브라함의 자녀들을 만드실 수 있다. 10 도
끼가 이미 나무뿌리에 닿아 있다. 좋은 열매를 맺
지 않는 나무는 모두 찍혀서 불 속에 던져진다.

1,27 // 4바룩 9,20 "참으로 그분께서 오실 것입니다. 그분께서는 나가서 당신을 위해 열두 사도들을 뽑으실 것입니다. 그들이 민족들 가운데에서 복음을 선포할 수 있도록! 그분의 아버지께서 그분을 채비시켜주신 것을 나는 보았습니다. 그리고 그분께서 이 세상, 올리브 산에 오시는 것을 보았습니다. 그분께서는 배고픈 영혼들을 채워주실 것입니다."

26 그러자 요한이 그들에게 대답하였다. "나는 물
로 세례를 준다. 그런데 너희 가운데에는 너희가
모르는 분이 서 계신다. 27 내 뒤에 오시는 분이신
데, 나는 그분의 신발 끈을 풀어 드리기에도 합당
하지 않다." 28 이는 요한이 세례를 주던 요르단강
건너편 베타니아에서 일어난 일이다.

| 요한 1,19-23 // 1,6-8
| 요한 1,20-23 // 1,6-8; 3,28
| 요한 1,21 // 6,14
| 요한 1,27 // 1,15
| 요한 1,28 // 3,22-24; 4,1-2; 10,40

11 나는 너희를 회개시키려고 물로 세례를 준다. 그
러나 내 뒤에 오시는 분은 나보다 더 큰 능력을
지니신 분이시다. 나는 그분의 신발을 들고 다닐
자격조차 없다. 그분께서는 너희에게 성령과 불로
세례를 주실 것이다. 12 또 손에 키를 드시고 당신
의 타작마당을 깨끗이 하시어, 알곡은 곳간에 모
아들이시고 쭉정이는 꺼지지 않는 불에 태워 버
리실 것이다."

하느님의 어린양

1,30 // 4바룩 9,20 "참으로 그분께서 오실 것입니다. 그분께서는 나가서 당신을 위해 열두 사도들을 뽑으실 것입니다. 그들이 민족들 가운데에서 복음을 선포할 수 있도록! 그분의 아버지께서 그분을 채비시켜주신 것을 나는 보았습니다. 그리고 그분께서 이 세상, 올리브 산에 오시는 것을 보았습니다. 그분께서는 배고픈 영혼들을 채워주실 것입니다."

요한 1,29-34

29 이튿날 요한은 예수님께서 자기 쪽으로 오시는
것을 보고 말하였다. "보라, 세상의 죄를 없애시는
하느님의 어린양이시다. 30 저분은, '내 뒤에 한 분
이 오시는데, 내가 나기 전부터 계셨기에 나보다
앞서신 분이시다.' 하고 내가 전에 말한 분이시다.
31 나도 저분을 알지 못하였다. 내가 와서 물로 세
례를 준 것은, 저분께서 이스라엘에 알려지시게
하려는 것이었다."

마태 3,13-17(세례를 받으시다)

13 그때에 예수님께서는 요한에게 세례를 받으시
려고 갈릴래아에서 요르단으로 그를 찾아가셨다.
14 그러나 요한은 "제가 선생님께 세례를 받아야
할 터인데 선생님께서 저에게 오시다니요?" 하면
서 그분을 말렸다. 15 예수님께서는 "지금은 이대
로 하십시오. 우리는 이렇게 해서 마땅히 모든 의
로움을 이루어야 합니다." 하고 대답하셨다. 그제
야 요한이 예수님의 뜻을 받아들였다.

조상으로 모시고 있다.'는 말은 아예 혼잣말로라도 꺼내지 마라. 내가 너희에게 말하는데, 하느님께서는 이 돌들로도 아브라함의 자녀들을 만드실 수 있다. 3,9 도끼가 이미 나무뿌리에 닿아 있다. 좋은 열매를 맺지 않는 나무는 모두 찍혀서 불 속에 던져진다."

15 백성은 기대에 차 있었으므로, 모두 마음속으로 요한이 메시아가 아닐까 하고 생각하였다.

1,7 그리고 이렇게 선포하였다. "나보다 더 큰 능력을 지니신 분이 내 뒤에 오신다. 나는 몸을 굽혀 그분의 신발 끈을 풀어 드릴 자격조차 없다. 8 나는 너희에게 물로 세례를 주었지만, 그분께서는 너희에게 성령으로 세례를 주실 것이다."

16 그래서 요한은 모든 사람에게 말하였다. "나는 너희에게 물로 세례를 준다. 그러나 나보다 더 큰 능력을 지니신 분이 오신다. 나는 그분의 신발 끈을 풀어 드릴 자격조차 없다. 그분께서는 너희에게 성령과 불로 세례를 주실 것이다. 17 또 손에 키를 드시고 당신의 타작마당을 깨끗이 치우시어, 알곡은 당신의 곳간에 모아들이시고 쭉정이는 꺼지지 않는 불에 태워 버리실 것이다." 18 요한은 그 밖에도 여러 가지로 권고하면서 백성에게 기쁜 소식을 전하였다.

마르 1,9-11(세례를 받으시다)

9 그 무렵에 예수님께서 갈릴래아 나자렛에서 오시어, 요르단에서 요한에게 세례를 받으셨다.

루카 3,21-22(세례를 받으시다)

1,30 // 토마 유년기 복음 6,10 그러자 예수가 그들에게 대답하며 말하였다. "많이 놀라셨습니까? 그보다는 제가 여러분에게 한 말을 잘 새겨들으십시오. 저는 정말로 여러분과 여러분의 아버지들이 언제 태어났는지 알고 있습니다. 여러분에게 놀라운 일을 말씀드리겠습니다. 세상이 창조되었을 때 저는 존재했고, 저를 여러분에게 보내신 분도 존재하셨습니다."

1,30 // 토마 유년기 복음 7,1 자캐오 선생은 첫 글자의 우의에 대한 아이의 이러저러한 설명을 듣고, 그 변론과 가르침에 당황하였다. 2 그리고 거기 있는 사람들에게 말하였다. "불쌍한 나! 비참한 나는 몹시 당황하였소. 이 아이를 데려오다니 나 자신에게 부끄러울 따름이오. 3 그러니 요셉 형제, 이 아이를 데려가기 바라오. 나는 이 아이의 예리한 눈길과 정확한 말을 견딜 수가 없소. 4 이 아이는 흙에서 나온 아이가 아니오. 이 아이는 불마저 길들일 수 있소. 어쩌면 이 아이는 세상 창조 이전에 태어났을 거요. 5 어떤 태가 이 아이를 담을 수 있었는지, 그리고 어떤 어미가 이 아이에게 젖을 먹일 수 있었는지 모르겠소. 6 불쌍한 나! 친구여. 내가 정신이 나갔던 것 같소. 7 내가 나 자신을 속였소. 나는 몹시도 불행하오. 제자 한 명을 얻으려다가 도리어 스승을 얻었다는 게 드러났소. 8 친구들이여, 부끄러움에 대해 생각하고 있소. 나이 많은 내가 아이에게 졌으니 말이오. 9 나는 절망했으며 이 아이 때문에 죽을 것 같소. 지금 이 순간 아이의 얼굴을 바라볼 수가 없소. 10 모두들 내가 조그만 아이에게 졌다고 말하는데, 내가 무슨

32 요한은 또 증언하였다. "나는 성령께서 비둘기
처럼 하늘에서 내려오시어 저분 위에 머무르시는
것을 보았다. 33 나도 저분을 알지 못하였다. 그러
나 물로 세례를 주라고 나를 보내신 그분께서 나
에게 일러 주셨다. '성령이 내려와 어떤 분 위에 머
무르는 것을 네가 볼 터인데, 바로 그분이 성령으
로 세례를 주시는 분이다.' 34 과연 나는 보았다. 그
래서 저분이 하느님의 아드님이시라고 내가 증언
하였다."

| 요한 1,30 // 3,30
| 요한 1,34 // 1,49

3,16 예수님께서는 세례를 받으시고 곧 물에서 올
라오셨다. 그때 그분께 하늘이 열렸다. 그분께서
는 하느님의 영이 비둘기처럼 당신 위로 내려오시
는 것을 보셨다. 17 그리고 하늘에서 이렇게 말하
는 소리가 들려왔다. "이는 내가 사랑하는 아들,
내 마음에 드는 아들이다."

첫 제자들

요한 1,35-42

마태 4,18-22(어부 네 사람을 제자로 부르시다)

1,36 // 탈출 12,3 "이스라엘의 온 공동체에게 이렇게 일러라. '이달 초열흘날 너희는 가정마다 작은 가축을 한 마리씩, 집집마다 작은 가축을 한 마리씩 마련하여라. 4 만일 집에 식구가 적어 짐승 한 마리가 너무 많거든, 사람 수에 따라 자기 집에서 가장 가까운 이웃과 함께 짐승을 마련하여라. 저마다 먹는 양에 따라 짐승을 골라라. 5 이 짐승은 일 년 된 흠 없는 수컷으로 양이나 염소 가운데에서 마련하여라.'"

35 이튿날 요한이 자기 제자 두 사람과 함께 그곳
에 다시 서 있다가, 36 예수님께서 지나가시는 것을
눈여겨보며 말하였다. "보라, 하느님의 어린양이시
다." 37 그 두 제자는 요한이 말하는 것을 듣고 예
수님을 따라갔다. 38 예수님께서 돌아서시어 그들
이 따라오는 것을 보시고, "무엇을 찾느냐?" 하고
물으시자, 그들이 "라삐, 어디에 묵고 계십니까?"
하고 말하였다. '라삐'는 번역하면 '스승님'이라는
말이다. 39 예수님께서 그들에게 "와서 보아라." 하
시니, 그들이 함께 가 예수님께서 묵으시는 곳을
보고 그날 그분과 함께 묵었다. 때는 오후 네 시

4,18 예수님께서는 갈릴래아 호숫가를 지나가시다
가 두 형제, 곧 베드로라는 시몬과 그의 동생 안
드레아가 호수에 어망을 던지는 것을 보셨다. 그
들은 어부였다. 19 예수님께서 그들에게 이르셨다.
"나를 따라오너라. 내가 너희를 사람 낚는 어부로
만들겠다." 20 그러자 그들은 곧바로 그물을 버리
고 예수님을 따랐다.

마르

1,10 그리고 물에서 올라오신 예수님께서는 곧 하늘이 갈라지며 성령께서 비둘기처럼 당신께 내려오시는 것을 보셨다. 11 이어 하늘에서 소리가 들려왔다. "너는 내가 사랑하는 아들, 내 마음에 드는 아들이다."

루카

3,21 온 백성이 세례를 받은 뒤에 예수님께서도 세례를 받으시고 기도를 하시는데, 하늘이 열리며 22 성령께서 비둘기 같은 형체로 그분 위에 내리시고, 하늘에서 소리가 들려왔다. "너는 내가 사랑하는 아들, 내 마음에 드는 아들이다."

신약 외경

말을 할 수 있겠소? 그 아이가 첫 글자의 선들에 대해 말한 내용에 대해 내가 뭐라고 말할 수 있겠소? 모르겠소, 친구들이여. 사실 나는 이 아이의 시작과 끝을 알지 못하오. 11 그러니 자네에게 청하오, 요셉 형제여. 이 아이를 집으로 데려가시오. 이 아이는 참으로 대단하오! 하느님인지 천사인지, 혹은 누구라고 말해야 할지 모르겠소."

1,32-34 // 히브리인들의 복음 "주님께서 물에서 올라오셨을 때 성령의 샘 전체가 내려와 그분 위에 머무시며 그분께 말씀하셨다. '내 아들아, 나는 모든 예언자들 가운데 바로 네가 오기를, 그리하여 내가 네 안에서 쉬기를 고대하였다. 너는 나의 휴식이며 너는 나의 맏아들, 영원히 다스릴 자이기 때문이다.'"

(히에로니무스 『이사야서 (11,1-3) 주해』 4)

마르 1,16-20(어부 네 사람을 제자로 부르시다)

루카 5,1-11(고기잡이 기적 — 어부들을 제자로 부르시다)

5,1 예수님께서 겐네사렛 호숫가에 서 계시고, 군중은 그분께 몰려들어 하느님의 말씀을 듣고 있을 때였다. 2 그분께서는 호숫가에 대어 놓은 배 두 척을 보셨다. 어부들은 거기에서 내려 그물을 씻고 있었다. 3 예수님께서는 그 두 배 가운데 시몬의 배에 오르시어 그에게 뭍에서 조금 저어 나가 달라고 부탁하신 다음, 그 배에 앉으시어 군중을 가르치셨다.

마르

1,16 예수님께서 갈릴래아 호숫가를 지나가시다가, 호수에 그물을 던지고 있는 시몬과 그의 동생 안드레아를 보셨다. 그들은 어부였다. 17 예수님께서 그들에게 이르셨다. "나를 따라오너라. 내가 너희를 사람 낚는 어부가 되게 하겠다." 18 그러자 그들은 곧바로 그물을 버리고 예수님을 따랐다.

루카

4 예수님께서 말씀을 마치시고 나서 시몬에게 이르셨다. "깊은 데로 저어 나가서 그물을 내려 고기를 잡아라." 5 시몬이 "스승님, 저희가 밤새도록 애썼지만 한 마리도 잡지 못하였습니다. 그러나 스승님의 말씀대로 제가 그물을 내리겠습니다." 하고 대답하였다. 6 그렇게 하자 그들은 그물이 찢어질 만큼 매우 많은 물고기를 잡게 되었다. 7 그래서 다른 배에 있는 동료들에게 손짓하여 와서 도와 달라고 하였다. 동료들이 와서 고기를 두 배에 가득 채우니 배가 가라앉을 지경이 되었다.
8 시몬 베드로가 그것을 보고 예수님의 무릎 앞에 엎드려 말하였다. "주님, 저에게서 떠나 주십시오. 저는 죄 많은 사람입니다." 9 사실 베드로도, 그와 함께 있던 이들도 모두 자기들이 잡은 그 많은 고기를

쯤이었다.

40 요한의 말을 듣고 예수님을 따라간 두 사람 가운데 하나는 시몬 베드로의 동생 안드레아였다. 41 그는 먼저 자기 형 시몬을 만나, "우리는 메시아를 만났소." 하고 말하였다. '메시아'는 번역하면 '그리스도'이다.

42 그가 시몬을 예수님께 데려가자, 예수님께서 시몬을 눈여겨보며 이르셨다. "너는 요한의 아들 시몬이구나. 앞으로 너는 케파라고 불릴 것이다." '케파'는 '베드로'라고 번역되는 말이다.

| 요한 1,39 // 1,46; 4,29; 11,34
| 요한 1,41 // 4,25

베드로가 예수님을 그리스도라고 고백하다 16,13-20

16,18 "나 또한 너에게 말한다. 너는 베드로이다. 내가 이 반석 위에 내 교회를 세울 터인즉, 저승의 세력도 그것을 이기지 못할 것이다."

4,21 거기에서 더 가시다가 예수님께서 다른 두 형제, 곧 제베대오의 아들 야고보와 그의 동생 요한이 배에서 아버지 제베대오와 함께 그물을 손질하는 것을 보시고 그들을 부르셨다. 22 그들은 곧바로 배와 아버지를 버려두고 그분을 따랐다.

필립보와 나타나엘을 부르시다

1,45 // 신명 18,18 나는 그들을 위하여 그들의 동족 가운데에서 너와 같은 예언자 하나를 일으켜, 나의 말을 그의 입에 담아 줄 것이다. 그러면 그는 내가 그에게 명령하는 모든 것을 그들에게 일러 줄 것이다.

1,45 // 이사 53,3 사람들에게 멸시받고 배척당한 그는 고통의 사람, 병고에 익숙한 이였다. 남들이 그를 보고 얼굴을 가릴 만큼 그는 멸시만 받았으며 우리도 그를 대수롭지 않게 여겼다. 4 그렇지만 그는 우리의 병고를 메고 갔으며 우리의 고통을 짊어졌다. 그런데 우리는 그를 벌받은 자, 하느님께 매 맞은 자, 천대받은 자로 여겼다. 5 그러나 그가 찔린 것은 우리의 악행 때문이고 그가 으스러진 것은 우리의 죄악 때문이다. 우리의 평화를 위하여 그가 징벌을 받았고 그의 상처로 우리는 나았다.

1,45 // 미카 5,2 그러므로 해산하는 여인이 아이를 낳을 때까지 주님은 그들을 내버려두리라. 그 뒤에 그의 형제들 가운데 남은 자들이 이스라엘 자손들에게 돌아오리라.

요한 1,43-51

43 이튿날 예수님께서는 갈릴래아에 가기로 작정하셨다. 그때에 필립보를 만나시자 그에게 "나를 따라라." 하고 이르셨다. 44 필립보는 안드레아와 베드로의 고향인 벳사이다 출신이었다.

45 이 필립보가 나타나엘을 만나 말하였다. "우리는 모세가 율법에 기록하고 예언자들도 기록한 분을 만났소. 나자렛 출신으로 요셉의 아들 예수라는 분이시오." 46 나타나엘은 필립보에게, "나자렛에서 무슨 좋은 것이 나올 수 있겠소?" 하였다. 그러자 필립보가 나타나엘에게 "와서 보시오." 하고 말하였다.

마태

열두 사도를 뽑으시다 10,1-4

10,3 필립보와 바르톨로메오, 토마스와 세리 마태오, 알패오의 아들 야고보와 타대오,

나자렛에서 무시를 당하시다 13,54-58

13,54 예수님께서 고향에 가시어 회당에서 사람들을 가르치셨다. 그러자 그들은 놀라서 이렇게 말하였다. "저 사람이 어디서 저런 지혜와 기적의 힘을 얻었을까? 55 저 사람은 목수의 아들이 아닌가? 그의 어머니는 마리아라고 하지 않나? 그리고 그의 형제들은 야고보, 요셉, 시몬, 유다가 아닌가?"

이집트에서 돌아오시다 2,19-23

2,23 나자렛이라고 하는 고을로 가서 자리를 잡았

보고 몹시 놀랐던 것이다.

열두 사도를 뽑으시다 3,13-19

3,16 이렇게 예수님께서 열둘을 세우셨는데, 그들
은 베드로라는 이름을 붙여 주신 시몬,

열두 사도를 뽑으시다 6,12-16

6,14 그들은 베드로라고 이름을 지어 주신 시몬, 그
의 동생 안드레아, 그리고 야고보, 요한, 필립보,
바르톨로메오,

1,19 예수님께서 조금 더 가시다가, 배에서 그물을
손질하는 제베대오의 아들 야고보와 그의 동생
요한을 보시고, 20 곧바로 그들을 부르셨다. 그러
자 그들은 아버지 제베대오를 삯꾼들과 함께 배
에 버려두고 그분을 따라나섰다.

5,10 시몬의 동업자인 제베대오의 두 아들 야고보
와 요한도 그러하였다. 예수님께서 시몬에게 이르
셨다. "두려워하지 마라. 이제부터 너는 사람을 낚
을 것이다." 11 그들은 배를 저어다 뭍에 대어 놓은
다음, 모든 것을 버리고 예수님을 따랐다.

마르

열두 사도를 뽑으시다 3,13-19

3,18 그리고 안드레아, 필립보, 바르톨로메오, 마태
오, 토마스, 알패오의 아들 야고보, 타대오, 열혈
당원 시몬,

나자렛에서 무시를 당하시다 6,1-6

6,3 "저 사람은 목수로서 마리아의 아들이며, 야고
보, 요세, 유다, 시몬과 형제간이 아닌가? 그의 누
이들도 우리와 함께 여기에 살고 있지 않는가?" 그
러면서 그들은 그분을 못마땅하게 여겼다.

루카

열두 사도를 뽑으시다 6,12-16

6,14 그들은 베드로라고 이름을 지어 주신 시몬, 그
의 동생 안드레아, 그리고 야고보, 요한, 필립보,
바르톨로메오,

나자렛에서 희년을 선포하시다 4,16-30

4,16 예수님께서는 당신이 자라신 나자렛으로 가시
어, 안식일에 늘 하시던 대로 회당에 들어가셨다.
그리고 성경을 봉독하려고 일어서시자, … 22 그러
자 모두 그분을 좋게 말하며, 그분의 입에서 나오
는 은총의 말씀에 놀라워하였다. 그러면서 "저 사
람은 요셉의 아들이 아닌가?" 하고 말하였다.

예수님의 탄생 2,1-7

2,4 요셉도 갈릴래아 지방 나자렛 고을을 떠나 유

다. 이로써 예언자들을 통하여 "그는 나자렛 사람이라고 불릴 것이다." 하신 말씀이 이루어졌다.

예루살렘에 입성하시다 21,1-11

21,11 그러자 군중이 "저분은 갈릴래아 나자렛 출신 예언자 예수님이시오." 하고 대답하였다.

47 예수님께서는 나타나엘이 당신 쪽으로 오는 것을 보시고 그에 대하여 말씀하셨다. "보라, 저 사람이야말로 참으로 이스라엘 사람이다. 저 사람은 거짓이 없다."

48 나타나엘이 예수님께 "저를 어떻게 아십니까?" 하고 물으니, 예수님께서 그에게 "필립보가 너를 부르기 전에, 네가 무화과나무 아래에 있는 것을 내가 보았다." 하고 대답하셨다.

1,48 // 시편 139,1 주님, 당신께서는 저를 살펴보시어 아십니다. 2 제가 앉거나 서거나 당신께서는 아시고 제 생각을 멀리서도 알아채십니다.

중풍 병자를 고치시다 9,1-8

9,4 예수님께서 그들의 생각을 아시고 말씀하셨다. "너희는 어찌하여 마음속에 악한 생각을 품느냐?"

예수님과 베엘제불 12,22-32

12,25 예수님께서 그들의 생각을 아시고 이렇게 말씀하셨다. "어느 나라든지 서로 갈라서면 망하고, 어느 고을이나 집안도 서로 갈라서면 버티어 내지 못한다."

49 그러자 나타나엘이 예수님께 말하였다. "스승님, 스승님은 하느님의 아드님이십니다. 이스라엘의 임금님이십니다."
50 예수님께서 나타나엘에게 이르셨다. "네가 무화과나무 아래에 있는 것을 보았다고 해서 나를 믿느냐? 앞으로 그보다 더 큰 일을 보게 될 것이다."
51 이어서 그에게 또 말씀하셨다.

1,49 // 시편 2,7 주님의 결정을 나는 선포하리라. 나에게 말씀하셨다. "너는 내 아들. 내가 오늘 너를 낳았노라."

1,49 // 이사 9,6 다윗의 왕좌와 그의 왕국 위에 놓인 그 왕권은 강대하고 그 평화는 끝이 없으리이다. 그는 이제부터 영원까지 공정과 정의로 그 왕국을 굳게 세우고 지켜 가리이다. 만군의 주님의 열정이 이를 이루시리이다.

베드로가 예수님을 그리스도라고 고백하다 16,13-20

16,16 시몬 베드로가 "스승님은 살아 계신 하느님의 아드님 그리스도이십니다." 하고 대답하였다.

물 위를 걸으시다 14,22-33

14,33 그러자 배 안에 있던 사람들이 그분께 엎드려 절하며, "스승님은 참으로 하느님의 아드님이십니다." 하고 말하였다.

최고 의회에서 신문을 받으시다 26,57-66

26,63 그러나 예수님께서는 입을 다물고 계셨다. 대사제가 말하였다. "내가 명령하오. '살아 계신 하

다 지방, 베들레헴이라고 불리는 다윗 고을로 올
라갔다. 그가 다윗 집안의 자손이었기 때문이다.

예수님의 족보 3,23-38

3,23 예수님께서는 서른 살쯤에 활동을 시작하셨는
데, 사람들은 그분을 요셉의 아들로 여겼다.

엠마오로 가는 두 제자에게 나타나시다 24,13-35

24,27 그리고 이어서 모세와 모든 예언자로부터 시
작하여 성경 전체에 걸쳐 당신에 관한 기록들을 그들에게 설명해 주셨다.

중풍 병자를 고치시다 2,1-12

2,8 예수님께서는 곧바로 그들이 속으로 의아하게
생각하는 것을 당신 영으로 아시고 말씀하셨다.
"너희는 어찌하여 마음속으로 의아하게 생각하
느냐?"

안식일에 손이 오그라든 사람을 고치시다 6,6-11

6,8 예수님께서 그들의 생각을 아시고 손이 오그라
든 사람에게, "일어나 가운데에 서라." 하고 이르
셨다.

베드로가 예수님을 그리스도라고 고백하다 8,27-30

8,29 예수님께서 다시, "그러면 너희는 나를 누구라
고 하느냐?" 하고 물으시자, 베드로가 "스승님은
그리스도이십니다." 하고 대답하였다.

베드로가 예수님을 그리스도라고 고백하다 9,18-21

9,20 예수님께서 다시, "그러면 너희는 나를 누구라
고 하느냐?" 하시자, 베드로가 "하느님의 그리스
도이십니다." 하고 대답하였다.

세례자 요한의 설교 1,1-8

1,1 하느님의 아드님 예수 그리스도의 복음의 시작.

예수님의 탄생 예고 1,26-38

1,32 "그분께서는 큰 인물이 되시고 지극히 높으신
분의 아드님이라 불리실 것이다. 주 하느님께서 그
분의 조상 다윗의 왕좌를 그분께 주시어, 33 그분께서 야곱 집
안을 영원히 다스리시리니 그분의 나라는 끝이 없을 것이다."

최고 의회에서 신문을 받으시다 14,53-64

14,61 그러나 예수님께서는 입을 다무신 채 아무 대
답도 하지 않으셨다. 대사제는 다시 "당신이 찬양

최고 의회에서 신문을 받으시다 22,66-71

22,70 그러자 모두 "그렇다면 당신이 하느님의 아들이
라는 말이오?" 하고 물었다. 예수님께서 "내가 그러하

느님 앞에서 맹세를 하고 당신이 하느님의 아들 메시아인지 밝히시오.'" [26,64] 예수님께서 그에게 말씀하셨다. "네가 그렇게 말하였다. 나는 너희에게 말한다.
이제부터 '너희는 사람의 아들이
전능하신 분의 오른쪽에 앉아 있는 것과
하늘의 구름을 타고 오는 것을 볼 것이다.'"

1,51 // 창세 28,12 그가 보니 땅에 층계가 세워져 있고 그 꼭대기는 하늘에 닿아 있는데, 하느님의 천사들이 그 층계를 오르내리고 있었다.

1,51 // 다니 7,13 내가 이렇게 밤의 환시 속에서 앞을 보고 있는데 사람의 아들 같은 이가 하늘의 구름을 타고 나타나 연로하신 분께 가자 그분 앞으로 인도되었다.

"내가 진실로 진실로 너희에게 말한다. 너희는 하늘이 열리고 하느님의 천사들이 사람의 아들 위에서 오르내리는 것을 보게 될 것이다."

- 요한 1,44 // 12,21
- 요한 1,45 // 6,42
- 요한 1,46 // 1,39; 4,29; 7,27; 7,41-42; 7,52; 11,34
- 요한 1,48 // 2,24-25; 4,17-19; 6,64
- 요한 1,49 // 1,18; 1,34; 11,27; 12,13-15; 19,19-22; 20,28

카나의 혼인 잔치

요한 2,1-12

[1] 사흘째 되는 날, 갈릴래아 카나에서 혼인 잔치가
있었는데, 예수님의 어머니도 거기에 계셨다. [2] 예
수님도 제자들과 함께 그 혼인 잔치에 초대를 받
으셨다. [3] 그런데 포도주가 떨어지자 예수님의 어
머니가 예수님께 "포도주가 없구나." 하였다.
[4] 예수님께서 어머니에게 말씀하셨다. "여인이시
여, 저에게 무엇을 바라십니까? 아직 저의 때가
오지 않았습니다."

[5] 그분의 어머니는 일꾼들에게 "무엇이든지 그가
시키는 대로 하여라." 하고 말하였다.

[6] 거기에는 유다인들의 정결례에 쓰는 돌로 된 물
독 여섯 개가 놓여 있었는데, 모두 두세 동이들이

2,4 // 하바 2,3 "지금 이 환시는 정해진 때를 기다린다. 끝을 향해 치닫는 이 환시는 거짓말하지 않는다. 늦어지는 듯하더라도 너는 기다려라. 그것은 오고야 만다, 지체하지 않는다."

마태

갈릴래아 전도를 시작하시다 4,12-17

[4,12] 예수님께서는 요한이 잡혔다는 말을 들으시고 갈릴래아로 물러가셨다. … [17] 그때부터 예수님께서는 "회개하여라. 하늘 나라가 가까이 왔다." 하고 선포하기 시작하셨다.

받으실 분의 아들 메시아요?" 하고 물었다.
14,62 예수님께서 대답하셨다. "그렇다.

'너희는 사람의 아들이
전능하신 분의 오른쪽에 앉아 있는 것과
하늘의 구름을 타고 오는 것을 볼 것이다.'"

다고 너희가 말하고 있다." 하시자, 22,71 그들이 말
하였다. "이제 우리에게 무슨 증언이 더 필요합니
까? 제 입으로 말하는 것을 우리가 직접 들었으
니 말입니다."

마르

루카

고기잡이 기적 — 어부들을 제자로 부르시다 5,1-11

5,5 시몬이 "스승님, 저희가 밤새도록 애썼지만 한
마리도 잡지 못하였습니다. 그러나 스승님의 말
씀대로 제가 그물을 내리겠습니다." 하고 대답하
였다.

였다. 7 예수님께서 일꾼들에게 "물독에 물을 채워
라." 하고 말씀하셨다. 그들이 물독마다 가득 채
우자, 8 예수님께서 그들에게 다시, "이제는 그것을 퍼서 과방장에게 날라다 주어라." 하셨다. 그들은 곧
그것을 날라 갔다. 9 과방장은 포도주가 된 물을 맛보고 그것이 어디에서 났는지 알지 못하였지만, 물을
퍼 간 일꾼들은 알고 있었다. 그래서 과방장이 신랑을 불러 10 그에게 말하였다. "누구든지 먼저 좋은 포
도주를 내놓고, 손님들이 취하면 그보다 못한 것을 내놓는데, 지금까지 좋은 포도주를 남겨 두셨군요."

11 이렇게 예수님께서는 처음으로 갈릴래아 카나
에서 표징을 일으키시어, 당신의 영광을 드러내
셨다. 그리하여 제자들은 예수님을 믿게 되었다.

중풍 병자를 고치시다 9,1-8

9,7 그러자 그는 일어나 집으로 갔다. 8 이 일을 보
고 군중은 두려워하며, 사람들에게 그러한 권한
을 주신 하느님을 찬양하였다.

많은 병자를 고치시다 15,29-31

15,29 예수님께서는 거기에서 갈릴래아 호숫가로 옮
겨 가셨다. 그리고 산에 오르시어 거기에 자리를
잡고 앉으셨다. 30 그러자 많은 군중이 다리저는 이
들과 눈먼 이들과 다른 불구자들과 말못하는 이
들, 그리고 또 다른 많은 이들을 데리고 예수님께
다가왔다. 그들을 그분 발치에 데려다 놓자 예수
님께서는 그들을 고쳐 주셨다. 31 그리하여 말못하
는 이들이 말을 하고 불구자들이 온전해지고 다
리저는 이들이 제대로 걸으며 눈먼 이들이 보게
되자, 군중이 이를 보고 놀라 이스라엘의 하느님
을 찬양하였다.

12 그 뒤에 예수님께서는 어머니와 형제들과 제자
들과 함께 카파르나움으로 내려가셨다. 그러나 그
곳에 여러 날 머무르지는 않으셨다.

갈릴래아 전도를 시작하시다 4,12-17

4,13 그리고 나자렛을 떠나 즈불룬과 납탈리 지방
호숫가에 있는 카파르나움으로 가시어 자리를 잡
으셨다.

| 요한 2,1 // 19,25-27
| 요한 2,1-11 // 4,46
| 요한 2,4 // 7,6; 7,30; 8,20; 12,23; 13,1; 17,1
| 요한 2,11 // 12,37; 20,30-31; 21,25
| 요한 2,12 // 4,46; 6,17

중풍 병자를 고치시다 2,1-12

2,12 그러자 그는 일어나 곧바로 들것을 가지고, 모든 사람이 보는 앞에서 밖으로 걸어 나갔다. 이에 모든 사람이 크게 놀라 하느님을 찬양하며 말하였다. "이런 일은 일찍이 본 적이 없다."

중풍 병자를 고치시다 5,17-26

5,26 이에 모든 사람이 크게 놀라 하느님을 찬양하였다. 그리고 두려움에 차서 "우리가 오늘 신기한 일을 보았다." 하고 말하였다.

회당에서 더러운 영을 쫓아내시다 1,21-28

1,21 그들은 카파르나움으로 갔다. 예수님께서는 곧바로 안식일에 회당에 들어가 가르치셨는데,

회당에서 더러운 영을 쫓아내시다 4,31-37

4,31 예수님께서는 갈릴래아의 카파르나움 고을로 내려가시어, 안식일에 사람들을 가르치셨는데,

성전을 정화하시다

2,13-16 // 말라 3,1 보라, 내가 나의 사자를 보내니 그가 내 앞에서 길을 닦으리라. 너희가 찾던 주님, 그가 홀연히 자기 성전으로 오리라. 너희가 좋아하는 계약의 사자 보라, 그가 온다.

2,13-22 // 솔로몬의 시편 17,21 보십시오, 주님! 그들에게 그들의 임금을 일으켜 주소서! 하느님 당신께서 선택하신 그 시간에, 당신 종 이스라엘을 다스릴 다윗의 후손을! 22 그에게 힘을 둘러 주소서! 불의한 지도자들을 쳐부수고, 이방인들을 몰아내어 예루살렘을 정화하도록! 그들은 예루살렘을 짓밟으며 파멸로 몰아가고 있습니다! 23 정의의 지혜로써 죄인들을 상속재산에서 내치고, 죄인들의 오만을 도자기 그릇처럼 깨부수도록! 24 쇠막대기로 그들의 모든 재산을 흩어버리고, 범죄를 일삼는 이방인들을 그의 입에서 나오는 말로 괴멸시키도록! 25 그의 위협으로 이방인들이 그의 면전에서 달아나고, 죄인들의 마음에서 나오는 말을 두고 그들을 질책하도록!

2,13-22 // 솔로몬의 시편 17,30 그리고 이방의 백성들로 하여금 그의 멍에를 메고서 그를 섬기게 할 것입니다. 그는 또한 온 땅의 이름난 곳에서 주님을 찬양할 것입니다. 예루살렘을 정화하여 태초의 것처럼 거룩하게 만들 것입니다.

요한 2,13-22

13 유다인들의 파스카 축제가 가까워지자 예수님
께서는 예루살렘에 올라가셨다. 14 그리고 성전에
소와 양과 비둘기를 파는 자들과 환전꾼들이 앉
아 있는 것을 보시고, 15 끈으로 채찍을 만드시어
양과 소와 함께 그들을 모두 성전에서 쫓아내셨
다. 또 환전상들의 돈을 쏟아 버리시고 탁자들을
엎어 버리셨다.
16 비둘기를 파는 자들에게는, "이것들을 여기에서
치워라. 내 아버지의 집을 장사하는 집으로 만들
지 마라." 하고 이르셨다.

마태 21,12-17

12 예수님께서는 성전에 들어가시어, 그곳에서 사
고팔고 하는 자들을 모두 쫓아내시고, 환전상들
의 탁자와 비둘기 장수들의 의자를 둘러엎으셨다.

13 그리고 그들에게 말씀하셨다. "'나의 집은 기도
의 집이라 불릴 것이다.'라고 기록되어 있다. 그런
데 너희는 이 곳을 '강도들의 소굴'로 만드는구나."

14 그때에 성전에서 눈먼 이들과 절름거리는 이들
이 다가오자, 예수님께서는 그들을 고쳐 주셨다. 15 수석 사제들과 율법 학자들이 예수님
께서 일으키신 기적들을 보고, 또 성전에서 "다윗의 자손께 호산나!" 하고 외치는 아이
들을 보고 불쾌해하며, 16 예수님께 "저 아이들이 무어라고 하는지 듣고 있소?" 하였다.
예수님께서 그들에게 말씀하셨다. "그렇다. '당신께서는 아기들과 젖먹이들의 입에서 찬
양이 나오게 하셨습니다.'라는 말씀을 너희는 읽어 본 적이 없느냐?" 17 예수님께서는 그
들을 두고 성을 나와 베타니아로 가시어 그곳에서 밤을 지내셨다.

2,17 // 시편 69,10 당신 집에 대한 열정이 저를 불태우고 당신을 모욕하는 자들의 모욕이 제 위로 떨어졌기 때문입니다.

2,17 // 시편 119,139 제 열정이 저를 불사르니 저의 적들이 당신 말씀을 잊었기 때문입니다.

17 그러자 제자들은 "당신 집에 대한 열정이 저를
집어삼킬 것입니다."라고 성경에 기록된 말씀이
생각났다.
18 그때에 유다인들이 예수님께, "당신이 이런 일
을 해도 된다는 무슨 표징을 보여 줄 수 있소?" 하
고 말하였다.

바리사이들과 사두가이들이 표징을 요구하다 16,1-4

16,1 바리사이들과 사두가이들이 와서 예수님을 시
험하려고, 하늘에서 오는 표징을 보여 달라고 요
청하였다.

마르 11,15-19

15 그들은 예루살렘으로 갔다. 예수님께서는 성전
에 들어가시어, 그곳에서 사고팔고 하는 자들을
쫓아내기 시작하셨다. 환전상들의 탁자와 비둘기
장수들의 의자도 둘러엎으셨다. 16 또한 아무도 성
전을 가로질러 물건을 나르지 못하게 하셨다.

루카 19,45-48

45 예수님께서 성전에 들어가시어 물건을 파는 이
들을 쫓아내기 시작하시며,

17 그리고 그들을 가르치시며 이렇게 말씀하셨다.
"'나의 집은 모든 민족들을 위한 기도의 집이라
불릴 것이다.' 라고 기록되어 있지 않느냐? 그런데
너희는 이곳을 '강도들의 소굴'로 만들어 버렸다."
18 수석 사제들과 율법 학자들은 이 말씀을 듣고
그분을 없앨 방법을 찾았다. 군중이 모두 그분의
가르침에 감탄하는 것을 보고 그분을 두려워하였
던 것이다. 19 날이 저물자 예수님과 제자들은 성
밖으로 나갔다.

46 그들에게 말씀하셨다. "'나의 집은 기도의 집이
될 것이다.'라고 기록되어 있다. 그런데 너희는 이
곳을 '강도들의 소굴'로 만들어 버렸다."

47 예수님께서는 날마다 성전에서 가르치셨다. 수
석 사제들과 율법 학자들과 백성의 지도자들은
예수님을 없앨 방법을 찾았다. 48 그러나 어떻게
해야 하는지 그 방도를 찾지 못하였다. 온 백성
이 그분의 말씀을 듣느라고 곁을 떠나지 않았기
때문이다.

바리사이들이 표징을 요구하다 8,11-13

8,11 바리사이들이 와서 예수님과 논쟁하기 시작하
였다. 그분을 시험하려고 하늘에서 오는 표징을 요구하였던 것이다. 12 예수님께서는 마음속으로 깊이
탄식하며 말씀하셨다. "어찌하여 이 세대가 표징을 요구하는가? 내가 진실로 너희에게 말한다. 이 세대
는 어떠한 표징도 받지 못할 것이다."

예수님과 베엘제불 11,14-23

11,16 다른 사람들은 예수님을 시험하느라고, 하늘
에서 내려오는 표징을 그분께 요구하기도 하였다.

요나의 표징 12,38-42

12,38 그때에 율법 학자와 바리사이 몇 사람이 예수
님께 말하였다. "스승님, 스승님이 일으키시는 표
징을 보고 싶습니다."

최고 의회에서 신문을 받으시다 26,57-66

2,19 // 2바룩 32,2 잠시 뒤면 시온의 건물이 뒤흔들릴 것이다. 다시 지어지기 위해서다. [3] 그 건물은 남아 있지 않을 것이다. 그것은 얼마 뒤 뿌리째 뽑힐 것이다. 그리고 얼마간 황폐한 채로 남아 있을 것이다. [4] 그런 다음 그것은 영광스런 모습으로 다시 세워지고 완성될 것이다. 영원히!

19 그러자 예수님께서 그들에게 대답하셨다. "이 성
전을 허물어라. 그러면 내가 사흘 안에 다시 세
우겠다."

26,60 마침내 두 사람이 나서서 61 "이자가 '나는 하느
님의 성전을 허물고 사흘 안에 다시 세울 수 있다.'
고 말하였습니다." 하였다.

십자가에 못 박히시다 27,32-44

27,39 지나가던 자들이 머리를 흔들어 대며 예수님
을 모독하면서 40 이렇게 말하였다. "성전을 허물고
사흘 안에 다시 짓겠다는 자야, 너 자신이나 구해
보아라. 네가 하느님의 아들이라면 십자가에서 내
려와 보아라."

20 유다인들이 말하였다. "이 성전을 마흔여섯 해
나 걸려 지었는데, 당신이 사흘 안에 다시 세우겠
다는 말이오?" 21 그러나 그분께서 성전이라고 하
신 것은 당신 몸을 두고 하신 말씀이었다.
22 예수님께서 죽은 이들 가운데에서 되살아나신
뒤에야, 제자들은 예수님께서 이 말씀을 하신 것
을 기억하고, 성경과 그분께서 이르신 말씀을 믿
게 되었다.

| 요한 2,18 // 6,30; 20,30-31
| 요한 2,22 // 12,16; 16,4ㄱ

부활하시다 마태 28,1-8

28,6 "그분께서는 여기에 계시지 않는다. 말씀하신
대로 그분께서는 되살아나셨다. 와서 그분께서 누
워 계셨던 곳을 보아라. 7 그러니 서둘러 그분의 제
자들에게 가서 이렇게 일러라. '그분께서는 죽은
이들 가운데에서 되살아나셨습니다. 이제 여러분
보다 먼저 갈릴래아로 가실 터이니, 여러분은 그
분을 거기에서 뵙게 될 것입니다.' 이것이 내가 너
희에게 알리는 말이다."

요나의 표징 11,29-32

11,29 군중이 점점 더 모여들자 예수님께서 말씀하
기 시작하셨다. "이 세대는 악한 세대다. 이 세대
가 표징을 요구하지만 요나 예언자의 표징밖에는
어떠한 표징도 받지 못할 것이다. 30 요나가 니네베
사람들에게 표징이 된 것처럼, 사람의 아들도 이
세대 사람들에게 그러할 것이다."

최고 의회에서 신문을 받으시다 14,53-64

14,58 "우리는 저자가, '나는 사람 손으로 지은 이 성
전을 허물고, 손으로 짓지 않는 다른 성전을 사
흘 안에 세우겠다.'고 말하는 것을 들은 적이 있
습니다."

2,19 // 토마 복음 71,1 예수님께서 말씀하셨다. "내가 이 집을 뒤집어엎겠다. 그러면 아무도 그것을 다시 세울 수 없을 것이다."

2,19 // 니코데모 복음 4,1 빌라도는 그리스도만 남겨두고 밖으로 나와서 유다인들에게 말하였다. "나는 이 사람에게서 아무런 잘못도 찾지 못하겠소." 유다인들이 답하였다. "그자가 무어라고 말하고 다녔는지, 각하께 말씀드리겠습니다. 그자는 '나는 하느님의 성전을 무너뜨렸다가 사흘 안에 다시 세울 수 있다'고 말했습니다." 빌라도가 말하였다. "그가 무슨 성전을 무너뜨린다고 말했소?" 히브리인들이 말하였다. "솔로몬의 성전이오. 솔로몬이 사십육 년 동안 세운 것입니다."

십자가에 못 박히시다 15,21-32

15,29 지나가는 자들이 머리를 흔들며 그분을 이렇
게 모독하였다. "저런! 성전을 허물고 사흘 안에
다시 짓겠다더니."

부활하시다 16,1-8

16,6 젊은이가 그들에게 말하였다. "놀라지 마라. 너희
가 십자가에 못 박히신 나자렛 사람 예수님을 찾고 있
지만 그분께서는 되살아나셨다. 그래서 여기에 계시
지 않는다. 보아라, 여기가 그분을 모셨던 곳이다. 7 그
러니 가서 제자들과 베드로에게 이렇게 일러라. '예수
님께서는 전에 여러분에게 말씀하신 대로 여러분보다
먼저 갈릴래아로 가실 터이니, 여러분은 그분을 거기
에서 뵙게 될 것입니다.'"

부활하시다 24,1-12

24,6 "그분께서는 여기에 계시지 않는다. 되살
아나셨다. 그분께서 갈릴래아에 계실 때에 너
희에게 무엇이라고 말씀하셨는지 기억해 보아
라. 7 사람의 아들은 죄인들의 손에 넘겨져 십
자가에 못 박히셨다가 사흘 만에 다시 살아나
셔야 한다고 말씀하셨다." 8 그러자 여자들은
예수님의 말씀을 기억해 내었다.

제자들에게 나타나시어 사명을 부여하시다 24,36-49

24,44 그리고 그들에게 이르셨다. "내가 전에 너
희와 함께 있을 때에 말한 것처럼, 나에 관하여 모세의 율법과 예언서와 시편에 기록된 모든 것이 다 이
루어져야 한다." 45 그때에 예수님께서는 그들의 마음을 여시어 성경을 깨닫게 해 주셨다.

모든 사람을 아시는 예수님

요한 2,23-25

[23]파스카 축제 때에 예수님께서 예루살렘에 계시
는 동안, 많은 사람이 그분께서 일으키신 표징들
을 보고 그분의 이름을 믿었다.
[24]그러나 예수님께서는 그들을 신뢰하지 않으셨
다. 그분께서 모든 사람을 다 알고 계셨기 때문이
다. [25]그분께는 사람에 관하여 누가 증언해 드릴
필요가 없었다. 사실 예수님께서는 사람 속에 들
어 있는 것까지 알고 계셨다.

| 요한 2,23 // 3,2; 6,14; 7,31; 10,41-42; 12,37; 20,30-31
| 요한 2,24-25 // 1,48; 6,64; 16,30

2,24-25 // 예레 17,9 사람의 마음은 만물보다 더 교활하여 치유될 가망이 없으니 누가 그 마음을 알리오? [10]내가 바로 마음을 살피고 속을 떠보는 주님이다. 나는 사람마다 제 길에 따라, 제 행실의 결과에 따라 갚는다.

2,24-25 // 1사무 16,7 그러나 주님께서는 사무엘에게 말씀하셨다. "겉모습이나 키 큰 것만 보아서는 안 된다. 나는 이미 그를 배척하였다. 나는 사람들처럼 보지 않는다. 사람들은 눈에 들어오는 대로 보지만 주님은 마음을 본다."

2,24-25 // 시편 139,1 주님, 당신께서는 저를 살펴보시어 아십니다. [2]제가 앉거나 서거나 당신께서는 아시고 제 생각을 멀리서도 알아채십니다. [3]제가 길을 가도 누워 있어도 당신께서는 헤아리시고 당신께는 저의 모든 길이 익숙합니다. [4]정녕 말이 제 혀에 오르기도 전에 주님, 이미 당신께서는 모두 아십니다.

2,24-25 // 시편 44,22 하느님께서는 마음속에 숨겨진 것도 아시는데 그런 것을 알아채지 못하실 리 있겠습니까?

2,24-25 // 잠언 15,11 저승도 멸망의 나라도 주님 앞에 놓여 있는데 하물며 사람의 마음이야!

2,24-25 // 잠언 21,2 사람의 길이 제 눈에는 모두 바르게 보여도 마음을 살피시는 분은 주님이시다.

2,24-25 // 1역대 28,9 "내 아들 솔로몬아, 너는 네 아버지의 하느님을 바로 알고, 한결같은 마음과 기꺼운 마음으로 그분을 섬겨라. 주님께서는 모든 마음을 살피시고 모든 생각을 꿰뚫어 보신다. 네가 그분을 찾으면 그분께서 너를 만나 주시고, 네가 그분을 버리면 너를 영영 저버리실 것이다."

2,24-25 // 1열왕 8,39 당신께서는 계시는 곳 하늘에서 들으시어 용서해 주시고 행동하십시오. 당신께서는 사람의 마음을 아시니, 그 모든 행실에 따라 갚아 주십시오. 당신만이 모든 사람의 마음을 아십니다.

마태

중풍 병자를 고치시다 9,1-8

[9,4]예수님께서 그들의 생각을 아시고 말씀하셨
다. "너희는 어찌하여 마음속에 악한 생각을 품
느냐?"

예수님과 베엘제불 12,22-32

[12,25]예수님께서 그들의 생각을 아시고 이렇게 말
씀하셨다. "어느 나라든지 서로 갈라서면 망하고,
어느 고을이나 집안도 서로 갈라서면 버티어 내
지 못한다."

니코데모와 이야기하시다

요한 3,1-21

[1]바리사이 가운데 니코데모라는 사람이 있었다.
그는 유다인들의 최고 의회 의원이었다.
[2]그 사람이 밤에 예수님께 와서 말하였다. "스승
님, 저희는 스승님이 하느님에게서 오신 스승이심
을 알고 있습니다. 하느님께서 함께 계시지 않으
면, 당신께서 일으키시는 그러한 표징들을 아무

마태

황제에게 세금을 내는 문제 22,15-22

[22,15]그때에 바리사이들이 나가서, 어떻게 하면 말
로 예수님께 올가미를 씌울까 하고 의논하였다.
[16]그러고는 저희 제자들을 헤로데 당원들과 함께
예수님께 보내어 이렇게 말하였다. "스승님, 저희

마르

중풍 병자를 고치시다 2,1-12

2,8 예수님께서는 곧바로 그들이 속으로 의아하게 생각하는 것을 당신 영으로 아시고 말씀하셨다. "너희는 어찌하여 마음속으로 의아하게 생각하느냐?"

루카

중풍 병자를 고치시다 5,17-26

5,22 예수님께서는 그들의 생각을 아시고 대답하셨다. "너희는 어찌하여 마음속으로 의아하게 생각하느냐?"

가장 큰 사람 9,46-48

9,47 예수님께서는 그들 마음속의 생각을 아시고 어린이 하나를 데려다가 곁에 세우신 다음,

돈을 좋아하는 바리사이들의 참모습 16,14-15

16,15 그러자 예수님께서 그들에게 이르셨다. "너희는 사람들 앞에서 스스로 의롭다고 하는 자들이다. 그러나 하느님께서는 너희 마음을 아신다. 사실 사람들에게 높이 평가되는 것이 하느님 앞에서는 혐오스러운 것이다."

마르

황제에게 세금을 내는 문제 12,13-17

12,13 그 뒤에 그들은 예수님께 말로 올무를 씌우려고, 바리사이들과 헤로데 당원 몇 사람을 보냈다.
14 그들이 와서 예수님께 말하였다. "스승님, 저희는 스승님께서 진실하시고 아무도 꺼리지 않으시

루카

황제에게 세금을 내는 문제 20,20-26

20,20 그리하여 그들은 기회를 엿보다가, 선량한 사람처럼 꾸민 앞잡이들을 보내어 예수님의 말씀을 빌미로 그분을 붙잡게 하였다. 예수님을 직권과 사법권을 가진 총독에게 넘기려는 것이었다.

3,1 // 니코데모 복음 프롤로그 한나스와 카야파가 예루살렘의 대사제로 봉직하던 때 로마제국 지방영주 니코데모는 아이네아스라는 이름의 유다인을 불러 한나스와 카야파 시절에 그리스도와 관련하여 예루살렘에 일어난 일들을 기록해 달라고 요청하였다. 그 유다인은 요청을 실행에 옮겨 그 기록을 니코데모에게 넘겼다. 그리고 니코데모는 그것을 히브리어 문자에서 로마 언어로 번역하였다.

3,2 // 에게르톤 복음 3,1 그들은 그분께 [다]가와 떠보며 시험 삼아 그분께 [물]어 보았다. 2 "스승이신 예수님, 저희는 당신께서 [하느님에게서] 오신 것을 알고 있습니다. 하시는 일들이 모든 예언자들보다 더 훌륭히 증[언]하기 때문입니다."

요한 3,3-10

도 일으킬 수 없기 때문입니다."

3 그러자 예수님께서 그에게 이르셨다. "내가 진실
로 진실로 너에게 말한다. 누구든지 위로부터 태
어나지 않으면 하느님의 나라를 볼 수 없다." 4 니
코데모가 예수님께 말하였다. "이미 늙은 사람이
어떻게 또 태어날 수 있겠습니까? 어머니 배 속
에 다시 들어갔다가 태어날 수야 없지 않습니까?"
5 예수님께서 대답하셨다. "내가 진실로 진실로 너
에게 말한다. 누구든지 물과 성령으로 태어나지
않으면, 하느님 나라에 들어갈 수 없다.
6 육에서 태어난 것은 육이고 영에서 태어난 것은
영이다. 7 '너희는 위로부터 태어나야 한다.'고 내
가 말하였다고 놀라지 마라. 8 바람은 불고 싶은
데로 분다. 너는 그 소리를 들어도 어디에서 와
어디로 가는지 모른다. 영에서 태어난 이도 다 이
와 같다."
9 니코데모가 예수님께 "그런 일이 어떻게 이루어
질 수 있습니까?" 하자, 10 예수님께서 그에게 대
답하셨다. "너는 이스라엘의 스승이면서 그런 것
도 모르느냐?

마태

는 스승님께서 진실하시고 하느님의 길을 참되게
가르치시며 아무도 꺼리지 않으시는 줄 압니다.
과연 스승님은 사람을 그 신분에 따라 판단하지
않으십니다. 22,17 그러니 스승님은 어떻게 생각하시
는지 말씀해 주십시오. 황제에게 세금을 내는 것
이 합당합니까, 합당하지 않습니까?"

하늘 나라에서 가장 큰 사람 18,1-5

18,3 "내가 진실로 너희에게 말한다. 너희가 회개하
여 어린이처럼 되지 않으면, 결코 하늘 나라에 들
어가지 못한다."

3,6-7 // 에제 36,26 너희에게 새 마음을 주고 너희 안에 새 영을 넣어 주겠다. 너희 몸에서 돌로 된 마음을 치우고, 살로 된 마음을 넣어 주겠다. 27 나는 또 너희 안에 내 영을 넣어 주어, 너희가 나의 규정들을 따르고 나의 법규들을 준수하여 지키게 하겠다.

3,6-7 // 예레 31,33 그 시대가 지난 뒤에 내가 이스라엘 집안과 맺어 줄 계약은 이러하다. 주님의 말씀이다. 나는 그들의 가슴에 내 법을 넣어 주고, 그들의 마음에 그 법을 새겨 주겠다. 그리하여 나는 그들의 하느님이 되고 그들은 나의 백성이 될 것이다.

3,6-7 // 에제 11,19 나는 그들에게 다른 마음을 넣어 주고, 그들 안에 새 영을 넣어 주겠다. 그들의 몸에서 돌로 된 마음을 치워 버리고 살로 된 마음을 넣어 주어, 20 그들이 나의 규정들을 따르고 나의 법규들을 준수하여 그대로 지키게 하겠다. 그리하여 그들은 나의 백성이 되고 나는 그들의 하느님이 될 것이다.

3,6-7 // 시편 51,10 기쁨과 즐거움을 제가 맛보게 해 주소서. 당신께서 부수셨던 뼈들이 기뻐 뛰리이다.

3,8 // 1열왕 19,11 그분께서 말씀하셨다. "나와서 산 위, 주님 앞에 서라." 바로 그때에 주님께서 지나가시는데, 크고 강한 바람이 산을 할퀴고 주님 앞에 있는 바위를 부수었다. 그러나 주님께서는 바람 가운데에 계시지 않았다. 바람이 지나간 뒤에 지진이 일어났다. 그러나 주님께서는 지진 가운데에도 계시지 않았다. 12 지진이 지나간 뒤에 불이 일어났다. 그러나 주님께서는 불 속에도 계시지 않았다. 불이 지나간 뒤에 조용하고 부드러운 소리가 들려왔다.

3,8 // 코헬 11,5 바람의 길을 네가 알 수 없고 임산부의 배 속에 든 몸이 어떻게 되는지 알 수 없듯 그렇게 모든 것을 하시는 하느님의 일을 너는 알 수 없다.

3,8 // 에제 37,9 그분께서 다시 나에게 말씀하셨다. "숨에게 예언하여라. 사람의 아들아, 예언하여라. 숨에게 말하여라. '주 하느님이 이렇게 말한다. 너 숨아, 사방에서 와 이 학살된 이들 위로 불어서, 그들이 살아나게 하여라.'"

3,8 // 이사 55,9 하늘이 땅 위에 드높이 있듯이 내 길은 너희 길 위에, 내 생각은 너희 생각 위에 드높이 있다.

3,9-11 // 2바룩 18,1 나는 대답하며 말하였다. "빛을 비춘 이는 빛에게서 빛을 취하였습니다. 그런데 그를 본받은 이는 드뭅니다. 2 그가 빛을 비추어준 자들 가운데 상당수가 아담의 어둠을 취하였습니다. 그리고 그들은 등불의 빛에서 기쁨을 찾지 않았습니다."

는 분이라는 것을 압니다. 과연 스승님은 사람을 그 신분에 따라 판단하지 않으시고, 하느님의 길을 참되게 가르치십니다. 그런데 황제에게 세금을 내는 것이 합당합니까, 합당하지 않습니까? 바쳐야 합니까, 바치지 말아야 합니까?"

20,21 그들이 예수님께 물었다. "스승님, 저희는 스승님께서 올바르게 말씀하시고 가르치시며 사람을 그 신분에 따라 가리지 않으시고, 하느님의 길을 참되게 가르치신다는 것을 압니다. 22 그런데 저희가 황제에게 조세를 내는 것이 합당합니까, 합당하지 않습니까?"

어린이들을 사랑하시다 10,13-16

10,15 "내가 진실로 너희에게 말한다. 어린이와 같이 하느님의 나라를 받아들이지 않는 자는 결코 그곳에 들어가지 못한다."

어린이들을 사랑하시다 18,15-17

18,17 "내가 진실로 너희에게 말한다. 어린이와 같이 하느님의 나라를 받아들이지 않는 자는 결코 그곳에 들어가지 못한다."

3,11 // 예레 7,25 너희 조상들이 이집
트 땅에서 나온 날부터 오늘에 이
르기까지 나는 내 모든 종들, 곧
예언자들을 날마다 끊임없이 그
들에게 보냈다. 26 그런데도 그들
은 나에게 순종하거나 귀를 기울
이지 않고, 오히려 목을 뻣뻣이 세
우고 자기네 조상들보다 더 고약
하게 굴었다.

3,11 // 에제 2,3 그분께서 나에게 이
렇게 말씀하셨다. "사람의 아들아,
내가 이스라엘 자손들, 나를 반역
해 온 저 반역의 민족에게 너를 보
낸다. 그들은 저희 조상들처럼 오
늘날까지 나를 거역해 왔다. 4 얼
굴이 뻔뻔하고 마음이 완고한 저
자손들에게 내가 너를 보낸다. 너
는 그들에게 '주 하느님이 이렇게
말한다.' 하고 말하여라. 5 그들이
듣든, 또는 그들이 반항의 집안이
어서 듣지 않든, 자기들 가운데에
예언자가 있다는 사실만은 알게
될 것이다."

3,11 // 이사 53,1 우리가 들은 것을 누
가 믿었던가? 주님의 권능이 누구
에게 드러났던가?

3,14 // 민수 21,8 그러자 주님께서 모
세에게 말씀하셨다. "너는 불 뱀을
만들어 기둥 위에 달아 놓아라. 물
린 자는 누구든지 그것을 보면 살
게 될 것이다." 9 그리하여 모세는
구리 뱀을 만들어 그것을 기둥 위
에 달아 놓았다. 뱀이 사람을 물었
을 때, 그 사람이 구리 뱀을 쳐다
보면 살아났다.

11 내가 진실로 진실로 너에게 말한다. 우리는 우
리가 아는 것을 말하고 본 것을 증언한다. 그러나
너희는 우리의 증언을 받아들이지 않는다. 12 내가
세상일을 말하여도 너희가 믿지 않는데, 하물며
하늘 일을 말하면 어찌 믿겠느냐?

13 하늘에서 내려온 이, 곧 사람의 아들 말고는 하
늘로 올라간 이가 없다.

14 모세가 광야에서 뱀을 들어 올린 것처럼, 사람
의 아들도 들어 올려져야 한다.

15 믿는 사람은 누구나 사람의 아들 안에서 영원
한 생명을 얻게 하려는 것이다.

16 하느님께서는 세상을 너무나 사랑하신 나머지
외아들을 내주시어, 그를 믿는 사람은 누구나 멸
망하지 않고 영원한 생명을 얻게 하셨다. 17 하느
님께서 아들을 세상에 보내신 것은, 세상을 심판
하시려는 것이 아니라 세상이 아들을 통하여 구

하느님 아버지와 아들 11,25-27

11,27 "나의 아버지께서는 모든 것을 나에게 넘겨주셨다. 그래서 아버지 외에는 아무도 아들을 알지 못한다. 또 아들 외에는, 그리고 그가 아버지를 드러내 보여 주려는 사람 외에는 아무도 아버지를 알지 못한다."

수난과 부활을 처음으로 예고하시다 16,21-23

16,21 그때부터 예수님께서는 당신이 반드시 예루살렘에 가시어 원로들과 수석 사제들과 율법 학자들에게 많은 고난을 받고 죽임을 당하셨다가 사흗날에 되살아나셔야 한다는 것을 제자들에게 밝히기 시작하셨다.

따름과 보상 19,27-30

19,29 "그리고 내 이름 때문에 집이나 형제나 자매, 아버지나 어머니, 자녀나 토지를 버린 사람은 모두 백 배로 받을 것이고 영원한 생명도 받을 것이다."

하느님의 나라와 부자 19,16-26

19,16 그런데 어떤 사람이 예수님께 다가와, "스승님,
제가 영원한 생명을 얻으려면 무슨 선한 일을 해
야 합니까?" 하고 물었다. 17 그러자 예수님께서 말
씀하셨다. "어찌하여 나에게 선한 일을 묻느냐?
선하신 분은 한 분뿐이시다. 네가 생명에 들어가

하느님 아버지와 아들 10,21-24 (루카)

10,22 "나의 아버지께서는 모든 것을 나에게 넘겨주
셨다. 그래서 아버지 외에는 아들이 누구인지 아
무도 알지 못한다. 또 아들 외에는, 그리고 그가
아버지를 드러내 보여 주려는 사람 외에는 아버지
께서 누구이신지 아무도 알지 못한다."

승천하시다 16,19-20 (마르)

16,19 주 예수님께서는 제자들에게 말씀하신 다음
승천하시어 하느님 오른쪽에 앉으셨다. 20 제자들
은 떠나가서 곳곳에 복음을 선포하였다. 주님께서
는 그들과 함께 일하시면서 표징들이 뒤따르게 하
시어, 그들이 전하는 말씀을 확증해 주셨다.

수난과 부활을 처음으로 예고하시다 8,31-33 (마르)

8,31 예수님께서는 그 뒤에, 사람의 아들이 반드시
많은 고난을 겪으시고 원로들과 수석 사제들과
율법 학자들에게 배척을 받아 죽임을 당하셨다가
사흘 만에 다시 살아나셔야 한다는 것을 제자들
에게 가르치기 시작하셨다.

수난과 부활을 처음으로 예고하시다 9,22 (루카)

9,22 예수님께서는 이어서 "사람의 아들은 반드시
많은 고난을 겪고 원로들과 수석 사제들과 율법
학자들에게 배척을 받아 죽임을 당하였다가 사흘
만에 되살아나야 한다." 하고 이르셨다.

따름과 보상 10,28-31 (마르)

10,29 예수님께서 말씀하셨다. "내가 진실로 너희에
게 말한다. 누구든지 나 때문에, 또 복음 때문에
집이나 형제나 자매, 어머니나 아버지, 자녀나 토
지를 버린 사람은 30 현세에서 박해도 받겠지만 집
과 형제와 자매와 어머니와 자녀와 토지를 백 배
나 받을 것이고, 내세에서는 영원한 생명을 받을
것이다."

따름과 보상 18,28-30 (루카)

18,29 예수님께서 그들에게 말씀하셨다. "내가 진실
로 너희에게 말한다. 누구든지 하느님의 나라 때
문에 집이나 아내, 형제나 부모나 자녀를 버린 사
람은, 30 현세에서 여러 곱절로 되받을 것이고 내세
에서는 영원한 생명을 받을 것이다."

하느님의 나라와 부자 10,17-27 (마르)

10,17 예수님께서 길을 떠나시는데 어떤 사람이 달
려와 그분 앞에 무릎을 꿇고, "선하신 스승님, 제
가 영원한 생명을 받으려면 무엇을 해야 합니까?"
하고 물었다. 18 그러자 예수님께서 그에게 이르셨
다. "어찌하여 나를 선하다고 하느냐? 하느님 한

하느님의 나라와 부자 18,18-27 (루카)

18,18 어떤 권력가가 예수님께, "선하신 스승님, 제가
무엇을 해야 영원한 생명을 받을 수 있습니까?"
하고 물었다. 19 그러자 예수님께서 그에게 이르셨
다. "어찌하여 나를 선하다고 하느냐? 하느님 한
분 외에는 아무도 선하지 않다."

원을 받게 하시려는 것이다. [18] 아들을 믿는 사람
은 심판을 받지 않는다. 그러나 믿지 않는 자는 이
미 심판을 받았다. 하느님의 외아들의 이름을 믿
지 않았기 때문이다. [19] 그 심판은 이러하다. 빛이
이 세상에 왔지만, 사람들은 빛보다 어둠을 더 사
랑하였다. 그들이 하는 일이 악하였기 때문이다.
[20] 악을 저지르는 자는 누구나 빛을 미워하고 빛으
로 나아가지 않는다. 자기가 한 일이 드러나지 않
게 하려는 것이다. [21] 그러나 진리를 실천하는 이는
빛으로 나아간다. 자기가 한 일이 하느님 안에서
이루어졌음을 드러내려는 것이다."

- 요한 3,1-2 // 19,39
- 요한 3,1-21 // 7,50
- 요한 3,2 // 2,23; 9,16
- 요한 3,9-11 // 1,10-11; 8,43; 12,37-38; 14,17
- 요한 3,13 // 1,18; 6,38; 6,62; 8,23; 16,28-30; 17,5
- 요한 3,14 // 8,28; 12,32-34
- 요한 3,15-16 // 3,36; 4,14; 5,39-40; 6,27.47.54; 12,25
- 요한 3,16 // 20,31
- 요한 3,17 // 4,42; 8,11; 11,27
- 요한 3,19-21 // 1,5

려면 계명들을 지켜라."

따름과 보상 19,27-30

[19,29] "그리고 내 이름 때문에 집이나 형제나 자매,
아버지나 어머니, 자녀나 토지를 버린 사람은 모
두 백 배로 받을 것이고 영원한 생명도 받을 것
이다."

3,20 // 창세 3,8 그들은 주 하느님께서 저녁 산들바람 속에 동산을 거니시는 소리를 들었다. 사람과 그 아내는 주 하느님 앞을 피하여 동산 나무 사이에 숨었다. [9] 주 하느님께서 사람을 부르시며, "너 어디 있느냐?" 하고 물으셨다. [10] 그가 대답하였다. "동산에서 당신의 소리를 듣고 제가 알몸이기 때문에 두려워 숨었습니다."

3,21 // 이사 2,5 야곱 집안아 자, 주님의 빛 속에 걸어가자!

3,21 // 시편 112,4 올곧은 이들에게는 어둠 속에서 빛이 솟으리라. 그는 너그럽고 자비로우며 의롭다네.

3,21 // 잠언 4,18 의인들의 길은 동틀 녘의 빛과 같아 한낮이 될 때까지 점점 밝아지지만 [19] 악인들의 길은 암흑과 같아 어디에 걸려 비틀거리는지도 모른다.

3,21 // 이사 60,1 일어나 비추어라. 너의 빛이 왔다. 주님의 영광이 네 위에 떠올랐다. [2] 자 보라, 어둠이 땅을 덮고 암흑이 겨레들을 덮으리라. 그러나 네 위에는 주님께서 떠오르시고 그분의 영광이 네 위에 나타나리라. [3] 민족들이 너의 빛을 향하여, 임금들이 떠오르는 너의 광명을 향하여 오리라.

예수님과 세례자 요한

요한 3,22-30

[22] 그 뒤에 예수님께서는 제자들과 함께 유다 땅
으로 가시어, 그곳에서 제자들과 함께 머무르시
며 세례를 주셨다.
[23] 요한도 살림에 가까운 애논에 물이 많아, 거기
에서 세례를 주고 있었다. 그리하여 사람들이 가
서 세례를 받았다. [24] 그때는 요한이 감옥에 갇히
기 전이었다.

마태

세례자 요한의 설교 3,1-12

[3,1] 그 무렵에 세례자 요한이 나타나 유다 광야에
서 이렇게 선포하였다. [2] "회개하여라. 하늘 나라가
가까이 왔다." [3] 요한은 이사야 예언자가 말한 바로
그 사람이다. 이사야는 이렇게 말하였다.
"광야에서 외치는 이의 소리.
'너희는 주님의 길을 마련하여라.

분 외에는 아무도 선하지 않다."

따름과 보상 10,28-31

10,29 예수님께서 말씀하셨다. "내가 진실로 너희에
게 말한다. 누구든지 나 때문에, 또 복음 때문에
집이나 형제나 자매, 어머니나 아버지, 자녀나 토
지를 버린 사람은 30 현세에서 박해도 받겠지만 집
과 형제와 자매와 어머니와 자녀와 토지를 백 배
나 받을 것이고, 내세에서는 영원한 생명을 받을
것이다."

따름과 보상 18,28-30

18,29 예수님께서 그들에게 말씀하셨다. "내가 진실
로 너희에게 말한다. 누구든지 하느님의 나라 때
문에 집이나 아내, 형제나 부모나 자녀를 버린 사
람은, 30 현세에서 여러 곱절로 되받을 것이고 내세
에서는 영원한 생명을 받을 것이다."

가장 큰 계명 10,25-28

10,25 어떤 율법 교사가 일어서서 예수님을 시험하
려고 말하였다. "스승님, 제가 무엇을 해야 영원한
생명을 받을 수 있습니까?" 26 예수님께서 그에게
말씀하셨다. "율법에 무엇이라고 쓰여 있느냐? 너
는 어떻게 읽었느냐?" 27 그가 "'네 마음을 다하고
네 목숨을 다하고 네 힘을 다하고 네 정신을 다하
여 주 너의 하느님을 사랑하고' '네 이웃을 너 자신
처럼 사랑해야 한다.' 하였습니다." 하고 대답하자,
28 예수님께서 그에게 이르셨다. "옳게 대답하였다.
그렇게 하여라. 그러면 네가 살 것이다."

마르

세례자 요한의 설교 1,1-8

1,4 세례자 요한이 광야에 나타나 죄의 용서를 위
한 회개의 세례를 선포하였다. 5 그리하여 온 유다
지방 사람들과 예루살렘 주민들이 모두 그에게
나아가, 자기 죄를 고백하며 요르단강에서 그에게
세례를 받았다.

루카

세례를 받으시다 3,21-22

3,21 온 백성이 세례를 받은 뒤에 예수님께서도 세
례를 받으시고 기도를 하시는데, 하늘이 열리며
22 성령께서 비둘기 같은 형체로 그분 위에 내리시
고, 하늘에서 소리가 들려왔다. "너는 내가 사랑
하는 아들, 내 마음에 드는 아들이다."

25 그런데 요한의 제자들과 어떤 유다인 사이에 정
결례를 두고 말다툼이 벌어졌다. 26 그래서 그 제
자들이 요한에게 가서 말하였다. "스승님, 요르단
강 건너편에서 스승님과 함께 계시던 분, 스승님
께서 증언하신 분, 바로 그분이 세례를 주시는데
사람들이 모두 그분께 가고 있습니다." 27 그러자
요한이 대답하였다. "하늘로부터 주어지지 않으면
사람은 아무것도 받을 수 없다. 28 '나는 그리스도
가 아니라 그분에 앞서 파견된 사람일 따름이다.'
하고 내가 말한 사실에 관하여, 너희 자신이 내
증인이다.

그분의 길을 곧게 내어라.'"
3,4 요한은 낙타털로 된 옷을 입고 허리에 가죽띠
를 둘렀다. 그의 음식은 메뚜기와 들꿀이었다. 5 그
때에 예루살렘과 온 유다와 요르단 부근 지방의
모든 사람이 그에게 나아가, 6 자기 죄를 고백하며
요르단강에서 그에게 세례를 받았다.

세례자 요한의 설교 3,1-12; 세례를 받으시다 3,13-17

3,11 "나는 너희를 회개시키려고 물로 세례를 준다.
그러나 내 뒤에 오시는 분은 나보다 더 큰 능력을
지니신 분이시다. 나는 그분의 신발을 들고 다닐
자격조차 없다. 그분께서는 너희에게 성령과 불로
세례를 주실 것이다. 12 또 손에 키를 드시고 당신
의 타작마당을 깨끗이 하시어, 알곡은 곳간에 모
아들이시고 쭉정이는 꺼지지 않는 불에 태워 버
리실 것이다."
3,13 그때에 예수님께서는 요한에게 세례를 받으시
려고 갈릴래아에서 요르단으로 그를 찾아가셨다.
14 그러나 요한은 "제가 선생님께 세례를 받아야
할 터인데 선생님께서 저에게 오시다니요?" 하면
서 그분을 말렸다.

세례자 요한의 질문에 답변하시다 11,2-6

11,2 그런데 요한이, 그리스도께서 하신 일을 감옥
에서 전해 듣고 제자들을 보내어, 3 "오실 분이 선
생님이십니까? 아니면 저희가 다른 분을 기다려
야 합니까?" 하고 물었다. 4 예수님께서 그들에게
대답하셨다. "요한에게 가서 너희가 보고 듣는 것
을 전하여라. 5 눈먼 이들이 보고 다리저는 이들이
제대로 걸으며, 나병 환자들이 깨끗해지고 귀먹은
이들이 들으며, 죽은 이들이 되살아나고 가난한
이들이 복음을 듣는다. 6 나에게 의심을 품지 않
는 이는 행복하다."

3,27 // 예레 10,23 주님, 저는 압니다, 사람은 제 길의 주인이 아니라는 사실을. 인간은 그 길을 걸으면서도 자신의 발걸음을 가눌 수 없습니다.

3,27 // 욥 1,21 "알몸으로 어머니 배에서 나온 이 몸 알몸으로 그리 돌아가리라. 주님께서 주셨다가 주님께서 가져가시니 주님의 이름은 찬미받으소서."

3,28 // 이사 40,3 한 소리가 외친다. "너희는 광야에 주님의 길을 닦아라. 우리 하느님을 위하여 사막에 길을 곧게 내어라."

3,28 // 말라 3,1 보라, 내가 나의 사자를 보내니 그가 내 앞에서 길을 닦으리라. 너희가 찾던 주님, 그가 홀연히 자기 성전으로 오리라. 너희가 좋아하는 계약의 사자 보라, 그가 온다.

세례자 요한의 설교 1,1-8

1,6 요한은 낙타털 옷을 입고 허리에 가죽띠를 둘렀
으며, 메뚜기와 들꿀을 먹고 살았다. 7 그리고 이렇
게 선포하였다. "나보다 더 큰 능력을 지니신 분이
내 뒤에 오신다. 나는 몸을 굽혀 그분의 신발 끈
을 풀어 드릴 자격조차 없다. 8 나는 너희에게 물
로 세례를 주었지만, 그분께서는 너희에게 성령으
로 세례를 주실 것이다."

세례자 요한의 설교 3,1-18

3,15 백성은 기대에 차 있었으므로, 모두 마음속으
로 요한이 메시아가 아닐까 하고 생각하였다. 16 그
래서 요한은 모든 사람에게 말하였다. "나는 너희
에게 물로 세례를 준다. 그러나 나보다 더 큰 능
력을 지니신 분이 오신다. 나는 그분의 신발 끈
을 풀어 드릴 자격조차 없다. 그분께서는 너희에
게 성령과 불로 세례를 주실 것이다. 17 또 손에 키
를 드시고 당신의 타작마당을 깨끗이 치우시어,
알곡은 당신의 곳간에 모아들이시고 쭉정이는 꺼
지지 않는 불에 태워 버리실 것이다." 18 요한은 그
밖에도 여러 가지로 권고하면서 백성에게 기쁜 소
식을 전하였다.

세례자 요한의 질문에 답변하시다 7,18-23

7,18 요한의 제자들이 이 모든 일을 요한에게 전하
였다. 그러자 요한은 자기 제자들 가운데에서 두
사람을 불러 19 주님께 보내며, "오실 분이 선생님
이십니까? 아니면 저희가 다른 분을 기다려야 합니까?" 하고 여쭙게 하였다. 20 그 사람들이 예수님께 다
가와 말하였다. "세례자 요한이 저희를 보내어, '오실 분이 선생님이십니까? 아니면 저희가 다른 분을 기
다려야 합니까?' 하고 여쭈어 보라고 하셨습니다." 21 그때에 예수님께서는 질병과 병고와 악령에 시달리
는 많은 사람을 고쳐 주시고, 또 많은 눈먼 이를 볼 수 있게 해 주셨다. 22 예수님께서 그들에게 대답하
셨다. "요한에게 가서 너희가 보고 들은 것을 전하여라. 눈먼 이들이 보고 다리저는 이들이 제대로 걸
으며, 나병 환자들이 깨끗해지고 귀먹은 이들이 들으며, 죽은 이들이 되살아나고 가난한 이들이 복음
을 듣는다. 23 나에게 의심을 품지 않는 이는 행복하다."

[29]신부를 차지하는 이는 신랑이다. 신랑 친구는
신랑의 소리를 들으려고 서 있다가, 그의 목소리
를 듣게 되면 크게 기뻐한다. 내 기쁨도 그렇게
충만하다. [30]그분은 커지셔야 하고 나는 작아져
야 한다."

| 요한 3,22-24 // 1,28; 4,1-2
| 요한 3,28 // 1,6-8; 1,20-23
| 요한 3,28-30 // 1,15
| 요한 3,30 // 1,27; 1,30

단식 논쟁 - 새것과 헌것 9,14-17

[9,14]그때에 요한의 제자들이 예수님께 와서, "저희
와 바리사이들은 단식을 많이 하는데, 스승님의
제자들은 어찌하여 단식하지 않습니까?" 하고 물
었다. [15]예수님께서 그들에게 이르셨다. "혼인 잔
치 손님들이 신랑과 함께 있는 동안에 슬퍼할 수
야 없지 않으냐? 그러나 그들이 신랑을 빼앗길 날
이 올 것이다. 그러면 그들도 단식할 것이다."

하늘에서 오시는 분

요한 3,31-36

[31]위에서 오시는 분은 모든 것 위에 계신다. 땅에
서 난 사람은 땅에 속하고 땅에 속한 것을 말하는
데, 하늘에서 오시는 분은 모든 것 위에 계신다.
[32]그분께서는 친히 보고 들으신 것을 증언하신다.
그러나 아무도 그분의 증언을 받아들이지 않는
다. [33]그분의 증언을 받아들이는 사람은 하느님께
서 참되심을 확증한 것이다.

[34]하느님께서 보내신 분께서는 하느님의 말씀을
하신다. 하느님께서 한량없이 성령을 주시기 때
문이다.

마태

하느님 아버지와 아들 11,25-27

[11,27]"나의 아버지께서는 모든 것을 나에게 넘겨주
셨다. 그래서 아버지 외에는 아무도 아들을 알지
못한다. 또 아들 외에는, 그리고 그가 아버지를 드
러내 보여 주려는 사람 외에는 아무도 아버지를
알지 못한다."

3,34-35 // 이사 11,2 그 위에 주님의 영이 머무르리니 지혜와 슬기의 영 경륜과 용맹의 영 지식의 영과 주님을 경외함이다.

3,34-35 // 이사 42,1 여기에 나의 종이 있다. 그는 내가 붙들어 주는 이, 내가 선택한 이, 내 마음에 드는 이다. 내가 그에게 나의 영을 주었으니 그는 민족들에게 공정을 펴리라.

3,34-35 // 이사 61,1 주님께서 나에게 기름을 부어 주시니 주 하느님의 영이 내 위에 내리셨다. 주님께서

마르

단식 논쟁 – 새것과 헌것 2,18-22

2,18 요한의 제자들과 바리사이들이 단식하고 있었
다. 사람들이 예수님께 와서, "요한의 제자들과 바
리사이의 제자들은 단식하는데, 선생님의 제자들
은 어찌하여 단식하지 않습니까?" 하고 물었다.
19 예수님께서 그들에게 이르셨다. "혼인 잔치 손님
들이 신랑과 함께 있는 동안에 단식할 수야 없지
않느냐? 신랑이 함께 있는 동안에는 단식할 수 없
다. 20 그러나 그들이 신랑을 빼앗길 날이 올 것이
다. 그때에는 그들도 단식할 것이다."

루카

단식 논쟁 – 새것과 헌것 5,33-39

5,33 그러자 그들이 예수님께 말하였다. "요한의 제
자들은 자주 단식하며 기도를 하고 바리사이의
제자들도 그렇게 하는데, 당신의 제자들은 먹고
마시기만 하는군요." 34 예수님께서 그들에게 이르
셨다. "혼인 잔치 손님들이 신랑과 함께 있는 동안
에 단식을 할 수야 없지 않느냐? 35 그러나 그들이
신랑을 빼앗길 날이 올 것이다. 그때에는 그들도
단식할 것이다."

마르

루카

하느님 아버지와 아들 10,21-24

10,22 "나의 아버지께서는 모든 것을 나에게 넘겨주
셨다. 그래서 아버지 외에는 아들이 누구인지 아
무도 알지 못한다. 또 아들 외에는, 그리고 그가
아버지를 드러내 보여 주려는 사람 외에는 아버지
께서 누구이신지 아무도 알지 못한다."

나자렛에서 희년을 선포하시다 4,16-30

4,18 "주님께서 나에게 기름을 부어 주시니
주님의 영이 내 위에 내리셨다.
주님께서 나를 보내시어
가난한 이들에게 기쁜 소식을 전하고
잡혀간 이들에게 해방을 선포하며
눈먼 이들을 다시 보게 하고
억압받는 이들을 해방시켜 내보내며
19 주님의 은혜로운 해를 선포하게 하셨다."

나를 보내시어 가난한 이들에게 기쁜 소식을 전하고 마음이 부서진 이들을 싸매어 주며 잡혀간 이들에게 해방을, 갇힌 이들에게 석방을 선포하게 하셨다.

3,34-35 // 신명 18,18 나는 그들을 위하여 그들의 동족 가운데에서 너와 같은 예언자 하나를 일으켜, 나의 말을 그의 입에 담아 줄 것이다. 그러면 그는 내가 그에게 명령하는 모든 것을 그들에게 일러 줄 것이다.

3,35 // 시편 2,7 주님의 결정을 나는 선포하리라. 나에게 말씀하셨다. "너는 내 아들. 내가 오늘 너를 낳았노라. 8 나에게 청하여라. 내가 민족들을 너의 재산으로, 땅끝까지 너의 소유로 주리라."

3,35 // 시편 110,1 주님께서 내 주군께 하신 말씀. "내 오른쪽에 앉아라, 내가 너의 원수들을 네 발판으로 삼을 때까지."

35 아버지께서는 아드님을 사랑하시고 모든 것을 그분 손에 내주셨다.

36 아드님을 믿는 이는 영원한 생명을 얻는다. 그러나 아드님께 순종하지 않는 자는 생명을 보지 못할 뿐만 아니라, 하느님의 진노가 그 사람 위에 머무르게 된다.

| 요한 3,31 // 8,23; 17,14
| 요한 3,35 // 13,3
| 요한 3,36 // 3,15-16; 4,14; 5,39-40; 6,27.47.54; 12,25

하느님 아버지와 아들 11,25-27

11,27 "나의 아버지께서는 모든 것을 나에게 넘겨주셨다. 그래서 아버지 외에는 아무도 아들을 알지 못한다. 또 아들 외에는, 그리고 그가 아버지를 드러내 보여 주려는 사람 외에는 아무도 아버지를 알지 못한다."

36/하느님의 나라와 부자 19,16-26

19,16 그런데 어떤 사람이 예수님께 다가와, "스승님, 제가 영원한 생명을 얻으려면 무슨 선한 일을 해야 합니까?" 하고 물었다. 17 그러자 예수님께서 말씀하셨다. "어찌하여 나에게 선한 일을 묻느냐? 선하신 분은 한 분뿐이시다. 네가 생명에 들어가려면 계명들을 지켜라."

따름과 보상 19,27-30

19,29 "그리고 내 이름 때문에 집이나 형제나 자매, 아버지나 어머니, 자녀나 토지를 버린 사람은 모두 백 배로 받을 것이고 영원한 생명도 받을 것이다."

마르

하느님의 나라와 부자 10,17-27

10,17 예수님께서 길을 떠나시는데 어떤 사람이 달
려와 그분 앞에 무릎을 꿇고, "선하신 스승님, 제
가 영원한 생명을 받으려면 무엇을 해야 합니까?"
하고 물었다. 18 그러자 예수님께서 그에게 이르셨
다. "어찌하여 나를 선하다고 하느냐? 하느님 한
분 외에는 아무도 선하지 않다."

따름과 보상 10,28-31

10,29 예수님께서 말씀하셨다. "내가 진실로 너희에
게 말한다. 누구든지 나 때문에, 또 복음 때문에
집이나 형제나 자매, 어머니나 아버지, 자녀나 토
지를 버린 사람은 30 현세에서 박해도 받겠지만 집
과 형제와 자매와 어머니와 자녀와 토지를 백 배
나 받을 것이고, 내세에서는 영원한 생명을 받을
것이다."

제자들에게 나타나시어 사명을 부여하시다 16,14-18

16,16 "믿고 세례를 받는 이는 구원을 받고 믿지 않
는 자는 단죄를 받을 것이다."

루카

하느님 아버지와 아들 10,21-24

10,22 "나의 아버지께서는 모든 것을 나에게 넘겨주
셨다. 그래서 아버지 외에는 아들이 누구인지 아
무도 알지 못한다. 또 아들 외에는, 그리고 그가
아버지를 드러내 보여 주려는 사람 외에는 아버지
께서 누구이신지 아무도 알지 못한다."

하느님의 나라와 부자 18,18-27

18,18 어떤 권력가가 예수님께, "선하신 스승님, 제가
무엇을 해야 영원한 생명을 받을 수 있습니까?"
하고 물었다. 19 그러자 예수님께서 그에게 이르셨
다. "어찌하여 나를 선하다고 하느냐? 하느님 한
분 외에는 아무도 선하지 않다."

따름과 보상 18,28-30

18,29 예수님께서 그들에게 말씀하셨다. "내가 진실
로 너희에게 말한다. 누구든지 하느님의 나라 때
문에 집이나 아내, 형제나 부모나 자녀를 버린 사
람은, 30 현세에서 여러 곱절로 되받을 것이고 내세
에서는 영원한 생명을 받을 것이다."

가장 큰 계명 10,25-28

10,25 어떤 율법 교사가 일어서서 예수님을 시험하
려고 말하였다. "스승님, 제가 무엇을 해야 영원한
생명을 받을 수 있습니까?" 26 예수님께서 그에게
말씀하셨다. "율법에 무엇이라고 쓰여 있느냐? 너
는 어떻게 읽었느냐?" 27 그가 "'네 마음을 다하고
네 목숨을 다하고 네 힘을 다하고 네 정신을 다하
여 주 너의 하느님을 사랑하고' '네 이웃을 너 자신
처럼 사랑해야 한다.' 하였습니다." 하고 대답하자,
28 예수님께서 그에게 이르셨다. "옳게 대답하였다.
그렇게 하여라. 그러면 네가 살 것이다."

신약 외경

3,35 // 토마 복음 61,1 예수님께서 말
씀하셨다. "두 사람이 침상 위에
서 쉴 것이다. 그런데 한 사람은 죽
고 한 사람은 살 것이다." 2 살로메
가 말하였다. "당신은 누구시길래
하나이신 분에게서 나오신 이처
럼 제 자리에 오르시고 제 식탁에
서 드십니까?" 3 예수님께서 그녀
에게 말씀하셨다. "나는 나누임이
없으신 분에게서 나온 이다. 나는
내 아버지의 것들을 받았다." [...]
4 "저는 당신의 제자입니다." [...]
5 "이 때문에 나는 말한다. 누군가
고립되면 그 사람은 빛으로 가득
할 것이다. 그러나 그가 갈라지면
어둠으로 가득할 것이다."

사마리아 여인과 이야기하시다

요한 4,1-42

[1]예수님께서는 당신이 요한보다 더 많은 사람을
제자로 만들고 세례를 준다는 소문을 바리사이
들이 들었다는 것을 알게 되셨다. [2]— 사실은 예수님께서 친히 세례를 주신 것이 아니라 제자들이 준
것이다.—
[3]그래서 예수님께서는 유다를 떠나 다시 갈릴래
아로 가셨다.

마태

갈릴래아 전도를 시작하시다 4,12-17

4,12 예수님께서는 요한이 잡혔다는 말을 들으시고
갈릴래아로 물러가셨다.

[4]그때에 사마리아를 가로질러 가셔야 했다.

[5]그렇게 하여 예수님께서는 야곱이 자기 아들 요
셉에게 준 땅에서 가까운 시카르라는 사마리아의
한 고을에 이르셨다. [6]그곳에는 야곱의 우물이 있었다. 길을 걷느라 지치신 예수님께서는 그 우물가에
앉으셨다. 때는 정오 무렵이었다.
[7]마침 사마리아 여자 하나가 물을 길으러 왔다. 그러자 예수님께서 "나에게 마실 물을 좀 다오." 하고
그 여자에게 말씀하셨다. [8]제자들은 먹을 것을 사러 고을에 가 있었다. [9]사마리아 여자가 예수님께 말
하였다. "선생님은 어떻게 유다 사람이시면서 사마리아 여자인 저에게 마실 물을 청하십니까?" 사실 유
다인들은 사마리아인들과 상종하지 않았다. [10]예수님께서 그 여자에게 대답하셨다. "네가 하느님의 선
물을 알고 또 '나에게 마실 물을 좀 다오.' 하고 너에게 말하는 이가 누구인지 알았더라면, 오히려 네가
그에게 청하고 그는 너에게 생수를 주었을 것이다." [11]그러자 그 여자가 예수님께 말하였다. "선생님, 두
레박도 가지고 계시지 않고 우물도 깊은데, 어디에서 그 생수를 마련하시렵니까? [12]선생님이 저희 조상
야곱보다 더 훌륭한 분이시라는 말씀입니까? 그분께서 저희에게 이 우물을 주셨습니다. 그분은 물론
그분의 자녀들과 가축들도 이 우물물을 마셨습니다." [13]예수님께서 그 여자에게 이르셨다. "이 물을 마
시는 자는 누구나 다시 목마를 것이다.
[14]그러나 내가 주는 물을 마시는 사람은 영원히
목마르지 않을 것이다. 내가 주는 물은 그 사람

참행복 5,3-12

5,6 행복하여라, 의로움에 주리고 목마른 사람들!
그들은 흡족해질 것이다.

4,5 // 창세 33,18 야곱은 파딴 아람을 떠나 가나안 땅에 있는 스켐 성읍에 무사히 이르러, 그 성읍 앞에 천막을 쳤다. [19]그리고 자기가 천막을 친 땅을 스켐의 아버지 하모르의 아들들에게서 돈 백 닢을 주고 샀다.

4,5 // 여호 24,34 이스라엘 자손들은 이집트에서 가지고 올라온 요셉의 유골을 스켐에, 야곱이 스켐의 아버지 하모르의 아들들에게 돈 백 닢을 주고 산 밭에 묻었다. 그곳은 요셉 자손들의 상속 재산이 된 곳이다.

4,9 // 에즈 4,1 돌아온 유배자들이 주 이스라엘의 하느님을 위한 성전을 짓는다는 말을 유다와 벤야민의 적들이 듣고, [2]즈루빠벨과 각 가문의 우두머리들에게 다가와서 말하였다. "우리도 당신들과 함께 성전을 짓게 해 주시오. 아시리아 임금 에사르 하똔이 우리를 이곳으로 끌고 올라온 날부터, 우리도 당신들과 마찬가지로 당신들의 하느님을 찾고 그분께 제사를 드려 왔소." [3]즈루빠벨과 예수아와 나머지 이스라엘 각 가문의 우두머리들이 그들에게 대답하였다. "당신들과 함께 우리 하느님을 위한 집을 지을 수는 없소. 페르시아 임금 키루스께서 명령하신 대로, 주 이스라엘의 하느님을 위한 집을 짓는 것은 우리만의 일이오." [4]그러자 그 지방 백성은 그 집을 짓지 못하도록 유다 백성의 기를 꺾고 겁을 주었다. [5]그들은 또 고문관들을 매수하여, 페르시아 임금 다리우스가 통치할 때까지, 곧 페르시아 임금 키루스의 통치 기간 내내, 유다인들의 계획을 좌절시켰다.

4,12 // 창세 26,19 이사악의 종들이 그 골짜기를 파다가, 생수가 솟는 우물을 발견하였다. [20]그러자 그라르의 목자들이 그 물을 자기네 것이라고 하면서, 이사악의 목자들에게 시비를 걸었다. 그리하여 우물을 두고 싸웠다 해서 그 우물의 이름을 에섹이라 하였다. [21]이사악의 종들이 또 다른 우물을 팠더니, 그라르의 목자들이 그것에 대해서도 시비를 걸었다. 그래서 그 이름을 시트나라 하였다. [22]이사악이 그곳에서 자리를 옮겨 또 다른 우물을 팠는데, 그것에 대해서는 아무도 시비를 걸지 않았다. 그래서 그는 "이제 주님께서 우리에게 넓은 곳을 마련해 주셨으니, 우리가 이 땅에서 퍼져 나갈 수 있게 되었다." 하면서, 그 우물 이름을 르호봇이라 하였다.

4,14-15 // 이사 44,3 내가 목마른 땅에 물을, 메마른 곳에 시냇물을 부어

마르

갈릴래아 전도를 시작하시다 마르 1,14-15

1,14 요한이 잡힌 뒤에 예수님께서는 갈릴래아에 가
시어, 하느님의 복음을 선포하시며 15 이렇게 말씀
하셨다. "때가 차서 하느님의 나라가 가까이 왔다.
회개하고 복음을 믿어라."

군중이 호숫가로 모여들다 3,7-12

3,7 예수님께서 제자들과 함께 호숫가로 물러가셨
다. 그러자 갈릴래아에서 큰 무리가 따라왔다.

루카

갈릴래아 전도를 시작하시다 4,14-15

4,14 예수님께서 성령의 힘을 지니고 갈릴래아로 돌
아가시니, 그분의 소문이 그 주변 모든 지방에 퍼
졌다.

나병 환자 열 사람을 고쳐 주시다 17,11-19

17,11 예수님께서 예루살렘으로 가시는 길에 사마리
아와 갈릴래아 사이를 지나가시게 되었다.

4,13-14 // 토마 복음 13,1 예수님께서 제자들에게 말씀하셨다. "내가 누구와 비슷한지 빗대어 말해보아라." 2 시몬 베드로가 그분께 말하였다. "당신은 의로운 천사와 비슷합니다." 마태오가 그분께 말하였다. "당신은 현명한 철학자와 비슷합니다." 토마가 그분께 말하였다. "스승님, 당신이 누구와 비슷한지 제 입으로는 도무지 말할 수 없습니다." 3 예수님께서 말씀하셨다. "나는 너의 스승이 아니다. 내가 직접 크기를 잰 샘에서 솟아오르는 물을 네가 이미 마시고 취하였기 때문이다." 4 그분께서는 토마를 데리고 물러나시어 그에게 세 가지 일을 일러 주셨다. 5 토마가 동료들에게 돌아오자 그들이 그에게 물었다. "예수님께서 자네에게 무슨 말씀을 하셨나?" 토마가 그들에게 말하였다. "그분께서 내게 하신 말씀 가운데 하나라도 자네들에게 이야기하면, 자네들이 내게 돌을 집어 던질 것일세. 그러나 그 돌들에서 불이 나와 자네들을 태워 버릴 것이네."

4,14 // 토마 복음 108,1 예수님께서 말씀하셨다. "내 입에서 나오는 것을 마시는 사람은 나와 같이 되고, 나는 그가 될 것이다. 2 그리고 가려진 것들이 그에게 드러날 것이다."

주리라. 너의 후손들에게 나의 영
을, 너의 새싹들에게 나의 복을 부
어 주리라.
4,14-15 // 이사 55,1 자, 목마른 자들
아, 모두 물가로 오너라. 돈이 없는
자들도 와서 사 먹어라. 와서 돈 없
이 값 없이 술과 젖을 사라.
4,14-15 // 즈카 14,8 그날에는 또 예루
살렘에서 생수가 솟아 나와 절반
은 동쪽 바다로, 절반은 서쪽 바다
로 흘러갈 것이다. 여름에도 겨울
에도 늘 그러할 것이다.
4,14-15 // 에제 47,1 그가 다시 나를
데리고 주님의 집 어귀로 돌아갔
다. 이 주님의 집 정면은 동쪽으
로 나 있었는데, 주님의 집 문지방
밑에서 물이 솟아 동쪽으로 흐르
고 있었다. 그 물은 주님의 집 오
른쪽 밑에서, 제단 남쪽으로 흘러
내려 갔다.

안에서 물이 솟는 샘이 되어 영원한 생명을 누리
게 할 것이다.” 15 그러자 그 여자가 예수님께 말하였다. “선생님, 그 물을 저에게 주십시오. 그러면 제가
목마르지도 않고, 또 물을 길으러 이리 나오지 않아도 되겠습니다.”
16 예수님께서 그 여자에게, “가서 네 남편을 불러 이리 함께 오너라.” 하고 말씀하셨다. 17 그 여자가 “저
는 남편이 없습니다.” 하고 대답하자, 예수님께서 말씀하셨다. “‘저는 남편이 없습니다.’ 한 것은 맞는
말이다. 18 너는 남편이 다섯이나 있었지만 지금 함께 사는 남자도 남편이 아니니, 너는 바른대로 말하
였다.”
19 여자가 예수님께 말하였다. “선생님, 이제 보니
선생님은 예언자시군요.

베드로가 예수님을 그리스도라고 고백하다 16,13-20
16,14 제자들이 대답하였다. “세례자 요한이라고 합니다. 그러나 어떤 이들은 엘리야라 하고, 또 어떤 이들은 예레미야나 예언자 가운데 한 분이라고 합니다.”

세례자 요한의 질문에 답변하시다 11,2-6
11,3 “오실 분이 선생님이십니까? 아니면 저희가 다른 분을 기다려야 합니까?” 하고 물었다.

예루살렘에 입성하시다 21,1-11
21,11 그러자 군중이 “저분은 갈릴래아 나자렛 출신 예언자 예수님이시오.” 하고 대답하였다.

포도밭 소작인의 비유 21,33-46
21,46 그분을 붙잡으려고 하였으나 군중이 두려웠다. 군중이 예수님을 예언자로 여겼기 때문이다.

4,20 // 신명 11,29 주 너희 하느님께서 너희가 차지하러 들어가려는 땅으로 너희를 데려가시면, 그리짐산 위에서는 축복을, 에발산 위에서는 저주를 선언해야 한다.
4,20 // 신명 12,5 너희는 주 너희 하느님께서 당신의 이름을 두시고 당신의 거처로 삼으시려고, 너희 모든 지파 가운데에서 선택하시는 곳을 찾아가야 한다. 너희는 반드시 그곳으로 가야 한다. 6 너희는 번제물과 희생 제물, 십일조와 예물, 그리고 서원 제물과 자원 제물, 소와 양의 맏배들을 그곳으로 가져가야 한다.
4,20 // 신명 27,12 “너희가 요르단을 건넌 뒤, 백성에게 축복하기 위하여 그리짐산에 서야 할 지파들은 시메온, 레위, 유다, 이사카르, 요셉,
벤야민이다.”
4,20 // 1열왕 9,2 주님께서 … 솔로몬에게 두 번째로 나타나시어 3 이렇게 말씀하셨다. “나는 네가 내 앞에서 한 기도와 간청을 들었다. 네가 세운 이 집을 성별하여 이곳에 내 이름을 영원히 두리니, 내 눈과 내 마음이 언제나 이곳에 있을 것이다.”

20 저희 조상들은 이 산에서 예배를 드렸습니다.
그런데 선생님네는 예배를 드려야 하는 곳이 예
루살렘에 있다고 말합니다.”
21 예수님께서 그 여자에게 말씀하셨다. “여인아,
내 말을 믿어라. 너희가 이 산도 아니고 예루살렘
도 아닌 곳에서 아버지께 예배를 드릴 때가 온다.

숨을 거두시다 27,45-56
27,51 그러자 성전 휘장이 위에서 아래까지 두 갈래로 찢어졌다. 땅이 흔들리고 바위들이 갈라졌다.

함께 기도하면 아버지께서 들어주신다 18,19-20
18,20 “두 사람이나 세 사람이라도 내 이름으로 모인 곳에는 나도 함께 있기 때문이다.”

4,20 // 2역대 6,6 다만 내 이름이 머무르 예루살렘을 선택하고, 내 백성 이스라엘을 다스릴 다윗을 선택하였다.
4,21 // 이사 66,1 주님께서 이렇게 말씀하신다. “하늘이 나의 어좌요 땅이 나의 발판이다. 너희가 나에게 지어 바칠 수 있는 집이 어디 있느냐? 나의 안식처가 어디 있느냐? 2 이 모든 것을 내 손이 만들었고 이 모든 것이 내 것이다. 주님의 말씀이다. 내가 굽어보는 사람은 가련한 이와 넋이 꺾인 이, 내 말을 떨리는 마음으로 받아들이는 이다.”

베드로가 예수님을 그리스도라고 고백하다 8,27-30

8,28 제자들이 대답하였다. "세례자 요한이라고 합
니다. 그러나 어떤 이들은 엘리야라 하고, 또 어떤
이들은 예언자 가운데 한 분이라고 합니다."

베드로가 예수님을 그리스도라고 고백하다 9,18-21

9,19 제자들이 대답하였다. "세례자 요한이라고 합
니다. 그러나 어떤 이들은 엘리야라 하고, 또 어
떤 이들은 옛 예언자 한 분이 다시 살아나셨다
고 합니다."

과부의 외아들을 살리시다 7,11-17

7,16 사람들은 모두 두려움에 사로잡혀 하느님을 찬
양하며, "우리 가운데에 큰 예언자가 나타났다.",
또 "하느님께서 당신 백성을 찾아오셨다." 하고 말
하였다.

엠마오로 가는 두 제자에게 나타나시다 24,13-35

24,19 예수님께서 "무슨 일이냐?" 하시자 그들이 그
분께 말하였다. "나자렛 사람 예수님에 관한 일입
니다. 그분은 하느님과 온 백성 앞에서, 행동과 말
씀에 힘이 있는 예언자셨습니다."

성전의 파괴를 예고하시다 21,5-6

21,5 몇몇 사람이 성전을 두고, 그것이 아름다운 돌
과 자원 예물로 꾸며졌다고 이야기하자, 예수님께서 이르셨다. 6 "너희가 보고 있는
저것들이, 돌 하나도 다른 돌 위에 남아 있지 않고 다 허물어질 때가 올 것이다."

예루살렘의 멸망을 예고하시다 21,20-24

21,24 "사람들은 칼날에 쓰러지고 포로가 되어 모든 민족들에게 끌려갈 것이다. 그리
고 예루살렘은 다른 민족들의 시대가 다 찰 때까지 그들에게 짓밟힐 것이다."

22 너희는 알지도 못하는 분께 예배를 드리지만,
우리는 우리가 아는 분께 예배를 드린다. 구원은
유다인들에게서 오기 때문이다. 23 그러나 진실한
예배자들이 영과 진리 안에서 아버지께 예배를
드릴 때가 온다. 지금이 바로 그때다. 사실 아버
지께서는 이렇게 예배를 드리는 이들을 찾으신다.
24 하느님은 영이시다. 그러므로 그분께 예배를 드
리는 이는 영과 진리 안에서 예배를 드려야 한다."
25 그 여자가 예수님께, "저는 그리스도라고도 하
는 메시아께서 오신다는 것을 압니다. 그분께서
오시면 우리에게 모든 것을 알려 주시겠지요." 하
였다. 26 그러자 예수님께서 그 여자에게 말씀하셨
다. "너와 말하고 있는 내가 바로 그 사람이다."

베드로가 예수님을 그리스도라고 고백하다 16,13-20

16,16 시몬 베드로가 "스승님은 살아 계신 하느님의
아드님 그리스도이십니다." 하고 대답하였다.

최고 의회에서 신문을 받으시다 26,57-66

26,63 그러나 예수님께서는 입을 다물고 계셨다. 대
사제가 말하였다. "내가 명령하오. '살아 계신 하느
님 앞에서 맹세를 하고 당신이 하느님의 아들 메
시아인지 밝히시오.'" 64 예수님께서 그에게 말씀하
셨다. "네가 그렇게 말하였다."

4,22 // 이사 2,3 수많은 백성들이 모여 오면서 말하리라. "자, 주님의 산으로 올라가자. 야곱의 하느님 집으로! 그러면 그분께서 당신의 길을 우리에게 가르치시어 우리가 그분의 길을 걷게 되리라." 이는 시온에서 가르침이 나오고 예루살렘에서 주님의 말씀이 나오기 때문이다.

4,22 // 이사 60,3 민족들이 너의 빛을 향하여, 임금들이 떠오르는 너의 광명을 향하여 오리라.

4,22 // 이사 49,6 그분께서 말씀하신다. "네가 나의 종이 되어 야곱의 지파들을 다시 일으키고 이스라엘의 생존자들을 돌아오게 하는 것만으로는 충분하지 않다. 나의 구원이 땅끝까지 다다르도록 나는 너를 민족들의 빛으로 세운다."

4,22 // 즈카 8,23 "만군의 주님이 이렇게 말한다. 그때에 저마다 말이 다른 민족 열 사람이 유다 사람 하나의 옷자락을 붙잡고, '우리도 여러분과 함께 가게 해 주십시오. 우리는 하느님께서 여러분과 함께 계시다는 말을 들었습니다.' 하고 말할 것이다."

4,25 // 다니 9,24 너의 백성과 너의 거룩한 도성에 정해진 일흔 주간이 지나야 악행이 그치고 죄가 끝나며 속죄가 이루어지리라. 또한 영원한 정의가 펼쳐지고 환시와 예언이 확증되며 가장 거룩한 곳에 기름이 부어지리라. 25 그러니 너는 이것을 알고 이해해야 한다. 예루살렘을 복구하고 재건하라는 말씀이 내린 때부터 기름부음받은 영도자가 나올 때까지 일곱 주간이 흐르리라. 또 예순두 주간이 흐르는 동안 예루살렘이 복구되고 재건되어 광장과 외호까지 갖추겠지만 그 기간은 어려운 때가 되리라. 26 이렇게 예순두 주간이 흐른 다음 기름부음받은이가 잘려 나가 그에게 아무것도 남지 않으리라. 그리고 도성과 성소는 앞으로 일어날 군주의 군대가 허물어 버리리라. 그 종말은 홍수처럼 들이닥치리라. 전쟁이 끝날 때까지 황폐하게 남도록 결정되었다.

4,25 // 솔로몬의 시편 17,21 보십시오, 주님! 그들에게 그들의 임금을 일으켜 주소서! 하느님 당신께서 선택하신 그 시간에, 당신 종 이스라엘을 다스릴 다윗의 후손을! 22 그에게 힘을 둘러 주소서! 불의한 지도자들을 쳐부수고, 이방인들을 몰아내어 예루살렘을 정화하도록! 그들은 예루살렘을 짓밟으며 파멸로 몰아가고 있습니다! 23 정의의 지혜로써 죄인들을 상속재산에서 내치고, 죄인들의 오만을 도자기 그릇처럼 깨부수도록! 24 쇠막대기로 그들의 모든 재산을 흩어버리고, 범죄를 일삼는 이방인들을 그의 입에서 나오는 말로 괴멸시키도록! 25 그의 위협으로 이방인들이 그의 면전에서 달아나고, 죄인들의 마음에서 나오는 말을 두고 그들을 질책하도록! 26 그는 거룩한 백성을 모아 정의로 인도할 것입니다. 또한 주 하느님께 성별된 백성의 지파들을 심판할 것입니다. 27 그리고 더 이상 불의가 그들 가운데 머물지 못하게 할 것입니다. 그리고 악을 아는 어떤 자도 그들 가운데 살지 못할 것입니다. 그는 그들이 모두 자기네 하느님의 아들들임을 알 것입니다. 28 그리고 그는 이 땅에서 그들을 그들의 지파에 따라 나눌 것입니다. 그러면 이방인도 외국인도 더는 그들과 함께 살지 못할 것입니다! 29 그는 정의의 지혜로 백성들과 이방인들을 심판할 것입니다. 셀라. 30 그리고 이방의 백성들로 하여금 그의 멍에를 메고서 그를 섬기게 할 것입니다. 그는 또한 온 땅의 이름난 곳에서 주님을 찬양할 것입니다. 예루살렘을 정화하여 태초의 것처럼 거룩하게 만들 것입니다.

27 바로 그때에 제자들이 돌아와 예수님께서 여자
와 이야기하시는 것을 보고 놀랐다. 그러나 아무
도 "무엇을 찾고 계십니까?", 또는 "저 여자와 무
슨 이야기를 하십니까?" 하고 묻지 않았다. 28 그
여자는 물동이를 버려두고 고을로 가서 사람들에

베드로가 예수님을 그리스도라고 고백하다 8,27-30

8,29 예수님께서 다시, "그러면 너희는 나를 누구라고 하느냐?" 하고 물으시자, 베드로가 "스승님은 그리스도이십니다." 하고 대답하였다.

최고 의회에서 신문을 받으시다 14,53-64

14,61 그러나 예수님께서는 입을 다무신 채 아무 대답도 하지 않으셨다. 대사제는 다시 "당신이 찬양받으실 분의 아들 메시아요?" 하고 물었다. 62 예수님께서 대답하셨다. "그렇다.
'너희는 사람의 아들이
전능하신 분의 오른쪽에 앉아 있는 것과
하늘의 구름을 타고 오는 것을 볼 것이다.'"

베드로가 예수님을 그리스도라고 고백하다 9,18-21

9,20 예수님께서 다시, "그러면 너희는 나를 누구라고 하느냐?" 하시자, 베드로가 "하느님의 그리스도이십니다." 하고 대답하였다.

천사가 목자들에게 예수님의 탄생을 알리다 2,8-14

2,11 "오늘 너희를 위하여 다윗 고을에서 구원자가 태어나셨으니, 주 그리스도이시다."

세례자 요한의 설교 3,1-18

3,15 백성은 기대에 차 있었으므로, 모두 마음속으로 요한이 메시아가 아닐까 하고 생각하였다.

많은 병자를 고치시다 4,40-41

4,41 마귀들도 많은 사람에게서 나가며, "당신은 하느님의 아드님이십니다." 하고 소리 질렀다. 그러나 예수님께서는 꾸짖으시며 그들이 말하는 것을 용납하지 않으셨다. 당신이 그리스도임을 그들이 알고 있었기 때문이다.

게 말하였다. 29 "제가 한 일을 모두 알아맞힌 사
람이 있습니다. 와서 보십시오. 그분이 그리스도
가 아니실까요?" 30 그리하여 그들이 고을에서 나
와 예수님께 모여 왔다.
31 그러는 동안 제자들은 예수님께 "스승님, 잡수
십시오." 하고 권하였다. 32 그러나 예수님께서 "나
에게는 너희가 모르는 먹을 양식이 있다." 하시자,
33 제자들은 서로 "누가 스승님께 잡수실 것을 갖
다드리기라도 하였다는 말인가?" 하고 말하였다.
34 예수님께서 다시 그들에게 말씀하셨다. "내 양
식은 나를 보내신 분의 뜻을 실천하고, 그분의 일
을 완수하는 것이다.

겟세마니에서 기도하시다 26,36-46

26,39 그런 다음 앞으로 조금 나아가 얼굴을 땅에
대고 기도하시며 이렇게 말씀하셨다. "아버지, 하
실 수만 있으시면 이 잔이 저를 비켜 가게 해 주
십시오. 그러나 제가 원하는 대로 하지 마시고 아
버지께서 원하시는 대로 하십시오."

35 너희는 '아직도 넉 달이 지나야 수확 때가 온다.'
하고 말하지 않느냐? 자, 내가 너희에게 말한다.
눈을 들어 저 밭들을 보아라. 곡식이 다 익어 수
확 때가 되었다. 이미 36 수확하는 이가 삯을 받고,
영원한 생명에 들어갈 알곡을 거두어들이고 있다. 그리하여 씨 뿌리는 이도 수확하는 이와 함께 기뻐
하게 되었다. 37 과연 '씨 뿌리는 이가 다르고 수확하는 이가 다르다.'는 말이 옳다. 38 나는 너희가 애쓰
지 않은 것을 수확하라고 너희를 보냈다. 사실 수고는 다른 이들이 하였는데, 너희가 그 수고의 열매
를 거두는 것이다."

세례자 요한의 설교 3,1-12

3,10 "도끼가 이미 나무뿌리에 닿아 있다. 좋은 열
매를 맺지 않는 나무는 모두 찍혀서 불 속에 던
져진다."

39 그 고을에 사는 많은 사마리아인들이 예수님을 믿게 되었다. 그 여자가 "저분은 제가 한 일을 모두
알아맞혔습니다." 하고 증언하는 말을 하였기 때문이다. 40 이 사마리아인들이 예수님께 와서 자기들과
함께 머무르시기를 청하자, 그분께서는 거기에서 이틀을 머무르셨다.

41 그리하여 더 많은 사람이 그분의 말씀을 듣고
믿게 되었다.

청중의 반응 7,28-29

7,28 예수님께서 이 말씀들을 마치시자 군중은 그
분의 가르침에 몹시 놀랐다. 29 그분께서 자기들의
율법 학자들과는 달리 권위를 가지고 가르치셨기
때문이다.

겟세마니에서 기도하시다 14,32-42

14,36 "아빠! 아버지! 아버지께서는 무엇이든 하실 수 있으시니, 이 잔을 저에게서 거두어 주십시오. 그러나 제가 원하는 것을 하지 마시고 아버지께서 원하시는 것을 하십시오."

겟세마니에서 기도하시다 22,39-46

22,42 "아버지, 아버지께서 원하시면 이 잔을 저에게서 거두어 주십시오. 그러나 제 뜻이 아니라 아버지의 뜻이 이루어지게 하십시오."

저절로 자라는 씨앗의 비유 4,26-29

4,29 "곡식이 익으면 그 사람은 곧 낫을 댄다. 수확 때가 되었기 때문이다."

세례자 요한의 설교 3,1-18

3,9 "도끼가 이미 나무뿌리에 닿아 있다. 좋은 열매를 맺지 않는 나무는 모두 찍혀서 불 속에 던져진다."

회당에서 더러운 영을 쫓아내시다 마르 1,21-28

1,22 사람들은 그분의 가르침에 몹시 놀랐다. 그분께서 율법 학자들과 달리 권위를 가지고 가르치셨기 때문이다.

회당에서 더러운 영을 쫓아내시다 루카 4,31-37

4,32 그들은 그분의 가르침에 몹시 놀랐다. 그분의 말씀에 권위가 있었기 때문이다.

42 그들이 그 여자에게 말하였다. "우리가 믿는 것
은 이제 당신이 한 말 때문이 아니오. 우리가 직
접 듣고 이분께서 참으로 세상의 구원자이심을
알게 되었소."

| 요한 4,1-2 // 3,22-24
| 요한 4,3 // 7,1
| 요한 4,14 // 3,15-16; 3,36; 5,39-40; 6,27.47.54; 7,37ㄴ-38; 12,25
| 요한 4,17-19 // 1,48
| 요한 4,19 // 6,14
| 요한 4,25 // 1,41; 7,26-27.31; 7,41-42; 9,22; 11,27; 20,31
| 요한 4,29 // 1,39; 1,46; 11,34
| 요한 4,34 // 17,4
| 요한 4,41-42 // 17,8; 20,30-31
| 요한 4,42 // 3,17; 11,27

왕실 관리의 아들을 살리시다

요한 4,43-54

43 이틀 뒤에 예수님께서는 그곳을 떠나 갈릴래아
로 가셨다.
44 예수님께서는 친히, 예언자는 자기 고향에서 존
경을 받지 못한다고 증언하신 적이 있다. 45 예수님
께서 갈릴래아에 가시자 갈릴래아 사람들이 그분
을 맞아들였다. 그들도 축제를 지내러 예루살렘
에 갔다가, 예수님께서 축제 때에 그곳에서 하신
모든 일을 보았기 때문이다.
46 예수님께서는 물을 포도주로 만드신 적이 있는
갈릴래아 카나로 다시 가셨다. 거기에 왕실 관리
가 한 사람 있었는데, 그의 아들이 카파르나움에
서 앓아누워 있었다. 47 그는 예수님께서 유다를
떠나 갈릴래아에 오셨다는 말을 듣고 예수님을
찾아와, 자기 아들이 죽게 되었으니 카파르나움으
로 내려가시어 아들을 고쳐 주십사고 청하였다.
48 예수님께서는 그에게 이르셨다. "너희는 표징과

마태 8,5-13(백인대장의 병든 종을 고치시다)

나자렛에서 무시를 당하시다 13,54-58

13,57 그러면서 그들은 그분을 못마땅하게 여겼다.
그러자 예수님께서 그들에게 이르셨다. "예언자는
어디에서나 존경받지만 고향과 집안에서만은 존
경받지 못한다."

8,5 예수님께서 카파르나움에 들어가셨을 때에 한
백인대장이 다가와 도움을 청하였다. 6 그가 이렇
게 말하였다. "주님, 제 종이 중풍으로 집에 드러
누워 있는데 몹시 괴로워하고 있습니다." 7 예수님
께서 "내가 가서 그를 고쳐 주마." 하시자, 8 백인대
장이 대답하였다. "주님, 저는 주님을 제 지붕 아
래로 모실 자격이 없습니다. 그저 한 말씀만 해 주
십시오. 그러면 제 종이 나을 것입니다. 9 사실 저

천사가 목자들에게 예수님의 탄생을 알리다 2,8-14

2,10 그러자 천사가 그들에게 말하였다. "두려워하
지 마라. 보라, 나는 온 백성에게 큰 기쁨이 될 소
식을 너희에게 전한다. 11 오늘 너희를 위하여 다
윗 고을에서 구원자가 태어나셨으니, 주 그리스
도이시다."

마르

루카 7,1-10(백인대장의 병든 종을 고치시다)

나자렛에서 무시를 당하시다 6,1-6

6,4 그러자 예수님께서 그들에게 이르셨다. "예언자는 어디에서나 존경받지만 고향과 친척과 집안에서만은 존경받지 못한다."

나자렛에서 희년을 선포하시다 4,16-30

4,24 그리고 계속 이르셨다. "내가 진실로 너희에게 말한다. 어떠한 예언자도 자기 고향에서는 환영을 받지 못한다."

4,44 // 토마 복음 31,1 예수님께서 말씀하셨다. "어떤 예언자도 자기 고향에서는 환영을 받지 못한다.
2 어떤 의사도 자기를 아는 사람들은 치료하지 않는다."

7,1 예수님께서는 백성에게 들려주시던 말씀들을
모두 마치신 다음, 카파르나움에 들어가셨다. 2 마
침 어떤 백인대장의 노예가 병들어 죽게 되었는
데, 그는 주인에게 소중한 사람이었다. 3 이 백인
대장이 예수님의 소문을 듣고 유다인의 원로들을
그분께 보내어, 와서 자기 노예를 살려 주십사고
청하였다. 4 이들이 예수님께 다가와 이렇게 말하
며 간곡히 청하였다. "그는 선생님께서 이 일을 해

4,46-54 // 압가루스 1 에데사의 군주 압가루스가 우리 주 예수 그리스도께 보낸 편지. 도시국가 에데사의 군주인 압가루스가 예루살렘 도성에 나타나신 선하신 구세주 예수님께 인사드립니다. 당신과 당신의 치유에 관한 소식을 들었습니다. 당신께서 약이나 약초 없이 아픈 사람들을 치유하신다는 소식입니다. 당신께서는 말씀만으로 눈먼 이들을 보게 하시고, 들

이적을 보지 않으면 믿지 않을 것이다." 49그래도
그 왕실 관리는 예수님께 "주님, 제 아이가 죽기
전에 같이 내려가 주십시오." 하고 말하였다. 50그
러자 예수님께서 그에게 말씀하셨다. "가거라. 네
아들은 살아날 것이다." 그 사람은 예수님께서 자
기에게 이르신 말씀을 믿고 떠나갔다.

는 상관 밑에 있는 사람입니다만 제 밑으로도 군
사들이 있어서, 이 사람에게 가라 하면 가고 저
사람에게 오라 하면 옵니다. 또 제 노예더러 이것
을 하라 하면 합니다."

8,10이 말을 들으시고 예수님께서는 감탄하시며 당
신을 따르는 이들에게 이르셨다. "내가 진실로 너희에게 말한다. 나는 이스라엘의 그 누구
에게서도 이런 믿음을 본 일이 없다. 11내가 너희에게 말한다. 많은 사람이 동쪽과 서쪽에서
모여 와, 하늘 나라에서 아브라함과 이사악과 야곱과 함께 잔칫상에 자리 잡을 것이다. 12그
러나 하느님 나라의 상속자들은 바깥 어둠 속으로 쫓겨나, 거기에서 울며 이를 갈 것이다."

51그가 내려가는 도중에 그의 종들이 마주 와서
아이가 살아났다고 말하였다. 52그래서 그가 종들
에게 아이가 나아지기 시작한 시간을 묻자, "어제
오후 한 시에 열이 떨어졌습니다." 하고 대답하는
것이었다. 53그 아버지는 바로 그 시간에 예수님께
서 자기에게, "네 아들은 살아날 것이다." 하고 말
씀하신 것을 알았다. 그리하여 그와 그의 온 집안
이 믿게 되었다.
54이렇게 예수님께서는 유다를 떠나 갈릴래아로
가시어 두 번째 표징을 일으키셨다.

| 요한 4,46 // 2,1-11

13그리고 예수님께서는 백인대장에게 말씀하셨
다. "가거라. 네가 믿은 대로 될 것이다." 바로 그
시간에 종이 나았다.

벳자타 못 가에서 병자를 고치시다

요한 5,1-18 | **마태**

5,1-18 // 2바룩 29,3 그 부분들에서 일어나기로 된 일이 완결되고 나면 메시아가 모습을 드러내기 시작할 것이다. ... 7 그리고 매일 아침

1그 뒤에 유다인들의 축제 때가 되어 예수님께서
예루살렘에 올라가셨다. 2예루살렘의 '양 문' 곁에는 히브리 말로 벳자타라고 불리는 못이 있었다. 그
못에는 주랑이 다섯 채 딸렸는데, 3그 안에는 눈먼 이, 다리저는 이, 팔다리가 말라비틀어진 이 같은

주실 만한 사람입니다. 7,5 그는 우리 민족을 사랑
할 뿐만 아니라 우리에게 회당도 지어 주었습니다." 6 그리하여 예수님께서 그들과 함께 가셨다. 그런
데 백인대장의 집에서 그리 멀지 않은 곳에 이르셨을 때, 백인대장이 친구들을 보내어 예수님께 아
뢰었다. "주님, 수고하실 것 없습니다. 저는 주님을 제 지붕 아래로 모실 자격이 없습니다. 7 그래서
제가 주님을 찾아뵙기에도 합당하지 않다고 여겼습니다. 그저 말씀만 하시어 제 종이 낫게 해 주십
시오. 8 사실 저는 상관 밑에 매인 사람입니다만 제 밑으로도 군사들이 있어서, 이 사람에게 가라
하면 가고 저 사람에게 오라 하면 옵니다. 또 제 노예더러 이것을 하라 하면 합니다."

9 이 말을 들으시고 예수님께서는 백인대장에게 감탄하시며, 당신을 따르는 군중에게 돌아서서 말씀하셨다. "내가 너희에게 말한다. 나는 이스라엘에서 이런 믿음을 본 일이 없다."

10 심부름 왔던 이들이 집에 돌아가 보니 노예는 이미 건강한 몸이 되어 있었다.

리지 않는 이들을 듣게 하시며 다리 저는 이들을 걷게 하시고 나병 환자들을 깨끗하게 하시며 말씀만으로 더러운 마귀들을 쫓아내신다고 들었습니다. 또한 만성 질병에 시달리는 이들을 치유하시고 당신께 손댄 하혈하는 여인을 낫게 하셨으며 죽은 이들을 다시 일으키신다고 들었습니다. 당신에 관한 이 소식을 듣고 저는 마음속으로 둘 가운데 하나라고 생각했습니다. 당신이 하느님이어서 이 일들을 하는 것이거나 하느님의 아들이 하늘에서 내려와서 이런 일들을 하시는 것이라고 말입니다. 이 때문에 저는 이 편지를 통해 당신께 청합니다. 부디 거절하지 마시고 제게 오시어 제가 앓고 있는 병을 치유해 주십시오. 그리고 영원한 생명과 구원을 제게 선사해 주십시오.

마르

루카

내 앞에서부터 바람들이 나와 달
콤한 과일 향을 실어다 줄 것이다.
그 날의 마지막에는 구름들이 치
유의 이슬을 흩뿌릴 것이다.

5,10 // 느헤 13,19 안식일이 되기 전
예루살렘의 성문들에 그림자가
드리우자, 나는 문들을 닫도록 지
시하고, 또 안식일이 지날 때까지
열지 못하도록 지시하였다. 그러
고서는 내 부하들 가운데 몇을 성
문마다 세워, 안식일에 짐이 들어
오지 못하게 하였다.

5,10 // 예레 17,21 주님께서 이렇게
말씀하신다. "너희 목숨을 잃지
않으려거든 조심하여라. 안식일에
는 짐을 지거나 예루살렘 성문으
로 그 짐을 들여오지 마라."

5,10 // 탈출 20,8 안식일을 기억하여
거룩하게 지켜라. 9 엿새 동안 일하
면서 네 할 일을 다 하여라. 10 그러
나 이렛날은 주 너의 하느님을 위
한 안식일이다. 그날 너와 너의 아
들과 딸, 너의 남종과 여종, 그리고
너의 집짐승과 네 동네에 사는 이
방인은 어떤 일도 해서는 안 된다.

5,10 // 신명 5,12 주 너의 하느님이 너
에게 명령한 대로 안식일을 지켜
거룩하게 하여라. 13 엿새 동안 일
하면서 네 할 일을 다 하여라. 14 그
러나 이렛날은 주 너의 하느님을
위한 안식일이다. 그날 너와 너의
아들과 딸, 너의 남종과 여종, 너의
소와 나귀, 그리고 너의 모든 집짐
승과 네 동네에 사는 이방인은 어
떤 일도 해서는 안 된다. 그렇게 하
여 너의 남종과 여종도 너와 똑같
이 쉬게 해야 한다.

5,10 // 예레 17,21 주님께서 이렇게
말씀하신다. "너희 목숨을 잃지
않으려거든 조심하여라. 안식일에
는 짐을 지거나 예루살렘 성문으
로 그 짐을 들여오지 마라. 22 안식
일에는 너희 집에서 짐을 내가지
도 말고 아무 일도 하지 마라. 내가
너희 조상들에게 명령한 대로 안
식일을 거룩하게 지켜라."

병자들이 많이 누워 있었다. [4] 5 거기에는 서른여
덟 해나 앓는 사람도 있었다. 6 예수님께서 그가 누워 있는 것을 보시고 또 이미 오래 그렇게 지낸다는
것을 아시고는, "건강해지고 싶으냐?" 하고 그에게 물으셨다. 7 그 병자가 예수님께 대답하였다. "선생님,
물이 출렁거릴 때에 저를 못 속에 넣어 줄 사람이 없습니다. 그래서 제가 가는 동안에 다른 이가 저보
다 먼저 내려갑니다."
8 예수님께서 그에게 말씀하셨다. "일어나 네 들것
을 들고 걸어가거라." 9 그러자 그 사람은 곧 건강
하게 되어 자기 들것을 들고 걸어갔다.
그날은 안식일이었다.

10 그래서 유다인들이 병이 나은 그 사람에게, "오
늘은 안식일이오. 들것을 들고 다니는 것은 합당
하지 않소." 하고 말하였다. 11 그가 "나를 건강하
게 해 주신 그분께서 나에게, '네 들것을 들고 걸
어가라.' 하셨습니다." 하고 대답하자, 12 그들이 물
었다. "당신에게 '그것을 들고 걸어가라.' 한 사람
이 누구요?" 13 그러나 병이 나은 이는 그분이 누
구이신지 알지 못하였다. 그곳에 군중이 몰려 있
어 예수님께서 몰래 자리를 뜨셨기 때문이다. 14 그
뒤에 예수님께서 그 사람을 성전에서 만나시자 그
에게 이르셨다. "자, 너는 건강하게 되었다. 더 나
쁜 일이 너에게 일어나지 않도록 다시는 죄를 짓
지 마라." 15 그 사람은 물러가서 자기를 건강하게
만들어 주신 분은 예수님이시라고 유다인들에게
알렸다. 16 그리하여 유다인들은 예수님께서 안식
일에 그러한 일을 하셨다고 하여, 그분을 박해하
기 시작하였다.

중풍 병자를 고치시다 9,1-8

9,6 "이제 사람의 아들이 땅에서 죄를 용서하는 권
한을 가지고 있음을 너희가 알게 해 주겠다." 그런
다음 중풍 병자에게 말씀하셨다. "일어나 네 평상
을 가지고 집으로 돌아가거라." 7 그러자 그는 일어
나 집으로 갔다.

제자들이 안식일에 밀 이삭을 뜯다 12,1-8

12,1 그때에 예수님께서 안식일에 밀밭 사이를 지나
가시게 되었다. 그런데 그분의 제자들이 배가 고
파서, 밀 이삭을 뜯어 먹기 시작하였다. 2 바리사
이들이 그것을 보고 예수님께 말하였다. "보십시
오, 선생님의 제자들이 안식일에 해서는 안 되는
일을 하고 있습니다." 3 그러자 예수님께서 그들에
게 말씀하셨다. "다윗과 그 일행이 배가 고팠을
때, 다윗이 어떻게 하였는지 너희는 읽어 본 적이
없느냐? 4 그가 하느님의 집에 들어가, 사제가 아
니면 그도 그의 일행도 먹어서는 안 되는 제사 빵
을 먹지 않았느냐? 5 또 안식일에 사제들이 성전에
서 안식일을 어겨도 죄가 되지 않는다는 것을 율
법에서 읽어 본 적이 없느냐? 6 내가 너희에게 말
한다. 성전보다 더 큰 이가 여기에 있다. 7 '내가 바
라는 것은 희생 제물이 아니라 자비다.' 하신 말씀
이 무슨 뜻인지 너희가 알았더라면, 죄 없는 이들
을 단죄하지는 않았을 것이다. 8 사실 사람의 아들

중풍 병자를 고치시다 2,1-12

2,10 “이제 사람의 아들이 땅에서 죄를 용서하는 권
한을 가지고 있음을 너희가 알게 해 주겠다.” 그러
고 나서 중풍 병자에게 말씀하셨다. 11 “내가 너에
게 말한다. 일어나 들것을 들고 집으로 돌아가거
라.” 12 그러자 그는 일어나 곧바로 들것을 가지고,
모든 사람이 보는 앞에서 밖으로 걸어 나갔다. 이
에 모든 사람이 크게 놀라 하느님을 찬양하며 말
하였다. “이런 일은 일찍이 본 적이 없다.”

제자들이 안식일에 밀 이삭을 뜯다 2,23-28

2,23 예수님께서 안식일에 밀밭 사이를 질러가시게
되었다. 그런데 그분의 제자들이 길을 내고 가면
서 밀 이삭을 뜯기 시작하였다. 24 바리사이들이
예수님께 말하였다. “보십시오, 저들은 어째서 안
식일에 해서는 안 되는 일을 합니까?” 25 그러자 예
수님께서 그들에게 말씀하셨다. “다윗과 그 일행
이 먹을 것이 없어 배가 고팠을 때, 다윗이 어떻
게 하였는지 너희는 읽어 본 적이 없느냐? 26 에브
야타르 대사제 때에 그가 하느님의 집에 들어가,
사제가 아니면 먹어서는 안 되는 제사 빵을 먹
고 함께 있는 이들에게도 주지 않았느냐?” 27 이어
서 그들에게 말씀하셨다. “안식일이 사람을 위하
여 생긴 것이지, 사람이 안식일을 위하여 생긴 것
은 아니다. 28 그러므로 사람의 아들은 또한 안식
일의 주인이다.”

중풍 병자를 고치시다 5,17-26

5,24 “이제 사람의 아들이 땅에서 죄를 용서하는 권
한을 가지고 있음을 너희가 알게 해 주겠다.” 그
러고 나서 중풍에 걸린 이에게 말씀하셨다. “내가
너에게 말한다. 일어나 네 평상을 가지고 집으로
가거라.” 25 그러자 그는 그들 앞에서 즉시 일어나
자기가 누워 있던 것을 들고, 하느님을 찬양하며
집으로 돌아갔다.

제자들이 안식일에 밀 이삭을 뜯다 6,1-5

6,1 예수님께서 안식일에 밀밭 사이를 가로질러 가
시게 되었다. 그런데 그분의 제자들이 밀 이삭을
뜯어 손으로 비벼 먹었다. 2 바리사이 몇 사람이
말하였다. “당신들은 어째서 안식일에 해서는 안
되는 일을 하오?” 3 그러자 예수님께서 그들에게
대답하셨다. “다윗과 그 일행이 배가 고팠을 때,
다윗이 한 일을 읽어 본 적이 없느냐? 4 그가 하느
님의 집에 들어가, 사제가 아니면 아무도 먹어서
는 안 되는 제사 빵을 집어서 먹고 자기 일행에게
도 주지 않았느냐?” 5 이어서 그들에게 말씀하셨
다. “사람의 아들은 안식일의 주인이다.”

5,9 // 니코데모 복음 6,1 니코데모가 이 말을 했을 때 다른 히브리인이 일어나 빌라도에게 말하였다. “빌라도 나리, 당신께 청합니다. 제 말도 들어보십시오.” 빌라도가 답하였다. “원하는 게 무언지 말해보시오!” 그 히브리인이 말했다. “저는 아파서 침상에 삼십팔 년 동안 누워 있었습니다. 그런데 그분께서 저를 보시고 슬퍼하시며 제게 말씀하셨습니다. ‘일어나라, 그리고 네 들것을 들고 네 집으로 가라!’ 그분께서 이 말씀을 하시는 동안에 제가 일으켜졌습니다. 그리고 걸어 다녔습니다.” 히브리인들이 말하였다. “이 일이 주간의 몇째 날에 일어났는지, 그자에게 물어보십시오.” 그가 말하였다. “안식일입니다.” 유다인들이 말하였다. “결국 그자가 안식일을 지키지 않는다고 한 우리 말은 사실입니다.”

17 그러나 예수님께서는 그들에게, "내 아버지께서
여태 일하고 계시니 나도 일하는 것이다." 하고 말
씀하셨다. 18 이 때문에 유다인들은 더욱 예수님을
죽이려고 하였다. 그분께서 안식일을 어기실 뿐
만 아니라, 하느님을 당신 아버지라고 하시면서 당
신 자신을 하느님과 대등하게 만드셨기 때문이다.

| 요한 5,6-8 // 7,38-39
| 요한 5,10-16 // 7,22-23; 9,14-16
| 요한 5,18 // 7,1; 8,59; 10,31-33; 10,39; 11,53-54

은 안식일의 주인이다."

안식일에 손이 오그라든 사람을 고치시다 12,9-14

12,9 예수님께서는 그곳에서 자리를 옮겨 그들의 회
당에 들어가셨는데, 10 마침 거기에 한쪽 손이 오
그라든 사람이 있었다. 사람들은 예수님을 고발
하려고, "안식일에 병을 고쳐 주어도 됩니까?" 하
고 물었다. 11 그러자 예수님께서 그들에게 말씀하
셨다. "너희 가운데 어떤 사람에게 양 한 마리가
있는데, 그 양이 안식일에 구덩이에 빠졌다고 하
자. 그러면 그것을 잡아 끌어내지 않겠느냐? 12 사
람이 양보다 얼마나 더 귀하냐? 그러니 안식일에
좋은 일은 해도 된다." 13 그러고 나서 그 사람에
게, "손을 뻗어라." 하고 말씀하셨다. 그가 손을
뻗자 다른 손처럼 성해져 건강하게 되었다. 14 바
리사이들은 나가서 예수님을 어떻게 없앨까 모의
를 하였다.

아드님의 권한

요한 5,19-30

19 예수님께서 그들에게 말씀하셨다. "내가 진실로
진실로 너희에게 말한다. 아버지께서 하시는 것을
보지 않고서 아들이 스스로 할 수 있는 것은 하
나도 없다. 그분께서 하시는 것을 아들도 그대로
할 따름이다.

20 아버지께서는 아들을 사랑하시어 당신께서 하
시는 모든 것을 아들에게 보여 주신다. 그리고 앞

마태

하느님 아버지와 아들 11,25-27

11,27 "나의 아버지께서는 모든 것을 나에게 넘겨주
셨다. 그래서 아버지 외에는 아무도 아들을 알지
못한다. 또 아들 외에는, 그리고 그가 아버지를 드
러내 보여 주려는 사람 외에는 아무도 아버지를
알지 못한다."

세례를 받으시다 3,13-17

3,17 그리고 하늘에서 이렇게 말하는 소리가 들려
왔다. "이는 내가 사랑하는 아들, 내 마음에 드

마르

안식일에 손이 오그라든 사람을 고치시다 3,1-6

3,1 예수님께서 다시 회당에 들어가셨는데, 그곳에
한쪽 손이 오그라든 사람이 있었다. 2 사람들은
예수님을 고발하려고, 그분께서 안식일에 그 사
람을 고쳐 주시는지 지켜보고 있었다. 3 예수님께
서 손이 오그라든 사람에게 "일어나 가운데로 나
와라." 하시고, 4 그들에게 말씀하셨다. "안식일에
좋은 일을 하는 것이 합당하냐? 남을 해치는 일
을 하는 것이 합당하냐? 목숨을 구하는 것이 합
당하냐? 죽이는 것이 합당하냐?" 그러나 그들은
입을 열지 않았다. 5 그분께서는 노기를 띠시고 그
들을 둘러보셨다. 그리고 그들의 마음이 완고한
것을 몹시 슬퍼하시면서 그 사람에게, "손을 뻗어
라." 하고 말씀하셨다. 그가 손을 뻗자 그 손이 다
시 성하여졌다. 6 바리사이들은 나가서 곧바로 헤
로데 당원들과 더불어 예수님을 어떻게 없앨까 모
의를 하였다.

루카

안식일에 손이 오그라든 사람을 고치시다 6,6-11

6,6 다른 안식일에 예수님께서 회당에 들어가 가르
치셨는데, 그곳에 오른손이 오그라든 사람이 있
었다. 7 율법 학자들과 바리사이들은 예수님을 고
발할 구실을 찾으려고, 그분께서 안식일에 병을
고쳐 주시는지 지켜보고 있었다. 8 예수님께서 그
들의 생각을 아시고 손이 오그라든 사람에게, "일
어나 가운데에 서라." 하고 이르셨다. 그가 일어나
서자 9 예수님께서 그들에게 말씀하셨다. "내가 너
희에게 묻겠다. 안식일에 좋은 일을 하는 것이 합
당하냐? 남을 해치는 일을 하는 것이 합당하냐?
목숨을 구하는 것이 합당하냐? 죽이는 것이 합당
하냐?" 10 그러고 나서 그들을 모두 둘러보시고는
그 사람에게, "손을 뻗어라." 하고 말씀하셨다. 그
가 그렇게 하자 그 손이 다시 성하여졌다. 11 그들
은 골이 잔뜩 나서 예수님을 어떻게 할까 서로 의
논하였다.

마르

루카

하느님 아버지와 아들 10,21-24

10,22 "나의 아버지께서는 모든 것을 나에게 넘겨주
셨다. 그래서 아버지 외에는 아들이 누구인지 아
무도 알지 못한다. 또 아들 외에는, 그리고 그가
아버지를 드러내 보여 주려는 사람 외에는 아버지
께서 누구이신지 아무도 알지 못한다."

마르

세례를 받으시다 1,9-11

1,11 이어 하늘에서 소리가 들려왔다. "너는 내가 사
랑하는 아들, 내 마음에 드는 아들이다."

루카

세례를 받으시다 3,21-22

3,22 성령께서 비둘기 같은 형체로 그분 위에 내리
시고, 하늘에서 소리가 들려왔다. "너는 내가 사

으로 그보다 더 큰 일들을 아들에게 보여 주시어,
너희를 놀라게 하실 것이다.

는 아들이다."

영광스러운 모습으로 변모하시다 17,1-9

17,5 베드로가 말을 채 끝내기도 전에 빛나는 구름
이 그들을 덮었다. 그리고 그 구름 속에서, "이는
내가 사랑하는 아들, 내 마음에 드는 아들이니 너
희는 그의 말을 들어라." 하는 소리가 났다.

21 아버지께서 죽은 이들을 일으켜 다시 살리시는
것처럼, 아들도 자기가 원하는 이들을 다시 살린
다.

야이로의 딸을 살리시고 하혈하는 부인을 고치시다 9,18-26

9,23 예수님께서 회당장의 집에 이르시어 피리를 부
는 이들과 소란을 피우는 군중을 보시고, 24 "물러
들 가거라. 저 소녀는 죽은 것이 아니라 자고 있
다." 하고 말씀하셨다. 그들은 예수님을 비웃었다.
25 군중이 쫓겨난 뒤에 예수님께서 안으로 들어가
시어 소녀의 손을 잡으셨다. 그러자 소녀가 일어났
다. 26 그 소문이 그 지방에 두루 퍼졌다.

5,22 // 4에즈 7,33 그리고 지극히 높
으신 분께서 재판석에 나타나실
것이다. 그리고 끝이 올 것이다. 그
리고 자비는 사라지고 연민은 멀
어지며 인내는 거두어질 것이다.
34 오직 나의 심판만 남을 것이다.
진리가 일어서고 믿음이 기뻐 뛸
것이다.

5,24 // 요셉과 아세넷 8,9 요셉과 아세넷
요셉은 아세넷의 머리 위로 오른
손을 들어 올리며 말하였다. 10 "주
님, 제 아버지 이스라엘의 하느님!
지극히 높으신 분, 능력이 대단하
신 분, 만물에게 생명을 주시어 어
둠에서 빛으로, 오류에서 진리로,
죽음에서 생명으로 불러내신 분
이시여! 주님, 당신께서 몸소 이
동정녀에게 생명을 주시고 축복
을 내리소서! 11 이 동정녀를 당신
의 영으로 다시 새롭게 만드시고,
당신의 숨겨진 손으로 다시 빚으
시며, 당신의 생명으로 새로운 생
명을 내려주소서!"

제자들에게 나타나시어 사명을 부여하시다 28,16-20

28,18 예수님께서는 그들에게 다가가 이르셨다. "나
는 하늘과 땅의 모든 권한을 받았다."

22 아버지께서는 아무도 심판하지 않으시고, 심판
하는 일을 모두 아들에게 넘기셨다. 23 모든 사람
이 아버지를 공경하듯이 아들도 공경하게 하시려
는 것이다. 아들을 공경하지 않는 자는 아들을 보내신 아버지도 공경하지 않는다. 24 내가 진실로 진실
로 너희에게 말한다. 내 말을 듣고 나를 보내신 분을 믿는 이는 영생을 얻고 심판을 받지 않는다. 그는
이미 죽음에서 생명으로 건너갔다. 25 내가 진실로 진실로 너희에게 말한다. 죽은 이들이 하느님 아들의
목소리를 듣고 또 그렇게 들은 이들이 살아날 때가 온다. 지금이 바로 그때다. 26 아버지께서 당신 안에
생명을 가지고 계신 것처럼, 아들도 그 안에 생명을 가지게 해 주셨기 때문이다.

랑하는 아들, 내 마음에 드는 아들이다."

영광스러운 모습으로 변모하시다 9,2-10

9,7 그때에 구름이 일어 그들을 덮더니 그 구름 속
에서, "이는 내가 사랑하는 아들이니 너희는 그의
말을 들어라." 하는 소리가 났다.

영광스러운 모습으로 변모하시다 9,28-36

9,35 이어 구름 속에서 "이는 내가 선택한 아들이
니 너희는 그의 말을 들어라." 하는 소리가 났다.

야이로의 딸을 살리시고 하혈하는 부인을 고치시다 5,21-43

5,38 그들이 회당장의 집에 이르렀다. 예수님께서는
소란한 광경과 사람들이 큰 소리로 울며 탄식하
는 것을 보시고, 39 안으로 들어가셔서 그들에게,
"어찌하여 소란을 피우며 울고 있느냐? 저 아이
는 죽은 것이 아니라 자고 있다." 하고 말씀하셨
다. 40 그들은 예수님을 비웃었다. 예수님께서는 그
들을 다 내쫓으신 다음, 아이 아버지와 어머니와
당신의 일행만 데리고 아이가 있는 곳으로 들어
가셨다. 41 그리고 아이의 손을 잡으시고 말씀하
셨다. "탈리타 쿰!" 이는 번역하면 '소녀야, 내가 너
에게 말한다. 일어나라!'는 뜻이다. 42 그러자 소녀
가 곧바로 일어서서 걸어 다녔다. 소녀의 나이는
열두 살이었다. 사람들은 몹시 놀라 넋을 잃었다.
43 예수님께서는 아무에게도 이 일을 알리지 말라
고 그들에게 거듭 분부하시고 나서, 소녀에게 먹
을 것을 주라고 이르셨다.

야이로의 딸을 살리시고 하혈하는 부인을 고치시다 8,40-56

8,52 사람들이 모두 아이 때문에 울며 가슴을 치는
데, 예수님께서는 "울지들 마라. 아이는 죽은 것이
아니라 자고 있다." 하고 말씀하셨다. 53 그들은 아
이가 죽은 것을 알고 있었으므로 예수님을 비웃
었다. 54 예수님께서는 아이의 손을 잡으시고 말씀
하셨다. "아이야, 일어나라." 55 그러자 아이의 영이
되돌아와서 아이가 즉시 일어섰다. 예수님께서는
아이에게 먹을 것을 주라고 지시하셨다. 56 아이의
부모는 몹시 놀랐다. 예수님께서는 이 일을 아무
에게도 말하지 말라고 분부하셨다.

과부의 외아들을 살리시다 7,11-17

7,14 앞으로 나아가 관에 손을 대시자 메고 가던 이
들이 멈추어 섰다. 예수님께서 이르셨다. "젊은이
야, 내가 너에게 말한다. 일어나라." 15 그러자 죽은
이가 일어나 앉아서 말을 하기 시작하였다. 예수
님께서는 그를 그 어머니에게 돌려주셨다.

5,27 // 4에즈 7,33 그리고 지극히 높으신 분께서 재판석에 나타나실 것이다. 그리고 끝이 올 것이다. 그리고 자비는 사라지고 연민은 멀어지며 인내는 거두어질 것이다. 34 오직 나의 심판만 남을 것이다. 진리가 일어서고 믿음이 기뻐 뛸 것이다.

5,29 // 다니 12,2 또 땅 먼지 속에 잠든 사람들 가운데에서 많은 이가 깨어나 어떤 이들은 영원한 생명을 얻고 어떤 이들은 수치를, 영원한 치욕을 받으리라.

5,29 // 4에즈 7,29 그 해들이 지난 뒤에는, 내 아들 메시아가 죽을 것이다. 사람의 숨을 지닌 모든 이가 그러할 것이다. 30 그리고 세상은 이레 동안 태초의 침묵으로 돌아갈 것이다.한처음에 그러했던 것처럼! 그리고 단 한 사람도 남지 않을 것이다. 31 그리고 이레가 흐른 뒤에, 지금은 깨어 있지 않은 세상이 깨어날 것이다. 그리고 파멸은 죽음을 맞을 것이다. 32 그리고 땅은 그 안에 누워 있는 자들을 내놓을 것이다. 흙은 그 안에 잠들어 있는 이들을 내놓을 것이다. 보고(寶庫)들은 그 안에 맡겨진 영혼들을 내놓을 것이다. 33 그리고 지극히 높으신 분께서 재판석에 나타나실 것이다. 그리고 끝이 올 것이다. 그리고 자비는 사라지고 연민은 멀어지며 인내는 거두어질 것이다. 34 오직 나의 심판만 남을 것이다. 진리가 일어서고 믿음이 기뻐 뛸 것이다. 35 그리고 행업이 오고 상급이 알려질 것이다. 의로운 행업들은 깨어나고 불경한 행업들은 잠들지 않을 것이다. 36 그리고 고통의 구덩이가 나타날 것이다. 그 반대편에 안식의 처소가 있다. 게헨나의 불구덩이가 나타날 것이다. 그 반대편에 환희의 낙원이 있다. 37 그런 다음 지극히 높으신 분께서 잠에서 깨어난 민족들에게 말씀하실 것이다. '보고 깨달아라! 너희가 누구를 부정했는지! 너희가 누구를 경배하지 않았는지! 너희가 누구의 계명을 거부했는지! 38 자, 너희 앞을 보아라. 보라! 이곳에는 안식과 기쁨이, 저곳에는 불과 고통이 있다.' 심판의 날에 그분께서 말씀하실 것이다.

5,29 // 4에즈 14,35 죽음 뒤에, 우리가 다시 살아날 때 심판이 올 것이기 때문이다. 그런 뒤에는 의인들의 이름이 알려지고 불경한 자들의 행업이 드러날 것이다.

5,29 // 2바룩 50,2 지금은 땅이 자기 안에 담아두려고 받아들이는 죽은 이들을, 그때에는 반드시 다시 내놓을 것이다. 그들의 모습에는 아무 변화가 없을 것이다. 땅이 받아들인 모습 그대로 그들을 다시 내놓을 것이다. 그리고 내가 땅에게 넘겨준 모습 그대로 땅이 그들을 다시 일으킬 것이다. 3 그런 다음에는 죽은 이들이 다시 살아났다는 것과, 떠나갔던 그들이 다시 돌아왔다는 것이 살아 있는 이들에게 알려져야 한다. 4 지금 그들이 알고 있는 이들을 서로 알아보고 나면 그 다음에는 준엄한 심판이 있을 것이다.

27 아버지께서는 또 그가 사람의 아들이므로 심판을 하는 권한도 주셨다. 28 이 말에 놀라지 마라. 무덤 속에 있는 모든 사람이 그의 목소리를 듣는 때가 온다. 29 그들이 무덤에서 나와, 선을 행한 이들은 부활하여 생명을 얻고 악을 저지른 자들은 부활하여 심판을 받을 것이다.

최후의 심판 25,31-46

25,31 "사람의 아들이 영광에 싸여 모든 천사와 함께 오면, 자기의 영광스러운 옥좌에 앉을 것이다. 32 그리고 모든 민족들이 사람의 아들 앞으로 모일 터인데, 그는 목자가 양과 염소를 가르듯이 그들을 가를 것이다. … 46 이렇게 하여 그들은 영원한 벌을 받는 곳으로 가고 의인들은 영원한 생명을 누리는 곳으로 갈 것이다."

가라지의 비유를 설명하시다 13,36-43

13,41 "사람의 아들이 자기 천사들을 보낼 터인데, 그들은 그의 나라에서 남을 죄짓게 하는 모든 자들과 불의를 저지르는 자들을 거두어, 42 불구덩이에 던져 버릴 것이다. 그러면 그들은 거기에서 울며 이를 갈 것이다. 43 그때에 의인들은 아버지의 나라에서 해처럼 빛날 것이다. 귀 있는 사람은 들어라."

숨을 거두시다 27,45-56

27,52 무덤이 열리고 잠자던 많은 성도들의 몸이 되살아났다. 53 예수님께서 다시 살아나신 다음, 그들은 무덤에서 나와 거룩한 도성에 들어가 많은 이들에게 나타났다.

요나의 표징 12,38-42

12,41 "심판 때에 니네베 사람들이 이 세대와 함께 다시 살아나 이 세대를 단죄할 것이다. 그들이 요나의 설교를 듣고 회개하였기 때문이다. 그러나 보라, 요나보다 더 큰 이가 여기에 있다. 42 심판 때에 남방 여왕이 이 세대와 함께 되살아나 이 세대를 단죄할 것이다. 그 여왕이 솔로몬의 지혜를 들으려고 땅끝에서 왔기 때문이다. 그러나 보라, 솔로몬보다 더 큰 이가 여기에 있다."

5,29 // 3코린 3,24 육신의 부활은 없다고 말하는 것은 그들이 자신들을 두고 하는 말입니다. 그들은 부활하지 않기 때문입니다. [25] 그들은 죽은 이가 부활했다는 것을 믿지 않은 까닭입니다.

5,29 // 바오로 묵시록 14 선한 천사들은 그 의인의 영혼을 차지하고 그 영혼에게 말하였다. "네가 빠져 나가는 몸을 기억해 두어라. 하느님께서 의인들에게 약속하신 것을 받기 위해 부활의 날에 다시 그 안에 들어 가야 하기 때문이다." ... [15] ... 악한 천사들이 그 영혼(불경한 자)을 차지하고 말하였다. "오, 불쌍한 영혼아, 너의 육신을 보고 네가 어디에서 빠져 나오는지 기억해 두어라. 부활의 날에 너는 네가 지은 죄들에 걸맞은 것을 받도록 다시 네 육신 속에 들어 가야 하기 때문이다."

가난한 이들을 초대하여라 14,12-14

14,14 "그들이 너에게 보답할 수 없기 때문에 너는 행복할 것이다. 의인들이 부활할 때에 네가 보답을 받을 것이다."

요나의 표징 11,29-32

11,31 "심판 때에 남방 여왕이 이 세대 사람들과 함께 되살아나 이 세대 사람들을 단죄할 것이다. 그 여왕이 솔로몬의 지혜를 들으려고 땅끝에서 왔기 때문이다. 그러나 보라, 솔로몬보다 더 큰 이가 여기에 있다.
32 심판 때에 니네베 사람들이 이 세대와 함께 다시 살아나 이 세대를 단죄할 것이다. 그들이 요나의 설교를 듣고 회개하였기 때문이다. 그러나 보라, 요나보다 더 큰 이가 여기에 있다."

겟세마니에서 기도하시다 26,36-46

[30] 나는 아무것도 스스로 할 수 없다. 나는 듣는 대
로 심판할 따름이다. 그래서 내 심판은 올바르다.
내가 내 뜻이 아니라 나를 보내신 분의 뜻을 추구
하기 때문이다."

| 요한 5,19 // 8,28; 14,10-11; 17,7-8
| 요한 5,19.30 // 17,7-8
| 요한 5,21 // 6,39-40; 10,28; 11,25; 17,2
| 요한 5,22 // 5,27
| 요한 5,24 // 6,40-47; 8,51; 20,31
| 요한 5,25 // 5,28-29
| 요한 5,26 // 1,4.9; 6,35; 8,12; 11,25
| 요한 5,28-29 // 11,24
| 요한 5,30 // 8,28

[26,39] "아버지, 하실 수만 있으시면 이 잔이 저를 비
켜 가게 해 주십시오. 그러나 제가 원하는 대로 하
지 마시고 아버지께서 원하시는 대로 하십시오."

예수님을 믿게 하는 증언

요한 5,31-47

[31] "내가 나 자신을 위하여 증언하면 내 증언은 유
효하지 못하다. [32] 그러나 나를 위하여 증언하시는
분이 따로 계시다. 나는 나를 위하여 증언하시는 그분의 증언이 유효하다는 것을 알고 있다. [33] 너희가
요한에게 사람들을 보냈을 때에 그는 진리를 증언하였다. [34] 나는 사람의 증언을 필요로 하지 않는다. 그
런데도 이러한 말을 하는 것은 너희가 구원을 받게 하려는 것이다. [35] 요한은 타오르며 빛을 내는 등불이
었다. 너희는 한때 그 빛 속에서 즐거움을 누리려고 하였다. [36] 그러나 나에게는 요한의 증언보다 더 큰
증언이 있다. 아버지께서 나에게 완수하도록 맡기신 일들이다. 그래서 내가 하고 있는 일들이 나를 위
하여 증언한다. 아버지께서 나를 보내셨다는 것이다. [37] 그리고 나를 보내신 아버지께서도 나를 위하여
증언해 주셨다. 너희는 그분의 목소리를 들은 적이 한 번도 없고 그분의 모습을 본 적도 없다. [38] 너희는
또 그분의 말씀이 너희 안에 머무르게 하지 않는다. 그분께서 보내신 이를 너희가 믿지 않기 때문이다.

마태

5,33-34 // 말라 3,1 보라, 내가 나의 사자를 보내니 그가 내 앞에서 길을 닦으리라. 너희가 찾던 주님, 그가 홀연히 자기 성전으로 오리라. 너희가 좋아하는 계약의 사자 보라, 그가 온다.

5,33-34 // 말라 3,23 보라, 주님의 크고 두려운 날이 오기 전에 내가 너희에게 엘리야 예언자를 보내리라. [24] 그가 부모의 마음을 자녀에게 돌리고 자녀의 마음을 부모에게 돌리리라. 그래야 내가 와서 이 땅을 파멸로 내리치지 않으리라.

5,33-34 // 이사 40,3 한 소리가 외친다. "너희는 광야에 주님의 길을 닦아라. 우리 하느님을 위하여 사막에 길을 곧게 내어라."

5,33-34 // 이사 43,10 주님의 말씀이다. 너희가 나의 증인이다. 너희는 내가 선택한 나의 종이다. 이는 너희가 깨쳐서 나를 믿고 내가 바로 그분임을 깨닫게 하려는 것이다. 나 이전에 신이 만들어진 일이 없고 나 이후에 어떤 신도 존재하지 않으리라.

5,35 // 2바룩 18,1 나는 대답하며 말하였다. "빛을 비춘 이는 빛에게서 빛을 취하였습니다. 그런데 그를 본받은 이는 드뭅니다. [2] 그가 빛을 비추어준 자들 가운데 상당수가 아담의 어둠을 취하였습니다. 그리고 그들은 등불의 빛에서 기쁨을 찾지 않았습니다."

겟세마니에서 기도하시다 14,32-42

14,36 "아빠! 아버지! 아버지께서는 무엇이든 하실 수 있으시니, 이 잔을 저에게서 거두어 주십시오. 그러나 제가 원하는 것을 하지 마시고 아버지께서 원하시는 것을 하십시오."

겟세마니에서 기도하시다 22,39-46

22,42 "아버지, 아버지께서 원하시면 이 잔을 저에게서 거두어 주십시오. 그러나 제 뜻이 아니라 아버지의 뜻이 이루어지게 하십시오."

마르

루카

5,36 // 에게르톤 복음 3,1 그들은 그분께 [다]가와 떠보며 시험 삼아 그분께 [물]어 보았다. [2] "스승이신 예수님, 저희는 당신께서 [하느님에게서] 오신 것을 알고 있습니다. 하시는 일들이 모든 예언자들보다 더 훌륭히 증[언]하기 때문입니다."

[39] 너희는 성경에서 영원한 생명을 찾아 얻겠다는
생각으로 성경을 연구한다. 바로 그 성경이 나를
위하여 증언한다. [40] 그런데도 너희는 나에게 와서
생명을 얻으려고 하지 않는다.

하느님의 나라와 부자 19,16-26

[19,16] 그런데 어떤 사람이 예수님께 다가와, "스승님,
제가 영원한 생명을 얻으려면 무슨 선한 일을 해
야 합니까?" 하고 물었다. [17] 그러자 예수님께서 말
씀하셨다. "어찌하여 나에게 선한 일을 묻느냐?
선하신 분은 한 분뿐이시다. 네가 생명에 들어가
려면 계명들을 지켜라."

따름과 보상 19,27-30

[19,29] "그리고 내 이름 때문에 집이나 형제나 자매,
아버지나 어머니, 자녀나 토지를 버린 사람은 모
두 백 배로 받을 것이고 영원한 생명도 받을 것
이다."

[41] 나는 사람들에게서 영광을 받지 않는다.

올바른 자선 6,1-4

[6,1] "너희는 사람들에게 보이려고 그들 앞에서 의
로운 일을 하지 않도록 조심하여라. 그러지 않으
면 하늘에 계신 너희 아버지에게서 상을 받지 못
한다."

하느님의 나라와 부자 10,17-27

10,17 예수님께서 길을 떠나시는데 어떤 사람이 달
려와 그분 앞에 무릎을 꿇고, "선하신 스승님, 제
가 영원한 생명을 받으려면 무엇을 해야 합니까?"
하고 물었다. 18 그러자 예수님께서 그에게 이르셨
다. "어찌하여 나를 선하다고 하느냐? 하느님 한
분 외에는 아무도 선하지 않다. 19 너는 계명들을
알고 있지 않느냐? '살인해서는 안 된다. 간음해서
는 안 된다. 도둑질해서는 안 된다. 거짓 증언을
해서는 안 된다. 횡령해서는 안 된다. 아버지와 어
머니를 공경하여라.'"

하느님의 나라와 부자 18,18-27

18,18 어떤 권력가가 예수님께, "선하신 스승님, 제가
무엇을 해야 영원한 생명을 받을 수 있습니까?"
하고 물었다. 19 그러자 예수님께서 그에게 이르셨
다. "어찌하여 나를 선하다고 하느냐? 하느님 한
분 외에는 아무도 선하지 않다. 20 너는 계명들을
알고 있지 않느냐? '간음해서는 안 된다. 살인해서
는 안 된다. 도둑질해서는 안 된다. 거짓 증언을
해서는 안 된다. 아버지와 어머니를 공경하여라.'"

5,39-45 // 에게르톤 복음 1,2 그분께서 백
성의 지[도]자들을 향하여 [돌아]
서시며 이 말씀을 [선포]하셨다.
"너희는 성경에서 생명을 찾아 얻
겠다는 생[각으로] 성경을 연구[한
다]. 바로 그 성경이 나를 위하여
[증]언한다. 3 내가 [너희]를 내 아
버지께 고소하러 온 것이라 여기
[지] 마라. 너희를 고[소하는] 이는
[너희가] 희망을 걸어 온 모세다."

가장 큰 계명 10,25-28

10,25 어떤 율법 교사가 일어서서 예수님을 시험하
려고 말하였다. "스승님, 제가 무엇을 해야 영원한
생명을 받을 수 있습니까?" 26 예수님께서 그에게 말씀하셨다. "율법에 무엇이라고 쓰여 있느냐? 너는 어
떻게 읽었느냐?" 27 그가 "'네 마음을 다하고 네 목숨을 다하고 네 힘을 다하고 네 정신을 다하여 주 너
의 하느님을 사랑하고' '네 이웃을 너 자신처럼 사랑해야 한다.' 하였습니다." 하고 대답하자, 28 예수님께
서 그에게 이르셨다. "옳게 대답하였다. 그렇게 하여라. 그러면 네가 살 것이다."

따름과 보상 10,28-31

10,29 예수님께서 말씀하셨다. "내가 진실로 너희에
게 말한다. 누구든지 나 때문에, 또 복음 때문에
집이나 형제나 자매, 어머니나 아버지, 자녀나 토
지를 버린 사람은 30 현세에서 박해도 받겠지만 집
과 형제와 자매와 어머니와 자녀와 토지를 백 배
나 받을 것이고, 내세에서는 영원한 생명을 받을
것이다."

따름과 보상 18,28-30

18,29 예수님께서 그들에게 말씀하셨다. "내가 진실
로 너희에게 말한다. 누구든지 하느님의 나라 때
문에 집이나 아내, 형제나 부모나 자녀를 버린 사
람은, 30 현세에서 여러 곱절로 되받을 것이고 내세
에서는 영원한 생명을 받을 것이다."

엠마오로 가는 두 제자에게 나타나시다 24,13-35

24,27 그리고 이어서 모세와 모든 예언자로부터 시
작하여 성경 전체에 걸쳐 당신에 관한 기록들을
그들에게 설명해 주셨다.

5,45-46 // 신명 18,15 "주 너희 하느님께서 너희 동족 가운데에서 나와 같은 예언자를 일으켜 주실 것이니, 너희는 그의 말을 들어야 한다. [16]그것은 너희가 호렙에서 집회의 날에 주 너희 하느님께 청한 것이다. 그때에 너희는 이렇게 말하였다. '다시는 저희가 주 저희 하느님의 소리를 듣지 않게 하시고 이 큰 불도 보지 않게 해 주십시오. 저희가 죽지 않게 해 주십시오.' [17]그러자 주님께서 나에게 말씀하셨다. '그들이 한 말은 옳다. [18]나는 그들을 위하여 그들의 동족 가운데에서 너와 같은 예언자 하나를 일으켜, 나의 말을 그의 입에 담아 줄 것이다. 그러면 그는 내가 그에게 명령하는 모든 것을 그들에게 일러 줄 것이다. [19]그가 내 이름으로 이르는 말을 듣지 않는 사람은 내가 직접 추궁할 것이다.'"

[42]그리고 나는 너희에게 하느님을 사랑하는 마음
이 없다는 것을 안다. [43]나는 내 아버지의 이름으로 왔다. 그런데도 너희는 나를 받아들이지 않는다. 다
른 이가 자기 이름으로 오면, 너희는 그를 받아들일 것이다. [44]자기들끼리 영광을 주고받으면서 한 분이
신 하느님에게서 받는 영광은 추구하지 않으니, 너희가 어떻게 믿을 수 있겠느냐? [45]그러나 내가 너희
를 아버지께 고소하리라고 생각하지는 마라. 너희를 고소하는 이는 너희가 희망을 걸어 온 모세이다.
[46]너희가 모세를 믿었더라면 나를 믿었을 것이다.
그가 나에 관하여 성경에 기록하였기 때문이다.
[47]그런데 너희가 그의 글을 믿지 않는다면 나의
말을 어떻게 믿겠느냐?"

| 요한 5,33-35 // 1,6-8
| 요한 5,33-36 // 1,15
| 요한 5,36 // 17,7-8
| 요한 5,39-40 // 3,15-16; 3,36; 4,14; 6,27.47.54; 12,25
| 요한 5,41 // 7,4
| 요한 5,46-47 // 9,28-29

오천 명을 먹이시다

요한 6,1-15

[1]그 뒤에 예수님께서 갈릴래아 호수 곧 티베리아
스 호수 건너편으로 가셨는데, [2]많은 군중이 그분
을 따라갔다. 그분께서 병자들에게 일으키신 표
징들을 보았기 때문이다. [3]예수님께서는 산에 오
르시어 제자들과 함께 그곳에 앉으셨다. [4]마침 유
다인들의 축제인 파스카가 가까운 때였다.

마태 14,13-21

[13]이 말을 들으신 예수님께서는 거기에서 배를 타
시고 따로 외딴곳으로 물러가셨다. 그러나 여러
고을에서 그 소문을 듣고 군중이 육로로 그분을
따라나섰다. [14]예수님께서는 배에서 내리시어 많
은 군중을 보시고 가엾은 마음이 드시어, 그들 가
운데에 있는 병자들을 고쳐 주셨다.

[5]예수님께서는 눈을 드시어 많은 군중이 당신께
오는 것을 보시고 필립보에게, "저 사람들이 먹을
빵을 우리가 어디에서 살 수 있겠느냐?" 하고 물

[15]저녁때가 되자 제자들이 예수님께 다가와 말하
였다. "여기는 외딴곳이고 시간도 이미 지났습니
다. 그러니 군중을 돌려보내시어, 마을로 가서 스

부자와 라자로의 비유 16,19-31

16,29 "아브라함이, '그들에게는 모세와 예언자들이
있으니 그들의 말을 들어야 한다.' 하고 대답하자,
30 부자가 다시 '안 됩니다, 아브라함 할아버지! 죽
은 이들 가운데에서 누가 가야 그들이 회개할 것
입니다.' 하였다. 31 그에게 아브라함이 이렇게 일렀
다. '그들이 모세와 예언자들의 말을 듣지 않으면,
죽은 이들 가운데에서 누가 다시 살아나도 믿지
않을 것이다.'"

5,46 // 에게르톤 복음 1,6 "이제 고발당
한다. 그가 [증언]한 내용들을 [너
희가] 믿지 [않은 사실]이! 7 사실
너희가 [모세를] 믿[었]다면 [나]를
믿었을 것이다. 그가 나에 관[하
여] 너희 조상들에게 [기록해 두
었]기 때문이다."

마르 6,30-44

30 사도들이 예수님께 모여 와, 자기들이 한 일과
가르친 것을 다 보고하였다. 31 그러자 예수님께서
그들에게, "너희는 따로 외딴곳으로 가서 좀 쉬어
라." 하고 말씀하셨다. 오고 가는 사람들이 너무
많아 음식을 먹을 겨를조차 없었던 것이다. 32 그
래서 그들은 따로 배를 타고 외딴곳으로 떠나갔
다. 33 그러자 많은 사람이 그들이 떠나는 것을 보
고, 모든 고을에서 나와 육로로 함께 달려가 그들보다 먼저 그곳에 다다랐다. 34 예수님께서는 배에서
내리시어 많은 군중을 보시고 가엾은 마음이 드셨다. 그들이 목자 없는 양들 같았기 때문이다. 그래서
그들에게 많은 것을 가르쳐 주기 시작하셨다.

루카 9,10-17

10 사도들이 돌아와 자기들이 한 일을 예수님께 보
고하였다. 그러자 예수님께서 그들을 따로 데리고
벳사이다라는 고을로 물러가셨다. 11 그러나 군중
은 그것을 알고 예수님을 따라왔다. 예수님께서는
그들을 맞이하시어, 하느님 나라에 관하여 말씀
해 주시고 필요한 이들에게는 병을 고쳐 주셨다.

35 어느덧 늦은 시간이 되자 제자들이 예수님께 다
가와 말하였다. "여기는 외딴곳이고 시간도 이미
늦었습니다. 36 그러니 저들을 돌려보내시어, 주변

12 날이 저물기 시작하자 열두 제자가 예수님께 다
가와 말하였다. "군중을 돌려보내시어, 주변 마
을이나 촌락으로 가서 잠자리와 음식을 구하게

으셨다. 6 이는 필립보를 시험해 보려고 하신 말씀
이다. 그분께서는 당신이 하시려는 일을 이미 잘
알고 계셨다. 7 필립보가 예수님께 대답하였다. "저
마다 조금씩이라도 받아 먹게 하자면 이백 데나
리온어치 빵으로도 충분하지 않겠습니다." 8 그때
에 제자들 가운데 하나인 시몬 베드로의 동생 안
드레아가 예수님께 말하였다. 9 "여기 보리 빵 다
섯 개와 물고기 두 마리를 가진 아이가 있습니다
만, 저렇게 많은 사람에게 이것이 무슨 소용이 있
겠습니까?"

스로 먹을거리를 사게 하십시오." 14,16 예수님께서
"그들을 보낼 필요가 없다. 너희가 그들에게 먹을
것을 주어라." 하고 이르시니, 17 제자들이 "저희는
여기 빵 다섯 개와 물고기 두 마리밖에 가진 것이
없습니다." 하고 말하였다. 18 예수님께서는 "그것
들을 이리 가져오너라." 하시고는,

10 그러자 예수님께서 "사람들을 자리 잡게 하여
라." 하고 이르셨다. 그곳에는 풀이 많았다. 그리
하여 사람들이 자리를 잡았는데, 장정만도 그 수
가 오천 명쯤 되었다. 11 예수님께서는 빵을 손에
들고 감사를 드리신 다음, 자리를 잡은 이들에게
나누어 주셨다. 물고기도 그렇게 하시어 사람들이
원하는 대로 주셨다.

19 군중에게 풀밭에 자리를 잡으라고 지시하셨다.
그리고 빵 다섯 개와 물고기 두 마리를 손에 들고
하늘을 우러러 찬미를 드리신 다음 빵을 떼어 제
자들에게 주시니, 제자들이 그것을 군중에게 나
누어 주었다.

12 그들이 배불리 먹은 다음에 예수님께서는 제자
들에게, "버려지는 것이 없도록 남은 조각을 모아
라." 하고 말씀하셨다. 13 그래서 그들이 모았더니,
사람들이 보리 빵 다섯 개를 먹고 남긴 조각으로
열두 광주리가 가득 찼다.
14 사람들은 예수님께서 일으키신 표징을 보고,
"이분은 정말 세상에 오시기로 되어 있는 그 예언
자시다." 하고 말하였다.

20 사람들은 모두 배불리 먹었다. 그리고 남은 조
각을 모으니 열두 광주리에 가득 찼다. 21 먹은 사
람은 여자들과 아이들 외에 남자만도 오천 명가
량이었다.

세례자 요한의 질문에 답변하시다 11,2-6

11,2 그런데 요한이, 그리스도께서 하신 일을 감옥
에서 전해 듣고 제자들을 보내어, 3 "오실 분이 선
생님이십니까? 아니면 저희가 다른 분을 기다려
야 합니까?" 하고 물었다.

베드로가 예수님을 그리스도라고 고백하다 16,13-20

16,14 제자들이 대답하였다. "세례자 요한이라고 합
니다. 그러나 어떤 이들은 엘리야라 하고, 또 어

6,14 // 신명 18,15 "주 너희 하느님께서 너희 동족 가운데에서 나와 같은 예언자를 일으켜 주실 것이니, 너희는 그의 말을 들어야 한다."
6,14 // 4에즈 7,26 보라! 그 날들이 올 것이다. 내가 너에게 전에 예고한 표징이 오는 때, 도성처럼 보이는 신부가 모습을 드러낼 것이다. 그리고 특별한 그 도성이 나타날 것이다. 27 그리고 앞에서 언급한 악행들에서 해방된 모든 이가 나의 기적들을 목격할 것이다. 28 그 다음 내 아들 메시아가, 그와 함께 있는 이들과 같이 나타날 것이다. 그리고 남은 자들을 사백 년 동안 기쁘게 할 것이다.

촌락이나 마을로 가서 스스로 먹을 것을 사게 하
십시오." 6,37 예수님께서 "너희가 그들에게 먹을 것
을 주어라." 하고 이르시니, 제자들은 "그러면 저
희가 가서 빵을 이백 데나리온어치나 사다가 그들
을 먹이라는 말씀입니까?" 하고 물었다. 38 예수님
께서 그들에게, "너희에게 빵이 몇 개나 있느냐?
가서 보아라." 하고 이르셨다. 그들이 알아보고서,
"빵 다섯 개, 그리고 물고기 두 마리가 있습니다."
하고 대답하였다.

하십시오. 우리가 있는 이곳은 황량한 곳입니다."
9,13 예수님께서 "너희가 그들에게 먹을 것을 주어
라." 하시니, 제자들은 "저희가 가서 이 모든 백성
을 위하여 양식을 사 오지 않는 한, 저희에게는
빵 다섯 개와 물고기 두 마리밖에 없습니다." 하
고 말하였다.

39 예수님께서는 제자들에게 명령하시어, 모두 푸
른 풀밭에 한 무리씩 어울려 자리 잡게 하셨다.
40 그래서 사람들은 백 명씩 또는 쉰 명씩 떼를 지
어 자리를 잡았다. 41 예수님께서는 빵 다섯 개와
물고기 두 마리를 손에 들고 하늘을 우러러 찬미
를 드리신 다음 빵을 떼어 제자들에게 주시며, 사
람들에게 나누어 주도록 하셨다. 물고기 두 마리
도 모든 사람에게 나누어 주셨다.

14 사실 장정만도 오천 명가량이나 되었다. 예수님
께서는 제자들에게 이르셨다. "대충 쉰 명씩 떼를
지어 자리를 잡게 하여라." 15 제자들이 그렇게 하
여 모두 자리를 잡았다. 16 예수님께서는 빵 다섯
개와 물고기 두 마리를 손에 들고 하늘을 우러러
그것들을 축복하신 다음 떼어 제자들에게 주시
며, 군중에게 나누어 주도록 하셨다.

42 사람들은 모두 배불리 먹었다. 43 그리고 남은 빵
조각과 물고기를 모으니 열두 광주리에 가득 찼
다. 44 빵을 먹은 사람은 장정만도 오천 명이었다.

17 사람들은 모두 배불리 먹었다. 그리고 남은 조각
을 모으니 열두 광주리나 되었다.

세례자 요한의 질문에 답변하시다 7,18-23

7,18 요한의 제자들이 이 모든 일을 요한에게 전하
였다. 그러자 요한은 자기 제자들 가운데에서 두
사람을 불러 19 주님께 보내며, "오실 분이 선생님
이십니까? 아니면 저희가 다른 분을 기다려야 합
니까?" 하고 여쭙게 하였다.

베드로가 예수님을 그리스도라고 고백하다 8,27-30

8,28 제자들이 대답하였다. "세례자 요한이라고 합
니다. 그러나 어떤 이들은 엘리야라 하고, 또 어떤

베드로가 예수님을 그리스도라고 고백하다 9,18-21

9,19 제자들이 대답하였다. "세례자 요한이라고 합
니다. 그러나 어떤 이들은 엘리야라 하고, 또 어

떤 이들은 예레미야나 예언자 가운데 한 분이라
고 합니다."

예루살렘에 입성하시다 21,1-11

21,11 그러자 군중이 "저분은 갈릴래아 나자렛 출신
예언자 예수님이시오." 하고 대답하였다.

포도밭 소작인의 비유 21,33-46

21,46 그분을 붙잡으려고 하였으나 군중이 두려웠
다. 군중이 예수님을 예언자로 여겼기 때문이다.

6,15 // 솔로몬의 시편 17,21 보십시오, 주님! 그들에게 그들의 임금을 일으켜 주소서! 하느님 당신께서 선택하신 그 시간에, 당신 종 이스라엘을 다스릴 다윗의 후손을! 22 그에게 힘을 둘러 주소서! 불의한 지도자들을 쳐부수고, 이방인들을 몰아내어 예루살렘을 정화하도록! 그들은 예루살렘을 짓밟으며 파멸로 몰아가고 있습니다!

15 예수님께서는 그들이 와서 당신을 억지로 모셔
다가 임금으로 삼으려 한다는 것을 아시고,

혼자서 다시 산으로 물러가셨다.

| 요한 6,9-13 // 21,9
| 요한 6,14 // 1,21; 1,45; 4,19; 7,40; 9,17; 11,27
| 요한 6,14-15 // 18,33
| 요한 6,15 // 12,12-15; 19,15

물 위를 걸으시다 14,22-33

14,22 예수님께서는 곧 제자들을 재촉하시어 배를
타고 건너편으로 먼저 가게 하시고, 그동안에 당
신께서는 군중을 돌려보내셨다. 23 군중을 돌려보
내신 뒤, 예수님께서는 따로 기도하시려고 산에
오르셨다. 그리고 저녁때가 되었는데도 혼자 거
기에 계셨다.

물 위를 걸으시다

요한 6,16-21

16 저녁때가 되자 제자들은 호수로 내려가서, 17 배
를 타고 호수 건너편 카파르나움으로 떠났다. 이
미 어두워졌는데도 예수님께서는 아직 그들에게

마태 14,22-33

22 예수님께서는 곧 제자들을 재촉하시어 배를 타
고 건너편으로 먼저 가게 하시고, 그동안에 당신
께서는 군중을 돌려보내셨다. 23 군중을 돌려보내

이들은 예언자 가운데 한 분이라고 합니다."

떤 이들은 옛 예언자 한 분이 다시 살아나셨다
고 합니다."

과부의 외아들을 살리시다 7,11-17

7,16 사람들은 모두 두려움에 사로잡혀 하느님을 찬
양하며, "우리 가운데에 큰 예언자가 나타났다.",
또 "하느님께서 당신 백성을 찾아오셨다." 하고 말
하였다.

엠마오로 가는 두 제자에게 나타나시다 24,13-35

24,19 예수님께서 "무슨 일이냐?" 하시자 그들이 그
분께 말하였다. "나자렛 사람 예수님에 관한 일입
니다. 그분은 하느님과 온 백성 앞에서, 행동과 말
씀에 힘이 있는 예언자셨습니다."

예루살렘에 입성하시다 11,1-11

11,9 그리고 앞서가는 이들과 뒤따라가는 이들이 외
쳤다.
"'호산나!
주님의 이름으로 오시는 분은 복되시어라.'"

물 위를 걸으시다 6,45-52

6,45 예수님께서는 곧 제자들을 재촉하시어 배를
타고 건너편 벳사이다로 먼저 가게 하시고, 그동
안에 당신께서는 군중을 돌려보내셨다. 46 그들과
작별하신 뒤에 예수님께서는 기도하시려고 산에
가셨다.

전도 여행을 떠나시다 4,42-44

4,42 날이 새자 예수님께서는 밖으로 나가시어 외
딴곳으로 가셨다. 군중은 예수님을 찾아다니다
가 그분께서 계시는 곳까지 가서, 자기들을 떠나
지 말아 주십사고 붙들었다. 43 그러나 예수님께서
는 그들에게 말씀하셨다. "나는 하느님 나라의 기
쁜 소식을 다른 고을에도 전해야 한다. 사실 나
는 그 일을 하도록 파견된 것이다." 44 그러고 나
서 예수님께서는 유다의 여러 회당에서 복음을
선포하셨다.

마르 6,45-52

45 예수님께서는 곧 제자들을 재촉하시어 배를 타
고 건너편 벳사이다로 먼저 가게 하시고, 그동안
에 당신께서는 군중을 돌려보내셨다. 46 그들과 작

루카

가지 않으셨다.

신 뒤, 예수님께서는 따로 기도하시려고 산에 오르셨다. 그리고 저녁때가 되었는데도 혼자 거기에 계셨다.

6,20 // 탈출 3,14 하느님께서 모세에게 "나는 있는 나다." 하고 대답하시고, 이어서 말씀하셨다. "너는 이스라엘 자손들에게 '"있는 나"께서 나를 너희에게 보내셨다.' 하여라."

6,20 // 이사 43,1 그러나 이제 야곱아, 너를 창조하신 분, 이스라엘아, 너를 빚어 만드신 분, 주님께서 이렇게 말씀하신다. "내가 너를 구원하였으니 두려워하지 마라. 내가 너를 지명하여 불렀으니 너는 나의 것이다. [2] 네가 물 한가운데를 지난다 해도 나 너와 함께 있고 강을 지난다 해도 너를 덮치지 않게 하리라. 네가 불 한가운데를 걷는다 해도 너는 타지 않고 불꽃이 너를 태우지 못하리라."

6,20 // 요셉과 아세넷 14,11 그 사람(천사)이 아세넷에게 말하였다. "아세넷아, 용기를 내어라. 두려워하지 마라! 두 발로 서라. 네게 할 말이 있다."

[18] 그때에 큰 바람이 불어 호수에 물결이 높게 일었다. [19] 그들이 배를 스물다섯이나 서른 스타디온쯤 저어 갔을 때, 예수님께서 호수 위를 걸어 배에 가까이 오시는 것을 보고 두려워하였다.

[14,24] 배는 이미 뭍에서 여러 스타디온 떨어져 있었는데, 마침 맞바람이 불어 파도에 시달리고 있었다. [25] 예수님께서는 새벽에 호수 위를 걸으시어 그들 쪽으로 가셨다. [26] 제자들은 예수님께서 호수 위를 걸으시는 것을 보고 겁에 질려 "유령이다!" 하며 두려워 소리를 질러 댔다.

[20] 예수님께서는 그들에게 말씀하셨다. "나다. 두려워하지 마라." [21] 그래서 그들이 예수님을 배 안으로 모셔 들이려고 하는데, 배는 어느새 그들이 가려던 곳에 가 닿았다.

| 요한 6,17 // 2,12

[27] 예수님께서는 곧 그들에게 말씀하셨다. "용기를 내어라. 나다. 두려워하지 마라." [28] 그러자 베드로가 말하였다. "주님, 주님이시거든 저더러 물 위를 걸어오라고 명령하십시오." [29] 예수님께서 "오너라." 하시자, 베드로가 배에서 내려 물 위를 걸어 예수님께 갔다. [30] 그러나 거센 바람을 보고서는 그만
두려워졌다. 그래서 물에 빠져 들기 시작하자, "주님, 저를 구해 주십시오." 하고 소리를 질렀다. [31] 예수
님께서 곧 손을 내밀어 그를 붙잡으시고, "이 믿음이 약한 자야, 왜 의심하였느냐?" 하고 말씀하셨다.
[32] 그러고 나서 그들이 배에 오르자 바람이 그쳤다. [33] 그러자 배 안에 있던 사람들이 그분께 엎드려 절하며, "스승님은 참으로 하느님의 아드님이십니다." 하고 말하였다.

생명의 빵

요한 6,22-59 | **마태**

6,22-59 // 요셉과 아세넷 16,7 그 사람은 손을 뻗어 아세넷의 머리를 잡으며 말하였다. "너는 행복하다, 아세넷! 너에게 하느님의 비밀이 계시되었기 때문이다. 회개로 주 하느님 곁에 머무는 이들은 행복하다! 이 벌집의 (꿀을) 먹게 될 것이기 때문이다. [8] 이 꿀은 호화로운

[22] 이튿날, 호수 건너편에 남아 있던 군중은, 그곳
에 배가 한 척밖에 없었는데 예수님께서 제자들과 함께 그 배를 타고 가지 않으시고 제자들만 떠났다는 것을 알게 되었다.
[23] 그런데 티베리아스에서 배 몇 척이, 주님께서 감사를 드리신 다음 빵을 나누어 먹이신 곳에 가까이 와 닿았다.
[24] 군중은 거기에 예수님도 계시지 않고 제자들도 없는 것을 알고서, 그 배들에 나누어 타고 예수님을 찾아 카파르나움으로 갔다.
[25] 그들은 호수 건너편에서 예수님을 찾아내고, "라삐, 언제 이곳에 오셨습니까?" 하고 물었다.
[26] 예수

별하신 뒤에 예수님께서는 기도하시려고 산에 가
셨다.

6,47 저녁이 되었을 때, 배는 호수 한가운데에 있었고 예수님께서는 혼자
뭍에 계셨다. 48 마침 맞바람이 불어 노를 젓느라고 애를 쓰는 제자들을
보시고, 예수님께서는 새벽녘에 호수 위를 걸으시어 그들 쪽으로 가셨
다. 그분께서는 그들 곁을 지나가려고 하셨다. 49 제자들은 예수님께서
호수 위를 걸으시는 것을 보고, 유령인 줄로 생각하여 비명을 질렀다.

50 모두 그분을 보고 겁에 질렸던 것이다. 예수님
께서는 곧 그들에게 말씀하셨다. "용기를 내어라.
나다. 두려워하지 마라." 51 그러고 나서 그들이 탄
배에 오르시니 바람이 멎었다. 그들은 너무 놀라
넋을 잃었다.

52 그들은 빵의 기적을 깨닫지 못하고 오히려 마음
이 완고해졌던 것이다.

마르

루카

낙원의 벌들이 만들었으며, 하느
님의 천사들이 먹는다. 그것을 먹
는 이는 누구나 영원히 죽지 않을
것이다." 9 그런 뒤 그 사람은 오른
손을 뻗어 벌집을 부수어 먹었다.
그리고 자기 손으로 벌집을 뜯어
아세넷의 입에 넣어주었다.

님께서 그들에게 대답하셨다. "내가 진실로 진실
로 너희에게 말한다. 너희가 나를 찾는 것은 표징
을 보았기 때문이 아니라 빵을 배불리 먹었기 때
문이다.
27 너희는 썩어 없어질 양식을 얻으려고 힘쓰지 말
고, 길이 남아 영원한 생명을 누리게 하는 양식을
얻으려고 힘써라. 그 양식은 사람의 아들이 너희
에게 줄 것이다. 하느님 아버지께서 사람의 아들
을 인정하셨기 때문이다."

광야에서 유혹을 받으시다 4,1-11

4,4 예수님께서 대답하셨다. "성경에 기록되어 있다.
'사람은 빵만으로 살지 않고
하느님의 입에서 나오는 모든 말씀으로 산다.'"

보물을 하늘에 쌓아라 6,19-21

6,19 "너희는 자신을 위하여 보물을 땅에 쌓아 두지
마라. 땅에서는 좀과 녹이 망가뜨리고 도둑들이
뚫고 들어와 훔쳐 간다. 20 그러므로 하늘에 보물
을 쌓아라. 거기에서는 좀도 녹도 망가뜨리지 못
하고, 도둑들이 뚫고 들어오지도 못하며 훔쳐 가
지도 못한다. 21 사실 너의 보물이 있는 곳에 너의
마음도 있다."

하느님의 나라와 부자 19,16-26

19,16 그런데 어떤 사람이 예수님께 다가와, "스승님,
제가 영원한 생명을 얻으려면 무슨 선한 일을 해
야 합니까?" 하고 물었다. 17 그러자 예수님께서 말
씀하셨다. "어찌하여 나에게 선한 일을 묻느냐?
선하신 분은 한 분뿐이시다. 네가 생명에 들어가
려면 계명들을 지켜라."

따름과 보상 19,27-30

19,29 "그리고 내 이름 때문에 집이나 형제나 자매,
아버지나 어머니, 자녀나 토지를 버린 사람은 모
두 백 배로 받을 것이고 영원한 생명도 받을 것
이다."

광야에서 유혹을 받으시다 4,1-13

4,4 예수님께서 그에게 대답하셨다.
"'사람은 빵만으로 살지 않는다.'
라고 성경에 기록되어 있다."

보물을 하늘에 쌓아라 12,33-34

12,33 "너희는 가진 것을 팔아 자선을 베풀어라. 너
희 자신을 위하여 해지지 않는 돈주머니와 축나
지 않는 보물을 하늘에 마련하여라. 거기에는 도
둑이 다가가지도 못하고 좀이 쏠지도 못한다. 34 사
실 너희의 보물이 있는 곳에 너희의 마음도 있다."

하느님의 나라와 부자 10,17-27

10,17 예수님께서 길을 떠나시는데 어떤 사람이 달
려와 그분 앞에 무릎을 꿇고, "선하신 스승님, 제
가 영원한 생명을 받으려면 무엇을 해야 합니까?"
하고 물었다. 18 그러자 예수님께서 그에게 이르셨
다. "어찌하여 나를 선하다고 하느냐? 하느님 한
분 외에는 아무도 선하지 않다."

따름과 보상 10,28-31

10,29 예수님께서 말씀하셨다. "내가 진실로 너희에
게 말한다. 누구든지 나 때문에, 또 복음 때문에
집이나 형제나 자매, 어머니나 아버지, 자녀나 토
지를 버린 사람은 30 현세에서 박해도 받겠지만 집
과 형제와 자매와 어머니와 자녀와 토지를 백 배
나 받을 것이고, 내세에서는 영원한 생명을 받을
것이다."

하느님의 나라와 부자 18,18-27

18,18 어떤 권력가가 예수님께, "선하신 스승님, 제가
무엇을 해야 영원한 생명을 받을 수 있습니까?"
하고 물었다. 19 그러자 예수님께서 그에게 이르셨
다. "어찌하여 나를 선하다고 하느냐? 하느님 한
분 외에는 아무도 선하지 않다."

따름과 보상 18,28-30

18,29 예수님께서 그들에게 말씀하셨다. "내가 진실
로 너희에게 말한다. 누구든지 하느님의 나라 때
문에 집이나 아내, 형제나 부모나 자녀를 버린 사
람은, 30 현세에서 여러 곱절로 되받을 것이고 내세
에서는 영원한 생명을 받을 것이다."

가장 큰 계명 10,25-28

10,25 어떤 율법 교사가 일어서서 예수님을 시험하
려고 말하였다. "스승님, 제가 무엇을 해야 영원한

6,30 // 2바룩 29,3 그 부분들에서 일
어나기로 된 일이 완결되고 나면
메시아가 모습을 드러내기 시작
할 것이다. … 8 그리고 바로 그때
위에서 다시 만나의 보고寶庫가
내려올 것이다. 그리고 그들은 그
여러 해 동안 그것을 먹을 것이다.
바로 그들이 시간의 마지막에 온
자들이기 때문이다.

6,31 // 시편 78,24 그들 위에 만나를
비처럼 내려 먹게 하시고 하늘의
곡식을 그들에게 주셨다.

6,31 // 느헤 9,15 그들의 굶주림을 보
시고 하늘에서 양식을 내리셨고
그들의 목마름을 보시고 바위에
서 물을 터뜨리셨습니다. 당신 손
을 들어 맹세하시며 주겠다 하신
그 땅을 들어가 차지하라고 그들
에게 이르셨습니다.

6,32 // 탈출 16,4 주님께서 모세에게
말씀하셨다. "이제 내가 하늘에서
너희에게 양식을 비처럼 내려 줄
터이니, 백성은 날마다 나가서 그
날 먹을 만큼 모아들이게 하여라.
이렇게 하여 나는 이 백성이 나의
지시를 따르는지 따르지 않는지
시험해 보겠다."

28 그들이 "하느님의 일을 하려면 저희가 무엇을 해
야 합니까?" 하고 묻자, 29 예수님께서 그들에게 대
답하셨다. "하느님의 일은 그분께서 보내신 이를
너희가 믿는 것이다."
30 그들이 다시 물었다. "그러면 무슨 표징을 일으
키시어 저희가 보고 선생님을 믿게 하시겠습니까?
무슨 일을 하시렵니까? 31 '그분께서는 하늘에서
그들에게 빵을 내리시어 먹게 하셨다.'는 성경 말
씀대로, 우리 조상들은 광야에서 만나를 먹었습
니다." 32 예수님께서 그들에게 이르셨다. "내가 진
실로 진실로 너희에게 말한다. 하늘에서 너희에게
빵을 내려 준 이는 모세가 아니다. 하늘에서 너희
에게 참된 빵을 내려 주시는 분은 내 아버지시다.

바리사이들과 사두가이들이 표징을 요구하다 16,1-4

16,1 바리사이들과 사두가이들이 와서 예수님을 시
험하려고, 하늘에서 오는 표징을 보여 달라고 요
청하였다.

6,32 // 느헤 9,15 그들의 굶주림을 보시고 하늘에서 양식을 내리셨고 그들의 목마름을 보시고 바위에서 물을 터뜨리셨습니다. 당신 손을 들어 맹세하시며 주겠다 하신 그 땅을 들어가 차지하라고 그들에게 이르셨습니다.

6,32 // 시편 78,24 그들 위에 만나를 비처럼 내려 먹게 하시고 하늘의 곡식을 그들에게 주셨다. 25 천사들의 빵을 사람이 먹었다. 그들에게 음식을 배부르도록 보내셨다.

6,32 // 시편 105,40 그들이 청하자 메추라기 떼를 불러오시고 하늘의 빵으로 그들을 배불리셨다.

6,33 // 요셉과 아세넷 8,11 이 동정녀를
당신의 영으로 다시 새롭게 만드
시고, 당신의 숨겨진 손으로 다시
빚으시며, 당신의 생명으로 새로
운 생명을 내려주소서! 그로 하여
금 당신 생명의 빵을 먹게 하시고,
당신 축복의 잔을 마시게 하소서!

6,35 // 이사 49,10 그들은 배고프지
도 않고 목마르지도 않으며 열풍
도 태양도 그들을 해치지 못하리
니 그들을 가엾이 여기시는 분께

33 하느님의 빵은 하늘에서 내려와 세상에 생명을
주는 빵이다."

34 그들이 예수님께, "선생님, 그 빵을 늘 저희에게
주십시오." 하자,
35 예수님께서 그들에게 이르셨다. "내가 생명의 빵
이다. 나에게 오는 사람은 결코 배고프지 않을 것

광야에서 유혹을 받으시다 4,1-11

4,4 예수님께서 대답하셨다. "성경에 기록되어 있다.
'사람은 빵만으로 살지 않고
하느님의 입에서 나오는 모든 말씀으로 산다.'"

주님의 기도 6,9-15

6,11 오늘 저희에게 일용할 양식을 주시고

참행복 5,3-12

5,6 행복하여라, 의로움에 주리고 목마른 사람들!
그들은 흡족해질 것이다.

생명을 받을 수 있습니까?" 10,26 예수님께서 그에
게 말씀하셨다. "율법에 무엇이라고 쓰여 있느냐? 너는 어떻게 읽었느냐?" 27 그가 "'네 마음을 다하고
네 목숨을 다하고 네 힘을 다하고 네 정신을 다하여 주 너의 하느님을 사랑하고' '네 이웃을 너 자신처
럼 사랑해야 한다.' 하였습니다." 하고 대답하자, 28 예수님께서 그에게 이르셨다. "옳게 대답하였다. 그렇
게 하여라. 그러면 네가 살 것이다."

바리사이들이 표징을 요구하다 8,11-13

8,11 바리사이들이 와서 예수님과 논쟁하기 시작하였다. 그분을 시험하려고 하늘에서 오는 표징을 요구하였던 것이다.

예수님과 베엘제불 11,14-23

11,16 다른 사람들은 예수님을 시험하느라고, 하늘에서 내려오는 표징을 그분께 요구하기도 하였다.

요나의 표징 11,29-32

11,29 군중이 점점 더 모여들자 예수님께서 말씀하
기 시작하셨다. "이 세대는 악한 세대다. 이 세대
가 표징을 요구하지만 요나 예언자의 표징밖에는
어떠한 표징도 받지 못할 것이다. 30 요나가 니네베
사람들에게 표징이 된 것처럼, 사람의 아들도 이
세대 사람들에게 그러할 것이다."

광야에서 유혹을 받으시다 4,1-13

4,4 예수님께서 그에게 대답하셨다.
"'사람은 빵만으로 살지 않는다.'
라고 성경에 기록되어 있다."

주님의 기도 11,1-4

11,3 날마다 저희에게 일용할 양식을 주시고

참행복 6,20-23

6,21ㄱ 행복하여라, 지금 굶주리는 사람들!
너희는 배부르게 될 것이다.

이며, 나를 믿는 사람은 결코 목마르지 않을 것
이다.
[36]그러나 내가 이미 말한 대로, 너희는 나를 보고
도 나를 믿지 않는다. [37]아버지께서 나에게 주시
는 사람은 모두 나에게 올 것이고, 나에게 오는 사
람을 나는 물리치지 않을 것이다.
[38]나는 내 뜻이 아니라 나를 보내신 분의 뜻을 실
천하려고 하늘에서 내려왔기 때문이다. [39]나를 보
내신 분의 뜻은, 그분께서 나에게 주신 사람을 하
나도 잃지 않고 마지막 날에 다시 살리는 것이다.

[40]내 아버지의 뜻은 또, 아들을 보고 믿는 사람은
누구나 영원한 생명을 얻는 것이다. 나는 마지막
날에 그들을 다시 살릴 것이다."

겟세마니에서 기도하시다 26,36-46

[26,39]"아버지, 하실 수만 있으시면 이 잔이 저를 비켜 가게 해 주십시오. 그러나 제가 원하는 대로 하지 마시고 아버지께서 원하시는 대로 하십시오."

따름과 보상 19,27-30

[19,29]"그리고 내 이름 때문에 집이나 형제나 자매, 아버지나 어머니, 자녀나 토지를 버린 사람은 모두 백 배로 받을 것이고 영원한 생명도 받을 것이다."

서 그들을 이끄시며 샘터로 그들을 인도해 주시기 때문이다.

6,35-51 // 시편 78,24 그들 위에 만나를 비처럼 내려 먹게 하시고 하늘의 곡식을 그들에게 주셨다. [25] 천사들의 빵을 사람이 먹었다. 그들에게 음식을 배부르도록 보내셨다.

6,35-51 // 지혜 16,20 당신의 백성은 당신께서 천사들의 음식으로 먹여 살리셨습니다. [21] 당신의 양식은 자녀들을 향한 당신의 달콤함을 드러내는 것으로 그것을 받는 이의 소원을 채워 주고 저마다 원하는 대로 모양이 변하는 양식이었습니다.

6,40 // 다니 12,2 또 땅 먼지 속에 잠든 사람들 가운데에서 많은 이가 깨어나 어떤 이들은 영원한 생명을 얻고 어떤 이들은 수치를, 영원한 치욕을 받으리라.

6,40 // 이사 26,19 당신의 죽은 이들이 살아나리이다. 그들의 주검이 일어서리이다. 먼지 속 주민들아, 깨어나 환호하여라. 당신의 이슬은 빛의 이슬이기에 땅은 그림자들을 다시 살려 출산하리이다.

6,40 // 에제 37,12 "그러므로 예언하여라. 그들에게 말하여라. '주 하느님이 이렇게 말한다. 나 이제 너희 무덤을 열겠다. 그리고 내 백성아, 너희를 그 무덤에서 끌어내어 이스라엘 땅으로 데려가겠다. [13] 내 백성아, 내가 이렇게 너희 무덤을 열고, 그 무덤에서 너희를 끌어 올리면, 그제야 너희는 내가 주님임을 알게 될 것이다. [14] 내가 너희 안에 내 영을 넣어 주어 너희를 살린 다음, 너희 땅으로 데려다 놓겠다. 그제야 너희는, 나 주님은 말하고 그대로 실천한다는 사실을 알게 될 것이다. 주님의 말이다.'"

6,40 // 2마카 7,9 "이 사악한 인간, 당신은 우리를 이승에서 몰아내지만, 온 세상의 임금님께서는 당신의 법을 위하여 죽은 우리를 일으키시어 영원한 생명을 누리게 하실 것이오." ... [14] 그는 죽는 순간이 되자 이렇게 말하였다. "하느님께서 다시 일으켜 주시리라는 희망을 간직하고, 사람들의 손에 죽는 것이 더 낫소. 그러나 당신은 부활하여 생명을 누릴 가망이 없소." ... [23] "그러므로 사람이 생겨날 때 그를 빚어내시고 만물이 생겨날 때 그것을 마련해 내신 온 세상의 창조주께서, 자비로이 너희에게 목숨과 생명을 다시 주실 것이다. 너희가 지금 그분의 법을 위하여 너희 자신을 하찮게 여겼기 때문이다."

6,40 // 1에녹 22,13 "이렇게 그곳은 경건하지 않은, 죄 많은 사람들의 영들을 위해 만들어졌다. 그들은 불법을 일삼는 자들과 동반자가 될 것이다. 그러나 영적인 일을 말하자면, 여기서 벌 받는 자들은 상대적으로 적은 벌을 받는다. 따라서 심판 날에 영원한 벌을 받지는 않을 것이다. 그러나 거기서 일으켜지지도 않을 것이다."

6,40 // 솔로몬의 시편 3,12 죄인들의 몫은 영원히 그러합니다. 그러나 주님을 경외하는 이들은 영원한 생명으로 다시 일어날 것입니다. 그들의 생명은 주님의 빛 속에 있으며 다시는 사라지지 않을 것입니다.

6,40 // 4에즈 7,31 그리고 이레가 흐른 뒤에, 지금은 깨어 있지 않은 세상이 깨어날 것이다. 그리고 파멸은 죽음을 맞을 것이다. [32] 그리고 땅은 그 안에 누워 있는 자들을 내놓을 것이다. 흙은 그 안에 잠들어 있는 이들을 내놓을 것이다. 보고(寶庫)들은 그 안에 맡겨진 영혼들을 내놓을 것이다.

6,40 // 2바룩 30,1 이 일들이 있은 다음에, 곧 메시아 오심의 때가 채워지고 영광중에 그가 돌아가면, 그분을 희망하며 잠들어 있는 모든 이가 일어날 것이다. [2] 그때에 의인들의 영혼이 보존된 보고들이 열리고 그들이 나올 것이다. 그리고 많은 영혼들이 함께, 하나의 모임 하나의 생각으로 나타날 것이다. 그리고 첫째들은 기뻐하고 꼴찌들도 슬퍼하지 않을 것이다. [3] 그들은, 시간들의 마지막이라고 선포된 그때가 다가왔음을 알기 때문이다.

6,40 // 2바룩 50,2 지금은 땅이 자기 안에 담아두려고 받아들이는 죽은 이들을, 그때에는 반드시 다시 내놓을 것이다. 그들의 모습에는 아무 변화가 없을 것이다. 땅이 받아들인 모습 그대로 그들을 다시 내놓을 것이다. 그리고 내가 땅에게 넘겨준 모습 그대로 땅이 그들을 다시 일으킬 것이다. [3] 그런 다음에는 죽은 이들이 다시 살아났다는 것과, 떠나갔던 그들이 다시 돌아왔다는 것이 살아 있는 이들에게 알려져야 한다. [4] 지금 그들이 알고 있는 이들을 서로 알아보고 나면 그 다음에는 준엄한 심판이 있을 것이다. 그리고 앞에 언급된 일들이 일어날 것이다.

6,40 // 예언자들의 생애 2,12 그리고 부활 때 이 궤가 가장 먼저 부활할 것입니다. 그리고 궤는 그 바위에서 나와 시나이 산으로 옮겨질 것입니다. 그러면 모든 거룩한 이들이 그 궤 앞에 모여 그곳에서 주님을 기다리며 자신들을 없애려 드는 원수를 피할 것입니다.

6,36 // 야고보의 비전 12 행복할 것이다, 나를 안 사람들! 불행하다, 듣고도 믿지 않은 사람들! 행복할 것이다,
13 보지 않고도 [믿은] 사람들!

겟세마니에서 기도하시다 14,32–42

14,36 "아빠! 아버지! 아버지께서는 무엇이든 하실 수 있으시니, 이 잔을 저에게서 거두어 주십시오. 그러나 제가 원하는 것을 하지 마시고 아버지께서 원하시는 것을 하십시오."

따름과 보상 10,28–31

10,29 예수님께서 말씀하셨다. "내가 진실로 너희에게 말한다. 누구든지 나 때문에, 또 복음 때문에 집이나 형제나 자매, 어머니나 아버지, 자녀나 토지를 버린 사람은
30 현세에서 박해도 받겠지만 집과 형제와 자매와 어머니와 자녀와 토지를 백 배나 받을 것이고, 내세에서는 영원한 생명을 받을 것이다."

겟세마니에서 기도하시다 22,39–46

22,42 "아버지, 아버지께서 원하시면 이 잔을 저에게서 거두어 주십시오. 그러나 제 뜻이 아니라 아버지의 뜻이 이루어지게 하십시오."

따름과 보상 18,28–30

18,29 예수님께서 그들에게 말씀하셨다. "내가 진실로 너희에게 말한다. 누구든지 하느님의 나라 때문에 집이나 아내, 형제나 부모나 자녀를 버린 사람은,
30 현세에서 여러 곱절로 되받을 것이고 내세에서는 영원한 생명을 받을 것이다."

41 예수님께서 "나는 하늘에서 내려온 빵이다." 하
고 말씀하셨기 때문에, 유다인들이 그분을 두고
수군거리기 시작하였다. 42 그들이 말하였다. "저
사람은 요셉의 아들 예수가 아닌가? 그의 아버지
와 어머니도 우리가 알고 있지 않는가? 그런데 저
사람이 어떻게 '나는 하늘에서 내려왔다.'고 말할
수 있는가?"

나자렛에서 무시를 당하시다 13,54-58

13,54 예수님께서 고향에 가시어 회당에서 사람들
을 가르치셨다. 그러자 그들은 놀라서 이렇게 말
하였다. "저 사람이 어디서 저런 지혜와 기적의
힘을 얻었을까? 55 저 사람은 목수의 아들이 아닌
가? 그의 어머니는 마리아라고 하지 않나? 그리
고 그의 형제들은 야고보, 요셉, 시몬, 유다가 아
닌가? 56 그의 누이들도 모두 우리와 함께 살고 있
지 않는가? 그런데 저 사람이 어디서 저 모든 것
을 얻었지?"

43 그러자 예수님께서 그들에게 대답하셨다. "너희
끼리 수군거리지 마라. 44 나를 보내신 아버지께서 이끌어 주지 않으시면 아무도 나에게 올 수 없다. 그
리고 나에게 오는 사람은 내가 마지막 날에 다시 살릴 것이다. 45 '그들은 모두 하느님께 가르침을 받을
것이다.'라고 예언서들에 기록되어 있다. 아버지의 말씀을 듣고 배운 사람은 누구나 나에게 온다.

6,45 // 이사 54,13 너의 아들들은 모두 주님의 제자가 되리라. 또 네 아들들의 평화가 넘치리라.
6,45 // 예레 31,33 그 시대가 지난 뒤에 내가 이스라엘 집안과 맺어 줄 계약은 이러하다. 주님의 말씀이다. 나는 그들의 가슴에 내 법을 넣어 주고, 그들의 마음에 그 법을 새겨 주겠다. 그리하여 나는 그들의 하느님이 되고 그들은 나의 백성이 될 것이다. 34 그때에는 더 이상 아무도 자기 이웃에게, 아무도 자기 형제에게 "주님을 알아라." 하고 가르치지 않을 것이다. 그들이 낮은 사람부터 높은 사람까지 모두 나를 알게 될 것이기 때문이다. 주님의 말씀이다. 나는 그들의 허물을 용서하고, 그들의 죄를 더 이상 기억하지 않겠다.

46 그렇다고 하느님에게서 온 이 말고 누가 아버지
를 보았다는 말은 아니다. 하느님에게서 온 이만
아버지를 보았다.

하느님 아버지와 아들 11,25-27

11,27 "나의 아버지께서는 모든 것을 나에게 넘겨주
셨다. 그래서 아버지 외에는 아무도 아들을 알지
못한다. 또 아들 외에는, 그리고 그가 아버지를 드
러내 보여 주려는 사람 외에는 아무도 아버지를
알지 못한다."

47 내가 진실로 진실로 너희에게 말한다. 믿는 사
람은 영원한 생명을 얻는다. 48 나는 생명의 빵이
다. 49 너희 조상들은 광야에서 만나를 먹고도 죽
었다. 50 그러나 이 빵은 하늘에서 내려오는 것으
로, 이 빵을 먹는 사람은 죽지 않는다.

하느님의 나라와 부자 19,16-26

19,16 그런데 어떤 사람이 예수님께 다가와, "스승님,
제가 영원한 생명을 얻으려면 무슨 선한 일을 해
야 합니까?" 하고 물었다. 17 그러자 예수님께서 말
씀하셨다. "어찌하여 나에게 선한 일을 묻느냐?
선하신 분은 한 분뿐이시다. 네가 생명에 들어가
려면 계명들을 지켜라."

마르

나자렛에서 무시를 당하시다 6,1-6

6,2 안식일이 되자 예수님께서는 회당에서 가르치
기 시작하셨다. 많은 이가 듣고는 놀라서 이렇게
말하였다. "저 사람이 어디서 저 모든 것을 얻었을
까? 저런 지혜를 어디서 받았을까? 그의 손에서
저런 기적들이 일어나다니! 3 저 사람은 목수로서
마리아의 아들이며, 야고보, 요세, 유다, 시몬과
형제간이 아닌가? 그의 누이들도 우리와 함께 여
기에 살고 있지 않는가?" 그러면서 그들은 그분을
못마땅하게 여겼다.

하느님의 나라와 부자 10,17-27

10,17 예수님께서 길을 떠나시는데 어떤 사람이 달
려와 그분 앞에 무릎을 꿇고, "선하신 스승님, 제
가 영원한 생명을 받으려면 무엇을 해야 합니까?"
하고 물었다. 18 그러자 예수님께서 그에게 이르셨
다. "어찌하여 나를 선하다고 하느냐? 하느님 한
분 외에는 아무도 선하지 않다. 19 너는 계명들을
알고 있지 않느냐? '살인해서는 안 된다. 간음해서
는 안 된다. 도둑질해서는 안 된다. 거짓 증언을
해서는 안 된다. 횡령해서는 안 된다. 아버지와 어
머니를 공경하여라.'"

루카

나자렛에서 희년을 선포하시다 4,16-30

4,20 예수님께서 두루마리를 말아 시중드는 이에게
돌려주시고 자리에 앉으시니, 회당에 있던 모든
사람의 눈이 예수님을 주시하였다. 21 예수님께서
그들에게 말씀하기 시작하셨다. "오늘 이 성경 말
씀이 너희가 듣는 가운데에서 이루어졌다." 22 그
러자 모두 그분을 좋게 말하며, 그분의 입에서 나
오는 은총의 말씀에 놀라워하였다. 그러면서 "저
사람은 요셉의 아들이 아닌가?" 하고 말하였다.

하느님 아버지와 아들 10,21-24

10,22 "나의 아버지께서는 모든 것을 나에게 넘겨주
셨다. 그래서 아버지 외에는 아들이 누구인지 아
무도 알지 못한다. 또 아들 외에는, 그리고 그가
아버지를 드러내 보여 주려는 사람 외에는 아버지
께서 누구이신지 아무도 알지 못한다."

하느님의 나라와 부자 18,18-27

18,18 어떤 권력가가 예수님께, "선하신 스승님, 제가
무엇을 해야 영원한 생명을 받을 수 있습니까?"
하고 물었다. 19 그러자 예수님께서 그에게 이르셨
다. "어찌하여 나를 선하다고 하느냐? 하느님 한
분 외에는 아무도 선하지 않다. 20 너는 계명들을
알고 있지 않느냐? '간음해서는 안 된다. 살인해서
는 안 된다. 도둑질해서는 안 된다. 거짓 증언을
해서는 안 된다. 아버지와 어머니를 공경하여라.'"

가장 큰 계명 10,25-28

10,25 어떤 율법 교사가 일어서서 예수님을 시험하
려고 말하였다. "스승님, 제가 무엇을 해야 영원한

신약 외경

6,48-51 // 필립보 복음 55. 그리스도께서 오시기 전에는 이 세상에 빵이 없었습니다. 동산, 곧 아담이 있던 곳에는 짐승들에게 양식이 되는 나무는 많았지만 사람의 양식이 될 밀은 없었던 것입니다. 사람은 짐승들처럼 먹었습니다. 그러나 완전한 인간이신 그리스도께서 오셨을 때, 그분께서는 하늘에서 빵을 가져오셨습니다. 사람이 사람의 음식을 먹고살게 하시려는 것이었습니다.

6,51 // 탈출 16,4 주님께서 모세에게 말씀하셨다. "이제 내가 하늘에서 너희에게 양식을 비처럼 내려 줄 터이니, 백성은 날마다 나가서 그 날 먹을 만큼 모아들이게 하여라. 이렇게 하여 나는 이 백성이 나의 지시를 따르는지 따르지 않는지 시험해 보겠다. [5] 엿샛날에는, 그날 거두어들인 것으로 음식을 장만해 보면, 날마다 모아들이던 것의 갑절이 될 것이다."

6,54 // 요셉과 아세넷 8,5 "하느님을 경외하는 남자, 곧 자신의 입으로 살아계신 하느님을 찬양하고 축복받은 생명의 빵을 먹고, 축복받은 불사의 잔을 마시고, 축복받은 불멸의 기름으로 도유된 남자가 낯선 여자에게 입을 맞추는 것은 온당치 않소. 그녀는 자기 입으로 말하지 못하는 죽은 우상을 찬양하고, 우상의 제단에 차려진 질식의 빵을 먹으며, 그들에게 바쳐진 매복의 잔을 마시고, 파멸의 기름으로 도유되고 있소."

[51] 나는 하늘에서 내려온 살아 있는 빵이다. 누구
든지 이 빵을 먹으면 영원히 살 것이다. 내가 줄 빵
은 세상에 생명을 주는 나의 살이다."
[52] 그러자 "저 사람이 어떻게 자기 살을 우리에게
먹으라고 줄 수 있단 말인가?" 하며, 유다인들 사
이에 말다툼이 벌어졌다. [53] 예수님께서 그들에게
이르셨다. "내가 진실로 진실로 너희에게 말한다.
너희가 사람의 아들의 살을 먹지 않고 그의 피를
마시지 않으면, 너희는 생명을 얻지 못한다. [54] 그러나 내 살을 먹고 내 피를 마시는 사람은 영원한 생명
을 얻고, 나도 마지막 날에 그를 다시 살릴 것이다. [55] 내 살은 참된 양식이고 내 피는 참된 음료다. [56] 내
살을 먹고 내 피를 마시는 사람은 내 안에 머무르고, 나도 그 사람 안에 머무른다. [57] 살아 계신 아버지
께서 나를 보내셨고 내가 아버지로 말미암아 사는 것과 같이, 나를 먹는 사람도 나로 말미암아 살 것이
다. [58] 이것이 하늘에서 내려온 빵이다. 너희 조상들이 먹고도 죽은 것과는 달리, 이 빵을 먹는 사람은
영원히 살 것이다." [59] 이는 예수님께서 카파르나움 회당에서 가르치실 때에 하신 말씀이다.

성찬례를 제정하시다 26,26-30

[26,26] 그들이 음식을 먹고 있을 때에 예수님께서 빵
을 들고 찬미를 드리신 다음, 그것을 떼어 제자들
에게 주시며 말씀하셨다. "받아 먹어라. 이는 내
몸이다." [27] 또 잔을 들어 감사를 드리신 다음 제
자들에게 주시며 말씀하셨다. "모두 이 잔을 마셔
라. [28] 이는 죄를 용서해 주려고 많은 사람을 위하
여 흘리는 내 계약의 피다."

- 요한 6,27 // 3,15-16; 3,36; 4,14; 5,39-40; 6,47.54; 12,25
- 요한 6,30 // 2,18
- 요한 6,35 // 1,4; 1,9; 5,26; 8,12; 11,25
- 요한 6,37-39 // 17,6
- 요한 6,38 // 14,10-11; 17,4
- 요한 6,39-40 // 17,24
- 요한 6,40 // 17,3
- 요한 6,40-47 // 5,24
- 요한 6,42 // 1,45; 7,27
- 요한 6,44 // 12,32
- 요한 6,46 // 1,18
- 요한 6,47 // 3,15-16; 3,36; 4,14; 5,39-40; 6,27.54; 12,25
- 요한 6,51 // 6,35
- 요한 6,54 // 3,15-16; 3,36; 4,14; 5,39-40; 6,27.47; 12,25

생명을 받을 수 있습니까?” 10,26 예수님께서 그에
게 말씀하셨다. “율법에 무엇이라고 쓰여 있느냐?
너는 어떻게 읽었느냐?” 27 그가 “‘네 마음을 다하고 네 목숨을 다하고 네 힘을 다하고 네 정신을 다하여
주 너의 하느님을 사랑하고’ ‘네 이웃을 너 자신처럼 사랑해야 한다.’ 하였습니다.” 하고 대답하자, 28 예
수님께서 그에게 이르셨다. “옳게 대답하였다. 그렇게 하여라. 그러면 네가 살 것이다.”

성찬례를 제정하시다 14,22-26

14,22 그들이 음식을 먹고 있을 때에 예수님께서 빵
을 들고 찬미를 드리신 다음, 그것을 떼어 제자들
에게 주시며 말씀하셨다. “받아라. 이는 내 몸이
다.” 23 또 잔을 들어 감사를 드리신 다음 제자들에
게 주시니 모두 그것을 마셨다. 24 그때에 예수님께
서 그들에게 이르셨다. “이는 많은 사람을 위하여
흘리는 내 계약의 피다.”

성찬례를 제정하시다 22,14-20

22,19 예수님께서는 또 빵을 들고 감사를 드리신 다
음, 그것을 떼어 사도들에게 주시며 말씀하셨다.
“이는 너희를 위하여 내어 주는 내 몸이다. 너희
는 나를 기억하여 이를 행하여라.” 20 또 만찬을 드
신 뒤에 같은 방식으로 잔을 들어 말씀하셨다.
“이 잔은 너희를 위하여 흘리는 내 피로 맺는 새
계약이다.”

6,53 // 필립보 복음 57. 상속자가 될 것은 무엇입니까? 예수님의 (살)과 그분의 피입니다. 이 때문에 그분께서 말씀하셨습니다. “내 살을 먹지 않고 내 피를 마시지 않는 사람은 그 안에 생명을 갖지 못한다.” 이것이 무슨 (뜻)입니까? 그분의 살은 말씀(로고스)입니다. 그리고 그분의 피는 거룩한 영입니다. 이것들을 받은 사람에게는 양식이 있습니다. 그에게는 마실 것과 입을 것도 있습니다.

영원한 생명의 말씀

요한 6,60-71

60 제자들 가운데 많은 사람이 예수님께서 말씀하
시는 것을 듣고 말하였다. "이 말씀은 듣기가 너무 거북하다. 누가 듣고 있을 수 있겠는가?" 61 예수님께
서는 제자들이 당신의 말씀을 두고 투덜거리는 것을 속으로 아시고 그들에게 이르셨다. "이 말이 너희
귀에 거슬리느냐?
62 사람의 아들이 전에 있던 곳으로 올라가는 것을
보게 되면 어떻게 하겠느냐?

63 영은 생명을 준다. 그러나 육은 아무 쓸모가 없다. 내가 너희에게 한 말은 영이며 생명이다. 64 그러나
너희 가운데에는 믿지 않는 자들이 있다." 사실 예수님께서는 믿지 않는 자들이 누구이며 또 당신을 팔
아넘길 자가 누구인지 처음부터 알고 계셨던 것이다. 65 이어서 또 말씀하셨다. "그렇기 때문에, 아버지
께서 허락하지 않으시면 아무도 나에게 올 수 없다고 너희에게 말한 것이다."

66 이 일이 일어난 뒤로, 제자들 가운데에서 많은
사람이 되돌아가고 더 이상 예수님과 함께 다니
지 않았다. 67 그래서 예수님께서는 열두 제자에
게, "너희도 떠나고 싶으냐?" 하고 물으셨다.

68 그러자 시몬 베드로가 예수님께 대답하였다.
"주님, 저희가 누구에게 가겠습니까? 주님께는 영
원한 생명의 말씀이 있습니다. 69 스승님께서 하느
님의 거룩하신 분이라고 저희는 믿어 왔고 또 그
렇게 알고 있습니다."

70 예수님께서 그들에게 말씀하셨다. "내가 너희
열둘을 뽑지 않았느냐? 그러나 너희 가운데 하
나는 악마다." 71 이는 시몬 이스카리옷의 아들 유

마태

베드로가 당신을 모른다고 할 것을 예고하시다 26,31-35

26,31 그때에 예수님께서 제자들에게 말씀하셨다.
"오늘 밤에 너희는 모두 나에게서 떨어져 나갈 것
이다. 성경에
'내가 목자를 치리니
양 떼가 흩어지리라.'고
기록되어 있기 때문이다. 32 그러나 나는 되살아나
서 너희보다 먼저 갈릴래아로 갈 것이다."
33 그러자 베드로가 예수님께 말하였다. "모두 스
승님에게서 떨어져 나갈지라도, 저는 결코 떨어져
나가지 않을 것입니다." … 35 베드로가 다시 예수
님께 말하였다. "스승님과 함께 죽는 한이 있더라
도, 저는 스승님을 모른다고 하지 않겠습니다." 다
른 제자들도 모두 그렇게 말하였다.

유다가 예수님을 배신하다 26,14-16

26,14 그때에 열두 제자 가운데 하나로 유다 이스카
리옷이라는 자가 수석 사제들에게 가서, 15 "내가
그분을 여러분에게 넘겨주면 나에게 무엇을 주실

마르

루카

승천하시다 16,19-20

16,19 주 예수님께서는 제자들에게 말씀하신 다음
승천하시어 하느님 오른쪽에 앉으셨다.

승천하시다 24,50-53

24,50 예수님께서는 그들을 베타니아 근처까지 데리
고 나가신 다음, 손을 드시어 그들에게 강복하셨
다. 51 이렇게 강복하시며 그들을 떠나 하늘로 올라가셨다.

베드로가 당신을 모른다고 할 것을 예고하시다 14,27-31

14,27 예수님께서 제자들에게 말씀하셨다. "너희는
모두 떨어져 나갈 것이다. 성경에

'내가 목자를 치리니
양들이 흩어지리라.'고
기록되어 있다. 28 그러나 나는 되살아나서 너희보
다 먼저 갈릴래아로 갈 것이다."
29 그러자 베드로가 예수님께 말하였다. "모두 떨
어져 나갈지라도 저는 그러지 않을 것입니다." …
31 그러자 베드로가 더욱 힘주어 장담하였다. "스
승님과 함께 죽는 한이 있더라도, 저는 결코 스승
님을 모른다고 하지 않겠습니다." 다른 이들도 모
두 그렇게 말하였다.

베드로가 당신을 모른다고 할 것을 예고하시다 22,31-34

22,31 "시몬아, 시몬아! 보라, 사탄이 너희를 밀처럼
체질하겠다고 나섰다. 32 그러나 나는 너의 믿음이
꺼지지 않도록 너를 위하여 기도하였다. 그러니 네
가 돌아오거든 네 형제들의 힘을 북돋아 주어라."

33 베드로가 "주님, 저는 주님과 함께라면 감옥에
갈 준비도 되어 있고 죽을 준비도 되어 있습니다."
하고 말하였다.

유다가 예수님을 배신하다 14,10-11

14,10 열두 제자 가운데 하나인 유다 이스카리옷이
예수님을 수석 사제들에게 팔아넘기려고 그들을
찾아갔다. 11 그들은 그의 말을 듣고 기뻐하며 그

유다가 예수님을 배신하다 22,3-6

22,3 그런데 사탄이 열두 제자 가운데 하나로 이스
카리옷이라고 하는 유다에게 들어갔다. 4 그리하
여 그는 수석 사제들과 성전 경비대장들을 찾아

6,70 // 나자렛파 복음 "나는 나를 위해 좋은 이들, 곧 하늘에 계신 내 아버지께서 내게 주신 좋은 이들을 뽑을 것이다." (에우세비우스 (시리아어) 『신현』 4.12)

다를 가리켜 하신 말씀이었다. 사실 그는 열두 제
자 가운데 하나이면서도 머지않아 예수님을 팔아
넘길 자였다.

| 요한 6,62 // 17,5
| 요한 6,64 // 1,48; 2,24-25; 16,30
| 요한 6,68-69 // 13,37; 17,7-8
| 요한 6,70-71 // 13,2; 13,21.26-27; 17,12

작정입니까?" 하고 물었다. 그들은 은돈 서른 닢
을 내주었다. 26,16 그때부터 유다는 예수님을 넘길
적당한 기회를 노렸다.

예수님의 형제들이 믿지 않다

요한 7,1-9

1 그 뒤에 예수님께서는 갈릴래아를 돌아다니셨
다. 유다인들이 당신을 죽이려고 하였으므로, 유
다에서는 돌아다니기를 원하지 않으셨던 것이다.
2 마침 유다인들의 초막절이 가까웠다.
3 그래서 예수님의 형제들이 그분께 말하였다. "이
곳을 떠나 유다로 가서, 하시는 일들을 제자들도
보게 하십시오. 4 널리 알려지기를 바라면서 남몰
래 일하는 사람은 없습니다. 이런 일들을 할 바에
는 자신을 세상에 드러내십시오."

마태

안식일에 손이 오그라든 사람을 고치시다 12,9-14

12,14 바리사이들은 나가서 예수님을 어떻게 없앨까
모의를 하였다.

베드로가 예수님을 그리스도라고 고백하다 16,13-20

16,20 그런 다음 제자들에게, 당신이 그리스도라는
것을 아무에게도 말하지 말라고 분부하셨다.

올바른 자선 6,1-4

6,1 "너희는 사람들에게 보이려고 그들 앞에서 의로
운 일을 하지 않도록 조심하여라. 그러지 않으면
하늘에 계신 너희 아버지에게서 상을 받지 못한
다. 2 그러므로 네가 자선을 베풀 때에는, 위선자들이 사람들에게 칭찬을 받으려고 회당과 거리에서 하
듯이, 스스로 나팔을 불지 마라. 내가 진실로 너희에게 말한다. 그들은 자기들이 받을 상을 이미 받았
다. 3 네가 자선을 베풀 때에는 오른손이 하는 일을 왼손이 모르게 하여라. 4 그렇게 하여 네 자선을 숨
겨 두어라. 그러면 숨은 일도 보시는 네 아버지께서 너에게 갚아 주실 것이다."

율법 학자들과 바리사이들을 꾸짖으시다 23,1-36

23,5 "그들이 하는 일이란 모두 다른 사람들에게 보
이기 위한 것이다. 그래서 성구갑을 넓게 만들고
옷자락 술을 길게 늘인다."

7,2 // 레위 23,34 "너는 이스라엘 자손들에게 일러라. '이 일곱째 달 보름날부터 이레 동안은 주님을 위한 초막절이다.'"

7,2 // 신명 16,13 "너희는 타작마당과 술틀에서 소출을 거두어들일 때, 이레 동안 초막절 축제를 지내야 한다. 14 너희는 축제를 지내는 동안, 너희의 아들과 딸, 남종과 여종, 그리고 너희 성안에 사는 레위인과 이방인과 고아와 과부와 함께 기뻐하여라. 15 이레 동안 너희는 주님께서 선택하시는 곳에서, 주 너희 하느님을 위하여 축제를 지내야 한다. 주 너희 하느님께서 너희의 모든 소출과 너희가 손대는 모든 일에 복을 내리시어, 너희가 한껏 기뻐하게 될 것이기 때문이다."

7,2 // 느헤 8,14 그들은 주님께서 모세를 통하여 명령하신 율법에, 일곱째 달 축제 동안 이스라엘 자손들은 초막에서 지내야 한다고 쓰여 있는 것을 발견하였다. 15 또한 "산으로 나가서 올리브 나무 가지, 소나무 가지, 도금양나무 가지, 야자나무 가지, 그 밖에 잎이 무성한 가지를 꺾어다가, 쓰여 있는 대로 초막을 만들어라." 하는 말을 그들이 사는 모든 성읍과 예루살렘에 울려 퍼지게 하라고 쓰인 것을 발견하였다.

7,2 // 즈카 14,16 그러면 예루살렘을 치러 온 모든 민족들 가운데에서 살아남은 자들이 모두, 임금이신 만군의 주님을 경배하러 해마다 올라와서 초막절을 지낼 것이다.

7,2 // 민수 29,12 일곱째 달 열닷샛날에 너희는 거룩한 모임을 열고, 생업으로 하는 일은 아무것도 해서는 안 된다. 너희는 이레 동안 주님을 위한 축제를 지내야 한다.

에게 돈을 주기로 약속하였다. 그래서 유다는 예
수님을 넘길 적당한 기회를 노렸다.

가 그들에게 예수님을 넘길 방도를 함께 의논하
였다. 22,5 그들은 기뻐하며 그에게 돈을 주기로 합
의를 보았다. 6 유다는 그것에 동의하고, 군중이
없을 때에 예수님을 그들에게 넘길 적당한 기회
를 노렸다.

마르

안식일에 손이 오그라든 사람을 고치시다 3,1-6

3,6 바리사이들은 나가서 곧바로 헤로데 당원들과
더불어 예수님을 어떻게 없앨까 모의를 하였다.

베드로가 예수님을 그리스도라고 고백하다 8,27-30

8,30 그러자 예수님께서는 제자들에게, 당신에 관하
여 아무에게도 말하지 말라고 엄중히 이르셨다.

율법 학자들을 조심하여라 12,38-40

12,38 예수님께서는 가르치시면서 이렇게 이르셨다.
"율법 학자들을 조심하여라. 그들은 긴 겉옷을 입
고 나다니며 장터에서 인사받기를 즐기고, 39 회당
에서는 높은 자리를, 잔치 때에는 윗자리를 즐긴
다. 40 그들은 과부들의 가산을 등쳐 먹으면서 남

루카

죽음에 직면하시는 예수님 13,31-33

13,31 바로 그때에 바리사이 몇 사람이 예수님께 다
가와, "어서 이곳을 떠나십시오. 헤로데가 선생님
을 죽이려고 합니다." 하고 말하였다.

베드로가 예수님을 그리스도라고 고백하다 9,18-21

9,21 그러자 예수님께서는 제자들에게, 그것을 아
무에게도 말하지 말라고 엄중하게 분부하셨다.

율법 학자들을 조심하여라 20,45-47

20,46 "율법 학자들을 경계하여라. 그들은 긴 겉옷
을 입고 나다니기를 즐기고, 장터에서 인사받기를
좋아하며, 회당에서는 높은 자리를, 잔치 때에는
윗자리를 좋아한다. 47 그들은 과부들의 가산을 등
쳐 먹으면서 남에게 보이려고 기도는 길게 한다.

7,1 // 압가루스 1. 저는 이 편지를 통해 당신께 청합니다. 부디 거절하지 마시고 제게 오시어 제가 앓고 있는 병을 치유해 주십시오. 그리고 영원한 생명과 구원을 제게 선사해 주십시오. 유다인들이 당신을 비난하고 당신을 제거하려 한다는 이야기를 전해 들었습니다. 제 도시는 아주 작지만 우리 둘 모두에게 만족스러울 것입니다.

세상의 소금과 빛 5,13-16

5,14 "너희는 세상의 빛이다. 산 위에 자리 잡은 고을은 감추어질 수 없다. 15 등불은 켜서 함지 속이 아니라 등경 위에 놓는다. 그렇게 하여 집 안에 있는 모든 사람을 비춘다. 16 이와 같이 너희의 빛이 사람들 앞을 비추어, 그들이 너희의 착한 행실을 보고 하늘에 계신 너희 아버지를 찬양하게 하여라."

5 사실 예수님의 형제들은 그분을 믿지 않았다.

예수님의 참가족 12,46-50

12,48 그러자 예수님께서 당신께 말한 사람에게, "누가 내 어머니고 누가 내 형제들이냐?" 하고 반문하셨다.

나자렛에서 무시를 당하시다 13,54-58

13,57 그러면서 그들은 그분을 못마땅하게 여겼다. 그러자 예수님께서 그들에게 이르셨다. "예언자는 어디에서나 존경받지만 고향과 집안에서만은 존경받지 못한다."

7,7-8 // 하바 2,3 지금 이 환시는 정해진 때를 기다린다. 끝을 향해 치닫는 이 환시는 거짓말하지 않는다. 늦어지는 듯하더라도 너는 기다려라. 그것은 오고야 만다, 지체하지 않는다.

7,7-8 // 이사 60,22 그들 가운데 가장 보잘것없는 이가 한 부족을 이루고 그들 가운데 가장 하잘것없는 이가 강대한 민족이 되리라. 나는 주님이다. 때가 되면 내가 이 일을 서둘러 이루리라.

7,7-8 // 시편 102,14 당신께서는 일어나시어 시온을 가엾이 여기시리니 그에게 자비를 베푸실 때며 정하신 시간이 되었기 때문입니다.

6 그래서 예수님께서는 그들에게 말씀하셨다. "너희에게는 아무 때라도 상관없지만 나의 때는 아직 오지 않았다.

최후의 만찬을 준비하다 26,17-19

26,18 그러자 예수님께서 이르셨다. "도성 안으로 아무개를 찾아가, '선생님께서 '나의 때가 가까웠으니 내가 너의 집에서 제자들과 함께 파스카 축제를 지내겠다.' 하십니다.' 하여라."

7 세상이 너희를 미워할 수는 없다. 그러나 세상은
나를 미워한다. 내가 세상을 두고 그 일이 악하다고 증언하기 때문이다. 8 너희나 축제를 지내러 올라가
라. 나는 이번 축제에는 올라가지 않겠다. 나의 때가 아직 차지 않았기 때문이다." 9 예수님께서는 이렇
게 말씀하시고 나서 갈릴래아에 머무르셨다.

| 요한 7,1 // 5,18; 8,59; 7,19; 10,39; 11,8; 11,53-54
| 요한 7,4 // 5,41
| 요한 7,6-8 // 8,20; 12,23; 13,1; 17,1

마르 | 루카

에게 보이려고 기도는 길게 한다. 이러한 자들은
더 엄중히 단죄를 받을 것이다."

이러한 자들은 더욱 엄중히 단죄를 받을 것이다."

등불의 비유 4,21-25

4,21 예수님께서 또 그들에게 말씀하셨다. "누가 등
불을 가져다가 함지 속이나 침상 밑에 놓겠느냐?
등경 위에 놓지 않느냐? 22 숨겨진 것도 드러나기
마련이고 감추어진 것도 드러나게 되어 있다."

등불의 비유 8,16-18

8,16 "아무도 등불을 켜서 그릇으로 덮거나 침상 밑
에 놓지 않는다. 등경 위에 놓아 들어오는 이들이
빛을 보게 한다. 17 숨겨진 것은 드러나고 감추어진
것은 알려져 훤히 나타나기 마련이다."

눈은 몸의 등불 11,33-36

11,33 "아무도 등불을 켜서 숨겨 두거나 함지 속에
놓지 않는다. 등경 위에 놓아, 들어오는 이들이 빛을 보게 한다."

예수님과 베엘제불 3,20-30

3,21 그런데 예수님의 친척들이 소문을 듣고 그분을
붙잡으러 나섰다. 그들은 예수님께서 미쳤다고 생
각하였던 것이다.

예수님의 참가족 8,19-21

8,21 그러자 예수님께서 그들에게 이르셨다. "내 어
머니와 내 형제들은 하느님의 말씀을 듣고 실행하
는 이 사람들이다."

나자렛에서 무시를 당하시다 6,1-6

6,4 그러자 예수님께서 그들에게 이르셨다. "예언자
는 어디에서나 존경받지만 고향과 친척과 집안에
서만은 존경받지 못한다."

나자렛에서 희년을 선포하시다 4,16-30

4,24 그리고 계속 이르셨다. "내가 진실로 너희에게
말한다. 어떠한 예언자도 자기 고향에서는 환영을
받지 못한다."

겟세마니에서 기도하시다 14,32-42

14,41 예수님께서는 세 번째 오셔서 그들에게 말씀
하셨다. "아직도 자고 있느냐? 아직도 쉬고 있느
냐? 이제 되었다. 시간이 되어 사람의 아들은 죄
인들의 손에 넘어간다."

초막절에 가르치시다

요한 7,10-24

[10] 형제들이 축제를 지내러 올라가고 난 뒤에 예수
님께서도 올라가셨다. 그러나 드러나지 않게 남몰래 올라가셨다. [11] 그래서 유다인들은 축제 동안에, "그
사람은 어디 있나?" 하면서 예수님을 찾았다. [12] 군중 사이에서는 예수님을 두고 수군거리는 말들이 많
았다. "그는 선한 사람이오." 하는 이들이 있는가 하면, "아니오. 그는 군중을 속이고 있소." 하는 이들
도 있었다. [13] 그러나 유다인들이 두려워 그분에 관하여 드러내 놓고 말하는 사람은 없었다.

[14] 축제가 이미 중반을 지날 때, 예수님께서는 성전
에 올라가 가르치셨다.

[15] 그러자 유다인들이 놀라워하며, "저 사람은 배
우지도 않았는데 어떻게 성경을 잘 알까?" 하였
다.

[16] 예수님께서 그들에게 이르셨다. "나의 가르침은
내 것이 아니라 나를 보내신 분의 것이다. [17] 누구

마태

잡히시다 26,47-56

[26,55] 그때에 예수님께서는 그 무리에게도 이렇게
이르셨다. "너희는 강도라도 잡을 듯이 칼과 몽둥
이를 들고 나를 잡으러 나왔단 말이냐? 내가 날
마다 성전에 앉아 가르쳤지만 너희는 나를 붙잡지
않았다. [56ㄱ] 예언자들이 기록한 성경 말씀이 이루
어지려고 이 모든 일이 일어난 것이다."

나자렛에서 무시를 당하시다 13,54-58

[13,54] 예수님께서 고향에 가시어 회당에서 사람들
을 가르치셨다. 그러자 그들은 놀라서 이렇게 말
하였다. "저 사람이 어디서 저런 지혜와 기적의
힘을 얻었을까? [55] 저 사람은 목수의 아들이 아닌
가? 그의 어머니는 마리아라고 하지 않나? 그리
고 그의 형제들은 야고보, 요셉, 시몬, 유다가 아
닌가? [56] 그의 누이들도 모두 우리와 함께 살고 있
지 않는가? 그런데 저 사람이 어디서 저 모든 것
을 얻었지?"

청중의 반응 7,28-29

[7,28] 예수님께서 이 말씀들을 마치시자 군중은 그
분의 가르침에 몹시 놀랐다. [29] 그분께서 자기들의
율법 학자들과는 달리 권위를 가지고 가르치셨기
때문이다.

마르

잡히시다 14,43-50

14,48 예수님께서 나서시어 그들에게 말씀하셨다.
"너희는 강도라도 잡을 듯이 칼과 몽둥이를 들
고 나를 잡으러 나왔단 말이냐? 49 내가 날마다 너
희와 함께 성전에 있으면서 가르쳤지만 너희는 나
를 붙잡지 않았다. 성경 말씀이 이루어지려고 이
리된 것이다."

나자렛에서 무시를 당하시다 6,1-6

6,2 안식일이 되자 예수님께서는 회당에서 가르치
기 시작하셨다. 많은 이가 듣고는 놀라서 이렇게
말하였다. "저 사람이 어디서 저 모든 것을 얻었을
까? 저런 지혜를 어디서 받았을까? 그의 손에서
저런 기적들이 일어나다니! 3 저 사람은 목수로서
마리아의 아들이며, 야고보, 요세, 유다, 시몬과
형제간이 아닌가? 그의 누이들도 우리와 함께 여
기에 살고 있지 않는가?" 그러면서 그들은 그분을
못마땅하게 여겼다.

회당에서 더러운 영을 쫓아내시다 1,21-28

1,22 사람들은 그분의 가르침에 몹시 놀랐다. 그분
께서 율법 학자들과 달리 권위를 가지고 가르치
셨기 때문이다.

루카

잡히시다 22,47-53

22,52ㄴ "너희는 강도라도 잡을 듯이 칼과 몽둥이를
들고 나왔단 말이냐? 53 내가 날마다 너희와 함께
성전에 있을 때에는 너희가 나에게 손을 뻗치지
않았다. 그러나 이제는 너희 때요 어둠이 권세를
떨칠 때다."

나자렛에서 희년을 선포하시다 4,16-30

4,20 예수님께서 두루마리를 말아 시중드는 이에게
돌려주시고 자리에 앉으시니, 회당에 있던 모든
사람의 눈이 예수님을 주시하였다. 21 예수님께서
그들에게 말씀하기 시작하셨다. "오늘 이 성경 말
씀이 너희가 듣는 가운데에서 이루어졌다." 22 그
러자 모두 그분을 좋게 말하며, 그분의 입에서 나
오는 은총의 말씀에 놀라워하였다. 그러면서 "저
사람은 요셉의 아들이 아닌가?" 하고 말하였다.

회당에서 더러운 영을 쫓아내시다 4,31-37

4,32 그들은 그분의 가르침에 몹시 놀랐다. 그분의
말씀에 권위가 있었기 때문이다.

나 하느님의 뜻을 실천하려고만 하면, 이 가르침
이 하느님에게서 오는 것인지 내가 스스로 말하는 것인지 알게 될 것이다. [18] 스스로 나서서 말하는 자
는 자기의 영광을 찾는다. 그러나 자기를 보내신 분의 영광을 찾는 이는 참되고, 또 그 사람 안에는 불
의가 없다. [19] 모세가 너희에게 율법을 주지 않았느냐? 그런데도 너희 가운데 율법을 지키는 자가 하나
도 없다. 도대체 너희는 왜 나를 죽이려고 하느냐?"
[20] 군중이 "당신은 마귀가 들렸군. 누가 당신을 죽
이려 한단 말이오?" 하고 대답하자, [21] 예수님께서
그들에게 이르셨다. "내가 한 가지 일을 하였을 뿐
인데 너희는 모두 놀라워한다. [22] 모세가 너희에게

예수님과 베엘제불 12,22-32

[12,24] 바리사이들은 이 말을 듣고, "저자는 마귀 우
두머리 베엘제불의 힘을 빌리지 않고서는 마귀들
을 쫓아내지 못한다." 하고 말하였다.

7,22 // 레위 12,3 "여드레째 되는 날에는 아기의 포피를 잘라 할례를 베풀어야 한다."

할례를 하라고 명령하였다. ― 사실 할례는 모세가 아니라 선조들에게서 비롯되었다. ― 아무튼 너희
는 안식일에도 사람들에게 할례를 베푼다.
[23] 모세의 율법을 어기지 않으려고 안식일에도 할
례를 받는데, 어째서 내가 안식일에 한 사람의 온
몸을 건강하게 만들어 준 것을 가지고 나에게 화
를 내느냐? [24] 겉모습을 보고 판단하지 말고 올바
로 판단하여라."

- 요한 7,13 // 9,22
- 요한 7,16 // 17,7-8
- 요한 7,19 // 7,1; 7,25; 11,53
- 요한 7,19-20 // 7,25
- 요한 7,20 // 8,48.52; 10,20; 10,31-33; 11,53
- 요한 7,22-23 // 5,10-16

안식일에 손이 오그라든 사람을 고치시다 12,9-14

[12,11] 그러자 예수님께서 그들에게 말씀하셨다. "너
희 가운데 어떤 사람에게 양 한 마리가 있는데,
그 양이 안식일에 구덩이에 빠졌다고 하자. 그러
면 그것을 잡아 끌어내지 않겠느냐? [12] 사람이 양
보다 얼마나 더 귀하냐? 그러니 안식일에 좋은 일
은 해도 된다."

저분이 그리스도이신가

요한 7,25-31

[25] 예루살렘 주민들 가운데 몇 사람이 말하였다.
"그들이 죽이려고 하는 이가 저 사람 아닙니까?

마태

포도밭 소작인의 비유 21,33-46

[21,46] 그분을 붙잡으려고 하였으나 군중이 두려웠
다. 군중이 예수님을 예언자로 여겼기 때문이다.

7,19 // **압가루스 1.** 저는 이 편지를 통
해 당신께 청합니다. 부디 거절하
지 마시고 제게 오시어 제가 앓고
있는 병을 치유해 주십시오. 그리
고 영원한 생명과 구원을 제게 선
사해 주십시오. 유다인들이 당신
을 비난하고 당신을 제거하려 한
다는 이야기를 전해 들었습니다.
제 도시는 아주 작지만 우리 둘 모
두에게 만족스러울 것입니다.

예수님과 베엘제불 3,20-30

3,22 한편 예루살렘에서 내려온 율법 학자들이, "그
는 베엘제불이 들렸다."고도 하고, "그는 마귀 우
두머리의 힘을 빌려 마귀들을 쫓아낸다."고도 하
였다.

예수님과 베엘제불 11,14-23

11,15 그러나 그들 가운데 몇 사람은, "저자는 마귀
우두머리 베엘제불의 힘을 빌려 마귀들을 쫓아낸
다." 하고 말하였다.

안식일에 손이 오그라든 사람을 고치시다 3,1-6

3,3 예수님께서 손이 오그라든 사람에게 "일어나
가운데로 나와라." 하시고, 4 그들에게 말씀하셨
다. "안식일에 좋은 일을 하는 것이 합당하냐? 남
을 해치는 일을 하는 것이 합당하냐? 목숨을 구
하는 것이 합당하냐? 죽이는 것이 합당하냐?" 그
러나 그들은 입을 열지 않았다.

안식일에 손이 오그라든 사람을 고치시다 6,6-11

6,9 예수님께서 그들에게 말씀하셨다. "내가 너희
에게 묻겠다. 안식일에 좋은 일을 하는 것이 합
당하냐? 남을 해치는 일을 하는 것이 합당하냐?
목숨을 구하는 것이 합당하냐? 죽이는 것이 합
당하냐?"

마르

안식일에 손이 오그라든 사람을 고치시다 3,1-6

3,6 바리사이들은 나가서 곧바로 헤로데 당원들과
더불어 예수님을 어떻게 없앨까 모의를 하였다.

성전을 정화하시다 11,15-19

11,18 수석 사제들과 율법 학자들은 이 말씀을 듣
고 그분을 없앨 방법을 찾았다. 군중이 모두 그분

루카

예수님을 죽일 음모를 꾸미다 22,1-2

22,2 수석 사제들과 율법 학자들은 백성이 두려워,
예수님을 어떻게 제거해야 할지 그 방법을 찾고
있었다.

7,25 // **압가루스 1.** 저는 이 편지를 통
해 당신께 청합니다. 부디 거절하
지 마시고 제게 오시어 제가 앓고
있는 병을 치유해 주십시오. 그리
고 영원한 생명과 구원을 제게 선
사해 주십시오. 유다인들이 당신
을 비난하고 당신을 제거하려 한
다는 이야기를 전해 들었습니다.
제 도시는 아주 작지만 우리 둘 모
두에게 만족스러울 것입니다.

[26] 그런데 보십시오. 저 사람이 드러내 놓고 이야기
하는데 그들은 아무 말도 하지 못합니다. 최고 의
회 의원들이 정말 저 사람을 메시아로 알고 있는
것은 아닐까요? [27] 그러나 메시아께서 오실 때에는
그분이 어디에서 오시는지 아무도 알지 못할 터인
데, 우리는 저 사람이 어디에서 왔는지 알고 있지
않습니까?" [28] 그래서 예수님께서는 성전에서 가르
치시며 큰 소리로 말씀하셨다. "너희는 나를 알고
또 내가 어디에서 왔는지도 알고 있다.

그러나 나는 나 스스로 온 것이 아니다. 나를 보
내신 분은 참되신데 너희는 그분을 알지 못한다.

비유로 말씀하신 이유 13,10-17

[13,15] "'저 백성이 마음은 무디고
귀로는 제대로 듣지 못하며
눈은 감았기 때문이다.
이는 그들이 눈으로 보고
귀로 듣고
마음으로 깨닫고서는 돌아와
내가 그들을 고쳐 주는 일이 없게 하려는 것이다.'
[16] 그러나 너희의 눈은 볼 수 있으니 행복하고, 너
희의 귀는 들을 수 있으니 행복하다. [17] 내가 진실
로 너희에게 말한다. 많은 예언자와 의인이 너희
가 보는 것을 보고자 갈망하였지만 보지 못하였
고, 너희가 듣는 것을 듣고자 갈망하였지만 듣지
못하였다."

나자렛에서 무시를 당하시다 13,54-58

[13,54] 예수님께서 고향에 가시어 회당에서 사람들
을 가르치셨다. 그러자 그들은 놀라서 이렇게 말
하였다. "저 사람이 어디서 저런 지혜와 기적의 힘
을 얻었을까? [55] 저 사람은 목수의 아들이 아닌가?
그의 어머니는 마리아라고 하지 않나? 그리고 그
의 형제들은 야고보, 요셉, 시몬, 유다가 아닌가?
[56] 그의 누이들도 모두 우리와 함께 살고 있지 않
는가? 그런데 저 사람이 어디서 저 모든 것을 얻었
지?" [57] 그러면서 그들은 그분을 못마땅하게 여겼
다. 그러자 예수님께서 그들에게 이르셨다. "예언
자는 어디에서나 존경받지만 고향과 집안에서만
은 존경받지 못한다." [58] 그리고 그들이 믿지 않으
므로 그곳에서는 기적을 많이 일으키지 않으셨다.

의 가르침에 감탄하는 것을 보고 그분을 두려워
하였던 것이다.

나자렛에서 무시를 당하시다 6,1-6

6,2 안식일이 되자 예수님께서는 회당에서 가르치
기 시작하셨다. 많은 이가 듣고는 놀라서 이렇게
말하였다. "저 사람이 어디서 저 모든 것을 얻었
을까? 저런 지혜를 어디서 받았을까? 그의 손에
서 저런 기적들이 일어나다니! 3 저 사람은 목수로
서 마리아의 아들이며, 야고보, 요세, 유다, 시몬
과 형제간이 아닌가? 그의 누이들도 우리와 함께
여기에 살고 있지 않는가?" 그러면서 그들은 그분
을 못마땅하게 여겼다. 4 그러자 예수님께서 그들
에게 이르셨다. "예언자는 어디에서나 존경받지만
고향과 친척과 집안에서만은 존경받지 못한다."

나자렛에서 희년을 선포하시다 4,16-30

4,22 그러자 모두 그분을 좋게 말하며, 그분의 입에
서 나오는 은총의 말씀에 놀라워하였다. 그러면
서 "저 사람은 요셉의 아들이 아닌가?" 하고 말하
였다. 23 예수님께서는 그들에게 이르셨다. "너희는
틀림없이 '의사야, 네 병이나 고쳐라.' 하는 속담을
들며, '네가 카파르나움에서 하였다고 우리가 들
은 그 일들을 여기 네 고향에서도 해 보아라.' 할
것이다." 24 그리고 계속 이르셨다. "내가 진실로 너
희에게 말한다. 어떠한 예언자도 자기 고향에서는
환영을 받지 못한다."

[29] 나는 그분을 안다. 내가 그분에게서 왔고 그분께서 나를 보내셨기 때문이다." [30] 그러자 그들은 예수님을 잡으려고 하였지만, 그분께 손을 대는 자는 아무도 없었다.
그분의 때가 아직 오지 않았기 때문이다.

최후의 만찬을 준비하다 26,17-19
[26,18] 그러자 예수님께서 이르셨다. "도성 안으로 아무개를 찾아가, '선생님께서 '나의 때가 가까웠으니 내가 너의 집에서 제자들과 함께 파스카 축제를 지내겠다.' 하십니다.' 하여라."

7,31 // 2바룩 29,3 그 부분들에서 일어나기로 된 일이 완결되고 나면 메시아가 모습을 드러내기 시작할 것이다. ... [6] 그리하여 굶주린 이들이 기뻐할 것이다. 그들은 매일 기적을 목격할 것이다.

[31] 그러나 군중 가운데에는, "메시아가 오시더라도 저분께서 일으키신 것보다 더 많은 표징을 일으키시겠는가?" 하며 예수님을 믿는 사람이 많았다.

ǀ 요한 7,25 // 7,1; 7,19-20; 11,8
ǀ 요한 7,26-27.31 // 4,25
ǀ 요한 7,27 // 6,42
ǀ 요한 7,28-29 // 8,14; 8,42
ǀ 요한 7,30 // 2,4; 7,6; 8,20; 12,23; 13,1; 17,1
ǀ 요한 7,31 // 2,23

예루살렘에 입성하시다 21,1-11
[21,11] 그러자 군중이 "저분은 갈릴래아 나자렛 출신 예언자 예수님이시오." 하고 대답하였다.

예수님을 잡으려고 하다

요한 7,32-36

[32] 군중이 예수님을 두고 이렇게 수군거리는 소리를 바리사이들이 들었다. 그리하여 수석 사제들과 바리사이들이 예수님을 잡아 오라고 성전 경비병들을 보냈다.
[33] 그러자 예수님께서 이르셨다. "나는 잠시 동안만 너희와 함께 있다가, 나를 보내신 분께 간다.

마태

안식일에 손이 오그라든 사람을 고치시다 12,9-14
[12,14] 바리사이들은 나가서 예수님을 어떻게 없앨까 모의를 하였다.

수난과 부활을 처음으로 예고하시다 16,21-23
[16,21] 그때부터 예수님께서는 당신이 반드시 예루살렘에 가시어 원로들과 수석 사제들과 율법 학자들에게 많은 고난을 받고 죽임을 당하셨다가 사흗날에 되살아나셔야 한다는 것을 제자들에게 밝히기 시작하셨다.

7,29 // 토마 유년기 복음 8,1 아이(예수)
가 크게 웃으며 말하였다. "... [2] 저
는 위에서 내려왔습니다. 아래에
있는 사람들을 구하여 위로 불러
올리기 위해서였습니다. 이는 저
를 여러분에게 보내신 분께서 제
게 명하신 대로입니다."

7,30 // 에게르톤 복음 1,8 [그들은] 백성
들과 [모의하여] 다 같이 돌을 [들
어] [그분]께 던[지려고] 하였다.
[지]도자들은 그분을 붙잡아 백성
에게 넘[기려고] 그분께 손[을] 대
었으나 그분을 붙잡을 [수는 없었
다]. 그분의 배반[의] 때가 아직 [오
지] 않았기 때문이다.

겟세마니에서 기도하시다 14,32-42

14,41 예수님께서는 세 번째 오셔서 그들에게 말씀
하셨다. "아직도 자고 있느냐? 아직도 쉬고 있느
냐? 이제 되었다. 시간이 되어 사람의 아들은 죄
인들의 손에 넘어간다."

마르

안식일에 손이 오그라든 사람을 고치시다 3,1-6

3,6 바리사이들은 나가서 곧바로 헤로데 당원들과
더불어 예수님을 어떻게 없앨까 모의를 하였다.

수난과 부활을 처음으로 예고하시다 8,31-33

8,31 예수님께서는 그 뒤에, 사람의 아들이 반드시
많은 고난을 겪으시고 원로들과 수석 사제들과
율법 학자들에게 배척을 받아 죽임을 당하셨다가
사흘 만에 다시 살아나셔야 한다는 것을 제자들
에게 가르치기 시작하셨다.

루카

성전을 정화하시다 19,45-48

19,47 예수님께서는 날마다 성전에서 가르치셨다.
수석 사제들과 율법 학자들과 백성의 지도자들은
예수님을 없앨 방법을 찾았다.

수난과 부활을 처음으로 예고하시다 9,22

9,22 예수님께서는 이어서 "사람의 아들은 반드시
많은 고난을 겪고 원로들과 수석 사제들과 율법
학자들에게 배척을 받아 죽임을 당하였다가 사흘
만에 되살아나야 한다." 하고 이르셨다.

수난과 부활을 두 번째로 예고하시다 17,22-23

17,22 그들이 갈릴래아에 모여 있을 때에 예수님께
서 제자들에게 이르셨다. "사람의 아들은 사람들
의 손에 넘겨져 23 그들 손에 죽을 것이다. 그러나
사흗날에 되살아날 것이다." 그러자 그들은 몹시
슬퍼하였다.

수난과 부활을 세 번째로 예고하시다 20,17-19

20,18 "보다시피 우리는 예루살렘으로 올라가고 있
다. 거기에서 사람의 아들은 수석 사제들과 율법
학자들에게 넘겨질 것이다. 그러면 그들은 사람의
아들에게 사형을 선고하고, 19 그를 다른 민족 사
람들에게 넘겨 조롱하고 채찍질하고 나서 십자가
에 못 박게 할 것이다. 그러나 사람의 아들은 사
흗날에 되살아날 것이다."

7,35 // 예레 16,13 "그러므로 이제 내가 너희를 이 땅에서 너희도 너희 조상들도 모르던 땅으로 내던지겠다. 너희는 그곳에서 밤낮으로 다른 신들을 섬겨야 하고, 나도 너희에게 은혜를 베풀지 않을 것이다."

7,35 // 아모 9,9 보라, 내가 이제 명령한다. 체를 흔들듯 내가 모든 민족들 가운데에서 이스라엘 집안을 흔들리니 돌멩이는 하나도 땅에 떨어지지 않으리라.

34 그러면 너희가 나를 찾아도 찾아내지 못할 것이
다. 또 내가 있는 곳에 너희는 올 수 없다." 35 그러자 유다인들이 서로 말하였다. "저 사람이 어디에 가
려고 하기에 우리가 자기를 찾아내지 못한다는 말인가? 그리스인들 사이에 흩어져 사는 동포들에게 가
서 그리스인들을 가르치겠다는 말인가? 36 그리고 '너희가 나를 찾아도 찾아내지 못할 것이다. 또 내가
있는 곳에 너희는 올 수 없다.'는 말은 무슨 뜻인가?"

ㅣ 요한 7,32 // 11,47-53.57; 18,3
ㅣ 요한 7,33 // 16,16
ㅣ 요한 7,33-34 // 8,21; 12,35-36; 13,33; 16,16

목마른 사람은 나에게 오라

요한 7,37-39

7,37-39 // 이사 12,3 너희는 기뻐하며 구원의 샘에서 물을 길으리라.

7,37-39 // 이사 44,3 내가 목마른 땅에 물을, 메마른 곳에 시냇물을 부어 주리라. 너의 후손들에게 나의 영을, 너의 새싹들에게 나의 복을 부어 주리라.

37 축제의 가장 중요한 날인 마지막 날에 예수님께
서는 일어서시어 큰 소리로 말씀하셨다. "목마른
사람은 다 나에게 와서 마셔라.
38 나를 믿는 사람은 성경 말씀대로 '그 속에서부
터 생수의 강들이 흘러나올 것이다.'"

마태

참행복 5,3-12

5,6 행복하여라, 의로움에 주리고 목마른 사람들!
그들은 흡족해질 것이다.

마르

수난과 부활을 두 번째로 예고하시다 9,30-32

9,31 그분께서 "사람의 아들은 사람들의 손에 넘겨져 그들 손에 죽을 것이다. 그러나 그는 죽임을 당하였다가 사흘 만에 다시 살아날 것이다." 하시면서, 제자들을 가르치고 계셨기 때문이다.

수난과 부활을 세 번째로 예고하시다 10,32-34

10,33 "보다시피 우리는 예루살렘으로 올라가고 있다. 거기에서 사람의 아들은 수석 사제들과 율법학자들에게 넘겨질 것이다. 그러면 그들은 사람의 아들에게 사형을 선고하고 그를 다른 민족 사람들에게 넘겨 34 조롱하고 침 뱉고 채찍질하고 나서 죽이게 할 것이다. 그러나 사람의 아들은 사흘 만에 다시 살아날 것이다."

루카

수난과 부활을 두 번째로 예고하시다 9,43-45

9,44 "너희는 이 말을 귀담아들어라. 사람의 아들은 사람들의 손에 넘겨질 것이다."

수난과 부활을 세 번째로 예고하시다 18,31-34

18,33 "또 채찍질하고 나서 그를 죽일 것이다. 그러나 사람의 아들은 사흘 만에 다시 살아날 것이다."

제자들에게 나타나시어 사명을 부여하시다 24,36-49

24,46 이어서 그들에게 이르셨다. "성경에 기록된 대로, 그리스도는 고난을 겪고 사흘 만에 죽은 이들 가운데에서 다시 살아나야 한다."

마르

루카

7,37-39 // 토마 복음 108,1 예수님께서 말씀하셨다. "내 입에서 나오는 것을 마시는 사람은 나와 같이 되고, 나는 그가 될 것이다. 2 그리고 가려진 것들이 그에게 드러날 것이다."

7,37-39 // 이사 55,1 자, 목마른 자들아, 모두 물가로 오너라. 돈이 없는 자들도 와서 사 먹어라. 와서 돈 없이 값 없이 술과 젖을 사라.
7,37-39 // 즈카 14,8 그날에는 또 예루살렘에서 생수가 솟아 나와 절반은 동쪽 바다로, 절반은 서쪽 바다로 흘러갈 것이다. 여름에도 겨울에도 늘 그러할 것이다.
7,37-39 // 에제 47,1 그가 다시 나를 데리고 주님의 집 어귀로 돌아갔다. 이 주님의 집 정면은 동쪽으로 나 있었는데, 주님의 집 문지방 밑에서 물이 솟아 동쪽으로 흐르고 있었다. 그 물은 주님의 집 오른쪽 밑에서, 제단 남쪽으로 흘러내려 갔다.
7,37-38 // 시편 36,8 하느님, 당신의 자애가 얼마나 존귀합니까! 신들과 사람들이 당신 날개 그늘에 피신합니다. 9 그들은 당신 집의 기름기로 흠뻑 취하고 당신께서는 그들에게 당신 기쁨의 강물을 마시게 하십니다.
7,39 // 요엘 3,1 그런 다음에 나는 모든 사람에게 내 영을 부어 주리라. 그리하여 너희 아들딸들은 예언을 하고 노인들은 꿈을 꾸며 젊은이들은 환시를 보리라. 2 그날에 남종들과 여종들에게도 내 영을 부어 주리라.

39 이는 당신을 믿는 이들이 받게 될 성령을 가리켜 하신 말씀이었다. 예수님께서 영광스럽게 되지 않으셨기 때문에, 성령께서 아직 와 계시지 않았던 것이다.

| 요한 7,37ㄴ-38 // 4,14; 6,35
| 요한 7,38-39 // 5,6-8; 19,34

세례자 요한의 설교 3,1-12

3,11 "나는 너희를 회개시키려고 물로 세례를 준다. 그러나 내 뒤에 오시는 분은 나보다 더 큰 능력을 지니신 분이시다. 나는 그분의 신발을 들고 다닐 자격조차 없다. 그분께서는 너희에게 성령과 불로 세례를 주실 것이다."

청하여라, 찾아라, 문을 두드려라 7,7-11

7,11 "너희가 악해도 자녀들에게는 좋은 것을 줄 줄 알거든, 하늘에 계신 너희 아버지께서야 당신께 청하는 이들에게 좋은 것을 얼마나 더 많이 주시겠느냐?"

예수님에 관한 여러 가지 생각

요한 7,40-44

7,40 // 신명 18,15 주 너희 하느님께서 너희 동족 가운데에서 나와 같은 예언자를 일으켜 주실 것이니, 너희는 그의 말을 들어야 한다.

40 이 말씀을 들은 군중 가운데 어떤 이들은, "저분은 참으로 그 예언자시다." 하고, 41 어떤 이들은 "저분은 메시아시다." 하였다. 그러나 이렇게 말하는 이들도 있었다. "메시아가 갈릴래아에서 나올 리가 없지 않은가?

마태

베드로가 예수님을 그리스도라고 고백하다 16,13-20

16,14 제자들이 대답하였다. "세례자 요한이라고 합니다. 그러나 어떤 이들은 엘리야라 하고, 또 어떤 이들은 예레미야나 예언자 가운데 한 분이라고 합니다."

예루살렘에 입성하시다 21,1-11

21,11 그러자 군중이 "저분은 갈릴래아 나자렛 출신 예언자 예수님이시오." 하고 대답하였다.

포도밭 소작인의 비유 21,33-46

21,46 그분을 붙잡으려고 하였으나 군중이 두려웠다. 군중이 예수님을 예언자로 여겼기 때문이다.

마르

세례자 요한의 설교 1,1-8

1,8 "나는 너희에게 물로 세례를 주었지만, 그분께서는 너희에게 성령으로 세례를 주실 것이다."

루카

세례자 요한의 설교 3,1-18

3,16 그래서 요한은 모든 사람에게 말하였다. "나는 너희에게 물로 세례를 준다. 그러나 나보다 더 큰 능력을 지니신 분이 오신다. 나는 그분의 신발 끈을 풀어 드릴 자격조차 없다. 그분께서는 너희에게 성령과 불로 세례를 주실 것이다."

청하여라, 찾아라, 문을 두드려라 11,9-13

11,13 "너희가 악해도 자녀들에게는 좋은 것을 줄 줄 알거든, 하늘에 계신 아버지께서야 당신께 청하는 이들에게 성령을 얼마나 더 잘 주시겠느냐?"

마르

베드로가 예수님을 그리스도라고 고백하다 8,27-30

8,28 제자들이 대답하였다. "세례자 요한이라고 합니다. 그러나 어떤 이들은 엘리야라 하고, 또 어떤 이들은 예언자 가운데 한 분이라고 합니다."

루카

베드로가 예수님을 그리스도라고 고백하다 9,18-21

9,19 제자들이 대답하였다. "세례자 요한이라고 합니다. 그러나 어떤 이들은 엘리야라 하고, 또 어떤 이들은 옛 예언자 한 분이 다시 살아나셨다고 합니다."

과부의 외아들을 살리시다 7,11-17

7,16 사람들은 모두 두려움에 사로잡혀 하느님을 찬양하며, "우리 가운데에 큰 예언자가 나타났다.", 또 "하느님께서 당신 백성을 찾아오셨다." 하고 말하였다.

엠마오로 가는 두 제자에게 나타나시다 24,13-35

24,19 예수님께서 "무슨 일이냐?" 하시자 그들이 그분께 말하였다. "나자렛 사람 예수님에 관한 일입니다. 그분은 하느님과 온 백성 앞에서, 행동과 말씀에 힘이 있는 예언자셨습니다."

7,42 // 미카 5,1 그러나 너 에프라타의 베들레헴아 너는 유다 부족들 가운데에서 보잘것없지만 나를 위하여 이스라엘을 다스릴 이가 너에게서 나오리라. 그의 뿌리는 옛날로, 아득한 시절로 거슬러 올라간다.

42 성경에 메시아는 다윗의 후손 가운데에서, 그리고 다윗이 살았던 베들레헴에서 나온다고 하지 않았는가?"

다윗의 자손이시며 주님이신 예수 그리스도 22,41-46

22,41 바리사이들이 모여들자 예수님께서 그들에게 물으셨다. 42 "너희는 메시아를 어떻게 생각하느냐? 그는 누구의 자손이냐?" 그들이 "다윗의 자손입니다." 하고 대답하자,

동방 박사들의 방문 2,1-12

2,2 "유다인들의 임금으로 태어나신 분이 어디 계십
니까? 우리는 동방에서 그분의 별을 보고 그분께 경배하러 왔습니다." 하고 말하였다. 3 이 말을 듣고 헤
로데 임금을 비롯하여 온 예루살렘이 깜짝 놀랐다. 4 헤로데는 백성의 수석 사제들과 율법 학자들을 모
두 모아 놓고, 메시아가 태어날 곳이 어디인지 물어보았다. 5 그들이 헤로데에게 말하였다. "유다 베들레
헴입니다. 사실 예언자가 이렇게 기록해 놓았습니다.

6 '유다 땅 베들레헴아
너는 유다의 주요 고을 가운데 결코 가장 작은 고을이 아니다.
너에게서 통치자가 나와
내 백성 이스라엘을 보살피리라.'"

43 이렇게 군중 가운데에서 예수님 때문에 논란이
일어났다. 44 그들 가운데 몇몇은 예수님을 잡으려고 하였지만, 그분께 손을 대는 자는 아무도 없었다.

| 요한 7,40 // 1,45; 4,25; 6,14
| 요한 7,41-42 // 1,46; 7,52; 17,8; 20,30-31
| 요한 7,43 // 9,16

예수님을 믿지 않는 지도자들

7,46 // 신명 18,18 나는 그들을 위하여 그들의 동족 가운데에서 너와 같은 예언자 하나를 일으켜, 나의 말을 그의 입에 담아 줄 것이다. 그러면 그는 내가 그에게 명령하는 모든 것을 그들에게 일러 줄 것이다.

7,46 // 이사 50,4 주 하느님께서는 나에게 제자의 혀를 주시어 지친 이를 말로 격려할 줄 알게 하신다. 그분께서는 아침마다 일깨워 주신다. 내 귀를 일깨워 주시어 내가 제자들처럼 듣게 하신다.

요한 7,45-52

45 성전 경비병들이 돌아오자 수석 사제들과 바리사이들이, "왜 그 사람을 끌고 오지 않았느냐?" 하고 그들에게 물었다.
46 "그분처럼 말하는 사람은 지금까지 하나도 없었습니다." 하고 성전 경비병들이 대답하자,

마태

청중의 반응 7,28-29

7,28 예수님께서 이 말씀들을 마치시자 군중은 그분의 가르침에 몹시 놀랐다. 29 그분께서 자기들의
율법 학자들과는 달리 권위를 가지고 가르치셨기 때문이다.

다윗의 자손이시며 주님이신 예수 그리스도 12,35-37

12,35 예수님께서는 성전에서 가르치시며 말씀하셨
다. "어찌하여 율법 학자들은 메시아가 다윗의 자
손이라고 말하느냐?"

다윗의 자손이시며 주님이신 예수 그리스도 20,41-44

20,41 예수님께서 또 그들에게 말씀하셨다. "어찌하
여 사람들이 메시아가 다윗의 자손이라고 말하
느냐?"

예수님의 탄생 2,1-7

2,4 요셉도 갈릴래아 지방 나자렛 고을을 떠나 유
다 지방, 베들레헴이라고 불리는 다윗 고을로 올
라갔다. 그가 다윗 집안의 자손이었기 때문이다.

예수님의 탄생 예고 1,26-38

1,27 다윗 집안의 요셉이라는 사람과 약혼한 처녀를
찾아가게 하셨다. 그 처녀의 이름은 마리아였다.

즈카르야의 노래 1,67-79

1,69 당신 종 다윗 집안에서
우리를 위하여 힘센 구원자를 일으키셨습니다.

천사가 목자들에게 예수님의 탄생을 알리다 2,8-14

2,11 "오늘 너희를 위하여 다윗 고을에서 구원자가
태어나셨으니, 주 그리스도이시다."

마르

회당에서 더러운 영을 쫓아내시다 1,21-28

1,22 사람들은 그분의 가르침에 몹시 놀랐다. 그분
께서 율법 학자들과 달리 권위를 가지고 가르치
셨기 때문이다.

루카

예수님의 소년 시절 2,41-52

2,47 그의 말을 듣는 이들은 모두 그의 슬기로운 답
변에 경탄하였다.

나자렛에서 무시를 당하시다 13,54-58
13,54 예수님께서 고향에 가시어 회당에서 사람들을 가르치셨다. 그러자 그들은 놀라서 이렇게 말하였다. "저 사람이 어디서 저런 지혜와 기적의 힘을 얻었을까?"

예수님과 베엘제불 12,22-32
12,24 바리사이들은 이 말을 듣고, "저자는 마귀 우두머리 베엘제불의 힘을 빌리지 않고서는 마귀들을 쫓아내지 못한다." 하고 말하였다.

47 바리사이들이 그들에게 말하였다. "너희도 속
은 것이 아니냐? 48 최고 의회 의원들이나 바리사
이들 가운데에서 누가 그를 믿더냐? 49 율법을 모
르는 저 군중은 저주받은 자들이다."

율법 학자들과 바리사이들을 꾸짖으시다 23,1-36
23,27 "불행하여라, 너희 위선자 율법 학자들과 바리사이들아! 너희가 겉은 아름답게 보이지만 속은 죽은 이들의 뼈와 온갖 더러운 것으로 가득 차 있는 회칠한 무덤 같기 때문이다. 28 이처럼 너희도 겉은 다른 사람들에게 의인으로 보이지만, 속은 위선과 불법으로 가득하다."

50 그들 가운데 한 사람으로 전에 예수님을 찾아
왔던 니코데모가 그들에게 말하였다. 51 "우리 율법에는 먼저 본인의 말을 들어 보고 또 그가 하는 일을
알아보고 난 뒤에야, 그 사람을 심판하게 되어 있지 않습니까?"

52 그러자 그들이 니코데모에게 대답하였다. "당신
도 갈릴래아 출신이라는 말이오? 성경을 연구해
보시오. 갈릴래아에서는 예언자가 나지 않소."

| 요한 7,50-51 // 3,1-21; 19,39
| 요한 7,52 // 1,46; 7,41-42

예루살렘에 입성하시다 21,1-11
21,11 그러자 군중이 "저분은 갈릴래아 나자렛 출신 예언자 예수님이시오." 하고 대답하였다.

갈릴래아 전도를 시작하시다 4,12-17
4,15 "즈불룬 땅과 납탈리 땅
바다로 가는 길, 요르단 건너편 이민족들의 갈릴래아,
16 어둠 속에 앉아 있는 백성이
큰 빛을 보았다.
죽음의 그림자가 드리운 고장에 앉아 있는 이들에게
빛이 떠올랐다."

7,47-49 // 이사 53,1 우리가 들은 것을 누가 믿었던가? 주님의 권능이 누구에게 드러났던가?

7,51 // 신명 1,16 "또한 그때에 나는 너희의 판관들에게 명령하였다. '너희 동족 사이에 문제가 생기면 잘 듣고 의롭게 재판하여라. 동족뿐 아니라 동족과 이방인 사이도 그렇게 하여라. 17 너희는 재판할 때에 한쪽을 편들어서는 안 된다. 낮은 자의 말이나 높은 자의 말이나 똑같이 들어 주어라. 재판은 하느님께 속한 것이니 사람을 두려워하지 마라. 그리고 너희가 감당하기 힘든 송사는 나에게 가져오너라. 내가 그것을 들어 주겠다.'"
7,51 // 탈출 23,1 너희는 헛소문을 퍼뜨려서는 안 된다. 악인과 손잡고 거짓 증인이 되어서는 안 된다. 2 너희는 다수를 따라 악을 저질러서는 안 되며, 재판할 때 다수를 따라 정의를 왜곡하는 증언을 해서는 안 된다. … 7 그리고 거짓 고소를 멀리해야 한다. 죄 없는 이와 의로운 이를 죽여서는 안 된다. 나는 악인을 죄 없다고 하지 않는다.
7,51 // 잠언 18,13 다 듣기도 전에 대답하는 것은 미련함이고 수치이다. … 17 소송에서 먼저 말하는 자가 옳아 보여도 상대편이 와서 그에게 따질 때까지만이다.
7,52 // 미카 5,1 그러나 너 에프라타의 베들레헴아 너는 유다 부족들 가운데에서 보잘것없지만 나를 위하여 이스라엘을 다스릴 이가 너에게서 나오리라. 그의 뿌리는 옛날로, 아득한 시절로 거슬러 올라간다. 2 그러므로 해산하는 여인이 아이를 낳을 때까지 주님은 그들을 내버려두리라. 그 뒤에 그의 형제들 가운데 남은 자들이 이스라엘 자손들에게 돌아오리라.
7,52 // 이사 9,1 어둠 속을 걷던 백성이 큰 빛을 봅니다. 암흑의 땅에 사는 이들에게 빛이 비칩니다. 2 당신께서는 즐거움을 많게 하시고 기쁨을 크게 하십니다. 사람들이 당신 앞에서 기뻐합니다, 수확할 때 기뻐하듯 전리품을 나눌 때 즐거워하듯.

나자렛에서 무시를 당하시다 6,1-6

6,2 안식일이 되자 예수님께서는 회당에서 가르치기 시작하셨다. 많은 이가 듣고는 놀라서 이렇게 말하였다. "저 사람이 어디서 저 모든 것을 얻었을까? 저런 지혜를 어디서 받았을까? 그의 손에서 저런 기적들이 일어나다니!

예수님과 베엘제불 3,20-30

3,22 한편 예루살렘에서 내려온 율법 학자들이, "그는 베엘제불이 들렸다."고도 하고, "그는 마귀 우두머리의 힘을 빌려 마귀들을 쫓아낸다."고도 하였다.

나자렛에서 희년을 선포하시다 4,16-30

4,22 그러자 모두 그분을 좋게 말하며, 그분의 입에서 나오는 은총의 말씀에 놀라워하였다. 그러면서 "저 사람은 요셉의 아들이 아닌가?" 하고 말하였다.

예수님과 베엘제불 11,14-23

11,15 그러나 그들 가운데 몇 사람은, "저자는 마귀 우두머리 베엘제불의 힘을 빌려 마귀들을 쫓아낸다." 하고 말하였다.

바리사이들과 율법 교사들을 꾸짖으시다 11,37-54

11,42 "불행하여라, 너희 바리사이들아! 너희가 박하와 운향과 모든 채소는 십일조를 내면서, 의로움과 하느님 사랑은 아랑곳하지 않기 때문이다. 그러한 십일조도 소홀히 해서는 안 되지만, 바로 이러한 것들을 실천해야 한다.
43 불행하여라, 너희 바리사이들아! 너희가 회당에서는 윗자리를 좋아하고 장터에서는 인사받기를 좋아하기 때문이다.
44 너희는 불행하여라! 너희가 드러나지 않는 무덤과 같기 때문이다. 사람들이 그 위를 밟고 다니면서도 무덤인 줄을 알지 못한다."

7,50 // 니코데모 복음 프롤로그 한나스와 카야파가 예루살렘의 대사제로 봉직하던 때 로마제국 지방영주 니코데모는 아이네아스라는 이름의 유다인을 불러 한나스와 카야파 시절에 그리스도와 관련하여 예루살렘에 일어난 일들을 기록해 달라고 요청하였다. 그 유다인은 요청을 실행에 옮겨 그 기록을 니코데모에게 넘겼다. 그리고 니코데모는 그것을 히브리어 문자에서 로마 언어로 번역하였다.

간음하다 잡힌 여자

요한 7,53—8,11

53 그들은 저마다 집으로 돌아가고
8,1 예수님께서는 올리브산으로 가셨다. 2 이른 아침
에 예수님께서 다시 성전에 가시니 온 백성이 그
분께 모여들었다. 그래서 그분께서는 앉으셔서 그
들을 가르치셨다.

마태

3 그때에 율법 학자들과 바리사이들이 간음하다 붙잡힌 여자를 끌고 와서 가운데에 세워 놓고, 4 예수
님께 말하였다. "스승님, 이 여자가 간음하다 현장에서 붙잡혔습니다. 5 모세는 율법에서 이런 여자에게
돌을 던져 죽이라고 우리에게 명령하였습니다. 스승님 생각은 어떠하십니까?" 6 그들은 예수님을 시험
하여 고소할 구실을 만들려고 그렇게 말한 것이다. 그러나 예수님께서는 몸을 굽히시어 손가락으로 땅
에 무엇인가 쓰기 시작하셨다.

7 그들이 줄곧 물어 대자 예수님께서 몸을 일으키
시어 그들에게 이르셨다. "너희 가운데 죄 없는 자
가 먼저 저 여자에게 돌을 던져라." 8 그리고 다시
몸을 굽히시어 땅에 무엇인가 쓰셨다. 9 그들은 이
말씀을 듣고 나이 많은 자들부터 시작하여 하나
씩 하나씩 떠나갔다. 마침내 예수님만 남으시고
여자는 가운데에 그대로 서 있었다. 10 예수님께서
몸을 일으키시고 그 여자에게, "여인아, 그자들이
어디 있느냐? 너를 단죄한 자가 아무도 없느냐?"
하고 물으셨다. 11 그 여자가 "선생님, 아무도 없습
니다." 하고 대답하자, 예수님께서 이르셨다. "나
도 너를 단죄하지 않는다. 가거라. 그리고 이제부
터 다시는 죄짓지 마라."

| **요한 8,11 // 3,17**

극기하여라 5,27-30

5,27 "'간음해서는 안 된다.'고 이르신 말씀을 너희
는 들었다. 28 그러나 나는 너희에게 말한다. 음욕
을 품고 여자를 바라보는 자는 누구나 이미 마음
으로 그 여자와 간음한 것이다. 29 네 오른눈이 너
를 죄짓게 하거든 그것을 빼어 던져 버려라. 온몸
이 지옥에 던져지는 것보다 지체 하나를 잃는 것
이 낫다. 30 또 네 오른손이 너를 죄짓게 하거든 그
것을 잘라 던져 버려라. 온몸이 지옥에 던져지는
것보다 지체 하나를 잃는 것이 낫다."

남을 심판하지 마라 7,1-5

7,1 "남을 심판하지 마라. 그래야 너희도 심판받지
않는다. 2 너희가 심판하는 그대로 너희도 심판받
고, 너희가 되질하는 바로 그 되로 너희도 받을
것이다. 3 너는 어찌하여 형제의 눈 속에 있는 티
는 보면서, 네 눈 속에 있는 들보는 깨닫지 못하느
냐? 4 네 눈 속에는 들보가 있는데, 어떻게 형제에게 '가만, 네 눈에서 티를 빼내 주겠다.' 하고 말할 수
있느냐? 5 위선자야, 먼저 네 눈에서 들보를 빼내어라. 그래야 네가 뚜렷이 보고 형제의 눈에서 티를 빼
낼 수 있을 것이다."

8,3 // 탈출 20,14 간음해서는 안 된다.

8,4-5 // 레위 20,10 어떤 남자가 한 여자와 간통하면, 곧 어떤 남자가 자기 이웃의 아내와 간통하면, 간통한 남자와 여자는 사형을 받아야 한다.

8,4-5 // 신명 22,22 어떤 남자가 남편이 있는 여자와 동침하다가 들켰을 경우, 동침한 그 남자와 여자 두 사람 다 죽어야 한다. 이렇게 너희는 이스라엘에서 악을 치워 버려야 한다. 23 어떤 젊은 처녀가 한 남자와 약혼을 하였는데, 성읍 안에서 다른 남자가 그 여자와 만나 동침하였을 경우, 24 너희는 두 사람을 다 그 성읍의 성문으로 끌어내어, 그들에게 돌을 던져 죽여야 한다. 그 처녀는 성읍 안에 있으면서도 고함을 지르지 않았기 때문이고, 그 남자는 이웃의 아내를 욕보였기 때문이다. 이렇게 너희는 너희 가운데에서 악을 치워 버려야 한다.

8,7 // 솔로몬의 시편 4,1 속된 자여, 너는 무엇 때문에 경건한 이들의 모임에 앉아 있느냐? 그러면서 왜 네 마음은 주님에게서 멀리 떨어진 채 범법으로 이스라엘의 하느님을 진노케 하느냐? 2 말은 지나치게 많고 겉모습은 누구보다 눈에 잘 띄는구나! 재판에서는 가혹한 말로 죄인들을 심판하네! 3 열심에서 우러난 것인 양 그의 손이 맨 먼저 죄인에게 가닿지만, 자기야말로 갖가지 죄와 방종에 묶여 있다네!

8,11 // 시편 4,5 너희는 무서워 떨어라, 죄짓지 마라. 잠자리에서도 마음속으로 생각하며 잠잠하여라.

8,11 // 집회 21,1 얘야, 죄를 지었느냐? 그러면 더 이상 죄짓지 말고 지난날의 죄악에 대하여 용서를 빌어라.

마르

루카

깨어 있어라 21,34-38

21,37 예수님께서 낮에는 성전에서 가르치시고, 밤
에는 올리브산이라고 불리는 곳으로 나가 묵곤
하셨다. 38 온 백성은 그분의 말씀을 들으려고 성전
에 계신 그분께 이른 아침부터 모여들었다.

남을 심판하지 마라 6,37-42

6,37 "남을 심판하지 마라. 그러면 너희도 심판받지 않을 것이다. 남을 단죄하지 마라. 그러면 너희도 단죄받지 않을 것이다. 용서하여라. 그러면 너희도 용서받을 것이다."

나는 세상의 빛이다

요한 8,12-20

12 예수님께서 다시 그들에게 말씀하셨다. "나는
세상의 빛이다. 나를 따르는 이는 어둠 속을 걷지
않고 생명의 빛을 얻을 것이다."

마태

세상의 소금과 빛 5,13-16

5,14 너희는 세상의 빛이다. 산 위에 자리 잡은 고을
은 감추어질 수 없다.

8,12 // 이사 9,2 당신께서는 즐거움을 많게 하시고 기쁨을 크게 하십니다. 사람들이 당신 앞에서 기뻐합니다, 수확할 때 기뻐하듯 전리품을 나눌 때 즐거워하듯.

8,12 // 4바룩 9,14 사흘이 지난 뒤 예레미야의 영혼이 그의 몸으로 들어왔다. 그러자 그는 그들 한가운데서 소리를 높여 말하였다. "한 목소리로 하느님을 찬양하십시오! 여러분 모두 하느님과, 우리를 잠에서 깨어나게 해주시는 하느님의 아들 예수 그리스도를 찬양하십시오! 그분께서는 모든 시대들의 빛, 꺼지지 않는 등불, 신앙의 생명이십니다!"

8,17 // 민수 35,30 누구든지 사람을 죽였을 경우에는 증인들의 말에 따라 그 살인자를 처형해야 한다. 그러나 증인 한 사람의 증언만으로는 사형에 처하지 못한다.

8,17 // 신명 17,6 그렇지만 반드시 증인 둘이나 셋의 증언이 있어야 그를 죽일 수 있다. 증인 한 사람의 증언으로 그를 죽여서는 안 된다.

8,17 // 신명 19,15 어떤 사람이 저지르는 모든 잘못과 관련하여, 그의 어떤 죄나 잘못이든지, 증인 한 사람만으로는 그 증언이 성립되지 못하고, 증인 둘이나 셋의 증언이 있어야 유죄가 성립된다.

13 바리사이들이 "당신이 자신에 관하여 증언하고 있으니, 당신의 증언은 유효하지 않소." 하고 말하자,
14 예수님께서 그들에게 이르셨다. "내가 나 자신에 관하여 증언하여도 나의 증언은 유효하다. 내가 어
디에서 왔고 어디로 가는지 알기 때문이다. 그러나 너희는 내가 어디에서 왔는지, 또 내가 어디로 가는
지 알지 못한다. 15 너희는 사람의 기준으로 심판하지만 나는 아무도 심판하지 않는다. 16 그리고 내가 심
판을 하여도 내 심판은 유효하다. 나 혼자가 아니라, 나와 나를 보내신 아버지께서 함께 심판하시기 때
문이다. 17 너희의 율법에도 두 사람의 증언은 유효하다고 기록되어 있다. 18 바로 내가 나 자신에 관하여
증언하고 또 나를 보내신 아버지께서도 나에 관하여 증언하신다." 19 그들이 예수님께 "당신의 아버지가
어디 있소?" 하고 묻자, 예수님께서 대답하셨다. "너희는 나를 알지 못할 뿐만 아니라 나의 아버지도 알
지 못한다. 너희가 나를 알았더라면 나의 아버지도 알았을 것이다."
20 이는 예수님께서 성전에서 가르치실 때에 헌금
함 곁에서 하신 말씀이다. 그러나 아무도 그분을
잡지 않았다.
그분의 때가 아직 오지 않았기 때문이다.

| 요한 8,12 // 1,4; 1,9; 5,26; 6,35; 11,25
| 요한 8,14 // 7,28-29; 8,42
| 요한 8,19 // 14,7-9
| 요한 8,20 // 2,4; 7,6; 7,30; 12,23; 13,1; 17,1

최후의 만찬을 준비하다 26,17-19

26,18 그러자 예수님께서 이르셨다. "도성 안으로 아
무개를 찾아가, '선생님께서 '나의 때가 가까웠으
니 내가 너의 집에서 제자들과 함께 파스카 축제
를 지내겠다.' 하십니다.' 하여라."

예수님의 신원

요한 8,21-30

8,21 // 잠언 1,28 그때 그들이 나를 불러도 대답하지 않으리라. 그들이 나를 찾아도 찾아내지 못하리라.

21 예수님께서 다시 그들에게 이르셨다. "나는 간
다. 너희가 나를 찾겠지만 너희는 자기 죄 속에서

마태

율법 학자들과 바리사이들을 꾸짖으시다 23,1-36

23,33 "너희 뱀들아, 독사의 자식들아! 너희가 지옥
형 판결을 어떻게 피하려느냐?"

마르

루카

즈카르야의 노래 1,67-79

1,78 "우리 하느님의 크신 자비로
높은 곳에서 별이 우리를 찾아오시어
79 어둠과 죽음의 그늘에 앉아 있는 이들을 비추시고
우리 발을 평화의 길로 이끌어 주실 것이다."

8,12 // 토마 복음 77,1 예수님께서 말씀하셨다. "나는 그것들 모두 위에 있는 빛이다. 나는 모든 것이다. 모든 것이 바로 내게서 나왔고 또 모든 것이 내게로 왔다. 2 나무를 쪼개 보아라. 내가 거기 있다. 돌을 들어 보아라. 거기서 나를 찾을 것이다."

겟세마니에서 기도하시다 14,32-42

14,41 예수님께서는 세 번째 오셔서 그들에게 말씀하셨다. "아직도 자고 있느냐? 아직도 쉬고 있느냐? 이제 되었다. 시간이 되어 사람의 아들은 죄인들의 손에 넘어간다."

나자렛에서 희년을 선포하시다 4,16-30

4,29 그래서 그들은 들고일어나 예수님을 고을 밖으로 내몰았다. 그 고을은 산 위에 지어져 있었는데, 그들은 예수님을 그 벼랑까지 끌고 가 거기에서 떨어뜨리려고 하였다. 30 그러나 예수님께서는 그들 한가운데를 가로질러 떠나가셨다.

8,20 // 에게르톤 복음 1,8 [그들은] 백성들과 [모의하여] 다 같이 돌을 [들어] [그분]께 던[지려고] 하였다. [지]도자들은 그분을 붙잡아 백성에게 넘[기려고] 그분께 손[을] 대었으나 그분을 붙잡을 [수는 없었다]. 그분의 배반[의] 때가 아직 [오지] 않았기 때문이다.

마르

루카

바리사이들과 율법 교사들을 꾸짖으시다 11,37-54

11,50 "그러니 세상 창조 이래 쏟아진 모든 예언자의 피에 대한 책임을 이 세대가 져야 할 것이다."

8,21 // 토마 복음 59,1 예수님께서 말씀하셨다. "너희가 살아 있는 동안에 살아 계신 분을 바라보아라. 그래야 죽지 않을 것이며, 그분을 보려고 해도 보지 못하는 일이 없을 것이다."

8,21 // 이사 55,6 만나 뵐 수 있을 때
에 주님을 찾아라. 가까이 계실 때
에 그분을 불러라.

죽을 것이다. 내가 가는 곳에 너희는 올 수 없다."

최후의 심판 25,31-46

25,41 "그때에 임금은 왼쪽에 있는 자들에게도 이렇
게 말할 것이다. '저주받은 자들아, 나에게서 떠나
악마와 그 부하들을 위하여 준비된 영원한 불 속
으로 들어가라.' … 46 이렇게 하여 그들은 영원한
벌을 받는 곳으로 가고 의인들은 영원한 생명을
누리는 곳으로 갈 것이다."

22 그러자 유다인들이 "'내가 가는 곳에 너희는 올
수 없다.' 하니, 자살하겠다는 말인가?" 하였다.
23 예수님께서 그들에게 말씀하셨다. "너희는 아래에서 왔고 나는 위에서 왔다. 너희는 이 세상에 속하
지만 나는 이 세상에 속하지 않는다. 24 그래서 너희는 자기 죄 속에서 죽을 것이라고 내가 말하였다. 정
녕 내가 나임을 믿지 않으면, 너희는 자기 죄 속에서 죽을 것이다." 25 그러자 그들이 예수님께 "당신이
누구요?" 하고 물었다. 예수님께서 그들에게 이르셨다. "처음부터 내가 너희에게 말해 오지 않았느냐?
26 나는 너희에 관하여 이야기할 것도, 심판할 것도 많다. 그러나 나를 보내신 분께서는 참되시기에, 나
는 그분에게서 들은 것을 이 세상에 이야기할 따
름이다." 27 그들은 예수님께서 아버지를 가리켜 말
씀하신 줄을 깨닫지 못하였다.
28 그래서 예수님께서 다시 그들에게 이르셨다. "너
희는 사람의 아들을 들어 올린 뒤에야 내가 나임
을 깨달을 뿐만 아니라, 내가 스스로는 아무것도
하지 않고 아버지께서 가르쳐 주신 대로만 말한다
는 것을 깨달을 것이다.
29 나를 보내신 분께서는 나와 함께 계시고 나를
혼자 버려두지 않으신다. 내가 언제나 그분 마음
에 드는 일을 하기 때문이다." 30 예수님께서 이렇
게 말씀하시자 많은 사람이 그분을 믿었다.

8,24.28 // 탈출 3,14 하느님께서 모세
에게 "나는 있는 나다." 하고 대답
하시고, 이어서 말씀하셨다. "너는
이스라엘 자손들에게 '있는 나'께
서 나를 너희에게 보내셨다.' 하여
라."

8,24.28 // 신명 32,39 이제 너희는 보
아라! 나, 바로 내가 그다. 나 말고
는 하느님이 없다. 나는 죽이기도
하고 살리기도 한다. 나는 치기도
하고 고쳐 주기도 한다. 내 손에서
빠져나갈 자 하나도 없다.

8,24.28 // 이사 43,10 주님의 말씀이
다. 너희가 나의 증인이다. 너희는
내가 선택한 나의 종이다. 이는 너
희가 깨쳐서 나를 믿고 내가 바로
그분임을 깨닫게 하려는 것이다.
나 이전에 신이 만들어진 일이 없
고 나 이후에 어떤 신도 존재하지
않으리라.

수난과 부활을 두 번째로 예고하시다 17,22-23

17,22 그들이 갈릴래아에 모여 있을 때에 예수님께
서 제자들에게 이르셨다. "사람의 아들은 사람들
의 손에 넘겨져 23 그들 손에 죽을 것이다. 그러나
사흗날에 되살아날 것이다." 그러자 그들은 몹시
슬퍼하였다.

| 요한 8,21 // 7,34; 13,33
| 요한 8,23 // 3,13; 3,31
| 요한 8,24 // 8,28; 13,19
| 요한 8,24.28 // 18,6
| 요한 8,26 // 17,7-8
| 요한 8,28 // 5,19; 5,30; 6,38; 12,49; 14,10-11; 17,7-8
| 요한 8,28-29 // 11,42

회개하지 않으면 멸망한다 13,1-5
13,3 "아니다. 내가 너희에게 말한다. 너희도 회개하지 않으면 모두 그처럼 멸망할 것이다."

8,23 // 토마 유년기 복음 8,1 유다인들이 자캐오에게 충고하자 아이가 크게 웃으며 말하였다. "이제 열매를 맺지 못하던 이들은 열매를 맺고 눈먼 이들은 앞을 보며 귀머거리들은 마음의 눈으로 듣도록 하십시오. 2 저는 위에서 내려왔습니다. 아래에 있는 사람들을 구하여 위로 불러올리기 위해서였습니다. 이는 저를 여러분에게 보내신 분께서 제게 명하신 대로입니다."

수난과 부활을 두 번째로 예고하시다 9,30-32
9,31 그분께서 "사람의 아들은 사람들의 손에 넘겨져 그들 손에 죽을 것이다. 그러나 그는 죽임을 당하였다가 사흘 만에 다시 살아날 것이다." 하시면서, 제자들을 가르치고 계셨기 때문이다.

수난과 부활을 두 번째로 예고하시다 9,43-45
9,44 "너희는 이 말을 귀담아들어라. 사람의 아들은 사람들의 손에 넘겨질 것이다."

8,28 // 야고보의 둘째 묵시록 49. 나는 [아버지]의 아들이오. 나는 들은 대로 말하오. 나는 계명을 [받]은 대로 명령을 내리오. 나는 알아[낸] 대로 여러분에게 가르치오.

아브라함의 참된 자손

요한 8,31-47

31 예수님께서 당신을 믿는 유다인들에게 말씀하
셨다. "너희가 내 말 안에 머무르면 참으로 나의 제자가 된다. 32 그러면 너희가 진리를 깨닫게 될 것이
다. 그리고 진리가 너희를 자유롭게 할 것이다." 33 그들이 예수님께 말하였다. "우리는 아브라함의 후손
으로서 아무에게도 종노릇한 적이 없습니다. 그런데 어찌 '너희가 자유롭게 될 것이다.' 하고 말씀하십
니까?" 34 예수님께서 그들에게 대답하셨다. "내가 진실로 진실로 너희에게 말한다. 죄를 짓는 자는 누
구나 죄의 종이다. 35 종은 언제까지나 집에 머무르지 못하지만, 아들은 언제까지나 집에 머무른다. 36 그
러므로 아들이 너희를 자유롭게 하면 너희는 정녕 자유롭게 될 것이다.
37 나는 너희가 아브라함의 후손임을 알고 있다. 그런데 너희는 나를 죽이려고 한다. 내 말이 너희 안에
있을 자리가 없기 때문이다. 38 나는 내 아버지에게서 본 것을 이야기하고, 너희는 너희 아비에게서 들
은 것을 실천한다."
39 그들이 "우리 조상은 아브라함이오." 하자, 예수
님께서 그들에게 말씀하셨다. "너희가 아브라함
의 자손이라면 아브라함이 한 일을 따라 해야 할
것이다. 40 그런데 너희는 지금, 하느님에게서 들은
진리를 너희에게 이야기해 준 사람인 나를 죽이려
고 한다. 아브라함은 그런 짓을 하지 않았다. 41 그러니 너희는 너희 아비가 한 일을 따라 하는 것이다."
그래서 그들이 예수님께 말하였다. "우리는 사생아가 아니오. 우리 아버지는 오직 한 분, 하느님이시오."
42 예수님께서 그들에게 이르셨다. "하느님께서 너희 아버지시라면 너희가 나를 사랑할 것이다. 내가 하
느님에게서 나와 여기에 와 있기 때문이다. 나는 나 스스로 온 것이 아니라 그분께서 나를 보내신 것이
다. 43 어찌하여 너희는 내 이야기를 깨닫지 못하느냐? 너희가 내 말을 들을 줄 모르기 때문이다. 44 너
희는 너희 아비인 악마에게서 났고, 너희 아비의 욕망대로 하기를 원한다. 그는 처음부터 살인자로서,
진리 편에 서 본 적이 없다. 그 안에 진리가 없기 때문이다. 그가 거짓을 말할 때에는 본성에서 그렇게
말하는 것이다. 그가 거짓말쟁이며 거짓의 아비기 때문이다. 45 내가 진리를 말하기 때문에 너희는 나를
믿지 않는다. 46 너희 가운데 누가 나에게 죄가 있다고 입증할 수 있느냐? 내가 진리를 말하고 있다면,
너희는 어찌하여 나를 믿지 않느냐? 47 하느님에게서 난 이는 하느님의 말씀을 듣는다. 그러므로 너희가
그 말씀을 듣지 않는 것은, 너희가 하느님에게서 나지 않았기 때문이다."

마태

세례자 요한의 설교 3,1-12

3,9 "그리고 '우리는 아브라함을 조상으로 모시고
있다.'고 말할 생각일랑 하지 마라. 내가 너희에게
말하는데, 하느님께서는 이 돌들로도 아브라함의
자녀들을 만드실 수 있다."

| 요한 8,31 // 13,35; 15,4.8
| 요한 8,42 // 7,28-29; 8,14; 16,28-30
| 요한 8,43 // 3,9-11
| 요한 8,44 // 12,31

8,44 // 창세 3,1 뱀은 주 하느님께서 만드신 모든 들짐승 가운데에서 가장 간교하였다. 그 뱀이 여자에게 물었다. "하느님께서 '너희는 동산의 어떤 나무에서든지 열매를 따 먹어서는 안 된다.'고 말씀하셨다는데 정말이냐?" 2 여자가 뱀에게 대답하였다. "우리는 동산에 있는 나무 열매를 먹어도 된다. 3 그러나 동산 한가운데에 있는 나무 열매만은, '너희가 죽지 않으려거든 먹지도 만지지도 마라.' 하고 하느님께서 말씀하셨다." 4 그러자 뱀이 여자에게 말하였다. "너희는 결코 죽지 않는다. 5 너희가 그것을 먹는 날, 너희 눈이 열려 하느님처럼 되어서 선과 악을 알게 될 줄을 하느님께서 아시고 그렇게 말씀하신 것이다."

마르

루카

8,32.34 // **필립보 복음 77.** 진리의 지식을 가진 이는 자유롭습니다. 자유로운 사람은 죄를 짓지 않습니다. 사실 죄를 짓는 자는 죄의 노예입니다.

8,32.34 // **필립보 복음 84.** 진리는 자유를 줍니다. 말씀께서 말씀하셨습니다. "너희가 진리를 깨달으면 진리가 너희를 자유롭게 할 것이다." 무지는 노예이며 지식은 자유입니다. 우리가 진리를 깨달으면 우리는 자기 안에서 진리의 열매를 발견할 것입니다. 우리가 진리와 결합하면 그것은 우리에게 완성을 가져올 것입니다.

8,33 // **바오로 묵시록 3.** "이 백성에게 말하여라. 너희는 언제까지 죄를 지으며 죄에 (죄를) 더하고 너희를 만드신 하느님을 노하시게 만들 셈이냐? 너희는 자신들이 아브라함의 자손들이라고 말하면서 사탄의 일들을 행한다. 그리고 너희는 하느님과 터놓고 지내면서 (그분께) 이름으로 불리는 것을 자랑하지만, 죄의 육신 때문에 가난하다."

세례자 요한의 설교 3,1-18

3,8 "회개에 합당한 열매를 맺어라. 그리고 '우리는 아브라함을 조상으로 모시고 있다.'는 말은 아예 혼잣말로라도 꺼내지 마라. 내가 너희에게 말하는데, 하느님께서는 이 돌들로도 아브라함의 자녀들을 만드실 수 있다."

아브라함 전부터 계신 분

요한 8,48-59

48 유다인들이 예수님께, "우리가 당신을 사마리
아인이고 마귀 들린 자라고 하는 것이 당연하지
않소?" 하였다. 49 그러자 예수님께서 대답하셨다.
"나는 마귀 들린 것이 아니라 내 아버지를 공경하
는 것이다. 그런데도 너희는 나를 모욕한다. 50 나
는 내 영광을 찾지 않는다. 그것을 찾아 주시고 또
심판해 주시는 분이 계시다. 51 내가 진실로 진실로
너희에게 말한다. 내 말을 지키는 이는 영원히 죽
음을 보지 않을 것이다." 52 유다인들이 예수님께
말하였다. "이제 우리는 당신이 마귀 들렸다는 것
을 알았소. 아브라함도 죽고 예언자들도 그러하였
는데, 당신은 '내 말을 지키는 이는 영원히 죽음
을 맛보지 않을 것이다.' 하고 말하고 있소. 53 우리
조상 아브라함도 죽었는데 당신이 그분보다 훌륭
하다는 말이오? 예언자들도 죽었소. 그런데 당신
은 누구로 자처하는 것이오?" 54 예수님께서 대답
하셨다. "내가 나 자신을 영광스럽게 한다면 나의
영광은 아무것도 아니다. 나를 영광스럽게 하시는
분은 내 아버지시다. 너희가 '그분은 우리의 하느님이시다.' 하고 말하는 바로 그분이시다. 55 너희는 그
분을 알지 못하지만 나는 그분을 안다. 내가 그분을 알지 못한다고 말하면 나도 너희와 같은 거짓말쟁
이가 될 것이다. 그러나 나는 그분을 알고 또 그분의 말씀을 지킨다. 56 너희 조상 아브라함은 나의 날을
보리라고 즐거워하였다. 그리고 그것을 보고 기뻐하였다."

마태

예수님과 베엘제불 12,22-32

12,22 그때에 사람들이, 마귀 들려 눈이 멀고 말을
못하는 사람을 예수님께 데려왔다. 예수님께서 그
를 고쳐 주시자, 말을 못하던 그 사람이 말도 하
고 보게도 되었다. 23 그러자 군중이 모두 질겁하
며, "저분이 혹시 다윗의 자손이 아니신가?" 하고
말하였다. 24 바리사이들은 이 말을 듣고, "저자는
마귀 우두머리 베엘제불의 힘을 빌리지 않고서는
마귀들을 쫓아내지 못한다." 하고 말하였다.
25 예수님께서 그들의 생각을 아시고 이렇게 말씀
하셨다. "어느 나라든지 서로 갈라서면 망하고,
어느 고을이나 집안도 서로 갈라서면 버티어 내
지 못한다. 26 사탄이 사탄을 내쫓으면 서로 갈라
선 것이다. 그러면 사탄의 나라가 어떻게 버티어
내겠느냐? 27 내가 만일 베엘제불의 힘을 빌려 마
귀들을 쫓아낸다면, 너희의 제자들은 누구의 힘
을 빌려 마귀들을 쫓아낸다는 말이냐? 그러니 바
로 그들이 너희의 재판관이 될 것이다."

8,56 // 창세 12,1 주님께서 아브람에게 말씀하셨다. ... 3 "너에게 축복하는 이들에게는 내가 복을 내리고, 너를 저주하는 자에게는 내가 저주를 내리겠다. 세상의 모든 종족들이 너를 통하여 복을 받을 것이다."

57 유다인들이 예수님께 말하였다. "당신은 아직
쉰 살도 되지 않았는데 아브라함을 보았다는 말
이오?" 58 예수님께서 그들에게 이르셨다. "내가 진
실로 진실로 너희에게 말한다. 나는 아브라함이
태어나기 전부터 있었다."

예수 그리스도의 족보 1,1-17

1,1 다윗의 자손이시며 아브라함의 자손이신 예수
그리스도의 족보.

마르

예수님과 베엘제불 3,20-30

3,22 한편 예루살렘에서 내려온 율법 학자들이, "그
는 베엘제불이 들렸다."고도 하고, "그는 마귀 우
두머리의 힘을 빌려 마귀들을 쫓아낸다."고도 하
였다. 23 그래서 예수님께서는 그들을 부르셔서 비
유를 들어 말씀하셨다. "어떻게 사탄이 사탄을 쫓
아낼 수 있느냐? 24 한 나라가 갈라서면 그 나라는
버티어 내지 못한다. 25 한 집안이 갈라서면 그 집
안은 버티어 내지 못할 것이다. 26 사탄도 자신을
거슬러 일어나 갈라서면 버티어 내지 못하고 끝장
이 난다. 27 먼저 힘센 자를 묶어 놓지 않고서는, 아
무도 그 힘센 자의 집에 들어가 재물을 털 수 없
다. 묶어 놓은 뒤에야 그 집을 털 수 있다."

루카

예수님과 베엘제불 11,14-23

11,15 그러나 그들 가운데 몇 사람은, "저자는 마귀
우두머리 베엘제불의 힘을 빌려 마귀들을 쫓아낸
다." 하고 말하였다. 16 다른 사람들은 예수님을 시
험하느라고, 하늘에서 내려오는 표징을 그분께 요
구하기도 하였다.

17 예수님께서는 그들의 생각을 아시고 이렇게 말
씀하셨다. "어느 나라든지 서로 갈라서면 망하고
집들도 무너진다. 18 사탄도 서로 갈라서면 그의 나
라가 어떻게 버티어 내겠느냐? 그런데도 너희는
내가 베엘제불의 힘을 빌려 마귀들을 쫓아낸다고
말한다. 19 내가 만일 베엘제불의 힘을 빌려 마귀
들을 쫓아낸다면, 너희의 아들들은 누구의 힘을
빌려 마귀들을 쫓아낸다는 말이냐? 그러니 바로
그들이 너희의 재판관이 될 것이다."

예수님의 족보 3,23-38

3,23 예수님께서는 서른 살쯤에 활동을 시작하셨는
데, 사람들은 그분을 요셉의 아들로 여겼다.

8,56-58 // 토마 유년기 복음 6,6 "저는 여러분이 어디에서 왔는지, 여러분이 살아갈 햇수가 얼마나 될지 압니다. 선생님, 진실로 당신께 말합니다. 당신이 태어났을 때에도 저는 존재했습니다. … 7 사실 당신이야말로 제 제자가 되어야 합니다. 저는 당신이 몇 살인지 그리고 얼마나 살지 알고 있습니다. 8 제 아버지가 말한 제 십자가를 당신이 보게 되는 바로 그때에 당신은 제가 말한 모든 것이 사실임을 믿게 될 것입니다." 9 곁에 있던 유다인들이 예수님의 말을 듣고 놀라며 말하였다. "참 이상하고 놀라운 일이다. 이 아이는 다섯 살밖에 되지 않았는데 어떻게 이런 말을 하지? 우리는 이 꼬마처럼 말하는 사람을 본 적이 없다." 10 그러자 예수가 그들에게 대답하며 말하였다. "많이 놀라셨습니까? 그보다는 제가 여러분에게 한 말을 잘 새겨들으십시오. 저는 정말로 여러분과 여러분의 아버지들이 언제 태어났는지 알고 있습니다. 여러분에게 놀라운 일을 말씀드리겠습니다. 세상이 창조되었을 때 저는 존재했고, 저를 여러분에게 보내신 분도 존재하셨습니다."

[59] 그러자 그들은 돌을 들어 예수님께 던지려고 하
였다. 그러나 예수님께서는 몸을 숨겨 성전 밖으
로 나가셨다.

| 요한 8,48.52 // 7,20; 10,20
| 요한 8,51 // 5,24
| 요한 8,58 // 1,1-3; 1,10; 1,15; 17,5
| 요한 8,58-59 // 10,33
| 요한 8,59 // 7,1; 5,18; 10,39; 11,53-54

태어나면서부터 눈먼 사람을 고쳐 주시다

요한 9,1-12

[1] 예수님께서 길을 가시다가 태어나면서부터 눈먼
사람을 보셨다.

마태 20,29-34(예리코에서 눈먼 두 사람을 고치시다)

[29] 그들이 예리코를 떠날 때에 많은 군중이 예수님
을 따랐다. [30] 그런데 눈먼 사람 둘이 길가에 앉아
있다가 예수님께서 지나가신다는 말을 듣고,

"다윗의 자손이신 주님, 저희에게 자비를 베풀어
주십시오." 하고 외쳤다.
[31] 군중이 그들에게 잠자코 있으라고 꾸짖었지만,
그들은 더욱 큰 소리로 "주님, 다윗의 자손이시여,
저희에게 자비를 베풀어 주십시오." 하고 외쳤다.
[32] 예수님께서 걸음을 멈추시고 그들을 부르신 다
음, "내가 너희에게 무엇을 해 주기를 바라느냐?"
하고 물으셨다. [33] 그들이 "주님, 저희 눈을 뜨게 해
주십시오." 하고 대답하였다.

[2] 제자들이 예수님께 물었다. "스승님, 누가 죄를
지었기에 저이가 눈먼 사람으로 태어났습니까? 저

나자렛에서 희년을 선포하시다 4,16-30

4,28 회당에 있던 모든 사람들은 이 말씀을 듣고 화
가 잔뜩 났다. 29 그래서 그들은 들고일어나 예수님
을 고을 밖으로 내몰았다. 그 고을은 산 위에 지어
져 있었는데, 그들은 예수님을 그 벼랑까지 끌고
가 거기에서 떨어뜨리려고 하였다. 30 그러나 예수
님께서는 그들 한가운데를 가로질러 떠나가셨다.

8,59 // 에게르톤 복음 1,8 [그들은] 백성
들과 [모의하여] 다 같이 돌을 [들
어] [그분]께 던[지려고] 하였다.
[지]도자들은 그분을 붙잡아 백성
에게 넘[기려고] 그분께 손[을] 대
었으나 그분을 붙잡을 [수는 없었
다]. 그분의 배반[의] 때가 아직 [오
지] 않았기 때문이다. 9 한편 주님
께서는 (그들의) 손[아귀에서 벗
어나] 나가시며 [그들]에게서 물
러나셨다.

마르 10,46-52(예리코에서 눈먼 이를 고치시다)

46 그들은 예리코에 들어갔다. 예수님께서 제자들
과 많은 군중과 더불어 예리코를 떠나실 때에, 티
매오의 아들 바르티매오라는 눈먼 거지가 길가에
앉아 있다가, 47 나자렛 사람 예수님이라는 소리를
듣고,
"다윗의 자손 예수님, 저에게 자비를 베풀어 주십
시오." 하고 외치기 시작하였다.
48 그래서 많은 이가 그에게 잠자코 있으라고 꾸
짖었지만, 그는 더욱 큰 소리로 "다윗의 자손이시
여, 저에게 자비를 베풀어 주십시오." 하고 외쳤
다. 49 예수님께서 걸음을 멈추시고, "그를 불러오
너라." 하셨다. 사람들이 그를 부르며, "용기를 내
어 일어나게. 예수님께서 당신을 부르시네." 하고
말하였다. 50 그는 겉옷을 벗어 던지고 벌떡 일어
나 예수님께 갔다. 51 예수님께서 "내가 너에게 무
엇을 해 주기를 바라느냐?" 하고 물으시자, 그 눈
먼 이가 "스승님, 제가 다시 볼 수 있게 해 주십시
오." 하였다.

루카 18,35-43(예리코에서 눈먼 이를 고치시다)

35 예수님께서 예리코에 가까이 이르셨을 때의 일
이다. 어떤 눈먼 이가 길가에 앉아 구걸하고 있다
가, 36 군중이 지나가는 소리를 듣고 무슨 일이냐
고 물었다. 37 사람들이 그에게 "나자렛 사람 예수
님께서 지나가신다." 하고 알려 주자,
38 그가 "예수님, 다윗의 자손이시여, 저에게 자비
를 베풀어 주십시오." 하고 부르짖었다.
39 앞서가던 이들이 그에게 잠자코 있으라고 꾸짖
었지만, 그는 더욱 큰 소리로 "다윗의 자손이시
여, 저에게 자비를 베풀어 주십시오." 하고 외쳤
다. 40 예수님께서 걸음을 멈추시고 그를 데려오라
고 분부하셨다. 그가 가까이 다가오자 예수님께
서 그에게 물으셨다. 41 "내가 너에게 무엇을 해 주
기를 바라느냐?" 그가 "주님, 제가 다시 볼 수 있
게 해 주십시오." 하였다.

회개하지 않으면 멸망한다 13,1-5

13,1 바로 그때에 어떤 사람들이 와서, 빌라도가 갈
릴래아 사람들을 죽여 그들이 바치려던 제물을

9,6-11 // 이사 35,5 그때에 눈먼 이들은 눈이 열리고 귀먹은 이들은 귀가 열리리라.
6 그때에 다리저는 이는 사슴처럼 뛰고 말못하는 이의 혀는 환성을 터뜨리리라. 광야에서는 물이 터져 나오고 사막에서는 냇물이 흐르리라.

9,6-11 // 이사 42,7 보지 못하는 눈을 뜨게 하고 갇힌 이들을 감옥에서, 어둠 속에 앉아 있는 이들을 감방에서 풀어 주기 위함이다.

9,6-11 // 시편 146,8 주님께서는 눈먼 이들의 눈을 열어 주시며 주님께서는 꺾인 이들을 일으켜 세우신다. 주님께서는 의인들을 사랑하시고.

9,7 // 예언자들의 생애 1,2 하느님께서 이 예언자(이사야)를 통해 실로암의 표징을 일으키셨다. 죽기 전 정신이 혼미해진 그가 물을 먹게 해 달라고 기도하자 곧바로 그곳에서 (물이 나와) 그에게 보내졌던 것이다. 이 때문에 그곳은 실로암이라 불렸다. '실로암'은 '보내진'이라고 번역되는 말이다.
3 히즈키야 재임 때, (임금이) 구덩이와 못 들을 파기 전에도 이사야의 기도로 그곳에서 물이 잠시 분출된 적이 있다. (유다) 백성이 다른 민족 사람들에게 함락당한 상태였기에, 도시가 물이 없이 전멸하지 않도록 이사야가 기도한 덕분이었다.
4 적들은 백성이 어디서 (물을) 마시는지 묻곤 하였다. 도시를 차지한 적들은 실로암 근처에 진을 쳤다. 그런데 유다인들이 (실로암에) 가면 물이 나왔다. 그러나 다른 민족 사람이 (가면), 그러지 않았다. 오늘날까지 (물은) 갑작스럽게 솟아난다. 신비가 드러나게 하려는 것이다.
5 이 일이 이사야를 통해 일어났으므로 백성은 이를 기념하여 조심스레 그리고 영예롭게 그를 (실로암) 근처에 묻었다. 그가 죽은 다음에도 그의 기도를 통해 물의 혜택을 전과 같이 누리기 위해서였다. 그에 관한 신탁이 백성에게 주어졌기 때문이기도 하다.

사람입니까, 그의 부모입니까?"
3 예수님께서 대답하셨다. "저 사람이 죄를 지은 것도 아니고 그 부모가 죄를 지은 것도 아니다. 하느님의 일이 저 사람에게서 드러나려고 그리된 것이다.

4 나를 보내신 분의 일을 우리는 낮 동안에 해야 한다. 이제 밤이 올 터인데 그때에는 아무도 일하지 못한다.
5 내가 이 세상에 있는 동안 나는 세상의 빛이다."
6 예수님께서는 이렇게 말씀하시고 나서, 땅에 침을 뱉고 그것으로 진흙을 개어 그 사람의 눈에 바르신 다음,
7 "실로암 못으로 가서 씻어라." 하고 그에게 이르셨다. '실로암'은 '파견된 이'라고 번역되는 말이다. 그가 가서 씻고 앞을 보게 되어 돌아왔다.
8 이웃 사람들이, 그리고 그가 전에 거지였던 것을 보아 온 이들이 말하였다. "저 사람은 앉아서 구걸하던 이가 아닌가?"
9 어떤 이들은 "그 사람이오." 하고, 또 어떤 이들은 "아니오. 그와 닮은 사람이오." 하였다. 그 사람은 "내가 바로 그 사람입니다." 하고 말하였다.
10 그들이 "그러면 어떻게 눈을 뜨게 되었소?" 하고 묻자,
11 그 사람이 대답하였다. "예수님이라는 분이 진흙을 개어 내 눈에 바르신 다음, '실로암 못으로 가서 씻어라.' 하고 나에게 이르셨습니다. 그래서 내가 가서 씻었더니 보게 되었습니다."
12 그들이 "그 사람이 어디 있소?" 하고 물으니, 그가 "모르겠습니다." 하고 대답하였다.

| 요한 9,3 // 11,4
| 요한 9,5 // 12,46
| 요한 9,6-7 // 11,37

20,34 예수님께서 가엾은 마음이 들어 그들의 눈에 손을 대시자, 그들이 곧 다시 보게 되었다. 그리고 그들은 예수님을 따랐다.

피로 물들게 한 일을 예수님께 알렸다. 13,2 그러자
예수님께서 그들에게 이르셨다. "너희는 그 갈릴래아 사람들이 그러한 변을 당하였다고 해서 다른 모
든 갈릴래아 사람보다 더 큰 죄인이라고 생각하느냐? 3 아니다. 내가 너희에게 말한다. 너희도 회개하지
않으면 모두 그처럼 멸망할 것이다. 4 또 실로암에 있던 탑이 무너지면서 깔려 죽은 그 열여덟 사람, 너
희는 그들이 예루살렘에 사는 다른 모든 사람보다 더 큰 잘못을 하였다고 생각하느냐? 5 아니다. 내가
너희에게 말한다. 너희도 회개하지 않으면 모두 그렇게 멸망할 것이다."

10,52 예수님께서 그에게 "가거라. 네 믿음이 너를
구원하였다." 하고 이르시니, 그가 곧 다시 보게
되었다. 그리고 그는 예수님을 따라 길을 나섰다.

18,42 예수님께서 그에게 "다시 보아라. 네 믿음이
너를 구원하였다." 하고 이르시니, 43 그가 즉시 다
시 보게 되었다. 그는 하느님을 찬양하며 예수님
을 따랐다. 군중도 모두 그것을 보고 하느님께 찬
미를 드렸다.

9,5 // 토마 복음 77,1 예수님께서 말씀하셨다. "나는 그것들 모두 위에 있는 빛이다. 나는 모든 것이다. 모든 것이 바로 내게서 나왔고 또 모든 것이 내게로 왔다.
2 나무를 쪼개 보아라. 내가 거기 있다. 돌을 들어 보아라. 거기서 나를 찾을 것이다."

9,11 // 니코데모 복음 6,1 니코데모가 이 말을 했을 때 다른 히브리인이 일어나 빌라도에게 말하였다. "빌라도 나리, 당신께 청합니다. 제 말도 들어보십시오." 빌라도가 답하였다. "원하는 게 무언지 말해보시오!" 그 히브리인이 말했다. "저는 아파서 침상에 삼십팔 년 동안 누워 있었습니다. 그런데 그분께서 저를 보시고 슬퍼하시며 제게 말씀하셨습니다. '일어나라, 그리고 네 들것을 들고 네 집으로 가라!' 그분께서 이 말씀을 하시는 동안에 제가 일으켜졌습니다. 그리고 걸어 다녔습니다." 히브리인들이 말하였다. "이 일이 주간의 몇째 날에 일어났는지, 그자에게 물어보십시오." 그가 말하였다. "안식일입니다." 유다인들이 말하였다. "결국 그자가 안식일을 지키지 않는다고 한 우리 말은 사실입니다."
2 그러자 다른 사람이 가운데 나와서 말하였다. "나는 눈먼 이로 태어났습니다. 그런데 예수님께서 길을 걸어가실 때 제가 그분께 소리 높여 말하였습니다. '제게 자비를 베풀어주십시오, 주님, 다윗의 후손이시여!' 그러자 그분께서 진흙을 쥐어 제 눈에 바르셨습니다. 그러자 곧바로 제가 보게 되었습니다." 다른 사람이 말하였다. "저는 불구였습니다. 그분을 보고 '저에게 자비를 베풀어 주십시오, 주님!' 하고 소리쳤습니다. 그분께서 제 손을 잡자 곧바로 제가 일으켜졌습니다." 다른 사람이 말하였다. "저는 나환자였습니다. 그런데 그분께서 말씀 하나로 저를 낫게 해주셨습니다."

바리사이들이 개입하다

요한 9,13-34

13 그들은 전에 눈이 멀었던 그 사람을 바리사이
들에게 데리고 갔다. 14 그런데 예수님께서 진흙을
개어 그 사람의 눈을 뜨게 해 주신 날은 안식일
이었다.

마태

제자들이 안식일에 밀 이삭을 뜯다 12,1-8

12,1 그때에 예수님께서 안식일에 밀밭 사이를 지나
가시게 되었다. 그런데 그분의 제자들이 배가 고
파서, 밀 이삭을 뜯어 먹기 시작하였다. 2 바리사
이들이 그것을 보고 예수님께 말하였다. "보십시
오, 선생님의 제자들이 안식일에 해서는 안 되는
일을 하고 있습니다."

안식일에 손이 오그라든 사람을 고치시다 12,9-14

12,10 마침 거기에 한쪽 손이 오그라든 사람이 있었
다. 사람들은 예수님을 고발하려고, "안식일에 병
을 고쳐 주어도 됩니까?" 하고 물었다.

15 그래서 바리사이들도 그에게 어떻게 보게 되었
는지 다시 물었다. 그는 "그분이 제 눈에 진흙을
붙여 주신 다음, 제가 씻었더니 보게 되었습니다."
하고 대답하였다.
16 바리사이들 가운데에서 몇몇은 "그는 안식일
을 지키지 않으므로 하느님에게서 온 사람이 아
니오." 하고, 어떤 이들은 "죄인이 어떻게 그런 표
징을 일으킬 수 있겠소?" 하여, 그들 사이에 논란
이 일어났다.
17 그리하여 그들이 눈이 멀었던 이에게 다시 물었
다. "그가 당신 눈을 뜨게 해 주었는데, 당신은 그
를 어떻게 생각하오?" 그러자 그가 대답하였다.
"그분은 예언자이십니다."

열매를 보면 나무를 안다 7,15-20

7,17 이와 같이 좋은 나무는 모두 좋은 열매를 맺고
나쁜 나무는 나쁜 열매를 맺는다. 18 좋은 나무가
나쁜 열매를 맺을 수 없고 나쁜 나무가 좋은 열매
를 맺을 수 없다

18 유다인들은 그가 눈이 멀었었는데 이제는 보게 되었다는 사실을 믿으려고 하지 않았다. 그리하여 앞
을 볼 수 있게 된 그 사람의 부모를 불러, 19 그들에게 물었다. "이 사람이 태어날 때부터 눈이 멀었다는
당신네 아들이오? 그런데 지금은 어떻게 보게 되었소?" 20 그의 부모가 대답하였다. "이 아이가 우리 아
들이라는 것과 태어날 때부터 눈이 멀었다는 것은 우리가 압니다. 21 그러나 지금 어떻게 해서 보게 되
었는지는 모릅니다. 누가 그의 눈을 뜨게 해 주었는지도 우리는 모릅니다. 그에게 물어보십시오. 나이

마르

제자들이 안식일에 밀 이삭을 뜯다 2,23-28

2,23 예수님께서 안식일에 밀밭 사이를 질러가시게
되었다. 그런데 그분의 제자들이 길을 내고 가면
서 밀 이삭을 뜯기 시작하였다. 24 바리사이들이
예수님께 말하였다. "보십시오, 저들은 어째서 안
식일에 해서는 안 되는 일을 합니까?"

안식일에 손이 오그라든 사람을 고치시다 3,1-6

3,2 사람들은 예수님을 고발하려고, 그분께서 안식
일에 그 사람을 고쳐 주시는지 지켜보고 있었다.

루카

제자들이 안식일에 밀 이삭을 뜯다 6,1-5

6,1 예수님께서 안식일에 밀밭 사이를 가로질러 가
시게 되었다. 그런데 그분의 제자들이 밀 이삭을
뜯어 손으로 비벼 먹었다. 2 바리사이 몇 사람이
말하였다. "당신들은 어째서 안식일에 해서는 안
되는 일을 하오?"

안식일에 손이 오그라든 사람을 고치시다 6,6-11

6,7 율법 학자들과 바리사이들은 예수님을 고발할
구실을 찾으려고, 그분께서 안식일에 병을 고쳐
주시는지 지켜보고 있었다.

열매를 보면 나무를 안다 6,43-45

6,43 좋은 나무는 나쁜 열매를 맺지 않는다. 또 나
쁜 나무는 좋은 열매를 맺지 않는다. 44 나무는 모
두 그 열매를 보면 안다. 가시나무에서 무화과를
따지 못하고 가시덤불에서 포도를 거두어들이지
못한다.

엠마오로 가는 두 제자에게 나타나시다 24,13-35

24,19 예수님께서 "무슨 일이냐?" 하시자 그들이 그
분께 말하였다. "나자렛 사람 예수님에 관한 일입
니다. 그분은 하느님과 온 백성 앞에서, 행동과 말
씀에 힘이 있는 예언자셨습니다."

를 먹었으니 제 일은 스스로 이야기할 것입니다."
22 그의 부모는 유다인들이 두려워 이렇게 말하였다. 누구든지 예수님을 메시아라고 고백하면 회당에서 내쫓기로 유다인들이 이미 합의하였기 때문이다. 23 그래서 그의 부모가 "나이를 먹었으니 그에게 물어보십시오." 하고 말한 것이다.
24 그리하여 바리사이들은 눈이 멀었던 그 사람을 다시 불러, "하느님께 영광을 드리시오. 우리는 그 자가 죄인임을 알고 있소." 하고 말하였다. 25 그 사람이 대답하였다. "그분이 죄인인지 아닌지 저는 모릅니다. 그러나 이 한 가지, 제가 눈이 멀었는데 이제는 보게 되었다는 것은 압니다." 26 "그가 당신에게 무엇을 하였소? 그가 어떻게 해서 당신의 눈을 뜨게 하였소?" 하고 그들이 물으니, 27 그가 대답하였다. "제가 이미 여러분에게 말씀드렸는데 여러분은 들으려고 하지 않으셨습니다. 어째서 다시 들으려고 하십니까? 여러분도 그분의 제자가 되고 싶다는 말씀입니까?" 28 그러자 그들은 그에게 욕설을 퍼부으며 말하였다. "당신은 그자의 제자지만 우리는 모세의 제자요. 29 우리는 하느님께서 모세에게 말씀하셨다는 것을 아오. 그러나 그자가 어디에서 왔는지는 우리가 알지 못하오."
30 그 사람이 그들에게 대답하였다. "그분이 제 눈을 뜨게 해 주셨는데 여러분은 그분이 어디에서 오셨는지 모르신다니, 그것 정말 놀라운 일입니다.
31 하느님께서는 죄인들의 말을 들어 주지 않으신다는 것을 우리는 압니다. 그러나 누가 하느님을 경외하고 그분의 뜻을 실천하면, 그 사람의 말은 들어 주십니다. 32 태어날 때부터 눈이 먼 사람의 눈을 누가 뜨게 해 주었다는 말을 일찍이 들어 본 적이 없습니다. 33 그분이 하느님에게서 오지 않으셨으면 아무것도 하실 수 없었을 것입니다." 34 그러자 그들은 "당신은 완전히 죄 중에 태어났으면서 우리를 가르치려고 드는 것이오?" 하며, 그를 밖으로 내쫓아 버렸다.

재난의 시작 24,3-14

24,9 "그때에 사람들이 너희를 환난 속에 몰아넣고 죽일 것이다. 너희는 내 이름 때문에 모든 민족들에게 미움을 받을 것이다."

박해를 각오하여라 10,16-25

10,17 "사람들을 조심하여라. 그들이 너희를 의회에 넘기고 회당에서 채찍질할 것이다. … 22 그리고 너희는 내 이름 때문에 모든 사람에게 미움을 받을 것이다. 그러나 끝까지 견디는 이는 구원을 받을 것이다."

세례자 요한의 질문에 답변하시다 11,2-6

11,4 예수님께서 그들에게 대답하셨다. "요한에게 가서 너희가 보고 듣는 것을 전하여라. 5 눈먼 이들이 보고 다리저는 이들이 제대로 걸으며, 나병 환자들이 깨끗해지고 귀먹은 이들이 들으며, 죽은 이들이 되살아나고 가난한 이들이 복음을 듣는다."

9,30 // 이사 29,14 나는 이 백성에게 놀라운 일을, 놀랍고 기이한 일을 계속 보이리라. 그리하여 지혜롭다는 자들의 지혜는 사라지고 슬기롭다는 자들의 슬기는 자취를 감추리라. … 18 그날에는 귀먹은 이들도 책에 적힌 말을 듣고 눈먼 이들의 눈도 어둠과 암흑을 벗어나 보게 되리라.

9,30 // 이사 35,5 그때에 눈먼 이들은 눈이 열리고 귀먹은 이들은 귀가 열리리라.

9,30 // 시편 119,18 제 눈을 열어 주소서. 당신 가르침의 기적들을 제가 바라보오리다.

9,31 // 잠언 15,29 주님께서는 악인들을 멀리하시고 의인들의 기도는 들어 주신다.

9,31 // 시편 66,18 만일 내 마음속에 죄악이 들어 있었다면 주님께서 들어 주지 않으셨으리라.

9,31 // 이사 1,15 너희가 팔을 벌려 기도할지라도 나는 너희 앞에서 내 눈을 가려 버리리라. 너희가 기도를 아무리 많이 한다 할지라도 나는 들어 주지 않으리라. 너희의 손은 피로 가득하다.

| 요한 9,14-16 // 5,10-16
| 요한 9,16 // 3,2; 7,43
| 요한 9,17 // 4,19; 6,14
| 요한 9,22 // 7,13; 12,42-43; 16,2
| 요한 9,28-29 // 5,46-47
| 요한 9,31 // 11,22

재난의 시작 13,3-13

13,9 "너희는 스스로 조심하여라. 사람들이 너희를 의회에 넘기고, 회당에서는 너희가 매를 맞을 것이다. 또 너희는 나 때문에 총독들과 임금들 앞에 서서 증언할 것이다. … 13 그리고 너희는 내 이름 때문에 모든 사람에게 미움을 받을 것이다. 그러나 끝까지 견디어 내는 이는 구원을 받을 것이다."

재난의 시작 21,7-19

21,12 "그러나 이 모든 일에 앞서, 사람들이 너희에게 손을 대어 박해할 것이다. 너희를 회당과 감옥에 넘기고, 내 이름 때문에 너희를 임금들과 총독들 앞으로 끌고 갈 것이다. … 17 그리고 너희는 내 이름 때문에 모든 사람에게 미움을 받을 것이다."

참행복 6,20-23

6,22 사람들이 너희를 미워하면, 그리고 사람의 아들 때문에 너희를 쫓아내고 모욕하고 중상하면, 너희는 행복하다!

세례자 요한의 질문에 답변하시다 7,18-23

7,22 예수님께서 그들에게 대답하셨다. "요한에게 가서 너희가 보고 들은 것을 전하여라. 눈먼 이들이 보고 다리저는 이들이 제대로 걸으며, 나병 환자들이 깨끗해지고 귀먹은 이들이 들으며, 죽은 이들이 되살아나고 가난한 이들이 복음을 듣는다."

9,29 // 에게르톤 복음 1,2 그분께서 백성의 지[도]자들을 향하여 [돌아]서시며 이 말씀을 [선포]하셨다. "너희는 성경에서 생명을 찾아 얻겠다는 생[각으로] 성경을 연구[한다]. 바로 그 성경이 나를 위하여 [증]언한다. 3 내가 [너희]를 내 아버지께 고소하러 온 것이라 여기[지] 마라. 너희를 고[소하는] 이는 [너희가] 희망을 걸어 온 모세다." 4 그러자 그들은 이렇게 말하였다. "하느님께서 모(세에게) 말씀[하셨다]는 것을 압니다. 그러나 당신께서 [어디에서 오셨는지는] 알지 못합니다."

참으로 눈이 먼 사람

요한 9,35-41

35 그가 밖으로 내쫓겼다는 말을 들으신 예수님께
서는 그를 만나시자, "너는 사람의 아들을 믿느
냐?" 하고 물으셨다.
36 그 사람이 "선생님, 그분이 누구이십니까? 제가
그분을 믿을 수 있도록 말씀해 주십시오." 하고 대
답하자, 37 예수님께서 그에게 이르셨다. "너는 이
미 그를 보았다. 너와 말하는 사람이 바로 그다."
38 그는 "주님, 저는 믿습니다." 하며 예수님께 경
배하였다.
39 그때에 예수님께서 이르셨다. "나는 이 세상을
심판하러 왔다. 보지 못하는 이들은 보고, 보는
이들은 눈먼 자가 되게 하려는 것이다."
40 예수님과 함께 있던 몇몇 바리사이가 이 말씀
을 듣고 예수님께, "우리도 눈먼 자라는 말은 아니
겠지요?" 하고 말하였다. 41 예수님께서 그들에게
이르셨다. "너희가 눈먼 사람이었으면 오히려 죄
가 없었을 것이다. 그러나 지금 너희가 '우리는 잘
본다.' 하고 있으니, 너희 죄는 그대로 남아 있다."

| 요한 9,36 // 21,12

마태

세례자 요한의 질문에 답변하시다 11,2-6

11,2 그런데 요한이, 그리스도께서 하신 일을 감옥
에서 전해 듣고 제자들을 보내어, 3 "오실 분이 선
생님이십니까? 아니면 저희가 다른 분을 기다려
야 합니까?" 하고 물었다.
4 예수님께서 그들에게 대답하셨다. "요한에게 가
서 너희가 보고 듣는 것을 전하여라. 5 눈먼 이들
이 보고 다리저는 이들이 제대로 걸으며, 나병 환
자들이 깨끗해지고 귀먹은 이들이 들으며, 죽은
이들이 되살아나고 가난한 이들이 복음을 듣는
다. 6 나에게 의심을 품지 않는 이는 행복하다."

비유로 말씀하신 이유 13,10-17

13,16 "그러나 너희의 눈은 볼 수 있으니 행복하고,
너희의 귀는 들을 수 있으니 행복하다. 17 내가 진
실로 너희에게 말한다. 많은 예언자와 의인이 너
희가 보는 것을 보고자 갈망하였지만 보지 못하
였고, 너희가 듣는 것을 듣고자 갈망하였지만 듣
지 못하였다."

9,39 // 이사 29,18 그날에는 귀먹은 이들도 책에 적힌 말을 듣고 눈먼 이들의 눈도 어둠과 암흑을 벗어나 보게 되리라. 19 겸손한 이들은 주님 안에서 기쁨에 기쁨을 더하고 사람들 가운데 가장 가난한 이들은 이스라엘의 거룩하신 분 안에서 즐거워하리니

9,39 // 이사 35,5 그때에 눈먼 이들은 눈이 열리고 귀먹은 이들은 귀가 열리리라. 6 그때에 다리저는 이는 사슴처럼 뛰고 말못하는 이의 혀는 환성을 터뜨리리라. 광야에서는 물이 터져 나오고 사막에서는 냇물이 흐르리라.

9,39 // 이사 6,9 그분께서 말씀하셨다. "너는 가서 저 백성에게 말하여라. '너희는 듣고 또 들어라. 그러나 깨닫지는 마라. 너희는 보고 또 보아라. 그러나 깨치지는 마라.' 10 너는 저 백성의 마음을 무디게 하고 그 귀를 어둡게 하며 그 눈을 들어붙게 하여라. 그들이 눈으로 보고 귀로 듣고 마음으로 깨닫고서는 돌아와 치유되는 일이 없게 하여라."

목자의 비유

요한 10,1-6

1 "내가 진실로 진실로 너희에게 말한다. 양 우리
에 들어갈 때에 문으로 들어가지 않고 다른 데로

마태

마르

루카

세례자 요한의 질문에 답변하시다 7,18-23

7,18 요한의 제자들이 이 모든 일을 요한에게 전하
였다. 그러자 요한은 자기 제자들 가운데에서 두
사람을 불러 19 주님께 보내며, "오실 분이 선생님
이십니까? 아니면 저희가 다른 분을 기다려야 합
니까?" 하고 여쭙게 하였다. …

22 예수님께서 그들에게 대답하셨다. "요한에게 가
서 너희가 보고 들은 것을 전하여라. 눈먼 이들이
보고 다리저는 이들이 제대로 걸으며, 나병 환자
들이 깨끗해지고 귀먹은 이들이 들으며, 죽은 이
들이 되살아나고 가난한 이들이 복음을 듣는다.
23 나에게 의심을 품지 않는 이는 행복하다."

9,39 // 토마 유년기 복음 8,1 아이(예수)
가 크게 웃으며 말하였다. "이제
열매를 맺지 못하던 이들은 열매
를 맺고 눈먼 이들은 앞을 보며 귀
머거리들은 마음의 눈으로 듣도
록 하십시오. 2 저는 위에서 내려
왔습니다. 아래에 있는 사람들을
구하여 위로 불러올리기 위해서
였습니다. 이는 저를 여러분에게
보내신 분께서 제게 명하신 대로
입니다."

마르

루카

10,2-5 // 이사 40,11 그분께서는 목자처럼 당신의 가축들을 먹이시고 새끼 양들을 팔로 모아 품에 안으시며 젖 먹이는 어미 양들을 조심스럽게 이끄신다.

넘어 들어가는 자는 도둑이며 강도다. 2그러나 문
으로 들어가는 이는 양들의 목자다. 3문지기는 목자에게 문을 열어 주고, 양들은 그의 목소리를 알아
듣는다. 그리고 목자는 자기 양들의 이름을 하나하나 불러 밖으로 데리고 나간다. 4이렇게 자기 양들
을 모두 밖으로 이끌어 낸 다음, 그는 앞장서 가고 양들은 그를 따른다. 양들이 그의 목소리를 알기 때
문이다. 5그러나 낯선 사람은 따르지 않고 오히려 피해 달아난다. 낯선 사람들의 목소리를 알지 못하
기 때문이다."
6예수님께서 그들에게 이 비유를 말씀하셨다. 그
러나 그들은 예수님께서 자기들에게 이야기하시
는 것이 무슨 뜻인지 깨닫지 못하였다.

| 요한 10,2–5 // 10,27

비유로 말씀하신 이유 13,10–17

13,13"내가 저 사람들에게 비유로 말하는 이유는
저들이 보아도 보지 못하고 들어도 듣지 못하고
깨닫지 못하기 때문이다. 14이렇게 하여 이사야의
예언이 저 사람들에게 이루어지는 것이다.
'너희는 듣고 또 들어도 깨닫지 못하고
보고 또 보아도 알아보지 못하리라.
15저 백성이 마음은 무디고
귀로는 제대로 듣지 못하며
눈은 감았기 때문이다.
이는 그들이 눈으로 보고
귀로 듣고
마음으로 깨닫고서는 돌아와
내가 그들을 고쳐 주는 일이 없게 하려는 것이
다.'"

나는 착한 목자다

요한 10,7–21

7예수님께서 다시 이르셨다. "내가 진실로 진실로
너희에게 말한다. 나는 양들의 문이다. 8나보다 먼
저 온 자들은 모두 도둑이며 강도다. 그래서 양들
은 그들의 말을 듣지 않았다. 9나는 문이다. 누구
든지 나를 통하여 들어오면 구원을 받고, 또 드나
들며 풀밭을 찾아 얻을 것이다.

마태

좁은 문으로 들어가라 7,13–14; 열매를 보면 나무를 안다 7,15–20

7,13"너희는 좁은 문으로 들어가라. 멸망으로 이끄
는 문은 넓고 길도 널찍하여 그리로 들어가는 자
들이 많다. 14생명으로 이끄는 문은 얼마나 좁고
또 그 길은 얼마나 비좁은지, 그리로 찾아드는 이
들이 적다."
15"너희는 거짓 예언자들을 조심하여라. 그들은

비유로 말씀하신 이유 4,10-12

4,11 예수님께서 그들에게 대답하셨다. "너희에게는
하느님 나라의 신비가 주어졌지만, 저 바깥 사람
들에게는 모든 것이 그저 비유로만 다가간다.

12 '보고 또 보아도 알아보지 못하고
듣고 또 들어도 깨닫지 못하여
저들이 돌아와 용서받는 일이 없게 하려는 것이
다.'"

비유로 말씀하신 이유 8,9-10

8,10 예수님께서 이르셨다. "너희에게는 하느님 나
라의 신비를 아는 것이 허락되었지만, 다른 이들
에게는 비유로만 말하였으니,

'저들이 보아도 알아보지 못하고
들어도 깨닫지 못하게 하려는 것이다.'"

마르

루카

구원과 멸망 13,22-30

13,24 "너희는 좁은 문으로 들어가도록 힘써라. 내
가 너희에게 말한다. 많은 사람이 그곳으로 들어
가려고 하겠지만 들어가지 못할 것이다."

10,11 // 이사 40,11 그분께서는 목자처럼 당신의 가축들을 먹이시고 새끼 양들을 팔로 모아 품에 안으시며 젖 먹이는 어미 양들을 조심스럽게 이끄신다.

10,11 // 예레 23,4 내가 그들을 돌보아 줄 목자들을 그들에게 세워 주리니, 그들은 더 이상 두려워하거나 당황하지 않고, 그들 가운데 잃어버리는 양이 하나도 없을 것이다. 주님의 말씀이다.

10,11 // 에제 34,11 주 하느님이 이렇게 말한다. 나 이제 내 양 떼를 찾아서 보살펴 주겠다. [12] 자기 가축이 흩어진 양 떼 가운데에 있을 때, 목자가 그 가축을 보살피듯, 나도 내 양 떼를 보살피겠다. 캄캄한 구름의 날에, 흩어진 그 모든 곳에서 내 양 떼를 구해 내겠다.

10,11 // 에제 34,23 나는 그들 위에 유일한 목자를 세워 그들을 먹이게 하겠다. 바로 나의 종 다윗이다. 그가 그들을 먹이고 그들의 목자가 될 것이다.

10,11 // 시편 23,1 주님은 나의 목자, 나는 아쉬울 것 없어라.

10,11 // 즈카 13,7 칼아, 나의 목자를 거슬러, 내 동료를 거슬러 깨어 일어나라. 만군의 주님의 말씀이다. 너는 목자를 쳐서 양 떼가 흩어지게 하여라. 나도 손을 돌려 그 새끼들을 치리라.

10,11-16 // 시편 95,7 그분은 우리의 하느님 우리는 그분 목장의 백성 그분 손수 이끄시는 양 떼로세.

10,12 // 즈카 11,6 이제 내가 이 땅에 한 목자를 세우겠다. 그는 없어진 것을 찾아보지도 않고 헤매는 것을 찾아오지도 않으며, 다친 것을 고쳐 주지도 않고 지친 것을 먹이지도 않으며, 살진 것은 살을 발라 먹고 심지어 그 발굽까지 뜯어 먹을 것이다.

10 도둑은 다만 훔치고 죽이고 멸망시키려고 올 뿐이다. 그러나 나는 양들이 생명을 얻고 또 얻어 넘치게 하려고 왔다.

11 나는 착한 목자다. 착한 목자는 양들을 위하여
자기 목숨을 내놓는다. 12 삯꾼은 목자가 아니고
양도 자기 것이 아니기 때문에, 이리가 오는 것을 보면 양들을 버리고 달아난다. 그러면 이리는 양들을 물어 가고 양 떼를 흩어 버린다. 13 그는 삯
꾼이어서 양들에게 관심이 없기 때문이다. 14 나
는 착한 목자다. 나는 내 양들을 알고 내 양들은 나를 안다.

15 이는 아버지께서 나를 아시고 내가 아버지를 아는 것과 같다. 나는 양들을 위하여 목숨을 내놓
는다. 16 그러나 나에게는 이 우리 안에 들지 않은 양들도 있다. 나는 그들도 데려와야 한다. 그들도 내 목소리를 알아듣고 마침내 한 목자 아래 한 양
떼가 될 것이다. 17 아버지께서는 내가 목숨을 내놓
기 때문에 나를 사랑하신다. 그렇게 하여 나는 목숨을 다시 얻는다. 18 아무도 나에게서 목숨을 빼
앗지 못한다. 내가 스스로 그것을 내놓는 것이다. 나는 목숨을 내놓을 권한도 있고 그것을 다시 얻을 권한도 있다. 이것이 내가 내 아버지에게서 받은 명령이다."
19 이 말씀 때문에 유다인들 사이에 다시 논란이

양의 옷차림을 하고 너희에게 오지만 속은 게걸든 이리들이다."

율법 학자들과 바리사이들을 꾸짖으시다 23,1-36

23,13 "불행하여라, 너희 위선자 율법 학자들과 바리사이들아! 너희가 사람들 앞에서 하늘 나라의 문을 잠가 버리기 때문이다. 그러고는 자기들도 들어가지 않을 뿐만 아니라, 들어가려는 이들마저 들어가게 놓아두지 않는다."

수확할 것은 많은데 일꾼은 적다 9,35-38

9,36 그분은 군중을 보시고 가엾은 마음이 드셨다. 그들이 목자 없는 양들처럼 시달리며 기가 꺾여 있었기 때문이다.

하느님 아버지와 아들 11,25-27

11,27 "나의 아버지께서는 모든 것을 나에게 넘겨주셨다. 그래서 아버지 외에는 아무도 아들을 알지 못한다. 또 아들 외에는, 그리고 그가 아버지를 드러내 보여 주려는 사람 외에는 아무도 아버지를 알지 못한다."

바리사이들과 율법 교사들을 꾸짖으시다 11,37-54

11,52 "불행하여라, 너희 율법 교사들아! 너희가 지식의 열쇠를 치워 버리고서, 너희 자신들도 들어가지 않고 또 들어가려는 이들도 막아 버렸기 때문이다."

오천 명을 먹이시다 6,30-44

6,34 예수님께서는 배에서 내리시어 많은 군중을 보시고 가엾은 마음이 드셨다. 그들이 목자 없는 양들 같았기 때문이다. 그래서 그들에게 많은 것을 가르쳐 주기 시작하셨다.

되찾은 양의 비유 15,1-7

15,4 "너희 가운데 어떤 사람이 양 백 마리를 가지
고 있었는데 그 가운데에서 한 마리를 잃으면, 아
흔아홉 마리를 광야에 놓아둔 채 잃은 양을 찾을
때까지 뒤쫓아 가지 않느냐? 5 그러다가 양을 찾으
면 기뻐하며 어깨에 메고 6 집으로 가서 친구들과
이웃들을 불러, '나와 함께 기뻐해 주십시오. 잃었던 내 양을 찾았습니다.' 하고 말한다. 7 내가 너희에게
말한다. 이와 같이 하늘에서는, 회개할 필요가 없는 의인 아흔아홉보다 회개하는 죄인 한 사람 때문에
더 기뻐할 것이다."

하느님 아버지와 아들 10,21-24

10,22 "나의 아버지께서는 모든 것을 나에게 넘겨주셨다. 그래서 아버지 외에는 아들이 누구인지 아무도 알지 못한다. 또 아들 외에는, 그리고 그가 아버지를 드러내 보여 주려는 사람 외에는 아버지께서 누구이신지 아무도 알지 못한다."

10,16 // 사도들의 편지 44. "잠에 빠진 사람들은 내 계명을 지키지 않았다. 그들은 하늘 나라 바깥, 목자와 그의 양들의 우리 바깥에 머물 것이다. 그런데 양의 [우리] 바깥에 머무는 사람은 늑대가 잡아먹고 [...]하여 큰 고통 속에 죽을 것이다. 그에게서는 [휴]식과 인내를 찾아볼 수 없을 것이며 심하게 짓밟히어 [...] 큰 [벌]로 처[벌]받고 고문 당[할 것]이다."

일어났다.
[20]그들 가운데 많은 사람이, "그는 마귀가 들려 미
쳤소. 무엇 때문에 그 사람의 말을 듣고들 있소?"
하였다. [21]그러나 또 다른 이들은, "그가 한 말은
마귀 들린 자의 말이 아니오. 마귀는 눈먼 이들
의 눈을 뜨게 할 수가 없지 않소?" 하고 말하였다.

| 요한 10,9 // 14,6
| 요한 10,11-16 // 21,15-17
| 요한 10,14-16 // 17,9
| 요한 10,20 // 7,20; 8,48.52
| 요한 10,21 // 11,37

예수님과 베엘제불 12,22-32

[12,24]바리사이들은 이 말을 듣고, "저자는 마귀 우
두머리 베엘제불의 힘을 빌리지 않고서는 마귀들
을 쫓아내지 못한다." 하고 말하였다.

유다인들이 예수님을 배척하다

요한 10,22-39

[22]그때에 예루살렘에서는 성전 봉헌 축제가 벌어
지고 있었다. 때는 겨울이었다. [23]예수님께서는 성
전 안에 있는 솔로몬 주랑을 거닐고 계셨는데,
[24]유다인들이 그분을 둘러싸고 말하였다. "당신
은 언제까지 우리 속을 태울 작정이오? 당신이 메
시아라면 분명히 말해 주시오." [25]그러자 예수님
께서 그들에게 대답하셨다. "내가 이미 말하였는
데도 너희는 믿지 않는다. 내가 내 아버지의 이름
으로 하는 일들이 나를 증언한다. [26]그러나 너희
는 믿지 않는다. 너희가 내 양이 아니기 때문이다.
[27]내 양들은 내 목소리를 알아듣는다. 나는 그들
을 알고 그들은 나를 따른다. [28]나는 그들에게 영
원한 생명을 준다. 그리하여 그들은 영원토록 멸
망하지 않을 것이고, 또 아무도 그들을 내 손에서
빼앗아 가지 못할 것이다. [29]그들을 나에게 주신
내 아버지께서는 누구보다도 위대하시어, 아무도
그들을 내 아버지의 손에서 빼앗아 갈 수 없다.

마태

최고 의회에서 신문을 받으시다 26,57-66

[26,63]그러나 예수님께서는 입을 다물고 계셨다. 대
사제가 말하였다. "내가 명령하오. '살아 계신 하느
님 앞에서 맹세를 하고 당신이 하느님의 아들 메
시아인지 밝히시오.'" [64]예수님께서 그에게 말씀하
셨다. "네가 그렇게 말하였다. 나는 너희에게 말
한다.
이제부터 '너희는 사람의 아들이
전능하신 분의 오른쪽에 앉아 있는 것과
하늘의 구름을 타고 오는 것을 볼 것이다.'"
[65]그때에 대사제가 자기 겉옷을 찢고 이렇게 말하
였다. "이자가 하느님을 모독하였습니다. 이제 우
리에게 무슨 증인이 더 필요합니까? 방금 여러분
은 하느님을 모독하는 말을 들었습니다. [66]여러분
의 의견은 어떻습니까?" 그들이 대답하였다. "그

예수님과 베엘제불 3,20-30

3,22 한편 예루살렘에서 내려온 율법 학자들이, "그
는 베엘제불이 들렸다."고도 하고, "그는 마귀 우
두머리의 힘을 빌려 마귀들을 쫓아낸다."고도 하
였다.

예수님과 베엘제불 11,14-23

11,15 그러나 그들 가운데 몇 사람은, "저자는 마귀
우두머리 베엘제불의 힘을 빌려 마귀들을 쫓아낸
다." 하고 말하였다.

마르

최고 의회에서 신문을 받으시다 14,53-64

14,61 그러나 예수님께서는 입을 다무신 채 아무 대
답도 하지 않으셨다. 대사제는 다시 "당신이 찬양
받으실 분의 아들 메시아요?" 하고 물었다. 62 예수
님께서 대답하셨다. "그렇다.
'너희는 사람의 아들이
전능하신 분의 오른쪽에 앉아 있는 것과
하늘의 구름을 타고 오는 것을 볼 것이다.'"
63 그러자 대사제가 자기 옷을 찢고 이렇게 말하였
다. "이제 우리에게 무슨 증인이 더 필요합니까?
64 여러분도 하느님을 모독하는 말을 듣지 않았습
니까? 여러분의 생각은 어떻습니까?" 그들은 모
두 예수님께서 사형을 받아야 마땅하다고 단죄
하였다.

루카

최고 의회에서 신문을 받으시다 22,66-71

22,66 날이 밝자 백성의 원로단, 곧 수석 사제들과
율법 학자들이 모여 예수님을 최고 의회로 끌고
가서, 67 "당신이 메시아라면 그렇다고 우리에게 말
하시오." 하였다. 그러자 예수님께서 그들에게 말
씀하셨다. "내가 그렇다고 말하여도 너희는 믿지
않을 것이고, 68 내가 물어보아도 너희는 대답하
지 않을 것이다." 69 이제부터 '사람의 아들은 전
능하신 하느님의 오른쪽에 앉을' 것이다." 70 그러
자 모두 "그렇다면 당신이 하느님의 아들이라는
말이오?" 하고 물었다. 예수님께서 "내가 그러하
다고 너희가 말하고 있다." 하시자, 71 그들이 말
하였다. "이제 우리에게 무슨 증언이 더 필요합니
까? 제 입으로 말하는 것을 우리가 직접 들었으
니 말입니다."

30 아버지와 나는 하나다."
31 그러자 유다인들이 돌을 집어 예수님께 던지려
고 하였다. 32 예수님께서 그들에게 말씀하셨다.
"나는 아버지의 분부에 따라 너희에게 좋은 일을 많이 보여 주었다. 그 가운데에서 어떤 일로 나에게
돌을 던지려고 하느냐?" 33 유다인들이 예수님께, "좋은 일을 하였기 때문이 아니라 하느님을 모독하였
기 때문에 당신에게 돌을 던지려는 것이오. 당신은 사람이면서 하느님으로 자처하고 있소." 하고 대답
하자, 34 예수님께서 그들에게 말씀하셨다. "너희 율법에 '내가 이르건대 너희는 신이다.'라고 기록되어
있지 않느냐? 35 폐기될 수 없는 성경에서, 하느님의 말씀을 받은 이들을 신이라고 하였는데, 36 아버지
께서 거룩하게 하시어 이 세상에 보내신 내가 '나는 하느님의 아들이다.' 하였다 해서, '당신은 하느님을
모독하고 있소.' 하고 말할 수 있느냐? 37 내가 내 아버지의 일들을 하고 있지 않다면 나를 믿지 않아도
좋다. 38 그러나 내가 그 일들을 하고 있다면, 나를 믿지 않더라도 그 일들은 믿어라. 그러면 아버지께서
내 안에 계시고 내가 아버지 안에 있다는 것을 너희가 깨달아 알게 될 것이다."
39 그러자 유다인들이 다시 예수님을 잡으려고 하
였지만, 예수님께서는 그들의 손을 벗어나셨다.

자는 죽을죄를 지었습니다."

10,33 // 레위 24,16 주님의 이름을 모독한 자는 사형을 받아야 한다. 온 공동체가 그에게 돌을 던져야 한다. 이방인이든 본토인이든 주님의 이름을 모독하면 사형을 받아야 한다.

10,33 // 1열왕 21,10 "그런 다음, 불량배 두 사람을 그 맞은쪽에 앉히고 나봇에게, '너는 하느님과 임금님을 저주하였다.' 하며 그를 고발하게 하시오. 그러고 나서 그를 끌어내어 돌을 던져 죽이시오."

10,34 // 시편 82,6 내가 이르건대 너희는 신이며 모두 지극히 높으신 분의 아들이다.

10,34 // 탈출 7,1 주님께서 모세에게 말씀하셨다. "보아라, 나는 너를 파라오에게 하느님처럼 되게 하였다. 그리고 너의 형 아론은 너의 예언자가 될 것이다."

| 요한 10,26-29 // 17,9
| 요한 10,27-28 // 11,43
| 요한 10,27 // 10,2-5
| 요한 10,28 // 5,21; 17,2
| 요한 10,28-29 // 17,24
| 요한 10,30 // 14,10-11; 17,10-11; 17,21-23
| 요한 10,31 // 10,33
| 요한 10,31-33 // 7,20; 11,53
| 요한 10,33 // 5,18; 8,58-59; 10,31; 19,7
| 요한 10,38 // 17,10-11
| 요한 10,39 // 7,1; 5,18; 8,59; 11,53-54

요르단강 건너편으로 가시다

요한 10,40-42

40 예수님께서는 다시 요르단강 건너편, 요한이 전
에 세례를 주던 곳으로 물러가시어 그곳에 머무
르셨다.
41 그러자 많은 사람이 그분께 몰려와 서로 말하였

마태

세례자 요한의 설교 3,1-12

3,5 그때에 예루살렘과 온 유다와 요르단 부근 지
방의 모든 사람이 그에게 나아가, 6 자기 죄를 고백
하며 요르단강에서 그에게 세례를 받았다.

나자렛에서 희년을 선포하시다 4,16-30

4,29 그래서 그들은 들고일어나 예수님을 고을 밖으
로 내몰았다. 그 고을은 산 위에 지어져 있었는데,
그들은 예수님을 그 벼랑까지 끌고 가 거기에서
떨어뜨리려고 하였다. 30 그러나 예수님께서는 그
들 한가운데를 가로질러 떠나가셨다.

10,31-39 // 에게르톤 복음 1,8 [그들은] 백성들과 [모의하여] 다 같이 돌을 [들어] [그분]께 던[지려고] 하였다. [지]도자들은 그분을 붙잡아 백성에게 넘[기려고] 그분께 손[을] 대었으나 그분을 붙잡을 [수는 없었다]. 그분의 배반[의] 때가 아직 [오지] 않았기 때문이다. 9 한편 주님께서는 (그들의) 손[아귀에서 벗어나] 나가시며 [그들]에게서 물러나셨다.

10,33 // 니코데모 복음 2,4 유다인 고발자들이 빌라도에게 답하며 말하였다. "각하께서는 고작 열두 명의 이 유다인들을 이 모든 군중과 저희보다 더 신뢰하십니까? 저희는 그자가 마술사이며 신성을 모독하고 자신을 하느님의 아들이라 부른 것을 정확히 알고 있습니다."

10,38 // 사도들의 편지 17. 우리는 그분께 말하였습니다. "그런데 당신께서 '내가 곧 오겠다!'고 저희에게 말씀하신 것은 무슨 뜻입니까? 어떻게 '곧 오실 분은 나를 보내신 분이시다'라고 하십니까?" 그러자 그분께서 우리에게 말씀하셨습니다. "닮은 형상, 능력과 완전성, 빛, 온전한 규격과 소리를 통하여, 나는 온전히 내 아버지 안에 있고 내 아버지는 내 안에 계신다. 나는 로고스다."

10,38 // 필립보 복음 74. 아버지는 아들 안에, 아들은 아버지 안에 계셨습니다. 하늘 나라는 이러합니다.

마르

세례자 요한의 설교 1,1-8

1,5 그리하여 온 유다 지방 사람들과 예루살렘 주민들이 모두 그에게 나아가, 자기 죄를 고백하며 요르단강에서 그에게 세례를 받았다.

루카

세례자 요한의 설교 3,1-18

3,3 그리하여 요한은 요르단 부근의 모든 지방을 다니며, 죄의 용서를 위한 회개의 세례를 선포하였다.

다. “요한은 표징을 하나도 일으키지 않았지만, 그
가 저분에 관하여 한 말은 모두 사실이었다.” 42 그
곳에서 많은 사람이 예수님을 믿었다.

| 요한 10,40 // 1,28
| 요한 10,41-42 // 2,23

라자로가 죽다

요한 11,1-16

1 어떤 이가 병을 앓고 있었는데, 그는 마리아와
그 언니 마르타가 사는 베타니아 마을의 라자로였
다. 2 마리아는 주님께 향유를 붓고 자기 머리카락
으로 그분의 발을 닦아 드린 여자인데, 그의 오빠
라자로가 병을 앓고 있었던 것이다.

마태

어떤 여자가 예수님의 머리에 향유를 붓다 26,6-13

26,6 예수님께서 베타니아에 있는 나병 환자 시몬
의 집에 계실 때의 일이다. 7 어떤 여자가 매우 값
진 향유가 든 옥합을 가지고 다가와, 식탁에 앉아
계시는 그분 머리에 향유를 부었다.

3 그리하여 그 자매가 예수님께 사람을 보내어, “주님, 주님께서 사랑하시는 이가 병을 앓고 있습니다.”
하고 말하였다. 4 예수님께서 그 말을 듣고 이르셨다. “그 병은 죽을병이 아니라 오히려 하느님의 영광
을 위한 것이다. 그 병으로 말미암아 하느님의 아들이 영광스럽게 될 것이다.” 5 예수님께서는 마르타와
그 여동생과 라자로를 사랑하셨다. 6 그러나 라자로가 병을 앓고 있다는 말을 들으시고도, 계시던 곳에
이틀을 더 머무르셨다.
7 예수님께서는 그런 뒤에야 제자들에게, “다시 유다로 가자.” 하고 말씀하셨다. 8 제자들이 예수님께,
“스승님, 바로 얼마 전에 유다인들이 스승님께 돌을 던지려고 하였는데, 다시 그리로 가시렵니까?” 하
자, 9 예수님께서 대답하셨다. “낮은 열두 시간이나 되지 않느냐? 사람이 낮에 걸어 다니면 이 세상의
빛을 보므로 어디에 걸려 넘어지지 않는다. 10 그러나 밤에 걸어 다니면 그 사람 안에 빛이 없으므로 걸
려 넘어진다.” 11 이렇게 말씀하신 다음에 이어서, “우리의 친구 라자로가 잠들었다. 내가 가서 그를 깨우
겠다.” 하고 그들에게 말씀하셨다. 12 그러자 제자들이 예수님께, “주님, 그가 잠들었다면 곧 일어나겠지
요.” 하였다. 13 예수님께서는 라자로가 죽었다고 하셨는데, 제자들은 그냥 잠을 잔다고 말씀하시는 것
으로 생각하였다. 14 그제야 예수님께서 그들에게 분명히 이르셨다. “라자로는 죽었다. 15 내가 거기에 없
었으므로 너희가 믿게 될 터이니, 나는 너희 때문에 기쁘다. 이제 라자로에게 가자.”

11,15 // 4바룩 4,18 그러자 독수리는 죽은 자 위에 내려섰다. 그러자 그는 다시 생명을 얻었다. 19 이 일이 일어난 것은 그들이 믿게 하려는 것이었다.

마르

어떤 여자가 예수님의 머리에 향유를 붓다 14,3-9

14,3 예수님께서 베타니아에 있는 나병 환자 시몬의
집에 계실 때의 일이다. 마침 식탁에 앉아 계시는
데, 어떤 여자가 값비싼 순 나르드 향유가 든 옥
합을 가지고 와서, 그 옥합을 깨뜨려 그분 머리에
향유를 부었다.

루카

죄 많은 여자를 용서하시다 7,36-50

7,37 그 고을에 죄인인 여자가 하나 있었는데, 예수
님께서 바리사이의 집에서 음식을 잡수시고 계시
다는 것을 알고 왔다. 그 여자는 향유가 든 옥합
을 들고서 38 예수님 뒤쪽 발치에 서서 울며, 눈물
로 그분의 발을 적시기 시작하더니 자기의 머리
카락으로 닦고 나서, 그 발에 입을 맞추고 향유
를 부어 발랐다.

16 그러자 '쌍둥이'라고 불리는 토마스가 동료 제자
들에게, "우리도 스승님과 함께 죽으러 갑시다." 하
고 말하였다.

| 요한 11,1-2 // 12,1-3
| 요한 11,4 // 9,3; 12,23; 13,31-32; 17,1
| 요한 11,8 // 7,1; 8,59; 10,39; 11,53-54
| 요한 11,16 // 20,24

베드로가 당신을 모른다고 할 것을 예고하시다 26,31-35

26,35 베드로가 다시 예수님께 말하였다. "스승님과
함께 죽는 한이 있더라도, 저는 스승님을 모른다
고 하지 않겠습니다." 다른 제자들도 모두 그렇게
말하였다.

부활이며 생명이신 예수님

요한 11,17-27　　**마태**

17 예수님께서 가서 보시니, 라자로가 무덤에 묻힌
지 벌써 나흘이나 지나 있었다. 18 베타니아는 예루살렘에서 열다섯 스타디온쯤 되는 가까운 곳이어서,
19 많은 유다인이 마르타와 마리아를 그 오빠 일 때문에 위로하러 와 있었다. 20 마르타는 예수님께서 오
신다는 말을 듣고 그분을 맞으러 나가고, 마리아는 그냥 집에 앉아 있었다. 21 마르타가 예수님께 말하
였다. "주님, 주님께서 여기에 계셨더라면 제 오빠가 죽지 않았을 것입니다.

22 그러나 하느님께서는 주님께서 청하시는 것은
무엇이나 들어주신다는 것을 저는 지금도 알고 있
습니다." 23 예수님께서 마르타에게, "네 오빠는 다
시 살아날 것이다." 하시니,

청하여라, 찾아라, 문을 두드려라 7,7-11

7,7 "청하여라, 너희에게 주실 것이다. 찾아라, 너희
가 얻을 것이다. 문을 두드려라, 너희에게 열릴 것
이다. 8 누구든지 청하는 이는 받고, 찾는 이는 얻
고, 문을 두드리는 이에게는 열릴 것이다."

24 마르타가 "마지막 날 부활 때에 오빠도 다시 살
아나리라는 것을 알고 있습니다." 하였다. 25 그러
자 예수님께서 그에게 이르셨다. "나는 부활이요
생명이다. 나를 믿는 사람은 죽더라도 살고, 26 또
살아서 나를 믿는 모든 사람은 영원히 죽지 않을
것이다. 너는 이것을 믿느냐?"

부활 논쟁 22,23-33

22,31 "그리고 죽은 이들의 부활에 관해서는 하느
님께서 너희에게 하신 말씀을 읽어 보지 않았느
냐? 32 '나는 아브라함의 하느님, 이사악의 하느님,
야곱의 하느님이다.' 하고 말씀하셨다. 그분께서는
죽은 이들의 하느님이 아니라 산 이들의 하느님
이시다."

11,22 // 시편 37,4 주님 안에서 즐거워하여라. 그분께서 네 마음이 청하는 바를 주시리라. 5 네 길을 주님께 맡기고 그분을 신뢰하여라. 그분께서 몸소 해 주시리라.

11,24 // 다니 12,2 또 땅 먼지 속에 잠든 사람들 가운데에서 많은 이가 깨어나 어떤 이들은 영원한 생명을 얻고 어떤 이들은 수치를, 영원한 치욕을 받으리라.

11,24 // 이사 26,19 당신의 죽은 이들이 살아나리이다. 그들의 주검이 일어서리이다. 먼지 속 주민들아, 깨어나 환호하여라. 당신의 이슬은 빛의 이슬이기에 땅은 그림자들을 다시 살려 출산하리이다.

11,24 // 에제 37,12 "그러므로 예언하여라. 그들에게 말하여라. '주 하느님이 이렇게 말한다. 나 이제 너희 무덤을 열겠다. 그리고 내 백성아, 너희를 그 무덤에서 끌어내어 이스라엘 땅으로 데려가겠다. 13 내 백성아, 내가 이렇게 너희 무덤을 열고, 그 무덤에서 너희를 끌어 올리면, 그제야 너희는 내가 주님임을 알게 될 것이다. 14 내가 너희 안에 내 영을 넣어 주어 너희를 살린 다음, 너희 땅으로 데려다 놓겠다. 그제야 너희는, 나 주님은 말하고 그대로 실천한다는 사실을 알게 될 것이다. 주님의 말이다.'"

11,24 // 2마카 7,9 "이 사악한 인간, 당신은 우리를 이승에서 몰아내지만, 온 세상의 임금님께서는 당신의 법을 위하여 죽은 우리를 일으키시어 영원한 생명을 누리게 하실 것이오." ... 14 그는 죽는 순간이 되자 이렇게 말하였다. "하느님께서 다시 일으켜 주시리라는 희망을 간직하고, 사람들의 손에 죽는 것이 더 낫소. 그러나 당신은 부활하여 생

베드로가 당신을 모른다고 할 것을 예고하시다 14,27-31

14,31 그러자 베드로가 더욱 힘주어 장담하였다. "스
승님과 함께 죽는 한이 있더라도, 저는 결코 스승
님을 모른다고 하지 않겠습니다." 다른 이들도 모
두 그렇게 말하였다.

마르

부활 논쟁 12,18-27

12,26 "그리고 죽은 이들이 되살아난다는 사실에
관해서는, 모세의 책에 있는 떨기나무 대목에서
하느님께서 모세에게 어떻게 말씀하셨는지 읽어
보지 않았느냐? '나는 아브라함의 하느님, 이사악
의 하느님, 야곱의 하느님이다.' 하고 말씀하셨다.
27 그분께서는 죽은 이들의 하느님이 아니라 산 이
들의 하느님이시다. 너희는 크게 잘못 생각하는
것이다."

루카

청하여라, 찾아라, 문을 두드려라 11,9-13

11,9 "내가 너희에게 말한다. 청하여라, 너희에게 주
실 것이다. 찾아라, 너희가 얻을 것이다. 문을 두
드려라, 너희에게 열릴 것이다. 10 누구든지 청하는
이는 받고, 찾는 이는 얻고, 문을 두드리는 이에게
는 열릴 것이다."

부활 논쟁 20,27-40

20,37 "그리고 죽은 이들이 되살아난다는 사실은,
모세도 떨기나무 대목에서 '주님은 아브라함의 하
느님, 이사악의 하느님, 야곱의 하느님'이라는 말
로 이미 밝혀 주었다. 38 그분은 죽은 이들의 하느
님이 아니라 산 이들의 하느님이시다. 사실 하느님
께는 모든 사람이 살아 있는 것이다."

가난한 이들을 초대하여라 14,12-14

14,14 "그들이 너에게 보답할 수 없기 때문에 너는

명을 누릴 가망이 없소." ... [23] "그러므로 사람이 생겨날 때 그를 빚어내시고 만물이 생겨날 때 그것을 마련해 내신 온 세상의 창조주께서, 자비로이 너희에게 목숨과 생명을 다시 주실 것이다. 너희가 지금 그분의 법을 위하여 너희 자신을 하찮게 여겼기 때문이다."

11,24 // 1에녹 22,13 "이렇게 그곳은 경건하지 않은, 죄 많은 사람들의 영들을 위해 만들어졌다. 그들은 불법을 일삼는 자들과 동반자가 될 것이다. 그러나 영적인 일을 말하자면, 여기서 벌 받는 자들은 상대적으로 적은 벌을 받는다. 따라서 심판 날에 영원한 벌을 받지는 않을 것이다. 그러나 거기서 일으켜지지도 않을 것이다."

11,24 // 솔로몬의 시편 3,12 죄인들의 몫은 영원히 그러합니다. 그러나 주님을 경외하는 이들은 영원한 생명으로 다시 일어날 것입니다. 그들의 생명은 주님의 빛 속에 있으며 다시는 사라지지 않을 것입니다.

11,24 // 4에즈 7,31 그리고 이레가 흐른 뒤에, 지금은 깨어 있지 않은 세상이 깨어날 것이다. 그리고 파멸은 죽음을 맞을 것이다. [32] 그리고 땅은 그 안에 누워 있는 자들을 내놓을 것이다. 흙은 그 안에 잠들어 있는 이들을 내놓을 것이다. 보고(寶庫)들은 그 안에 맡겨진 영혼들을 내놓을 것이다.

11,24 // 2바룩 30,1 이 일들이 있은 다음에, 곧 메시아 오심의 때가 채워지고 영광중에 그가 들아가면, 그분을 희망하며 잠들어 있는 모든 이가 일어날 것이다. [2] 그때에 의인들의 영혼이 보존된 보고들이 열리고 그들이 나올 것이다. 그리고 많은 영혼들이 함께, 하나의 모임 하나의 생각으로 나타날 것이다. 그리고 첫째들은 기뻐하고 꼴찌들도 슬퍼하지 않을 것이다.

11,24 // 2바룩 50,2 지금은 땅이 자기 안에 담아두려고 받아들이는 죽은 이들을, 그때에는 반드시 다시 내놓을 것이다. 그들의 모습에는 아무 변화가 없을 것이다. 땅이 받아들인 모습 그대로 그들을 다시 내놓을 것이다. 그리고 내가 땅에게 넘겨준 모습 그대로 땅이 그들을 다시 일으킬 것이다. [3] 그런 다음에는 죽은 이들이 다시 살아났다는 것과, 떠나갔던 그들이 다시 돌아왔다는 것이 살아 있는 이들에게 알려져야 한다. [4] 지금 그들이 알고 있는 이들을 서로 알아보고 나면 그 다음에는 준엄한 심판이 있을 것이다. 그리고 앞에 언급된 일들이 일어날 것이다.

11,24 // 예언자들의 생애 2,12 "그리고 부활 때 이 궤가 가장 먼저 부활할 것입니다. 그리고 궤는 그 바위에서 나와 시나이 산으로 옮겨질 것입니다. 그러면 모든 거룩한 이들이 그 궤 앞에 모여 그곳에서 주님을 기다리며 자신들을 없애려 드는 원수를 피할 것입니다."

11,25-26 // 이사 25,8 그분께서는 죽음을 영원히 없애 버리시리라. 주 하느님께서는 모든 사람의 얼굴에서 눈물을 닦아 내시고 당신 백성의 수치를 온 세상에서 치워 주시리라. 정녕 주님께서 말씀하셨다.

11,26 // 4바룩 9,14 사흘이 지난 뒤 예레미야의 영혼이 그의 몸으로 들어왔다. 그러자 그는 그들 한가운데서 소리를 높여 말하였다. "한목소리로 하느님을 찬양하십시오! 여러분 모두 하느님과, 우리를 잠에서 깨어나게 해주시는 하느님의 아들 예수 그리스도를 찬양하십시오! 그분께서는 모든 시대들의 빛, 꺼지지 않는 등불, 신앙의 생명이십니다!"

11,27 // 말라 3,1 보라, 내가 나의 사자를 보내니 그가 내 앞에서 길을 닦으리라. 너희가 찾던 주님, 그가 홀연히 자기 성전으로 오리라. 너희가 좋아하는 계약의 사자 보라, 그가 온다.

11,27 // 4에즈 7,26 보라! 그 날들이 올 것이다. 내가 너에게 전에 예고한 표징이 오는 때, 도성처럼 보이는 신부가 모습을 드러낼 것이다. 그리고 특별한 그 도성이 나타날 것이다. [27] 그리고 앞에서 언급한 악행들에서 해방된 모든 이가 나의 기적들을 목격할 것이다. [28] 그 다음 내 아들 메시아가, 그와 함께 있는 이들과 같이 나타날 것이다. 그리고 남은 자들을 사백 년 동안 기쁘게 할 것이다.

[27] 마르타가 대답하였다. "예, 주님! 저는 주님께서 이 세상에 오시기로 되어 있는 메시아시며 하느님의 아드님이심을 믿습니다."

- 요한 11,22 // 9,31; 14,13-14; 15,7; 16,23-24
- 요한 11,24 // 5,28-29
- 요한 11,25 // 1,4; 1,9; 5,26; 6,35; 8,12; 20,31
- 요한 11,25-26 // 20,31
- 요한 11,27 // 1,41; 3,17; 4,42; 6,14; 6,69; 20,28; 20,31

베드로가 예수님을 그리스도라고 고백하다 16,13-20

[16,16] 시몬 베드로가 "스승님은 살아 계신 하느님의 아드님 그리스도이십니다." 하고 대답하였다.

물 위를 걸으시다 14,22-33

[14,33] 그러자 배 안에 있던 사람들이 그분께 엎드려 절하며, "스승님은 참으로 하느님의 아드님이십니다." 하고 말하였다.

세례자 요한의 질문에 답변하시다 11,2-6

[11,3] "오실 분이 선생님이십니까? 아니면 저희가 다른 분을 기다려야 합니까?" 하고 물었다.

숨을 거두시다 27,45-56

[27,54] 백인대장과 또 그와 함께 예수님을 지키던 이들이 지진과 다른 여러 가지 일들을 보고 몹시 두려워하며, "참으로 이분은 하느님의 아드님이셨다." 하고 말하였다.

행복할 것이다. 의인들이 부활할 때에 네가 보답
을 받을 것이다."

베드로가 예수님을 그리스도라고 고백하다 8,27-30

8,29 예수님께서 다시, "그러면 너희는 나를 누구라
고 하느냐?" 하고 물으시자, 베드로가 "스승님은
그리스도이십니다." 하고 대답하였다.

세례자 요한의 설교 1,1-8

1,1 하느님의 아드님 예수 그리스도의 복음의 시작.

군중이 호숫가로 모여들다 3,7-12

3,11 또 더러운 영들은 그분을 보기만 하면 그 앞
에 엎드려, "당신은 하느님의 아드님이십니다!" 하
고 소리 질렀다.

숨을 거두시다 15,33-41

15,39 그리고 예수님을 마주 보고 서 있던 백인대
장이 그분께서 그렇게 숨을 거두시는 것을 보고,
"참으로 이 사람은 하느님의 아드님이셨다." 하고
말하였다.

베드로가 예수님을 그리스도라고 고백하다 9,18-21

9,20 예수님께서 다시, "그러면 너희는 나를 누구라
고 하느냐?" 하시자, 베드로가 "하느님의 그리스
도이십니다." 하고 대답하였다.

예수님의 탄생 예고 1,26-38

1,35 천사가 마리아에게 대답하였다. "성령께서 너
에게 내려오시고 지극히 높으신 분의 힘이 너를
덮을 것이다. 그러므로 태어날 아기는 거룩하신
분, 하느님의 아드님이라고 불릴 것이다."

11,27 // 바오로 묵시록 12. 내가 (더 높은) 하늘을 올려다보았을 때, 얼굴은 태양처럼 빛나고 허리에 황금 띠를 두르고, 손에 상(賞)을 든 천사들이 보였는데 그들에게는 주님의 이름이 새겨져 있었다. 그들은 온유와 자비로 가득 차 있었다. 나는 천사에게 물었다. "이들은 누구입니까?" 나에게 대답하였다. "이들은 부활의 날에 의인들의 영혼을 데려오도록 파견되는 이들이다. 그들(의인들의 영혼)은 흔들림 없이 하느님을 향해 나아간다."

눈물을 흘리시다

요한 11,28-37

28 이렇게 말하고 나서 마르타는 돌아가 자기 동생
마리아를 불러, "스승님께서 오셨는데 너를 부르신다." 하고 가만히 말하였다. 29 마리아는 이 말을 듣고
얼른 일어나 예수님께 갔다. 30 예수님께서는 마을로 들어가지 않으시고, 마르타가 당신을 맞으러 나왔
던 곳에 그냥 계셨다. 31 마리아와 함께 집에 있으면서 그를 위로하던 유다인들은, 마리아가 급히 일어
나 나가는 것을 보고 그를 따라갔다. 무덤에 가서 울려는 줄 알았던 것이다. 32 마리아는 예수님께서 계
신 곳으로 가서 그분을 뵙고 그 발 앞에 엎드려, "주님, 주님께서 여기에 계셨더라면 제 오빠가 죽지 않
았을 것입니다." 하고 말하였다.

33 마리아도 울고 또 그와 함께 온 유다인들도 우
는 것을 보신 예수님께서는 마음이 북받치고 산
란해지셨다.

34 예수님께서 "그를 어디에 묻었느냐?" 하고 물으
시니, 그들이 "주님, 와서 보십시오." 하고 대답하
였다.

35 예수님께서는 눈물을 흘리셨다. 36 그러자 유다
인들이 "보시오, 저분이 라자로를 얼마나 사랑하
셨는지!" 하고 말하였다.

37 그러나 그들 가운데 몇몇은, "눈먼 사람의 눈을
뜨게 해 주신 저분이 이 사람을 죽지 않게 해 주
실 수는 없었는가?" 하였다.

| 요한 11,34 // 1,39; 1,46; 4,29
| 요한 11,37 // 9,6-7; 10,21

11,33 // 이사 63,9 사자나 천사가 아니라 그분의 얼굴이 그들을 구해 내셨다. 당신의 사랑과 당신의 동정으로 그들을 구원해 주셨다. 지난 세월 모든 날에 그들을 들어 업어 주셨다.

11,37 // 이사 35,5 그때에 눈먼 이들은 눈이 열리고 귀먹은 이들은 귀가 열리리라. 6 그때에 다리저는 이는 사슴처럼 뛰고 말못하는 이의 혀는 환성을 터뜨리리라. 광야에서는 물이 터져 나오고 사막에서는 냇물이 흐르리라.

마태

수확할 것은 많은데 일꾼은 적다 9,35-38

9,36 그분은 군중을 보시고 가엾은 마음이 드셨다. 그들이 목자 없는 양들처럼 시달리며 기가 꺾여 있었기 때문이다.

오천 명을 먹이시다 14,13-21

14,14 예수님께서는 배에서 내리시어 많은 군중을 보시고 가엾은 마음이 드시어, 그들 가운데에 있는 병자들을 고쳐 주셨다.

세례자 요한의 질문에 답변하시다 11,2-6

11,5 "눈먼 이들이 보고 다리저는 이들이 제대로 걸으며, 나병 환자들이 깨끗해지고 귀먹은 이들이 들으며, 죽은 이들이 되살아나고 가난한 이들이 복음을 듣는다."

마르

루카

오천 명을 먹이시다 6,30-44

6,34 예수님께서는 배에서 내리시어 많은 군중을
보시고 가엾은 마음이 드셨다. 그들이 목자 없는
양들 같았기 때문이다. 그래서 그들에게 많은 것
을 가르쳐 주기 시작하셨다.

안식일에 손이 오그라든 사람을 고치시다 3,1-6

3,5 그분께서는 노기를 띠시고 그들을 둘러보셨다.
그리고 그들의 마음이 완고한 것을 몹시 슬퍼하
시면서 그 사람에게, "손을 뻗어라." 하고 말씀하
셨다. 그가 손을 뻗자 그 손이 다시 성하여졌다.

과부의 외아들을 살리시다 7,11-17

7,13 주님께서는 그 과부를 보시고 가엾은 마음이
드시어 그에게, "울지 마라." 하고 이르시고는,

예루살렘의 멸망을 예고하며 우시다 19,41-44

19,41 예수님께서 예루살렘에 가까이 이르시어 그
도성을 보고 우시며

세례자 요한의 질문에 답변하시다 7,18-23

7,22 예수님께서 그들에게 대답하셨다. "요한에게
가서 너희가 보고 들은 것을 전하여라. 눈먼 이들이 보고 다리저는 이들이 제대로 걸으며, 나병 환자들
이 깨끗해지고 귀먹은 이들이 들으며, 죽은 이들이 되살아나고 가난한 이들이 복음을 듣는다."

과부의 외아들을 살리시다 7,11-17

7,14 앞으로 나아가 관에 손을 대시자 메고 가던 이
들이 멈추어 섰다. 예수님께서 이르셨다. "젊은이야, 내가 너에게 말한다. 일어나라." 15 그러자 죽은 이
가 일어나 앉아서 말을 하기 시작하였다. 예수님께서는 그를 그 어머니에게 돌려주셨다.

라자로를 다시 살리시다

11,41 // 시편 118,21 제가 당신을 찬
송하니 당신께서 제게 응답하시
고 제게 구원이 되어 주셨기 때문
입니다.

11,41 // 시편 30,12 당신께서는 저의
비탄을 춤으로 바꾸시고 저의 자
루옷 푸시어 저를 기쁨으로 띠 두
르셨습니다.

11,41 // 시편 123,1 하늘에 좌정하신
분이시여 당신께 저의 눈을 듭니
다.

11,42 // 4바룩 4,18 그러자 독수리는
죽은 자 위에 내려섰다. 그러자 그
는 다시 생명을 얻었다. 19 이 일이
일어난 것은 그들이 믿게 하려는
것이었다.

11,43-44 // 1열왕 17,21 그리고 그는
아이 위로 세 번 자기 몸을 펼친
다음 주님께 다시 이렇게 부르짖
었다. "주 저의 하느님, 이 아이 안
으로 목숨이 돌아오게 해 주십시
오." 22 주님께서 엘리야의 소리를
들으시고 그 아이 안으로 목숨이
돌아오게 하시자, 아이가 다시 살
아났다.

11,43-44 // 2열왕 4,32 엘리사가 집 안
에 들어가 보니, 아이는 죽어서 자
기 침상에 뉘어 있었다. 33 엘리사
는 들어가서 문을 닫았다. 안에는
둘뿐이었다. 그는 주님께 기도드
린 다음, 34 침상에 올라가 자기 입
을 아이의 입에, 자기 눈을 아이의
눈에, 자기 손을 아이의 손에 맞
추고 그 위에 엎드렸다. 이렇게 아
이 위에 몸을 수그리고 있자, 아이
의 몸이 따뜻해지기 시작하였다.
35 엘리사는 내려와서 집 안을 이
곳저곳 한 번씩 걷더니, 다시 침상
에 올라가 아이 위에 몸을 수그렸
다. 그러자 아이가 재채기를 일곱
번 하고는 눈을 떴다.

요한 11,38-44

38 예수님께서는 다시 속이 북받치시어 무덤으로
가셨다. 무덤은 동굴인데 그 입구에 돌이 놓여 있
었다. 39 예수님께서 "돌을 치워라." 하시니, 죽은
사람의 누이 마르타가 "주님, 죽은 지 나흘이나 되
어 벌써 냄새가 납니다." 하였다. 40 예수님께서 마
르타에게 말씀하셨다. "네가 믿으면 하느님의 영
광을 보리라고 내가 말하지 않았느냐?"
41 그러자 사람들이 돌을 치웠다. 예수님께서는 하
늘을 우러러보시며 말씀하셨다. "아버지, 제 말씀
을 들어 주셨으니 아버지께 감사드립니다. 42 아버
지께서 언제나 제 말씀을 들어 주신다는 것을 저
는 알고 있습니다. 그러나 이렇게 말씀드린 것은,
여기 둘러선 군중이 아버지께서 저를 보내셨다는
것을 믿게 하려는 것입니다."
43 예수님께서는 이렇게 말씀하시고 나서 큰 소리
로 외치셨다. "라자로야, 이리 나와라." 44 그러자
죽었던 이가 손과 발은 천으로 감기고 얼굴은 수
건으로 감싸인 채 나왔다. 예수님께서 사람들에
게, "그를 풀어 주어 걸어가게 하여라." 하고 말
씀하셨다.

| 요한 11,40 // 1,14; 2,11
| 요한 11,41 // 17,1
| 요한 11,42 // 8,28-29; 17,21-23
| 요한 11,43 // 5,28-29; 10,27-28
| 요한 11,43-44 // 12,9

마태

오천 명을 먹이시다 14,13-21

14,19 군중에게 풀밭에 자리를 잡으라고 지시하셨
다. 그리고 빵 다섯 개와 물고기 두 마리를 손에
들고 하늘을 우러러 찬미를 드리신 다음 빵을 떼
어 제자들에게 주시니, 제자들이 그것을 군중에
게 나누어 주었다.

야이로의 딸을 살리시고 하혈하는 부인을 고치시다 9,18-26

9,25 군중이 쫓겨난 뒤에 예수님께서 안으로 들어
가시어 소녀의 손을 잡으셨다. 그러자 소녀가 일
어났다.

마르

오천 명을 먹이시다 6,30-44

6,41 예수님께서는 빵 다섯 개와 물고기 두 마리를 손에 들고 하늘을 우러러 찬미를 드리신 다음 빵을 떼어 제자들에게 주시며, 사람들에게 나누어 주도록 하셨다. 물고기 두 마리도 모든 사람에게 나누어 주셨다.

야이로의 딸을 살리시고 하혈하는 부인을 고치시다 5,21-43

5,41 그리고 아이의 손을 잡으시고 말씀하셨다. "탈리타 쿰!" 이는 번역하면 '소녀야, 내가 너에게 말한다. 일어나라!'는 뜻이다. 42 그러자 소녀가 곧바로 일어서서 걸어 다녔다. 소녀의 나이는 열두 살이었다. 사람들은 몹시 놀라 넋을 잃었다.

루카

오천 명을 먹이시다 9,10-17

9,16 예수님께서는 빵 다섯 개와 물고기 두 마리를 손에 들고 하늘을 우러러 그것들을 축복하신 다음 떼어 제자들에게 주시며, 군중에게 나누어 주도록 하셨다.

과부의 외아들을 살리시다 7,11-17

7,14 앞으로 나아가 관에 손을 대시자 메고 가던 이들이 멈추어 섰다. 예수님께서 이르셨다. "젊은이야, 내가 너에게 말한다. 일어나라." 15 그러자 죽은 이가 일어나 앉아서 말을 하기 시작하였다. 예수님께서는 그를 그 어머니에게 돌려주셨다.

11,38-44 // 니코데모 복음 8,1 다른 사람들이 소리쳤다. "이 사람은 예언자입니다. 그리고 마귀들이 그분을 두려워합니다." 빌라도가 말하였다. "그렇다면 마귀들이 왜 여러분의 부모들은 두려워하지 않았소?" 그들이 말하였다. "저희는 모릅니다." 다시 다른 사람들이 말하였다. "라자로가 나흘 동안이나 무덤에 있었는데, 그분께서 말씀만으로 일으키셨습니다." 빌라도는 라자로의 부활 소식을 듣고 두려워졌다. 그리고 백성에게 말하였다. "여러분은 무엇 때문에 의로운 사람의 피를 흘리고 싶어 하오?"

11,43-44 // 토마 유년기 복음 17,1 이 일이 있은 뒤, 요셉의 이웃집 아기가 병을 앓다가 죽었다. 그 어머니는 몹시 울었다. 예수는 큰 비극과 소동이 벌어졌다는 얘기를 듣고 재빨리 그곳으로 달려갔다. [2] 예수는 아이가 죽어 있는 것을 보고 아이의 가슴에 손을 대고 말하였다. "네게 말하니 아가야, 죽지 말고 살아라. 그리고 네 엄마와 함께 있어라." [3] 그러자 곧바로 아기가 위를 쳐다보며 웃었다. 예수는 그 여인에게 말하였다. "아기를 안아다 젖을 먹이십시오. 그리고 나를 기억하십시오."

11,43-44 // 토마 유년기 복음 18,1 일 년 뒤 어떤 사람이 건물을 짓던 중에 높은 곳에서 떨어져 죽었다. 그리하여 큰 소동이 벌어졌고, 예수는 몸을 일으켜 그곳까지 갔다. [2] 죽은 사람이 누워 있는 것을 보자 예수는 그의 손을 잡고 말하였다. "제가 당신께 말합니다. 사람이여, 일어나서 당신의 일을 하십시오." 그러자 곧바로 그 사람이 일어나 그에게 절하였다.

최고 의회가 예수님을 죽이기로 결의하다

요한 11,45-57

45 마리아에게 갔다가 예수님께서 하신 일을 본 유다인들 가운데에서 많은 사람이 예수님을 믿게 되었다. 46 그러나 그들 가운데 몇 사람은 바리사이들에게 가서, 예수님께서 하신 일을 알렸다.

47 그리하여 수석 사제들과 바리사이들이 의회를 소집하고 이렇게 말하였다. "저 사람이 저렇게 많은 표징을 일으키고 있으니, 우리가 어떻게 하면 좋겠소? 48 저자를 그대로 내버려 두면 모두 그를 믿을 것이고, 또 로마인들이 와서 우리의 이 거룩한 곳과 우리 민족을 짓밟고 말 것이오." 49 그들 가운데 한 사람으로서 그해의 대사제인 카야파가 말하였다. "여러분은 아무것도 모르는군요. 50 온 민족이 멸망하는 것보다 한 사람이 백성을 위하여 죽는 것이 여러분에게 더 낫다는 사실을 여러분은 헤아리지 못하고 있소." 51 이 말은 카야파가 자기 생각으로 한 것이 아니라, 그해의 대사제로서 예언한 셈이다. 곧 예수님께서 민족을 위하여 돌아가시리라는 것과,

52 이 민족만이 아니라 흩어져 있는 하느님의 자녀들을 하나로 모으시려고 돌아가시리라는 것이다.

53 이렇게 하여 그날 그들은 예수님을 죽이기로 결의하였다.

마태 26,1-5(예수님을 죽일 음모를 꾸미다)

1 예수님께서 이 말씀들을 모두 마치시고 제자들에게 이르셨다. 2 "너희도 알다시피 이틀이 지나면 파스카인데, 그러면 사람의 아들은 사람들에게 넘겨져 십자가에 못 박힐 것이다."

3 그때에 수석 사제들과 백성의 원로들이 카야파라는 대사제의 저택에 모여, 4 속임수를 써서 예수님을 붙잡아 죽이려고 공모하였다. 5 그러면서도 "백성 가운데에서 소동이 일어날지 모르니 축제 기간에는 안 된다." 하고 말하였다.

예루살렘을 두고 한탄하시다 23,37-39

23,37 "암탉이 제 병아리들을 날개 밑으로 모으듯, 내가 몇 번이나 너의 자녀들을 모으려고 하였던가? 그러나 너희는 마다하였다."

11,52 // 이사 11,12 또한 그분께서는 민족들에게 깃발을 올리시어 사방의 땅으로부터 쫓겨난 이스라엘 사람들을 모으시고 흩어진 유다 사람들을 모아들이시리라.

11,52 // 이사 27,13 또 그날에 이러한 일이 일어나리라. 큰 나팔 소리가 울리리니 아시리아 땅에서 멸망해 가던 이들과 이집트 땅에 흩어진 이들이 모여 와 예루살렘의 거룩한 산에서 주님을 경배하리라.

11,52 // 에제 11,17 "그러므로 너는 말하여라. '주 하느님이 이렇게 말한다. 내가 민족들 가운데에서 너희를 모으겠다. 너희가 흩어져 사는 여러 나라에서 내가 너희를 모아들이겠다. 그런 다음 너희에게 이스라엘 땅을 주겠다.'"

11,52 // 에제 20,34 나는 강한 손과 뻗은 팔로, 퍼붓는 분노로 너희가 흩어져 사는 그 여러 민족에게서 너희를 데려 내오고, 그 여러 나라에서 모아들이겠다. ... 41 나는 너희가 흩어져 사는 그 여러 민족에게서 너희를 데려 내오고 그 여러 나라에서 모아들일 때, 너희를 향기로운 제물로 받아들이겠다. 다른 민족들이 보는 앞에서 너희를 통하여 나의 거룩함을 드러내겠다.

11,52 // 에제 28,25 주 하느님이 이렇게 말한다. 내가 이스라엘 민족을 그들이 흩어져 사는 민족들에게서 모아 올 때, 나는 겨레들이 보는 앞에서 그들 안에 내 거룩함을 드러내겠다. 그리하여 이스라엘 집안은 내가 나의 종 야곱에게 준 땅에서 살게 될 것이다.

11,52 // 스바 3,19 그때에 너를 억누르는 자들을 내가 모두 처치하리라. 나는 절뚝거리는 이들을 구하고 흩어진 이들을 모으리라. 온 세상에서 그들의 수치를 칭송과 명성으로 바꾸어 주리라.

11,52 // 시편 147,2 주님께서는 예루살렘을 세우시고 이스라엘의 흩어진 이들을 모으신다.

11,52 // 토빗 13,5 그분께서는 너희의 불의 때문에 벌을 내리시지만 너희 모두에게 자비를 베푸시어 너희가 흩어져 사는 모든 민족들에게서 너희를 모아들이시리라.

11,52 // 솔로몬의 시편 17,26 그는 거룩한 백성을 모아 정의로 인도할 것입니다. 또한 주 하느님께 성별된 백성의 지파들을 심판할 것입니다. ... 31 그리하여 땅 끝에서 이방인들이 그의 영광을 보러, 주님의 영광을 보러, 예루살렘의 지친 자녀들을 선물처럼 데리고 올 것입니다.

마르 14,1-2(예수님을 죽일 음모를 꾸미다)

[1]파스카와 무교절 이틀 전이었다. 수석 사제들과 율법 학자들은 어떻게 하면 속임수를 써서 예수님을 붙잡아 죽일까 궁리하고 있었다. [2]그러면서 "백성이 소동을 일으킬지 모르니 축제 기간에는 안 된다." 하고 말하였다.

루카 22,1-2(예수님을 죽일 음모를 꾸미다)

[1]파스카라고 하는 무교절이 다가왔다. [2]수석 사제들과 율법 학자들은 백성이 두려워, 예수님을 어떻게 제거해야 할지 그 방법을 찾고 있었다.

11,45-53 // 압가루스 1. 저는 이 편지를 통해 당신께 청합니다. 부디 거절하지 마시고 제게 오시어 제가 앓고 있는 병을 치유해 주십시오. 그리고 영원한 생명과 구원을 제게 선사해 주십시오. 유다인들이 당신을 비난하고 당신을 제거하려 한다는 이야기를 전해 들었습니다. 제 도시는 아주 작지만 우리 둘 모두에게 만족스러울 것입니다.

11,50-52 // 세네카 12. 로마 시의 잦은 방화가 누구 때문에 일어나는지 명백합니다. 그러나 비천한 사람이 (방화의) 원인이 무엇인지 말해도 된다면, 그리고 이 어둠의 시대에 처벌 받을 걱정 없이 말할 수 있다면, 모든 것이 모두에게 알려질 것입니다. 실제로 그리스도인들과 유다인들이 방화범으로 처형당하는 경우가 허다합니다. 애석하도다! 범죄자, ㅡ그자의 뜻은 살인이요 거짓말은 (그자의) 가리개입니다ㅡ그자가 누구든 그자의 날은 정해져 있습니다. 그리고 (무리에서) 가장 높은 우두머리가 희생되듯이, 곧 많은 이를 위해 하나가 희생되듯이 그자가 많은 이를 위해 바쳐지고 불에 태워질 것입니다.

예루살렘을 두고 한탄하시다 13,34-35

[13,34]"암탉이 제 병아리들을 날개 밑으로 모으듯, 내가 몇 번이나 너의 자녀들을 모으려고 하였던가? 그러나 너희는 마다하였다."

성전을 정화하시다 11,15-19

[11,18]수석 사제들과 율법 학자들은 이 말씀을 듣고 그분을 없앨 방법을 찾았다. 군중이 모두 그분의 가르침에 감탄하는 것을 보고 그분을 두려워하였던 것이다.

성전을 정화하시다 19,45-48

[19,47]예수님께서는 날마다 성전에서 가르치셨다. 수석 사제들과 율법 학자들과 백성의 지도자들은 예수님을 없앨 방법을 찾았다.

포도밭 소작인의 비유 20,9-19

[20,19]율법 학자들과 수석 사제들은 예수님께서 자기들을 두고 이 비유를 말씀하신 것을 알아차리고, 당장 예수님께 손을 대려고 하였으나 백성이 두려웠다.

54 그래서 예수님께서는 더 이상 유다인들 가운데
로 드러나게 다니지 않으시고, 그곳을 떠나 광야에 가까운 고장의 에프라임이라는 고을에 가시어, 제
자들과 함께 그곳에 머무르셨다.
55 유다인들의 파스카 축제가 가까워지자, 많은 사람이 자신을 정결하게 하려고 파스카 축제 전에 시골
에서 예루살렘으로 올라갔다. 56 그들은 예수님을 찾다가 성전 안에 모여 서서 서로 말하였다. "여러분
은 어떻게 생각하시오? 그가 축제를 지내러 오지 않겠소?" 57 수석 사제들과 바리사이들은 예수님을 잡
으려고, 누구든지 예수님께서 계신 곳을 알면 신고하라는 명령을 내려 두었다.

| 요한 11,47-53.57 // 7,32
| 요한 11,49-50 // 18,14
| 요한 11,53 // 7,19-20; 10,31-33
| 요한 11,53-54 // 7,1; 5,18; 8,59; 10,39
| 요한 11,55 // 19,31

마리아가 예수님의 발에 향유를 붓다

요한 12,1-8

1 예수님께서는 파스카 축제 엿새 전에 베타니아
로 가셨다. 그곳에는 예수님께서 죽은 이들 가운
데에서 다시 일으키신 라자로가 살고 있었다. 2 거
기에서 예수님을 위한 잔치가 베풀어졌는데, 마르
타는 시중을 들고 라자로는 예수님과 더불어 식
탁에 앉은 이들 가운데 끼여 있었다. 3 그런데 마
리아가 비싼 순 나르드 향유 한 리트라를 가져와
서, 예수님의 발에 붓고 자기 머리카락으로 그 발
을 닦아 드렸다. 그러자 온 집 안에 향유 냄새가
가득하였다.
4 제자들 가운데 하나로서 나중에 예수님을 팔아
넘길 유다 이스카리옷이 말하였다. 5 "어찌하여 저
향유를 삼백 데나리온에 팔아 가난한 이들에게
나누어 주지 않는가?"
6 그가 이렇게 말한 것은, 가난한 이들에게 관심
이 있어서가 아니라 도둑이었기 때문이다. 그는

마태 26,6-13(어떤 여자가 예수님의 머리에 향유를 붓다)

6 예수님께서 베타니아에 있는 나병 환자 시몬의
집에 계실 때의 일이다. 7 어떤 여자가 매우 값진
향유가 든 옥합을 가지고 다가와, 식탁에 앉아 계
시는 그분 머리에 향유를 부었다.

8 제자들이 그것을 보고 불쾌해하며 말하였다.
"왜 저렇게 허투루 쓰는가? 9 저것을 비싸게 팔아
가난한 이들에게 나누어 줄 수도 있을 터인데."

12,3 // 아가 1,12 임금님이 잔칫상에 계시는 동안 나의 나르드는 향기를 피우네.
12,3 // 잠언 27,9 향유와 향이 마음을 기쁘게 하듯 친구의 다정함은 기운을 돋우어 준다.
12,3 // 1사무 10,1 사무엘은 기름병을 가져다가, 사울의 머리에 붓고 입을 맞춘 다음 이렇게 말하였다. "주님께서 당신에게 기름을 부으시어, 그분의 소유인 이스라엘의 영도자로 세우셨소."
12,3 // 2열왕 9,3 "그런 다음에 기름병을 들고 그의 머리 위에 기름을 부으며 말하여라. '주님께서 이렇게 말씀하셨습니다. '내가 너에게 기름을 부어 이스라엘을 다스릴 임금으로 세운다.'' 그러고는 머뭇거리지 말고 문을 열고 도망쳐라." ... 6 예후가 일어나서 집 안으로 들어가니, 젊은 예언자는 그의 머리에 기름을 붓고 말하였다. "주 이스라엘의 하느님께서 이렇게 말씀하셨습니다. '내가 너에게 기름을 부어 주님의 백성 이스라엘을 다스릴 임금으로 세운다.'"

마르 14,3-9(어떤 여자가 예수님의 머리에 향유를 붓다)

3 예수님께서 베타니아에 있는 나병 환자 시몬의
집에 계실 때의 일이다. 마침 식탁에 앉아 계시는
데, 어떤 여자가 값비싼 순 나르드 향유가 든 옥
합을 가지고 와서, 그 옥합을 깨뜨려 그분 머리에
향유를 부었다.

4 몇 사람이 불쾌해하며 저희끼리 말하였다. "왜
저렇게 향유를 허투루 쓰는가? 5 저 향유를 삼백
데나리온 이상에 팔아, 그 돈을 가난한 이들에게
나누어 줄 수도 있을 터인데." 그러면서 그 여자
를 나무랐다.

루카 7,36-50(죄 많은 여자를 용서하시다)

36 바리사이 가운데 어떤 이가 자기와 함께 음식을
먹자고 예수님을 초청하였다. 그리하여 예수님께
서는 그 바리사이의 집에 들어가시어 식탁에 앉으
셨다. 37 그 고을에 죄인인 여자가 하나 있었는데,
예수님께서 바리사이의 집에서 음식을 잡수시고
계시다는 것을 알고 왔다. 그 여자는 향유가 든
옥합을 들고서 38 예수님 뒤쪽 발치에 서서 울며,
눈물로 그분의 발을 적시기 시작하더니 자기의 머
리카락으로 닦고 나서, 그 발에 입을 맞추고 향유
를 부어 발랐다.

39 예수님을 초대한 바리사이가 그것을 보고, '저
사람이 예언자라면, 자기에게 손을 대는 여자가
누구이며 어떤 사람인지, 곧 죄인인 줄 알 터인데.'
하고 속으로 말하였다.

돈주머니를 맡고 있으면서 거기에 든 돈을 가로
채곤 하였다.
[7] 예수님께서 이르셨다. "이 여자를 그냥 놔두어
라. 그리하여 내 장례 날을 위하여 이 기름을 간
직하게 하여라.
[8] 사실 가난한 이들은 늘 너희 곁에 있지만, 나는
늘 너희 곁에 있지는 않을 것이다."

| 요한 12,1-2 // 11,1-2
| 요한 12,4-6 // 13,27

[26,10] 예수님께서 그것을 아시고 그들에게 이르셨
다. "왜 이 여자를 괴롭히느냐? 이 여자는 나에게
좋은 일을 하였다.
[11] 사실 가난한 이들은 늘 너희 곁에 있지만, 나
는 늘 너희 곁에 있지는 않을 것이다. [12] 이 여자
가 내 몸에 이 향유를 부은 것은 내 장례를 준비
하려고 한 것이다. [13] 내가 진실로 너희에게 말한
다. 온 세상 어디든지 이 복음이 선포되는 곳마
다, 이 여자가 한 일도 전해져서 이 여자를 기억
하게 될 것이다."

유다인들이 라자로까지 죽이기로 결의하다

요한 12,9-11

마태

[9] 예수님께서 그곳에 계시다는 것을 알고 많은 유
다인들의 무리가 몰려왔다. 예수님 때문만이 아니라, 그분께서 죽은 이들 가운데에서 다시 일으키신
라자로도 보려는 것이었다. [10] 그리하여 수석 사제들은 라자로도 죽이기로 결의하였다. [11] 라자로 때문에
많은 유다인이 떨어져 나가 예수님을 믿었기 때문이다.

| 요한 12,9 // 11,43-44
| 요한 12,10 // 7,19-20; 10,31-33; 11,53

마르

14,6 예수님께서 이르셨다. “이 여자를 가만두어라.
왜 괴롭히느냐? 이 여자는 나에게 좋은 일을 하
였다.
7 사실 가난한 이들은 늘 너희 곁에 있으니, 너희
가 원하기만 하면 언제든지 그들에게 잘해 줄 수
있다. 그러나 나는 늘 너희 곁에 있지는 않을 것이
다. 8 이 여자는 자기가 할 수 있는 일을 하였다. 내
장례를 위하여 미리 내 몸에 향유를 바른 것이다.
9 내가 진실로 너희에게 말한다. 온 세상 어디든지
복음이 선포되는 곳마다, 이 여자가 한 일도 전해
져서 이 여자를 기억하게 될 것이다.”

루카

7,40 그때에 예수님께서 말씀하셨다. “시몬아, 너에
게 할 말이 있다.” 시몬이 “스승님, 말씀하십시오.”
하였다.
41 “어떤 채권자에게 채무자가 둘 있었다. 한 사람
은 오백 데나리온을 빚지고 다른 사람은 오십 데
나리온을 빚졌다. 42 둘 다 갚을 길이 없으므로 채
권자는 그들에게 빚을 탕감해 주었다. 그러면 그
들 가운데 누가 그 채권자를 더 사랑하겠느냐?”
43 시몬이 “더 많이 탕감받은 사람이라고 생각합
니다.” 하고 대답하자, 예수님께서 “옳게 판단하였
다.” 하고 말씀하셨다. 44 그리고 그 여자를 돌아보
시며 시몬에게 이르셨다. “이 여자를 보아라. 내가
네 집에 들어왔을 때 너는 나에게 발 씻을 물도 주지 않았다. 그러나 이 여자는 눈물로 내 발을 적시고
자기의 머리카락으로 닦아 주었다. 45 너는 나에게 입을 맞추지 않았지만, 이 여자는 내가 들어왔을 때
부터 줄곧 내 발에 입을 맞추었다. 46 너는 내 머리에 기름을 부어 발라 주지 않았다. 그러나 이 여자는
내 발에 향유를 부어 발라 주었다. 47 그러므로 내가 너에게 말한다. 이 여자는 그 많은 죄를 용서받았
다. 그래서 큰 사랑을 드러낸 것이다. 그러나 적게 용서받은 사람은 적게 사랑한다.” 48 그러고 나서 예수
님께서는 그 여자에게 말씀하셨다. “너는 죄를 용서받았다.” 49 그러자 식탁에 함께 앉아 있던 이들이 속
으로, ‘저 사람이 누구이기에 죄까지 용서해 주는가?’ 하고 말하였다. 50 그러나 예수님께서는 그 여자에
게 이르셨다. “네 믿음이 너를 구원하였다. 평안히 가거라.”

마르

루카

부자와 라자로의 비유 16,19-31

16,29 “아브라함이, ‘그들에게는 모세와 예언자들이
있으니 그들의 말을 들어야 한다.’ 하고 대답하자, 30 부자가 다시 ‘안 됩니다, 아브라함 할아버지! 죽은
이들 가운데에서 누가 가야 그들이 회개할 것입니다.’ 하였다. 31 그에게 아브라함이 이렇게 일렀다. ‘그들
이 모세와 예언자들의 말을 듣지 않으면, 죽은 이들 가운데에서 누가 다시 살아나도 믿지 않을 것이다.’”

12,10 // 압가루스 1. 저는 이 편지를 통해 당신께 청합니다. 부디 거절하지 마시고 제게 오시어 제가 앓고 있는 병을 치유해 주십시오. 그리고 영원한 생명과 구원을 제게 선사해 주십시오. 유다인들이 당신을 비난하고 당신을 제거하려 한다는 이야기를 전해 들었습니다. 제 도시는 아주 작지만 우리 둘 모두에게 만족스러울 것입니다.

예루살렘에 입성하시다

요한 12,12-19

[12]이튿날, 축제를 지내러 온 많은 군중이 예수님
께서 예루살렘에 오신다는 말을 듣고서, [13]종려
나무 가지를 들고 그분을 맞으러 나가 이렇게 외
쳤다.
"'호산나!
주님의 이름으로 오시는 분은 복되시어라.'
이스라엘의 임금님은 복되시어라."
[14]예수님께서는 나귀를 보시고 그 위에 올라앉으
셨다.

이는 성경에 기록된 그대로였다.

[15]"딸 시온아, 두려워하지 마라.
보라, 너의 임금님이 오신다.
어린 나귀를 타고 오신다."

12,13 // 시편 118,25ㄱ 아, 주님, 구원을 베푸소서. [26] 주님의 이름으로 오는 이는 복되어라. 우리는 주님의 집에서 너희에게 축복하네.

12,15 // 즈카 9,9 딸 시온아, 한껏 기뻐하여라. 딸 예루살렘아, 환성을 올려라. 보라, 너의 임금님이 너에게 오신다. 그분은 의로우시며 승리하시는 분이시다. 그분은 겸손하시어 나귀를, 어린 나귀를 타고 오신다.

12,15 // 이사 40,9 기쁜 소식을 전하는 시온아 높은 산으로 올라가라. 기쁜 소식을 전하는 예루살렘아 너의 목소리를 한껏 높여라. 두려워 말고 소리를 높여라. 유다의 성읍들에게 "너희의 하느님께서 여기에 계시다." 하고 말하여라.

마태 21,1-11

[1]그들이 예루살렘에 가까이 이르러 올리브산 벳
파게에 다다랐을 때, 예수님께서 제자 둘을 보내
며 [2]말씀하셨다. "너희 맞은쪽 동네로 가거라. 매
여 있는 암나귀와 그 곁의 어린 나귀를 곧바로 보
게 될 것이다. 그것들을 풀어 나에게 끌고 오너라.
[3]누가 너희에게 무어라고 하거든, '주님께서 필요
하시답니다.' 하고 대답하여라. 그러면 그것들을
곧 보내 줄 것이다."
[4]예언자를 통하여 하신 말씀이 이루어지려고 이
일이 일어난 것이다.
[5]"딸 시온에게 말하여라.
보라, 너의 임금님이 너에게 오신다.
그분은 겸손하시어 암나귀를,
짐바리 짐승의 새끼, 어린 나귀를 타고 오신다."
[6]제자들은 가서 예수님께서 지시하신 대로 하였
다.
[7]그들은 그렇게 암나귀와 어린 나귀를 끌고 와
서 그 위에 겉옷을 펴 놓았다. 예수님께서 그 위
에 앉으시자, [8]수많은 군중이 자기들의 겉옷을 길
에 깔았다. 또 어떤 이들은 나뭇가지를 꺾어다가
길에 깔았다.
[9]그리고 앞서가는 군중과 뒤따라가는 군중이 외
쳤다.
"다윗의 자손께 호산나!
주님의 이름으로 오시는 분은 복되시어라.
지극히 높은 곳에 호산나!"

마르 11,1-11

1 그들이 예루살렘 곧 올리브산 근처 벳파게와 베
타니아에 가까이 이르렀을 때, 예수님께서 제자
둘을 보내며 2 말씀하셨다. "너희 맞은쪽 동네로
가거라. 그곳에 들어가면 아직 아무도 탄 적이 없
는 어린 나귀 한 마리가 매여 있는 것을 곧 보게
될 것이다. 그것을 풀어 끌고 오너라.

3 누가 너희에게 '왜 그러는 거요?' 하거든, '주님께
서 필요하셔서 그러는데 곧 이리로 돌려보내신답
니다.' 하고 대답하여라." 4 그들이 가서 보니, 과연
어린 나귀 한 마리가 바깥 길 쪽으로 난 문 곁에
매여 있었다. 그래서 제자들이 그것을 푸는데, 5 거
기에 서 있던 이들 가운데 몇 사람이, "왜 그 어린
나귀를 푸는 거요?" 하고 물었다.

6 제자들이 예수님께서 일러 주신 대로 말하였더
니 그들이 막지 않았다.
7 제자들은 그 어린 나귀를 예수님께 끌고 와서 그
위에 자기들의 겉옷을 얹어 놓았다. 예수님께서
그 위에 올라앉으시자, 8 많은 이가 자기들의 겉옷
을 길에 깔았다. 또 어떤 이들은 들에서 잎이 많
은 나뭇가지를 꺾어다가 깔았다.
9 그리고 앞서가는 이들과 뒤따라가는 이들이 외
쳤다.
"'호산나!
주님의 이름으로 오시는 분은 복되시어라.'
10 다가오는 우리 조상 다윗의 나라는 복되어라.

루카 19,28-40

28 예수님께서는 이 말씀을 하시고 앞장서서 예루
살렘으로 오르는 길을 걸어가셨다.
29 올리브산이라고 불리는 곳 근처 벳파게와 베타
니아에 가까이 이르셨을 때, 예수님께서 제자 둘
을 보내며 30 말씀하셨다. "맞은쪽 동네로 가거라.
그곳에 들어가면 아직 아무도 탄 적이 없는 어린
나귀 한 마리가 매여 있는 것을 보게 될 것이다.
그것을 풀어 끌고 오너라.

31 누가 너희에게 '왜 푸는 거요?' 하고 묻거든, 이렇
게 대답하여라. '주님께서 필요하시답니다.'" 32 분
부를 받은 이들이 가서 보니 예수님께서 말씀하
신 그대로였다. 33 그래서 그들이 어린 나귀를 푸
는데 그 주인이, "왜 그 어린 나귀를 푸는 거요?"
하고 물었다.

34 그들은 "주님께서 필요하시답니다." 하고 대답하
였다.
35 그리고 그 어린 나귀를 예수님께 끌고 와 그 위
에 자기들의 겉옷을 걸치고, 예수님을 거기에 올
라타시게 하였다. 36 예수님께서 나아가실 때에 그
들은 자기들의 겉옷을 길에 깔았다.

37 예수님께서 어느덧 올리브산 내리막길에 가까이
이르시자, 제자들의 무리가 다 자기들이 본 모든
기적 때문에 기뻐하며 큰 소리로 하느님을 찬미하
기 시작하였다.
38 그들은 이렇게 말하였다.

12,12-13 // 마리아영면 38 그리고 주님의 날에 예루살렘의 자녀들이 그분을 만나러 종려나무 가지를 들고 나와 이렇게 외쳤다. "지극히 높은 곳에 호산나! 주님의 이름으로 오시는 분은 복되시어라!"

12,13 // 니코데모 복음 1,3 그러자 빌라도는 파견한 부하에게, 왜 그렇게 했느냐며 신문했다. 이에 그 부하가 대답하였다. "각하께서 저를 유다인 알렉산드로스에게 보내셨을 때, 나귀에 앉아 도성 문으로 들어가시는 예수님과 마주쳤습니다. 그리고 저는, 히브리인들이 자기들 옷을 길에 깔아놓은 것을 보았습니다. 그리고 나귀가 그 옷들 위로 걸어가고 있었습니다. 다른 이들은 가지를 꺾어 들고 그분을 맞이하러 나와서는 '저 높은 곳에 호산나!' 하며 외치고 있었습니다. 그리하여 저도 똑같이 해야 할 것 같아서 그렇게 했습니다."

[16]제자들은 처음에 이 일을 깨닫지 못하였다. 그
러나 예수님께서 영광스럽게 되신 뒤에, 이 일이
예수님을 두고 성경에 기록되고 또 사람들이 그
분께 그대로 해 드렸다는 것을 기억하게 되었다.
[17]그리고 예수님께서 라자로를 무덤에서 불러내시
어 죽은 이들 가운데에서 다시 일으키실 때에 그분과 함께 있던 군중이 그 일을 줄곧 증언하였다. [18]군
중이 이렇게 예수님을 맞으러 나온 것은, 그분께서 그 표징을 일으키셨다는 말을 들었기 때문이다.
[19]그러자 바리사이들이 서로 말하였다. "이제 다
글렀소. 보시오, 온 세상이 그의 뒤를 따라가고
있소."

[21,10]이렇게 하여 예수님께서 예루살렘에 들어가시
니 온 도성이 술렁거리며, "저분이 누구냐?" 하고
물었다. [11]그러자 군중이 "저분은 갈릴래아 나자
렛 출신 예언자 예수님이시오." 하고 대답하였다.

| 요한 12,12-15 // 6,15
| 요한 12,16 // 2,22; 14,26; 16,13
| 요한 12,17 // 11,43-44

그리스인들이 예수님을 찾다

요한 12,20-26

[20]축제 때에 예배를 드리러 올라온 이들 가운데
그리스 사람도 몇 명 있었다. [21]그들은 갈릴래아의 벳사이다 출신 필립보에게 다가가, "선생님, 예수님
을 뵙고 싶습니다." 하고 청하였다. [22]필립보가 안드레아에게 가서 말하고 안드레아와 필립보가 예수님
께 가서 말씀드리자,
[23]예수님께서 그들에게 대답하셨다. "사람의 아들
이 영광스럽게 될 때가 왔다.

마태

최후의 만찬을 준비하다 26,17-19

[26,18]그러자 예수님께서 이르셨다. "도성 안으로 아
무개를 찾아가, '선생님께서 '나의 때가 가까웠으
니 내가 너의 집에서 제자들과 함께 파스카 축제
를 지내겠다.' 하십니다.' 하여라."

[24]내가 진실로 진실로 너희에게 말한다. 밀알 하나
가 땅에 떨어져 죽지 않으면 한 알 그대로 남고, 죽으면 많은 열매를 맺는다.

12,24 // 이사 53,11 그는 제 고난의 끝에 빛을 보고 자기의 예지로 흡족해하리라. 의로운 나의 종은 많은 이들을 의롭게 하고 그들의 죄악을 짊어지리라.
12,24 // 시편 126,5 눈물로 씨 뿌리던 이들 환호하며 거두리라. [6]뿌릴 씨 들고 울며 가던 이 곡식 단 들고 환호하며 돌아오리라.

지극히 높은 곳에 호산나!"

"'주님의 이름으로 오시는 분
임금님은 복되시어라.'
하늘에 평화
지극히 높은 곳에 영광!"

11,11 이윽고 예수님께서 예루살렘에 이르러 성전에
들어가셨다. 그리고 그곳의 모든 것을 둘러보신
다음, 날이 이미 저물었으므로 열두 제자와 함께
베타니아로 나가셨다.

19,39 군중 속에 있던 바리사이 몇 사람이 예수님
께, "스승님, 제자들을 꾸짖으십시오." 하고 말하
였다. 40 그러자 예수님께서 대답하셨다. "내가 너
희에게 말한다. 이들이 잠자코 있으면 돌들이 소
리 지를 것이다."

마르

루카

겟세마니에서 기도하시다 14,32-42

14,41 예수님께서는 세 번째 오셔서 그들에게 말씀
하셨다. "아직도 자고 있느냐? 아직도 쉬고 있느
냐? 이제 되었다. 시간이 되어 사람의 아들은 죄
인들의 손에 넘어간다."

12,24-25 // 3코린 3,26 코린토인들이여, 그들은 밀이든 다른 종류든 씨앗 뿌리는 일을 알지도 못합니다.

25 자기 목숨을 사랑하는 사람은 목숨을 잃을 것
이고, 이 세상에서 자기 목숨을 미워하는 사람은
영원한 생명에 이르도록 목숨을 간직할 것이다.

예수님을 어떻게 따라야 하는가 16,24-28

16,25 정녕 자기 목숨을 구하려는 사람은 목숨을 잃
을 것이고, 나 때문에 자기 목숨을 잃는 사람은
목숨을 얻을 것이다.

버림과 따름 10,37-39

10,39 제 목숨을 얻으려는 사람은 목숨을 잃고, 나
때문에 제 목숨을 잃는 사람은 목숨을 얻을 것
이다.

26 누구든지 나를 섬기려면 나를 따라야 한다. 내
가 있는 곳에 나를 섬기는 사람도 함께 있을 것이
다. 누구든지 나를 섬기면 아버지께서 그를 존중
해 주실 것이다."

- 요한 12,21 // 1,44
- 요한 12,23 // 7,6-8; 8,20; 13,31-32; 17,1
- 요한 12,25 // 3,15-16; 3,36; 4,14; 5,39-40; 6,27.47.54
- 요한 12,26 // 17,24

사람의 아들은 들어 올려져야 한다

요한 12,27-36

27 "이제 제 마음이 산란합니다. 무슨 말씀을 드려
야 합니까? '아버지, 이때를 벗어나게 해 주십시
오.' 하고 말할까요? 그러나 저는 바로 이때를 위
하여 온 것입니다. 28 아버지, 아버지의 이름을 영
광스럽게 하십시오." 그러자 하늘에서 "나는 이미
그것을 영광스럽게 하였고 또다시 영광스럽게 하
겠다."는 소리가 들려왔다.
29 그곳에 서 있다가 이 소리를 들은 군중은 천둥
이 울렸다고 하였다. 그러나 "천사가 저분에게 말
하였다." 하는 이들도 있었다. 30 예수님께서 이르
셨다. "그 소리는 내가 아니라 너희를 위하여 내
린 것이다.

마태

겟세마니에서 기도하시다 26,36-46

26,39 "아버지, 하실 수만 있으시면 이 잔이 저를 비
켜 가게 해 주십시오. 그러나 제가 원하는 대로 하
지 마시고 아버지께서 원하시는 대로 하십시오."

예수님을 어떻게 따라야 하는가 8,34-38

8,35 정녕 자기 목숨을 구하려는 사람은 목숨을 잃
을 것이고, 나와 복음 때문에 목숨을 잃는 사람은
목숨을 구할 것이다.

예수님을 어떻게 따라야 하는가 9,23-27

9,24 정녕 자기 목숨을 구하려는 사람은 목숨을 잃
을 것이고, 나 때문에 자기 목숨을 잃는 그 사람
은 목숨을 구할 것이다.

사람의 아들의 날 17,22-37

17,33 제 목숨을 보존하려고 애쓰는 사람은 목숨을
잃고, 목숨을 잃는 사람은 목숨을 살릴 것이다.

씨앗이 어떻게 껍질이 벗겨진 채 땅에 떨어지는지도 알지 못하고, 그것들이 썩으면 하느님의 뜻으로 다시 일어나 한 몸이 된다는 것도 알지 못합니다. 27 그리고 뿌려진 것은 다시 일어나기만 할 뿐 아니라 여러 곱절이 된다는 것도 알지 못합니다.

마르

겟세마니에서 기도하시다 14,32-42

14,36 "아빠! 아버지! 아버지께서는 무엇이든 하실
수 있으시니, 이 잔을 저에게서 거두어 주십시오.
그러나 제가 원하는 것을 하지 마시고 아버지께서
원하시는 것을 하십시오."

루카

겟세마니에서 기도하시다 22,39-46

22,42 "아버지, 아버지께서 원하시면 이 잔을 저에게
서 거두어 주십시오. 그러나 제 뜻이 아니라 아버
지의 뜻이 이루어지게 하십시오."

43 그때에 천사가 하늘에서 나타나 그분의 기운을
북돋아 드렸다.

12,31 // 이사 14,12 "어찌하다 하늘에서 떨어졌느냐? 빛나는 별, 여명의 아들인 네가! 민족들을 쳐부수던 네가 땅으로 내동댕이쳐지다니. 13 너는 네 마음속으로 생각했었지. '나는 하늘로 오르리라. 하느님의 별들 위로 나의 왕좌를 세우고 북녘 끝 신들의 모임이 있는 산 위에 좌정하리라. 14 나는 구름 꼭대기로 올라가서 지극히 높으신 분과 같아져야지.' 15 그런데 너는 저승으로, 구렁의 맨 밑바닥으로 떨어졌구나."

12,31 // 에제 28,16 너의 그 큰 장사 때문에 너는 폭행을 일삼으며 죄를 지었다. 그래서 나는 너를 더럽게 여겨 하느님의 산에서 쫓아냈다. 보호자 커룹이 너를 불타는 돌들 사이에서 사라지게 하였다. 17 너의 아름다움으로 네 마음이 교만해지고 너의 영화 때문에 너는 네 지혜를 타락시키고 말았다. 그래서 내가 너를 땅바닥에 내던지고 임금들의 구경거리로 내놓았다.

31 이제 이 세상은 심판을 받는다. 이제 이 세상의
우두머리가 밖으로 쫓겨날 것이다.

32 나는 땅에서 들어 올려지면 모든 사람을 나에
게 이끌어 들일 것이다." 33 예수님께서는 이 말씀
으로, 당신께서 어떻게 죽임을 당하실 것인지 가
리키신 것이다. 34 그때에 군중이 예수님께 말하였
다. "우리는 율법에서 메시아는 영원히 사실 것이
라고 들었는데, 어떻게 선생님은 사람의 아들이
들어 올려져야 한다고 말씀하십니까? 그 사람의
아들이 누구입니까?"

따름과 보상 19,27-30

19,28 예수님께서 말씀하셨다. "내가 진실로 너희에
게 말한다. 사람의 아들이 영광스러운 자기 옥좌
에 앉게 되는 새 세상이 오면, 나를 따른 너희도
열두 옥좌에 앉아 이스라엘의 열두 지파를 심판
할 것이다."

수난과 부활을 세 번째로 예고하시다 20,17-19

20,17 예수님께서 예루살렘으로 올라가실 때, 열두
제자를 따로 데리고 길을 가시면서 그들에게 이르
셨다. 18 "보다시피 우리는 예루살렘으로 올라가고
있다. 거기에서 사람의 아들은 수석 사제들과 율
법 학자들에게 넘겨질 것이다. 그러면 그들은 사
람의 아들에게 사형을 선고하고, 19 그를 다른 민
족 사람들에게 넘겨 조롱하고 채찍질하고 나서 십
자가에 못 박게 할 것이다. 그러나 사람의 아들은
사흗날에 되살아날 것이다."

12,31 // 다니 7,26 그러나 법정이 열리고 그는 통치권을 빼앗겨 완전히 패망하고 멸망하리라. 27 나라와 통치권과 온 천하 나라들의 위력이 지극히 높으신 분의 거룩한 백성에게 주어지리라. 그들의 나라는 영원한 나라가 되고 모든 통치자가 그들을 섬기고 복종하리라.

12,31 // 창세 3,15 나는 너와 그 여자 사이에, 네 후손과 그 여자의 후손 사이에 적개심을 일으키리니 여자의 후손은 너의 머리에 상처를 입히고 너는 그의 발꿈치에 상처를 입히리라.

12,32 // 이사 52,13 보라, 나의 종은 성공을 거두리라. 그는 높이 올라 숭고해지고 더없이 존귀해지리라.

12,32 // 이사 53,12 그러므로 나는 그가 귀인들과 함께 제 몫을 차지하고 강자들과 함께 전리품을 나누게 하리라. 이는 그가 죽음에 이르기까지 자신을 버리고 무법자들 가운데 하나로 헤아려졌기 때문이다. 또 그가 많은 이들의 죄를 메고 갔으며 무법자들을 위하여 빌었기 때문이다.

12,32 // 이사 11,10 그날에 이러한 일이 일어나리라. 이사이의 뿌리가 민족들의 깃발로 세워져 겨레들이 그에게 찾아들고 그의 거처는 영광스럽게 되리라.

12,32 // 민수 21,8 그러자 주님께서 모세에게 말씀하셨다. "너는 불 뱀을 만들어 기둥 위에 달아 놓아라. 물린 자는 누구든지 그것을 보면 살게 될 것이다." 9 그리하여 모세는 구리 뱀을 만들어 그것을 기둥 위에 달아 놓았다. 뱀이 사람을 물었을 때, 그 사람이 구리 뱀을 쳐다보면 살아났다.

12,32 // 호세 11,4 나는 인정의 끈으로, 사랑의 줄로 그들을 끌어당겼으며 젖먹이처럼 들어 올려 볼을 비비고 몸을 굽혀 먹여 주었다.

12,34 // 시편 110,4 주님께서 맹세하시고 뉘우치지 않으시리이다. "너는 멜키체덱과 같이 영원한 사제다."

12,34 // 이사 9,6 다윗의 왕좌와 그의 왕국 위에 놓인 그 왕권은 강대하고 그 평화는 끝이 없으리이다. 그는 이제부터 영원까지 공정과 정의로 그 왕국을 굳게 세우고 지켜 가리이다. 만군의 주님의 열정이 이를 이루시리이다.

12,34 // 다니 7,14 그에게 통치권과 영광과 나라가 주어져 모든 민족들과 나라들, 언어가 다른 모든 사람들이 그를 섬기게 되었다. 그의 통치는 영원한 통치로서 사라지지 않고 그의 나라는 멸망하지 않는다.

12,34 // 시편 89,36 나의 거룩함을 걸고 이 하나를 맹세하였노라. 나는 결코 다윗을 속이지 않으리라. 37 그의 후손들은 영원히 존속하고 그의 왕좌는 태양같이 내 앞에 있으리라.

12,34 // 에제 37,25 내가 나의 종 야곱에게 준 땅, 너희 조상들이 살던 땅에서 살게 될 것이다. 그들만이 아니라 자자손손이 영원히 그곳에서 살며, 나의 종 다윗이 영원히 그들의 제후가 될 것이다.

12,34 // 2사무 7,13 그는 나의 이름을 위하여 집을 짓고, 나는 그 나라의 왕좌를 영원히 튼튼하게 할 것이다.

수난과 부활을 세 번째로 예고하시다 10,32-34

10,32 그들이 예루살렘으로 올라가는 길이었다. 예
수님께서는 제자들 앞에 서서 가고 계셨다. 그들
은 놀라워하고 또 뒤따르는 이들은 두려워하였다.
예수님께서 다시 열두 제자를 데리고 가시며, 당
신께 닥칠 일들을 그들에게 말씀하기 시작하셨다.
33 "보다시피 우리는 예루살렘으로 올라가고 있다.
거기에서 사람의 아들은 수석 사제들과 율법 학
자들에게 넘겨질 것이다. 그러면 그들은 사람의
아들에게 사형을 선고하고 그를 다른 민족 사람
들에게 넘겨 34 조롱하고 침 뱉고 채찍질하고 나서
죽이게 할 것이다. 그러나 사람의 아들은 사흘 만
에 다시 살아날 것이다."

수난과 부활을 세 번째로 예고하시다 18,31-34

18,31 예수님께서 열두 제자를 데리고 가시며 그들
에게 이르셨다. "보다시피 우리는 예루살렘으로
올라가고 있다. 이제 사람의 아들에 관하여 예언
자들이 기록한 모든 일이 이루어질 것이다. 32 사
람의 아들은 다른 민족 사람들에게 넘겨질 터인
데, 그들은 사람의 아들을 조롱하고 모욕하며 침
뱉을 것이다. 33 또 채찍질하고 나서 그를 죽일 것
이다. 그러나 사람의 아들은 사흘 만에 다시 살
아날 것이다."

예수님의 탄생 예고 1,26-38

1,33 "그분께서 야곱 집안을 영원히 다스리시리니
그분의 나라는 끝이 없을 것이다."

35 그러자 예수님께서 그들에게 이르셨다. "빛이 너
희 가운데에 있는 것도 잠시뿐이다. 빛이 너희 곁
에 있는 동안에 걸어가거라. 그래서 어둠이 너희
를 덮치지 못하게 하여라. 어둠 속을 걸어가는 사
람은 자기가 어디로 가는지 모른다. 36 빛이 너희
곁에 있는 동안에 그 빛을 믿어, 빛의 자녀가 되어
라." 예수님께서는 이렇게 말씀하시고 나서 그들
을 떠나 몸을 숨기셨다.

| 요한 12,28 // 13,31-32
| 요한 12,31 // 8,44; 14,30; 16,8-10; 16,11
| 요한 12,32-34 // 3,14; 6,44; 8,28
| 요한 12,35 // 13,33; 16,16
| 요한 12,35-36 // 7,33-34

단식 논쟁 - 새것과 헌것 9,14-17

9,15 예수님께서 그들에게 이르셨다. "혼인 잔치 손
님들이 신랑과 함께 있는 동안에 슬퍼할 수야 없
지 않으냐? 그러나 그들이 신랑을 빼앗길 날이 올
것이다. 그러면 그들도 단식할 것이다."

유다인들의 불신

요한 12,37-43

12,37-38 // 이사 53,1 우리가 들은 것을 누가 믿었던가? 주님의 권능이 누구에게 드러났던가?

37 예수님께서는 그들 앞에서 그토록 많은 표징을
일으키셨지만, 그들은 그분을 믿지 않았다. 38 이
는 이사야 예언자가 한 말이 이루어지려고 그리
된 것이다.
"주님, 저희가 전한 말을 누가 믿었습니까?
주님의 권능이 누구에게 드러났습니까?"

12,39-40 // 이사 6,9 그분께서 말씀하셨다. "너는 가서 저 백성에게 말하여라. '너희는 듣고 또 들어라. 그러나 깨닫지는 마라. 너희는 보고 또 보아라. 그러나 깨치지는 마라.' 10 너는 저 백성의 마음을 무디게 하고 그 귀를 어둡게 하며 그 눈을 들어붙게 하여라. 그들이 눈으로 보고 귀로 듣고 마음으로 깨닫고서는 돌아와 치유되는 일이 없게 하여라."

39 그들이 믿을 수 없었던 까닭을 이사야는 또 이
렇게 말하였다.
40 "주님이 그들의 눈을 멀게 하고
그들의 마음을 무디게 하였다.
이는 그들이 눈으로 보고 마음으로 깨닫고서는
돌아와
내가 그들을 고쳐 주는 일이 없게 하려는 것이다."

마태

비유로 말씀하신 이유 13,10-17

13,13 "내가 저 사람들에게 비유로 말하는 이유는
저들이 보아도 보지 못하고 들어도 듣지 못하고
깨닫지 못하기 때문이다.

14 이렇게 하여 이사야의 예언이 저 사람들에게 이
루어지는 것이다.
'너희는 듣고 또 들어도 깨닫지 못하고
보고 또 보아도 알아보지 못하리라.
15 저 백성이 마음은 무디고
귀로는 제대로 듣지 못하며
눈은 감았기 때문이다.
이는 그들이 눈으로 보고

단식 논쟁 - 새것과 헌것 2,18-22

2,19 예수님께서 그들에게 이르셨다. "혼인 잔치 손
님들이 신랑과 함께 있는 동안에 단식할 수야 없
지 않느냐? 신랑이 함께 있는 동안에는 단식할 수
없다. 20 그러나 그들이 신랑을 빼앗길 날이 올 것
이다. 그때에는 그들도 단식할 것이다."

단식 논쟁 - 새것과 헌것 5,33-39

5,34 예수님께서 그들에게 이르셨다. "혼인 잔치 손
님들이 신랑과 함께 있는 동안에 단식을 할 수야
없지 않느냐? 35 그러나 그들이 신랑을 빼앗길 날
이 올 것이다. 그때에는 그들도 단식할 것이다."

마르

비유로 말씀하신 이유 4,10-12

4,11 예수님께서 그들에게 대답하셨다. "너희에게는
하느님 나라의 신비가 주어졌지만, 저 바깥 사람
들에게는 모든 것이 그저 비유로만 다가간다.

12 '보고 또 보아도 알아보지 못하고
듣고 또 들어도 깨닫지 못하여
저들이 돌아와 용서받는 일이 없게 하려는 것이
다.'"

루카

비유로 말씀하신 이유 8,9-10

8,10 예수님께서 이르셨다. "너희에게는 하느님 나
라의 신비를 아는 것이 허락되었지만, 다른 이들
에게는 비유로만 말하였으니,

'저들이 보아도 알아보지 못하고
들어도 깨닫지 못하게 하려는 것이다.'"

12,41 // 이사 6,1 우찌야 임금이 죽던 해에, 나는 높이 솟아오른 어좌에 앉아 계시는 주님을 뵈었는데, 그분의 옷자락이 성전을 가득 채우고 있었다. 2 그분 위로는 사랍들이 있는데, 저마다 날개를 여섯씩 가지고서, 둘로는 얼굴을 가리고 둘로는 발을 가리고 둘로는 날아다녔다. 3 그리고 그들은 서로 주고받으며 외쳤다. "거룩하시다, 거룩하시다, 거룩하시다, 만군의 주님! 온 땅에 그분의 영광이 가득하다." 4 그 외치는 소리에 문지방 바닥이 뒤흔들리고 성전은 연기로 가득 찼다. 5 나는 말하였다. "큰일 났구나. 나는 이제 망했다. 나는 입술이 더러운 사람이다. 입술이 더러운 백성 가운데 살면서 임금이신 만군의 주님을 내 눈으로 뵙다니!"

41 이사야가 이렇게 말한 것은, 그가 예수님의 영
광을 보았기 때문이다. 그는 그분에 관하여 이야
기한 것이다. 42 사실 지도자들 가운데에서도 많은
사람이 예수님을 믿었지만, 바리사이들 때문에 회
당에서 내쫓길까 두려워 그것을 고백하지 못하였
다. 43 그들이 하느님에게서 받는 영광보다 사람에
게서 받는 영광을 더 사랑하였기 때문이다.

| 요한 12,37 // 20,30; 21,25
| 요한 12,37-38 // 1,11
| 요한 12,42-43 // 9,22

귀로 듣고
마음으로 깨닫고서는 돌아와
내가 그들을 고쳐 주는 일이 없게 하려는 것이다.'
13,16 그러나 너희의 눈은 볼 수 있으니 행복하고,
너희의 귀는 들을 수 있으니 행복하다. 17 내가 진
실로 너희에게 말한다. 많은 예언자와 의인이 너
희가 보는 것을 보고자 갈망하였지만 보지 못하
였고, 너희가 듣는 것을 듣고자 갈망하였지만 듣
지 못하였다."

예수님의 말씀과 심판

요한 12,44-50

12,46 // 이사 9,1 어둠 속을 걷던 백성이 큰 빛을 봅니다. 암흑의 땅에 사는 이들에게 빛이 비칩니다.

12,46 // 시편 27,1 주님은 나의 빛, 나의 구원. 나 누구를 두려워하랴? 주님은 내 생명의 요새. 나 누구를 무서워하랴?

12,46 // 이사 42,6 주님인 내가 의로움으로 너를 부르고 네 손을 붙잡아 주었다. 내가 너를 빚어 만들어 백성을 위한 계약이 되고 민족들의 빛이 되게 하였으니 7 보지 못하는 눈을 뜨게 하고 갇힌 이들을 감옥에서, 어둠 속에 앉아 있는 이들을 감방에서 풀어 주기 위함이다.

12,46 // 4바룩 9,14 사흘이 지난 뒤 예레미야의 영혼이 그의 몸으로 들어왔다. 그러자 그는 그들 한가운

44 예수님께서 큰 소리로 말씀하셨다. "나를 믿는
사람은 나를 믿는 것이 아니라 나를 보내신 분을
믿는 것이다. 45 그리고 나를 보는 사람은 나를 보
내신 분을 보는 것이다.

46 나는 빛으로서 이 세상에 왔다. 나를 믿는 사
람은 누구나 어둠 속에 머무르지 않게 하려는 것
이다.

마태

너희를 받아들이는 이들이 받을 상 10,40-42

10,40 "너희를 받아들이는 이는 나를 받아들이는
사람이고, 나를 받아들이는 이는 나를 보내신 분
을 받아들이는 사람이다."

갈릴래아 전도를 시작하시다 4,12-17

4,16 "어둠 속에 앉아 있는 백성이
큰 빛을 보았다.
죽음의 그림자가 드리운 고장에 앉아 있는 이들

12,41 // 마리아영면 40. 주님께서 그분의 어머니에게 이르셨다. "마리아!" 그러자 그녀가 대답하며 말하였다. "저 여기 있습니다, 주님!" 그러자 주님께서 그녀에게 말씀하셨다. "슬퍼하지 마세요! 오히려 어머니 마음은 기뻐하고 즐거워하세요! 당신은, 내 아버지께서 나에게 선사하신 영광을 바라보는 은총을 입었기 때문입니다."

마르

루카

회개하지 않는 고을들 10,13-16

10,16 "너희 말을 듣는 이는 내 말을 듣는 사람이
고, 너희를 물리치는 자는 나를 물리치는 사람이며, 나
를 물리치는 자는 나를 보내신 분을 물리치는 사람이다."

가장 큰 사람 9,33-37

9,37 "누구든지 이런 어린이 하나를 내 이름으로 받
아들이면 나를 받아들이는 것이다. 그리고 나를
받아들이는 사람은 나를 받아들이는 것이 아니
라 나를 보내신 분을 받아들이는 것이다."

가장 큰 사람 9,46-48

9,48 그들에게 이르셨다. "누구든지 이 어린이를 내
이름으로 받아들이면 나를 받아들이는 것이다.
그리고 나를 받아들이는 사람은 나를 보내신 분
을 받아들이는 것이다. 너희 가운데에서 가장 작
은 사람이야말로 가장 큰 사람이다."

12,46 // 토마 복음 77,1 예수님께서 말씀하셨다. "나는 그것들 모두 위에 있는 빛이다. 나는 모든 것이다. 모든 것이 바로 내게서 나왔고 또 모든 것이 내게로 왔다. [2] 나무를 쪼개 보아라. 내가 거기 있다. 돌을 들어 보아라. 거기서 나를 찾을 것이다."

즈카르야의 노래 1,67-79

1,78 "우리 하느님의 크신 자비로
높은 곳에서 별이 우리를 찾아오시어
79 어둠과 죽음의 그늘에 앉아 있는 이들을 비추

데서 소리를 높여 말하였다. "한 목소리로 하느님을 찬양하십시오! 여러분 모두 하느님과, 우리를 잠에서 깨어나게 해주시는 하느님의 아들 예수 그리스도를 찬양하십시오! 그분께서는 모든 시대들의 빛, 꺼지지 않는 등불, 신앙의 생명이십니다!"

12,49-50 // 신명 18,18 나는 그들을 위하여 그들의 동족 가운데에서 너와 같은 예언자 하나를 일으켜, 나의 말을 그의 입에 담아 줄 것이다. 그러면 그는 내가 그에게 명령하는 모든 것을 그들에게 일러 줄 것이다. 19 그가 내 이름으로 이르는 말을 듣지 않는 사람은 내가 직접 추궁할 것이다.

12,49-50 // 이사 50,4 주 하느님께서는 나에게 제자의 혀를 주시어 지친 이를 말로 격려할 줄 알게 하신다. 그분께서는 아침마다 일깨워 주신다. 내 귀를 일깨워 주시어 내가 제자들처럼 듣게 하신다. 5 주 하느님께서 내 귀를 열어 주시니 나는 거역하지도 않고 뒤로 물러서지도 않았다.

에게
빛이 떠올랐다."

47 누가 내 말을 듣고 그것을 지키지 않는다 하여
도, 나는 그를 심판하지 않는다. 나는 세상을 심
판하러 온 것이 아니라 세상을 구원하러 왔기 때
문이다.

출세와 섬김 20,20-28

20,28 "사람의 아들도 섬김을 받으러 온 것이 아니라 섬기러 왔고, 또 많은 이들의 몸값으로 자기 목숨을 바치러 왔다."

작은 이들을 업신여기지 마라 18,10-[11]

18,[11] "사람의 아들은 잃어버린 것들을 구하러 왔기 때문이다."

48 나를 물리치고 내 말을 받아들이지 않는 자를
심판하는 것이 따로 있다. 내가 한 바로 그 말이 마지막 날에 그를 심판할 것이다. 49 내가 스스로 말하
지 않고, 나를 보내신 아버지께서 무엇을 말하고 무엇을 이야기할 것인지 친히 나에게 명령하셨기 때
문이다. 50 나는 그분의 명령이 영원한 생명임을 안다. 그래서 내가 하는 말은 아버지께서 나에게 말씀
하신 그대로 하는 말이다."

| 요한 12,44-45 // 13,20
| 요한 12,45 // 14,7-9
| 요한 12,46 // 1,4-5; 1,9; 3,19-21; 8,12; 9,5
| 요한 12,49-50 // 8,28; 14,10-11; 17,7-8

제자들의 발을 씻어 주시다

요한 13,1-20

1 파스카 축제가 시작되기 전, 예수님께서는 이 세
상에서 아버지께로 건너가실 때가 온 것을 아셨
다. 그분께서는 이 세상에서 사랑하신 당신의 사
람들을 끝까지 사랑하셨다.

2 만찬 때의 일이다. 악마가 이미 시몬 이스카리옷
의 아들 유다의 마음속에 예수님을 팔아넘길 생
각을 불어넣었다.

마태

최후의 만찬을 준비하다 26,17-19

26,18 그러자 예수님께서 이르셨다. "도성 안으로 아무개를 찾아가, '선생님께서 '나의 때가 가까웠으니 내가 너의 집에서 제자들과 함께 파스카 축제를 지내겠다.' 하십니다.' 하여라."

유다가 예수님을 배신하다 26,14-16

26,14 그때에 열두 제자 가운데 하나로 유다 이스카
리옷이라는 자가 수석 사제들에게 가서, 15 "내가
그분을 여러분에게 넘겨주면 나에게 무엇을 주실
작정입니까?" 하고 물었다. 그들은 은돈 서른 닢

시고
우리 발을 평화의 길로 이끌어 주실 것이다."

출세와 섬김 10,35-45

10,45 "사실 사람의 아들은 섬김을 받으러 온 것이 아니라 섬기러 왔고, 또 많은 이들의 몸값으로 자기 목숨을 바치러 왔다."

예수님과 자캐오 19,1-10

19,10 "사람의 아들은 잃은 이들을 찾아 구원하러 왔다."

12,49 // 야고보의 둘째 묵시록 49. 나는 [아버지]의 아들이오. 나는 들은 대로 말하오. 나는 계명을 [받]은 대로 명령을 내리오. 나는 알아[낸] 대로 여러분에게 가르치오.

마르

겟세마니에서 기도하시다 14,32-42

14,41 예수님께서는 세 번째 오셔서 그들에게 말씀하셨다. "아직도 자고 있느냐? 아직도 쉬고 있느냐? 이제 되었다. 시간이 되어 사람의 아들은 죄인들의 손에 넘어간다."

유다가 예수님을 배신하다 14,10-11

14,10 열두 제자 가운데 하나인 유다 이스카리옷이 예수님을 수석 사제들에게 팔아넘기려고 그들을 찾아갔다.
11 그들은 그의 말을 듣고 기뻐하며 그에게 돈을 주기로 약속하였다. 그래서 유다는 예

루카

유다가 예수님을 배신하다 22,3-6

22,3 그런데 사탄이 열두 제자 가운데 하나로 이스카리옷이라고 하는 유다에게 들어갔다.
4 그리하여 그는 수석 사제들과 성전 경비대장들을 찾아가 그들에게 예수님을 넘길 방도를 함께 의논하

을 내주었다. 26,16 그때부터 유다는 예수님을 넘길
적당한 기회를 노렸다.

3 예수님께서는 아버지께서 모든 것을 당신 손에
내주셨다는 것을, 또 당신이 하느님에게서 나왔다
가 하느님께 돌아간다는 것을 아시고,

하느님 아버지와 아들 11,25-27

11,27 "나의 아버지께서는 모든 것을 나에게 넘겨주
셨다. 그래서 아버지 외에는 아무도 아들을 알지
못한다. 또 아들 외에는, 그리고 그가 아버지를 드
러내 보여 주려는 사람 외에는 아무도 아버지를
알지 못한다."

4 식탁에서 일어나시어 겉옷을 벗으시고 수건을
들어 허리에 두르셨다. 5 그리고 대야에 물을 부어 제자들의 발을 씻어 주시고, 허리에 두르신 수건으
로 닦기 시작하셨다.
6 그렇게 하여 예수님께서 시몬 베드로에게 이르시자 베드로가, "주님, 주님께서 제 발을 씻으시렵니까?"
하고 말하였다. 7 예수님께서는 "내가 하는 일을 네가 지금은 알지 못하지만 나중에는 깨닫게 될 것이
다." 하고 대답하셨다. 8 그래도 베드로가 예수님께 "제 발은 절대로 씻지 못하십니다." 하니, 예수님께
서 그에게 대답하셨다. "내가 너를 씻어 주지 않으면 너는 나와 함께 아무런 몫도 나누어 받지 못한다."
9 그러자 시몬 베드로가 예수님께 말하였다. "주님, 제 발만 아니라 손과 머리도 씻어 주십시오." 10 예수
님께서 그에게 말씀하셨다. "목욕을 한 이는 온몸이 깨끗하니 발만 씻으면 된다. 너희는 깨끗하다. 그
러나 다 그렇지는 않다." 11 예수님께서는 이미 당신을 팔아넘길 자를 알고 계셨다. 그래서 "너희가 다 깨
끗한 것은 아니다." 하고 말씀하신 것이다.
12 예수님께서는 제자들의 발을 씻어 주신 다음, 겉옷을 입으시고 다시 식탁에 앉으셔서 그들에게 이르
셨다. "내가 너희에게 한 일을 깨닫겠느냐? 13 너희가 나를 '스승님', 또 '주님' 하고 부르는데, 그렇게 하는
것이 옳다. 나는 사실 그러하다.
14 주님이며 스승인 내가 너희의 발을 씻었으면, 너
희도 서로 발을 씻어 주어야 한다. 15 내가 너희에
게 한 것처럼 너희도 하라고, 내가 본을 보여 준
것이다. 16 내가 진실로 진실로 너희에게 말한다.
종은 주인보다 높지 않고, 파견된 이는 파견한 이
보다 높지 않다. 17 이것을 알고 그대로 실천하면
너희는 행복하다.

출세와 섬김 20,20-28

20,26 "그러나 너희는 그래서는 안 된다. 너희 가운
데에서 높은 사람이 되려는 이는 너희를 섬기는
사람이 되어야 한다. 27 또한 너희 가운데에서 첫
째가 되려는 이는 너희의 종이 되어야 한다. 28 사
람의 아들도 섬김을 받으러 온 것이 아니라 섬기
러 왔고, 또 많은 이들의 몸값으로 자기 목숨을
바치러 왔다."

13,8 // 요셉과 아세넷 20,1 아세넷이 요셉에게 말하였다. "주군님, 어서 오세요! 저희 집으로 들어오세요." 아세넷은 그의 오른손을 잡고 그를 집으로 안내하였다. 2 그리고 요셉을 자기 아버지 페테프레스의 의자에 앉게 하였다. 그리고 그의 발을 씻을 물을 가져왔다. 그러자 요셉이 아세넷에게 말하였다. "이제 처녀들 가운데 하나를 데려와 내 발을 씻게 하시오!" 3 아세넷이 그에게 말하였다. "아닙니다. 주군님. 제 손은 당신의 손이며, 당신의 발은 제 발입니다. 그러니 다른 여자는 당신의 발을 절대 씻지 못할 것입니다." 그리고 아세넷은 뜻을 굽히지 않고 요셉의 발을 씻었다. 4 요셉은 아세넷의 오른손을 잡고 거기에 입을 맞추었다. 아세넷은 요셉의 머리에 입을 맞추었다.

수님을 넘길 적당한 기회를 노렸다.

였다. [22,5]그들은 기뻐하며 그에게 돈을 주기로 합의를 보았다. [6]유다는 그것에 동의하고, 군중이 없을 때에 예수님을 그들에게 넘길 적당한 기회를 노렸다.

하느님 아버지와 아들 10,21-24

[10,22]"나의 아버지께서는 모든 것을 나에게 넘겨주셨다. 그래서 아버지 외에는 아들이 누구인지 아무도 알지 못한다. 또 아들 외에는, 그리고 그가 아버지를 드러내 보여 주려는 사람 외에는 아버지께서 누구이신지 아무도 알지 못한다."

13,3 // 토마 복음 61,1 예수님께서 말씀하셨다. "두 사람이 침상 위에서 쉴 것이다. 그런데 한 사람은 죽고 한 사람은 살 것이다." [2]살로메가 말하였다. "당신은 누구시길래 하나이신 분에게서 나오신 이처럼 제 자리에 오르시고 제 식탁에서 드십니까?" [3]예수님께서 그녀에게 말씀하셨다. "나는 나누임이 없으신 분에게서 나온 이다. 나는 내 아버지의 것들을 받았다." [...] [4]"저는 당신의 제자입니다." [...] [5]"이 때문에 나는 말한다. 누군가 고립되면 그 사람은 빛으로 가득할 것이다. 그러나 그가 갈라지면 어둠으로 가득할 것이다."

출세와 섬김 10,35-45

[10,43]"그러나 너희는 그래서는 안 된다. 너희 가운데에서 높은 사람이 되려는 이는 너희를 섬기는 사람이 되어야 한다. [44]또한 너희 가운데에서 첫째가 되려는 이는 모든 이의 종이 되어야 한다. [45]사실 사람의 아들은 섬김을 받으러 온 것이 아니라 섬기러 왔고, 또 많은 이들의 몸값으로 자기 목숨을 바치러 왔다."

섬기는 사람이 되어라 22,24-27

[22,26]"그러나 너희는 그렇게 해서는 안 된다. 너희 가운데에서 가장 높은 사람은 가장 어린 사람처럼 되어야 하고 지도자는 섬기는 사람처럼 되어야 한다. [27]누가 더 높으냐? 식탁에 앉은 이냐, 아니면 시중들며 섬기는 이냐? 식탁에 앉은 이가 아니냐? 그러나 나는 섬기는 사람으로 너희 가운데에 있다."

13,18 // 시편 41,10 제가 믿어 온 친한 벗마저, 제 빵을 먹던 그마저 발꿈치를 치켜들며 저에게 대듭니다.
13,19 // 신명 18,21 "그런데 너희가 마음속으로, '주님께서 하지 않으신 말씀을 우리가 어떻게 알아낼 수 있을까?' 하고 생각할 수도 있을 것이다. 22 그러나 예언자가 주님의 이름으로 말하였는데도 그 말이 이루어지지 않거나 일어나지 않으면, 그것은 주님께서 하신 말씀이 아니라 예언자가 제멋대로 말한 것이므로, 너희는 그를 무서워해서는 안 된다."
13,19 // 이사 43,10 주님의 말씀이다. 너희가 나의 증인이다. 너희는 내가 선택한 나의 종이다. 이는 너희가 깨쳐서 나를 믿고 내가 바로 그 분임을 깨닫게 하려는 것이다. 나 이전에 신이 만들어진 일이 없고 나 이후에 어떤 신도 존재하지 않으리라.
13,19 // 탈출 3,14 하느님께서 모세에게 "나는 있는 나다." 하고 대답하시고, 이어서 말씀하셨다. "너는 이스라엘 자손들에게 ''있는 나' 께서 나를 너희에게 보내셨다.' 하여라."
13,19 // 신명 32,39 이제 너희는 보아라! 나, 바로 내가 그다. 나 말고는 하느님이 없다. 나는 죽이기도 하고 살리기도 한다. 나는 치기도 하고 고쳐 주기도 한다. 내 손에서 빠져나갈 자 하나도 없다.
13,19 // 이사 43,10 주님의 말씀이다. 너희가 나의 증인이다. 너희는 내가 선택한 나의 종이다. 이는 너희가 깨쳐서 나를 믿고 내가 바로 그 분임을 깨닫게 하려는 것이다. 나 이전에 신이 만들어진 일이 없고 나 이후에 어떤 신도 존재하지 않으리라.
13,19 // 4바룩 4,18 그러자 독수리는 죽은 자 위에 내려섰다. 그러자 그는 다시 생명을 얻었다. 19 이 일이 일어난 것은 그들이 믿게 하려는 것이었다.

18 내가 너희를 모두 가리켜 말하는 것은 아니다.
내가 뽑은 이들을 나는 안다. 그러나 '제 빵을 먹던 그가 발꿈치를 치켜들며 저에게 대들었습니다.'
라는 성경 말씀이 이루어져야 한다.
19 일이 일어나기 전에 내가 미리 너희에게 말해 둔다. 일이 일어날 때에 내가 나임을 너희가 믿게 하려는 것이다.

가장 큰 재난 24,15-28
25,25 "보라, 내가 너희에게 미리 말해 둔다."

20 내가 진실로 진실로 너희에게 말한다. 내가 보내는 이를 맞아들이는 사람은 나를 맞아들이는 것이고, 나를 맞아들이는 사람은 나를 보내신 분을 맞아들이는 것이다."

너희를 받아들이는 이들이 받을 상 10,40-42
10,40 "너희를 받아들이는 이는 나를 받아들이는 사람이고, 나를 받아들이는 이는 나를 보내신 분을 받아들이는 사람이다."

| 요한 13,1 // 7,6; 7,30; 8,20; 12,23; 17,1
| 요한 13,2 // 6,70-71; 13,27
| 요한 13,3 // 3,35; 16,28-30
| 요한 13,16 // 15,20ㄱ
| 요한 13,19 // 14,29; 16,1.4ㄱ
| 요한 13,20 // 12,44-45

유다가 배신할 것을 예고하시다

요한 13,21-30

21 예수님께서는 이렇게 이르시고 나서 마음이 산란하시어 드러내 놓고 말씀하셨다. "내가 진실로 진실로 너희에게 말한다. 너희 가운데 한 사람이 나를 팔아넘길 것이다." 22 제자들은 누구를 두고

마태 26,20-25(제자가 배신할 것을 예고하시다)

20 저녁때가 되자 예수님께서 열두 제자와 함께 식탁에 앉으셨다.
21 그들이 음식을 먹고 있을 때에 예수님께서 말씀하셨다. "내가 진실로 너희에게 말한다. 너희 가운데 한 사람이 나를 팔아넘길 것이다."

가장 큰 사람 9,33-37

9,35 예수님께서는 자리에 앉으셔서 열두 제자를 불
러 말씀하셨다. "누구든지 첫째가 되려면, 모든 이
의 꼴찌가 되고 모든 이의 종이 되어야 한다."

제자들에게 나타나시어 사명을 부여하시다 24,36-49

24,44 그리고 그들에게 이르셨다. "내가 전에 너희와
함께 있을 때에 말한 것처럼, 나에 관하여 모세의
율법과 예언서와 시편에 기록된 모든 것이 다 이
루어져야 한다."

가장 큰 사람 9,33-37

9,37 "누구든지 이런 어린이 하나를 내 이름으로 받
아들이면 나를 받아들이는 것이다. 그리고 나를
받아들이는 사람은 나를 받아들이는 것이 아니
라 나를 보내신 분을 받아들이는 것이다."

가장 큰 사람 9,46-48

9,48 그들에게 이르셨다. "누구든지 이 어린이를 내
이름으로 받아들이면 나를 받아들이는 것이다.
그리고 나를 받아들이는 사람은 나를 보내신 분
을 받아들이는 것이다. 너희 가운데에서 가장 작
은 사람이야말로 가장 큰 사람이다."

회개하지 않는 고을들 10,13-16

10,16 "너희 말을 듣는 이는 내 말을 듣는 사람이
고, 너희를 물리치는 자는 나를 물리치는 사람이
며, 나를 물리치는 자는 나를 보내신 분을 물리
치는 사람이다."

마르 14,17-21(제자가 배신할 것을 예고하시다)

17 저녁때가 되자 예수님께서 제자들과 함께 그곳
으로 가셨다.
18 그들이 식탁에 앉아 음식을 먹고 있을 때에 예
수님께서 말씀하셨다. "내가 진실로 너희에게 말
한다. 너희 가운데 한 사람, 나와 함께 음식을 먹
고 있는 자가 나를 팔아넘길 것이다."

루카 22,21-23(제자가 배신할 것을 예고하시다)

21 "그러나 보라, 나를 팔아넘길 자가 지금 나와 함
께 이 식탁에 앉아 있다. 22 사람의 아들은 정해진
대로 간다. 그러나 불행하여라, 사람의 아들을 팔
아넘기는 그 사람!"

하시는 말씀인지 몰라 어리둥절하여 서로 바라보
기만 하였다.
23 제자 가운데 한 사람이 예수님 품에 기대어 앉
아 있었는데, 그는 예수님께서 사랑하시는 제자였
다. 24 그래서 시몬 베드로가 그에게 고갯짓을 하
여, 예수님께서 말씀하시는 사람이 누구인지 여
쭈어 보게 하였다. 25 그 제자가 예수님께 더 다가
가, "주님, 그가 누구입니까?" 하고 물었다.

26,22 그러자 그들은 몹시 근심하며 저마다 "주님,
저는 아니겠지요?" 하고 묻기 시작하였다.

26 예수님께서는 "내가 빵을 적셔서 주는 자가 바
로 그 사람이다." 하고 대답하셨다.

23 예수님께서 그들에게 대답하셨다. "나와 함께
대접에 손을 넣어 빵을 적시는 자, 그자가 나를
팔아넘길 것이다. 24 사람의 아들은 자기에 관하
여 성경에 기록된 대로 떠나간다. 그러나 불행하
여라, 사람의 아들을 팔아넘기는 그 사람! 그 사
람은 차라리 태어나지 않았더라면 자신에게 더 좋
았을 것이다."
25 예수님을 팔아넘길 유다가 "스승님, 저는 아니겠
지요?" 하고 묻자, 예수님께서 그에게 "네가 그렇
게 말하였다." 하고 대답하셨다.

그리고 빵을 적신 다음 그것을 들어 시몬 이스카
리옷의 아들 유다에게 주셨다.

27 유다가 그 빵을 받자 사탄이 그에게 들어갔다. 그때에 예수님께서 유다에게 말씀하셨다. "네가 하려
는 일을 어서 하여라." 28 식탁에 함께 앉은 이들은 예수님께서 그에게 왜 그런 말씀을 하셨는지 아무도
몰랐다. 29 어떤 이들은 유다가 돈주머니를 가지고 있었으므로, 예수님께서 그에게 축제에 필요한 것을
사라고 하셨거나, 또는 가난한 이들에게 무엇을 주라고 말씀하신 것이려니 생각하였다.

13,27 // 1역대 21,1 사탄이 이스라엘을 거슬러 일어나, 이스라엘의 인구를 조사하도록 다윗을 부추겼다.

13,27 // 욥 1,12 그러자 주님께서 사탄에게 이르셨다. "좋다, 그의 모든 소유를 네 손에 넘긴다. 다만 그에게는 손을 대지 마라." 이에 사탄은 주님 앞에서 물러갔다.

30 유다는 빵을 받고 바로 밖으로 나갔다. 때는 밤
이었다.

- 요한 13,21 // 6,70-71
- 요한 13,23-25 // 21,20
- 요한 13,26-27 // 6,70-71
- 요한 13,27 // 12,4-6; 13,2

유다가 예수님을 배신하다 26,14-16

26,14 그때에 열두 제자 가운데 하나로 유다 이스카
리옷이라는 자가 수석 사제들에게 가서, 15 "내가
그분을 여러분에게 넘겨주면 나에게 무엇을 주실
작정입니까?" 하고 물었다. 그들은 은돈 서른 닢
을 내주었다. 16 그때부터 유다는 예수님을 넘길 적
당한 기회를 노렸다.

14,19 그러자 그들은 근심하며 차례로 "저는 아니겠
지요?" 하고 묻기 시작하였다.

22,23 그러자 사도들은 자기들 가운데 그러한 짓을
저지를 자가 도대체 누구일까 하고 서로 묻기 시
작하였다.

20 예수님께서 그들에게 이르셨다. "그는 열둘 가
운데 하나로서 나와 함께 같은 대접에 빵을 적
시는 사람이다. 21 사람의 아들은 자기에 관하여
성경에 기록된 대로 떠나간다. 그러나 불행하여
라, 사람의 아들을 팔아넘기는 그 사람! 그 사람
은 차라리 태어나지 않았더라면 자신에게 더 좋
았을 것이다."

유다가 예수님을 배신하다 22,3-6

22,3 그런데 사탄이 열두 제자 가운데 하나로 이스
카리옷이라고 하는 유다에게 들어갔다.

유다가 예수님을 배신하다 14,10-11

14,10 열두 제자 가운데 하나인 유다 이스카리옷이
예수님을 수석 사제들에게 팔아넘기려고 그들을
찾아갔다. 11 그들은 그의 말을 듣고 기뻐하며 그
에게 돈을 주기로 약속하였다. 그래서 유다는 예
수님을 넘길 적당한 기회를 노렸다.

4 그리하여 그는 수석 사제들과 성전 경비대장들
을 찾아가 그들에게 예수님을 넘길 방도를 함께
의논하였다. 5 그들은 기뻐하며 그에게 돈을 주기
로 합의를 보았다. 6 유다는 그것에 동의하고, 군
중이 없을 때에 예수님을 그들에게 넘길 적당한
기회를 노렸다.

새 계명

요한 13,31-35

31 유다가 나간 뒤에 예수님께서 말씀하셨다. "이
제 사람의 아들이 영광스럽게 되었고, 또 사람의
아들을 통하여 하느님께서도 영광스럽게 되셨다.
32 하느님께서 사람의 아들을 통하여 영광스럽게
되셨으면, 하느님께서도 몸소 사람의 아들을 영
광스럽게 하실 것이다. 이제 곧 그를 영광스럽게
하실 것이다.
33 얘들아, 내가 너희와 함께 있는 것도 잠시뿐이
다. 너희는 나를 찾을 터인데, 내가 유다인들에게
말한 것처럼 이제 너희에게도 말한다. '내가 가는
곳에 너희는 올 수 없다.'

마태

예수님을 어떻게 따라야 하는가 16,24-28

16,27 "사람의 아들이 아버지의 영광에 싸여 천사
들과 함께 올 터인데, 그때에 각자에게 그 행실대
로 갚을 것이다."

예루살렘을 두고 한탄하시다 23,37-39

23,39 "내가 너희에게 말한다. 너희가 '주님의 이름으
로 오시는 분은 복되시어라.' 하고 말할 때까지, 정
녕 나를 다시는 보지 못할 것이다."

어떤 여자가 예수님의 머리에 향유를 붓다 26,6-13

26,11 "사실 가난한 이들은 늘 너희 곁에 있지만, 나
는 늘 너희 곁에 있지는 않을 것이다."

13,34 // 레위 19,18 너희는 동포에게 앙갚음하거나 앙심을 품어서는 안 된다. 네 이웃을 너 자신처럼 사랑해야 한다. 나는 주님이다.

13,34 // 레위 19,34 너희와 함께 머무르는 이방인을 너희 본토인 가운데 한 사람처럼 여겨야 한다. 그를 너 자신처럼 사랑해야 한다. 너희도 이집트 땅에서 이방인이었다. 나는 주 너희 하느님이다.

34 내가 너희에게 새 계명을 준다. 서로 사랑하여
라. 내가 너희를 사랑한 것처럼 너희도 서로 사랑
하여라. 35 너희가 서로 사랑하면, 모든 사람이 그
것을 보고 너희가 내 제자라는 것을 알게 될 것
이다."

| 요한 13,31-32 // 12,23; 12,28; 17,1.5
| 요한 13,33 // 7,33-34; 8,21; 12,35; 16,16; 17,11
| 요한 13,34 // 14,20-21
| 요한 13,35 // 15,12.13.17

가장 큰 계명 22,34-40

22,39 "둘째도 이와 같다. '네 이웃을 너 자신처럼 사
랑해야 한다.'는 것이다."

마르

예수님을 어떻게 따라야 하는가 8,34—9,1

8,38 "절개 없고 죄 많은 이 세대에서 누구든지 나와 내 말을 부끄럽게 여기면, 사람의 아들도 아버지의 영광에 싸여 거룩한 천사들과 함께 올 때에 그를 부끄럽게 여길 것이다."

어떤 여자가 예수님의 머리에 향유를 붓다 14,3-9

14,7 "사실 가난한 이들은 늘 너희 곁에 있으니, 너희가 원하기만 하면 언제든지 그들에게 잘해 줄 수 있다. 그러나 나는 늘 너희 곁에 있지는 않을 것이다."

가장 큰 계명 12,28-34

12,31 "둘째는 이것이다. '네 이웃을 너 자신처럼 사랑해야 한다.' 이보다 더 큰 계명은 없다."

루카

예수님을 어떻게 따라야 하는가 9,23-27

9,26 "누구든지 나와 내 말을 부끄럽게 여기면, 사람의 아들도 자기의 영광과 아버지와 거룩한 천사들의 영광에 싸여 올 때에 그를 부끄럽게 여길 것이다."

예루살렘을 두고 한탄하시다 13,34-35

13,35 "보라, 너희 집은 버려질 것이다. 내가 너희에게 말한다. 너희가 '주님의 이름으로 오시는 분은 복되시어라.' 하고 말할 날이 올 때까지, 정녕 나를 보지 못할 것이다."

가장 큰 계명 10,25-28

10,27 그가 "'네 마음을 다하고 네 목숨을 다하고 네 힘을 다하고 네 정신을 다하여 주 너의 하느님을 사랑하고' '네 이웃을 너 자신처럼 사랑해야 한다.' 하였습니다." 하고 대답하자,

13,33 // 토마 복음 59,1 예수님께서 말씀하셨다. "너희가 살아 있는 동안에 살아 계신 분을 바라보아라. 그래야 죽지 않을 것이며, 그분을 보려고 해도 보지 못하는 일이 없을 것이다."

13,35 // 사도들의 편지 18. 나는 그분께 어떤 것이 되었다. 곧 [나는] 예형 면에서 완전한 생[각이다]. 나는 주일인 여덟[째] 날에 생겨났다. 너희는 나에게 일어난 구원을 통하여 완전성의 완성을 보게 될 것이다. 그리고 너희는 내가 하늘에 계신 내 아버지를 향하여 하늘에 올라가는 것을 보게 될 것이다. 자, 내가 너희에게 새 계명을 준다. 너희는 서로 사랑하여라.

베드로가 당신을 모른다고 할 것을 예고하시다

요한 13,36-38

36 시몬 베드로가 예수님께 "주님, 어디로 가십니
까?" 하고 물었다. 예수님께서는 그에게, "내가 가
는 곳에 네가 지금은 따라올 수 없다. 그러나 나
중에는 따라오게 될 것이다." 하고 대답하셨다.

37 베드로가 다시 "주님, 어찌하여 지금은 주님을
따라갈 수 없습니까? 주님을 위해서라면 저는 목
숨까지 내놓겠습니다." 하자,
38 예수님께서 대답하셨다. "나를 위하여 목숨을
내놓겠다는 말이냐? 내가 진실로 진실로 너에게
말한다. 닭이 울기 전에 너는 세 번이나 나를 모
른다고 할 것이다."

| 요한 13,36 // 21,18-19
| 요한 13,37 // 6,68-69
| 요한 13,37-38 // 21,15-17

마태 26,31-35

31 그때에 예수님께서 제자들에게 말씀하셨다. "오
늘 밤에 너희는 모두 나에게서 떨어져 나갈 것이
다. 성경에
'내가 목자를 치리니
양 떼가 흩어지리라.'고
기록되어 있기 때문이다. 32 그러나 나는 되살아나
서 너희보다 먼저 갈릴래아로 갈 것이다."

33 그러자 베드로가 예수님께 말하였다. "모두 스
승님에게서 떨어져 나갈지라도, 저는 결코 떨어져
나가지 않을 것입니다."
34 예수님께서 그에게 말씀하셨다. "내가 진실로 너
에게 말한다. 오늘 밤 닭이 울기 전에 너는 세 번
이나 나를 모른다고 할 것이다."

35 베드로가 다시 예수님께 말하였다. "스승님과 함
께 죽는 한이 있더라도, 저는 스승님을 모른다고
하지 않겠습니다." 다른 제자들도 모두 그렇게 말
하였다.

아버지께 가는 길

요한 14,1-14

1 "너희 마음이 산란해지는 일이 없도록 하여라.
하느님을 믿고 또 나를 믿어라.

14,1 // 이사 41,10 나 너와 함께 있으니 두려워하지 마라. 내가 너의 하느님이니 겁내지 마라. 내가 너의 힘을 북돋우고 너를 도와주리라. 내 의로운 오른팔로 너를 붙들어 주리라.

14,1 // 시편 56,4 제가 무서워 떠는 날 저는 당신께 의지합니다.

마태

세상 걱정과 하느님의 나라 6,25-34

6,31 "그러므로 너희는 '무엇을 먹을까?', '무엇을 마
실까?', '무엇을 차려입을까?' 하며 걱정하지 마라.
32 이런 것들은 모두 다른 민족들이 애써 찾는 것
이다. 하늘의 너희 아버지께서는 이 모든 것이 너희에게 필
요함을 아신다. 33 너희는 먼저 하느님의 나라와 그분의 의로
움을 찾아라. 그러면 이 모든 것도 곁들여 받게 될 것이다."

마르 14,27-31

27 예수님께서 제자들에게 말씀하셨다. "너희는 모
두 떨어져 나갈 것이다. 성경에
'내가 목자를 치리니
양들이 흩어지리라.'고
기록되어 있다. 28 그러나 나는 되살아나서 너희보
다 먼저 갈릴래아로 갈 것이다."

29 그러자 베드로가 예수님께 말하였다. "모두 떨
어져 나갈지라도 저는 그러지 않을 것입니다."

30 예수님께서 그에게 말씀하셨다. "내가 진실로 너
에게 말한다. 오늘 이 밤, 닭이 두 번 울기 전에 너
는 세 번이나 나를 모른다고 할 것이다."

31 그러자 베드로가 더욱 힘주어 장담하였다. "스
승님과 함께 죽는 한이 있더라도, 저는 결코 스승
님을 모른다고 하지 않겠습니다." 다른 이들도 모
두 그렇게 말하였다.

루카 22,31-34

31 "시몬아, 시몬아! 보라, 사탄이 너희를 밀처럼 체
질하겠다고 나섰다. 32 그러나 나는 너의 믿음이 꺼
지지 않도록 너를 위하여 기도하였다. 그러니 네
가 돌아오거든 네 형제들의 힘을 북돋아 주어라."

33 베드로가 "주님, 저는 주님과 함께라면 감옥에
갈 준비도 되어 있고 죽을 준비도 되어 있습니다."
하고 말하였다.

34 그러자 예수님께서 말씀하셨다. "베드로야, 내
가 너에게 말한다. 오늘 닭이 울기 전에 너는 세
번이나 나를 모른다고 할 것이다."

13,36-38 // 파윰 단편. 1 [...] 그분께서
(그들을 데리고) 나가[시며] 말[씀]
하셨다. "[바로] 오늘 밤에 [너희는
모]두 걸려 넘어질 것이다. 성경에
'내가 [목자를] 치리[니] 양들이 흩
어지리라'고 쓰여 있는 [대로다]."
2 그러자 베드로가 [말하였다]. "모
두 그렇게 한다 해도 [저는] 그러
지 않을 [것입니다]." 3 [예수님께
서 말씀하셨다]. "닭이 두 번 울[기
전]에 [너는 세 번이나 나를 모]른
다고 할 것이다. [...] "

마르

루카

세상 걱정과 하느님의 나라 12,22-32

12,29 "너희는 무엇을 먹을까, 무엇을 마실까 하고
찾지 마라. 염려하지 마라. 30 이런 것들은 모두 이
세상 다른 민족들이 애써 찾는 것이다. 너희의 아
버지께서는 이것들이 너희에게 필요함을 아신다.
31 오히려 너희는 그분의 나라를 찾아라. 그러면 이
것들도 곁들여 받게 될 것이다."

14,2 // 2바룩 48,6 당신께서는 사라지
는 수와 남겨지는 수를 정하십니
다. 그리고 앞으로 오기로 된 이들
을 위해 그들이 머물 집을 마련하
십니다.

2 내 아버지의 집에는 거처할 곳이 많다. 그렇지 않
으면 내가 너희를 위하여 자리를 마련하러 간다
고 말하였겠느냐?

최후의 심판 25,31-46

25,34 "그때에 임금이 자기 오른쪽에 있는 이들에게
이렇게 말할 것이다. '내 아버지께 복을 받은 이들
아, 와서, 세상 창조 때부터 너희를 위하여 준비된
나라를 차지하여라.'"

14,3 // 요셉과 아세넷 15,7 '회개'는 지극
히 높으신 분의 딸인 까닭이다. '회
개'는 매 순간, 너를 위해 그리고
회개하는 모든 이를 위해 지극히
높으신 분께 탄원한다. 그분께서
는 '회개'의 아버지시요, '회개'는
동정녀들의 어머니기 때문이다.
그리고 '회개'는 매 순간 회개하는
이들을 위해 그분께 간청한다. '회
개'가 자기를 사랑하는 이들을 위
해 천상의 신방을 마련해 두었기
때문이다. '회개'는 영원히 그들에
게 시중들 것이다. 8 '회개'는 몹시
아름답고 깨끗하고 순결하고 온
유한 신부다. 지극히 높으신 하느
님께서 '회개'를 사랑하시고, 모든
천사들이 그를 존경한다.

3 내가 가서 너희를 위하여 자리를 마련하면, 다시
와서 너희를 데려다가 내가 있는 곳에 너희도 같
이 있게 하겠다. 4 너희는 내가 어디로 가는지 그
길을 알고 있다." 5 그러자 토마스가 예수님께 말
하였다. "주님, 저희는 주님께서 어디로 가시는지
알지도 못하는데, 어떻게 그 길을 알 수 있겠습니
까?" 6 예수님께서 그에게 말씀하셨다. "나는 길이
요 진리요 생명이다. 나를 통하지 않고서는 아무
도 아버지께 갈 수 없다.
7 너희가 나를 알게 되었으니 내 아버지도 알게 될
것이다. 이제부터 너희는 그분을 아는 것이고, 또
그분을 이미 뵌 것이다."
8 필립보가 예수님께, "주님, 저희가 아버지를 뵙게
해 주십시오. 저희에게는 그것으로 충분하겠습니
다." 하자, 9 예수님께서 그에게 말씀하셨다. "필립

사람의 아들이 오시는 날 24,29-31

24,30 "그때 하늘에 사람의 아들의 표징이 나타날
것이다. 그러면 세상 모든 민족들이 가슴을 치면
서, '사람의 아들이' 큰 권능과 영광을 떨치며 '하
늘의 구름을 타고 오는 것을' 볼 것이다. 31 그리고
그는 큰 나팔 소리와 함께 자기 천사들을 보낼 터
인데, 그들은 그가 선택한 이들을 하늘 이 끝에서
저 끝까지 사방에서 모을 것이다."

하느님 아버지와 아들 11,25-27

11,27 "나의 아버지께서는 모든 것을 나에게 넘겨주
셨다. 그래서 아버지 외에는 아무도 아들을 알지
못한다. 또 아들 외에는, 그리고 그가 아버지를 드
러내 보여 주려는 사람 외에는 아무도 아버지를
알지 못한다."

보아, 내가 이토록 오랫동안 너희와 함께 지냈는데도, 너는 나를 모른다는 말이냐? 나를 본 사람은 곧
아버지를 뵌 것이다. 그런데 너는 어찌하여 '저희가 아버지를 뵙게 해 주십시오.' 하느냐? 10 내가 아버
지 안에 있고 아버지께서 내 안에 계시다는 것을 너는 믿지 않느냐? 내가 너희에게 하는 말은 나 스
스로 하는 말이 아니다. 내 안에 머무르시는 아버지께서 당신의 일을 하시는 것이다. 11 내가 아버지 안
에 있고 아버지께서 내 안에 계시다고 한 말을 믿어라. 믿지 못하겠거든 이 일들을 보아서라도 믿어라.

14,13 // 2역대 7,14 내 이름으로 불리
는 내 백성이 자신들을 낮추고 기
도하며 나를 찾고 악한 길에서 돌
아서면, 내가 하늘에서 듣고 그들
의 죄를 용서하며 그들의 땅을 회
복시켜 주겠다.
14,13 // 예레 33,3 "나를 불러라. 그러
면 내가 너에게 대답해 주고, 네가
몰랐던 큰일과 숨겨진 일들을 너
에게 알려 주겠다."
14,13 // 이사 65,24 그들이 부르기도
전에 내가 대답하고 그들이 말을
마치기도 전에 내가 들어 주리라.

12 내가 진실로 진실로 너희에게 말한다. 나를 믿
는 사람은 내가 하는 일을 할 뿐만 아니라, 그보
다 더 큰 일도 하게 될 것이다. 내가 아버지께 가
기 때문이다. 13 너희가 내 이름으로 청하는 것은
무엇이든지 내가 다 이루어 주겠다. 그리하여 아

무화과나무를 저주하시다 21,18-22

21,21 예수님께서 그들에게 대답하셨다. "내가 진실
로 너희에게 말한다. 너희가 믿음을 가지고 의심
하지 않으면, 이 무화과나무에 일어난 일을 할 수
있을 뿐만 아니라, 이 산더러 '들려서 저 바다에
빠져라.' 하여도 그대로 이루어질 것이다. 22 그리고

사람의 아들이 오시는 날 13,24-27

13,26 "그때에 '사람의 아들이' 큰 권능과 영광을 떨
치며 '구름을 타고 오는 것을' 사람들이 볼 것이
다. 27 그때에 사람의 아들은 천사들을 보내어, 자
기가 선택한 이들을 땅끝에서 하늘 끝까지 사방
에서 모을 것이다."

말라 버린 무화과나무의 교훈 11,20-25

11,23 "내가 진실로 너희에게 말한다. 누구든지 이
산더러 '들려서 저 바다에 빠져라.' 하면서, 마음속
으로 의심하지 않고 자기가 말하는 대로 이루어
진다고 믿으면, 그대로 될 것이다. 24 그러므로 내
가 너희에게 말한다. 너희가 기도하며 청하는 것

사람의 아들이 오시는 날 21,25-28

21,27 "그때에 '사람의 아들이' 권능과 큰 영광을 떨
치며 '구름을 타고 오는 것을' 사람들이 볼 것이
다. 28 이러한 일들이 일어나기 시작하거든 허리를
펴고 머리를 들어라. 너희의 속량이 가까웠기 때
문이다."

하느님 아버지와 아들 10,21-24

10,22 "나의 아버지께서는 모든 것을 나에게 넘겨주
셨다. 그래서 아버지 외에는 아들이 누구인지 아
무도 알지 못한다. 또 아들 외에는, 그리고 그가
아버지를 드러내 보여 주려는 사람 외에는 아버지
께서 누구이신지 아무도 알지 못한다."

14,3 // 사도들의 편지 28. 그분께서 말씀하셨습니다. "진실로 너[희]에게 말한다. 나를 믿은 모든 사람과 나를 보내신 분을 믿[은] 모든 사람을, 내 아버지께서 뽑힌 이들을 위해 [마련해] 두신 곳, 하늘로 [데리고] 올라갈 것이다. 그리고 너희에게 안식과 영원한 생명이 있는 선택된 하늘 나라를 줄 것이다.

14,3 // 사도들의 편지 21. 진실로 너희에게 말한다. 내 아버지께서 나를 죽은 이들 가운데서 일으키신 것과 같은 모양으로 너희도 똑같이 일어날 것이다. 또한 너희는 하늘 위로 들어 올려질 것이다. 그곳은 처음부터 내가 너희에게 말했던 곳이며, 나를 보내신 분께서 너희를 위해 마련해 두신 곳이다. 나는 바로 이런 식으로 모든 구원 계획을 완수할 것이다. 나는 태어남 없이 생겨났으나 사람들 가운데 태어났으며, 육신이 없으나 육신을 둘렀다. 내가 이것 때문에 왔기 때문이다.

14,6 // 니코데모 복음 3,2 빌라도가 말하였다. "그렇다면 당신은 임금이오?" 예수님께서 말씀하셨다. "네가 말하였다. 나는 이것을 위해 곧 진리를 증언하려고 태어났다. 누군가 진리의 사람이라면 내 말을 믿고 그것을 실천한다." 빌라도가 말하였다. "진리가 무엇이오?" 예수님께서 답하셨다. "진리는 하늘에서 나온다." 빌라도가 말하였다. "진리가 땅에는 없소?" 그리스도께서 말씀하셨다. "내가 진리다. 그러니 지상의 권한을 가진 사람들에 의해 어떻게 진리가 심판받을 수 있겠느냐?"

14,10-20 // 사도들의 편지 17. 우리는 그분께 말하였습니다. "그런데 당신께서 '내가 곧 오겠다!'고 저희에게 말씀하신 것은 무슨 뜻입니까? 어떻게 '곧 오실 분은 나를 보내신 분이시다'라고 하십니까?" 그러자 그분께서 우리에게 말씀하셨습니다. "닮은 형상, 능력과 완전성, 빛, 온전한 규격과 소리를 통하여, 나는 온전히 내 아버지 안에 있고 내 아버지는 내 안에 계신다. 나는 로고스다."

14,10-20 // 필립보 복음 74. 아버지는 아들 안에, 아들은 아버지 안에 계셨습니다. 하늘 나라는 이러합니다.

14,11 // 토마 복음 59,1 예수님께서 말씀하셨다. "너희가 살아 있는 동안에 살아 계신 분을 바라보아라. 그래야 죽지 않을 것이며, 그분을 보려고 해도 보지 못하는 일이 없을 것이다."

버지께서 아들을 통하여 영광스럽게 되시도록 하
겠다. 14 너희가 내 이름으로 청하면 내가 다 이루
어 주겠다."

| 요한 14,1 // 14,27-28
| 요한 14,3 // 17,24
| 요한 14,6-7 // 10,9; 17,3
| 요한 14,7-9 // 1,18; 8,19; 12,45; 17,3; 17,26
| 요한 14,10 // 8,28; 17,7-8; 17,21-23
| 요한 14,10-11 // 5,19; 6,38; 8,28; 10,30; 12,49-50; 17,21
| 요한 14,13-14 // 15,7; 15,16; 16,24

너희가 기도할 때에 믿고 청하는 것은 무엇이든지
다 받을 것이다."

청하여라, 찾아라, 문을 두드려라 7,7-11

7,7 "청하여라, 너희에게 주실 것이다. 찾아라, 너희
가 얻을 것이다. 문을 두드려라, 너희에게 열릴 것
이다. 8 누구든지 청하는 이는 받고, 찾는 이는 얻
고, 문을 두드리는 이에게는 열릴 것이다."

베드로가 예수님을 그리스도라고 고백하다 16,13-20

16,17 그러자 예수님께서 그에게 이르셨다. "시몬 바
르요나야, 너는 행복하다! 살과 피가 아니라 하늘
에 계신 내 아버지께서 그것을 너에게 알려 주셨
기 때문이다. 18 나 또한 너에게 말한다. 너는 베드
로이다. 내가 이 반석 위에 내 교회를 세울 터인즉,
저승의 세력도 그것을 이기지 못할 것이다."

성령을 약속하시다

14,15 // 신명 10,12 "이제 이스라엘아, 주 너희 하느님께서 너희에게 요구하시는 것이 무엇이겠느냐? 그것은 주 너희 하느님을 경외하고, 그분의 모든 길을 따라 걸으며 그분을 사랑하고, 마음을 다하고 목숨을 다하여 주 너희 하느님을 섬기는 것, 13 그리고 너희가 잘되도록 오늘 내가 너희에게 명령하는 주님의 계명과 규정들을 지키는 것이다."

14,16-17 // 요엘 3,1 그런 다음에 나는 모든 사람에게 내 영을 부어 주리라. 그리하여 너희 아들딸들은 예언을 하고 노인들은 꿈을 꾸며 젊은이들은 환시를 보리라. 2 그날에 남종들과 여종들에게도 내 영을 부어 주리라.

요한 14,15-31

15 "너희가 나를 사랑하면 내 계명을 지킬 것이다.

16 그리고 내가 아버지께 청하면, 아버지께서는 다
른 보호자를 너희에게 보내시어, 영원히 너희와
함께 있도록 하실 것이다.

마태

가장 큰 계명 22,34-40

22,37 예수님께서 그에게 말씀하셨다. "'네 마음을
다하고 네 목숨을 다하고 네 정신을 다하여 주 너
의 하느님을 사랑해야 한다.' 38 이것이 가장 크고
첫째가는 계명이다."

주님의 뜻을 실천하여라 7,21-23

7,21 "나에게 '주님, 주님!' 한다고 모두 하늘 나라에
들어가는 것이 아니다. 하늘에 계신 내 아버지의
뜻을 실행하는 이라야 들어간다."

마르

이 무엇이든 그것을 이미 받은 줄로 믿어라. 그러면 너희에게 그대로 이루어질 것이다."

루카

청하여라, 찾아라, 문을 두드려라 11,9-13

11,9 "내가 너희에게 말한다. 청하여라, 너희에게 주실 것이다. 찾아라, 너희가 얻을 것이다. 문을 두드려라, 너희에게 열릴 것이다. 10 누구든지 청하는 이는 받고, 찾는 이는 얻고, 문을 두드리는 이에게는 열릴 것이다."

신약 외경

14,13-14 // 토마 복음 94 예수님께서 [말씀하셨]다. "찾는 자는 찾을 것이다. [두드리는 이에게는] 열릴 것이다."

14,13-14 // 토마 복음 92,1 예수님께서 말씀하셨다. "찾아라, 찾을 것이다. 2 너희가 나에게 물은 것들을, 전에는 말해 주지 않았지만 지금은 말해 주고 싶구나. 그런데도 너희는 그것들을 찾으려 하지 않는다."

14,15-21 // 사도들의 편지 24. [그분께서] 우리에게 화를 내시며 말씀하셨습니다. "불신자들아! 너희는 언제까지 질문만 하려느냐? 그러나 너희가 원하는 것을 내게 말해 보아라. 나는 악의 없이 너희에게 말해 주겠다. 다만 내 계명을 지키고 내가 너희에게 말하는 것들을 실행하여라. 그리고 어느 누구에게서도 얼굴을 돌리지 마라. 그러면 나도 내 얼굴을 너희에게서 돌리지 않겠다. 주저하거나 수줍어하지 말고 어떤 사람이든 상관없이 곧고 좁고 협소한 길에서 봉사하여라. 내 아버지의 방식이 바로 그러하다. 그분께서 너희를 보고 기뻐하실 것이다."

14,15-21 // 사도들의 편지 39. 사람아, 너는 무엇 때문에 나를 떠나고 나를 부인했느냐? 그리고 나를 믿는다고 고백했다가 무엇 때문에 나를 부인했느냐? 사람은 저마다 살 권한과 죽을 권한이 있지 않느냐? 내 계명들을 지킨 사람은, 빛 곧 내 안에 계신 아버지의 자녀가 될 것이다. 나는 내 말들을 파괴하는 사람들 때문에 하늘에서 내려왔다. 나는 로고스다.

마르

가장 큰 계명 12,28-34

12,29 예수님께서 대답하셨다. "첫째는 이것이다. '이스라엘아, 들어라. 주 우리 하느님은 한 분이신 주님이시다. 30 그러므로 너는 마음을 다하고 목숨을 다하고 정신을 다하고 힘을 다하여 주 너의 하느님을 사랑해야 한다.'"

루카

가장 큰 계명 10,25-28

10,27 그가 "'네 마음을 다하고 네 목숨을 다하고 네 힘을 다하고 네 정신을 다하여 주 너의 하느님을 사랑하고' '네 이웃을 너 자신처럼 사랑해야 한다.' 하였습니다." 하고 대답하자,

내 말을 실행하여라 6,46-49

6,46 "너희는 어찌하여 나를 '주님, 주님!' 하고 부르면서, 내가 말하는 것은 실행하지 않느냐?"

14,16-17 // 이사 11,2 그 위에 주님의
영이 머무르리니 지혜와 슬기의
영 경륜과 용맹의 영 지식의 영과
주님을 경외함이다.
14,16-17 // 에제 36,27 나는 또 너희 안
에 내 영을 넣어 주어, 너희가 나
의 규정들을 따르고 나의 법규들
을 준수하여 지키게 하겠다.

17 그분은 진리의 영이시다. 세상은 그분을 보지
도 못하고 알지도 못하기 때문에 그분을 받아들
이지 못하지만, 너희는 그분을 알고 있다. 그분께
서 너희와 함께 머무르시고 너희 안에 계시기 때
문이다.
18 나는 너희를 고아로 버려두지 않고 너희에게 다
시 오겠다. 19 이제 조금만 있으면, 세상은 나를 보
지 못하겠지만 너희는 나를 보게 될 것이다. 내
가 살아 있고 너희도 살아 있을 것이기 때문이
다. 20 그날, 너희는 내가 아버지 안에 있고 또 너
희가 내 안에 있으며 내가 너희 안에 있음을 깨닫
게 될 것이다.
21 내 계명을 받아 지키는 이야말로 나를 사랑하
는 사람이다. 나를 사랑하는 사람은 내 아버지께
사랑을 받을 것이다. 그리고 나도 그를 사랑하고
그에게 나 자신을 드러내 보일 것이다."

박해를 각오하여라 10,16-25
10,20 "사실 말하는 이는 너희가 아니라 너희 안에
서 말씀하시는 아버지의 영이시다."

제자들에게 나타나시어 사명을 부여하시다 28,16-20
28,20 "내가 너희에게 명령한 모든 것을 가르쳐 지키
게 하여라. 보라, 내가 세상 끝 날까지 언제나 너
희와 함께 있겠다."

주님의 뜻을 실천하여라 7,21-23
7,21 "나에게 '주님, 주님!' 한다고 모두 하늘 나라에
들어가는 것이 아니다. 하늘에 계신 내 아버지의
뜻을 실행하는 이라야 들어간다."

22 이스카리옷이 아닌 다른 유다가 예수님께, "주님, 저희에게는 주님 자신을 드러내시고 세상에는 드러
내지 않으시겠다니 무슨 까닭입니까?" 하자, 23 예수님께서 그에게 대답하셨다. "누구든지 나를 사랑하
면 내 말을 지킬 것이다. 그러면 내 아버지께서 그를 사랑하시고, 우리가 그에게 가서 그와 함께 살 것
이다. 24 그러나 나를 사랑하지 않는 사람은 내 말을 지키지 않는다. 너희가 듣는 말은 내 말이 아니라
나를 보내신 아버지의 말씀이다. 25 나는 너희와 함
께 있는 동안에 이것들을 이야기하였다.
26 보호자, 곧 아버지께서 내 이름으로 보내실 성
령께서 너희에게 모든 것을 가르치시고 내가 너
희에게 말한 모든 것을 기억하게 해 주실 것이다.
27 나는 너희에게 평화를 남기고 간다. 내 평화를
너희에게 준다. 내가 주는 평화는 세상이 주는 평
화와 같지 않다. 너희 마음이 산란해지는 일도, 겁
을 내는 일도 없도록 하여라. 28 '나는 갔다가 너희
에게 돌아온다.'고 한 내 말을 너희는 들었다. 너

14,27 // 이사 26,3 한결같은 심성을
지닌 그들에게 당신께서 평화를,
평화를 베푸시니 그들이 당신을
신뢰하기 때문입니다.
14,27 // 이사 9,5 우리에게 한 아기가
태어났고 우리에게 한 아들이 주
어졌습니다. 왕권이 그의 어깨에
놓이고 그의 이름은 놀라운 경륜
가, 용맹한 하느님, 영원한 아버지
평화의 군왕이라 불리리이다.

내 멍에를 메어라 11,28-30
11,28 "고생하며 무거운 짐을 진 너희는 모두 나에게
오너라. 내가 너희에게 안식을 주겠다. 29 나는 마
음이 온유하고 겸손하니 내 멍에를 메고 나에게
배워라. 그러면 너희가 안식을 얻을 것이다. 30 정
녕 내 멍에는 편하고 내 짐은 가볍다."

14,20 // 필립보 복음 74. 아버지는 아들
안에, 아들은 아버지 안에 계셨습
니다. 하늘 나라는 이러합니다.

내 말을 실행하여라 6,46-49

6,46 "너희는 어찌하여 나를 '주님, 주님!' 하고 부르
면서, 내가 말하는 것은 실행하지 않느냐?"

14,26 // 목수요셉 30,3 당신께서는 우리에게 명하시며 이렇게 말씀하셨습니다. "내가 너희에게 힘을 주고 너희에게 내 아버지의 소리 곧 보호자 성령을 보내면, 그리고 내가 거룩한 복음을 선포하도록 너희를 파견하면, 너희는 내 사랑하는 아버지 요셉도 선포하여라."

14,27 // 사도들의 편지 30. 나는 너희에게 내 평화를 주겠다. 그리고 내 영을 통하여 너희가 그들에게 영원한 생명을 예언할 수 있도록 너희에게 능력을 주겠다. 다른 사람들에게도 내 힘을 줄 터이니 그들은 다른 민족들을 가르칠 것이다.

14,27 // 마리아 복음 8. 복되신 분께서 이 말씀을 하신 다음 그들을 모두 안아 주시며 말씀하셨습니다. "평화가 너희와 함께 하기를! 내 평화를 받아라! 아무도 '보라, 이쪽이다. 보라, 저쪽이다' 하고 말하면서 너희를 오류로 이끌지 않도록 조심하여라. 사람의 아들은 너희 가운데 있기 때문이다. 그분의 뒤를 따라라! 그분을 찾는 사람은 그분을 발견할 것이다."

두려워하지 말고 복음을 선포하여라 12,2-12

12,12 "너희가 해야 할 말을 성령께서 그때에 알려
주실 것이다."

즈카르야의 노래 1,67-79

1,79 "어둠과 죽음의 그늘에 앉아 있는 이들을 비
추시고
우리 발을 평화의 길로 이끌어 주실 것이다."

희가 나를 사랑한다면 내가 아버지께 가는 것을
기뻐할 것이다. 아버지께서 나보다 위대하신 분이
시기 때문이다.
29 나는 일이 일어나기 전에 너희에게 미리 말하였
다. 일이 일어날 때에 너희가 믿게 하려는 것이다.

14,29 // 4바룩 4,18 그러자 독수리는 죽은 자 위에 내려섰다. 그러자 그는 다시 생명을 얻었다. [19] 이 일이 일어난 것은 그들이 믿게 하려는 것이었다.

가장 큰 재난 24,15-28

24,25 "보라, 내가 너희에게 미리 말해 둔다. 26 그러
므로 사람들이 너희에게 '보라, 광야에 계시다.' 하
더라도 나가지 마라. '보라, 골방에 계시다.' 하더라
도 믿지 마라. 27 동쪽에서 친 번개가 서쪽까지 비
추듯 사람의 아들의 재림도 그러할 것이다."

30 나는 너희와 더 이상 많은 이야기를 나누지 않
겠다. 이 세상의 우두머리가 오고 있기 때문이다.
그는 나에게 아무 권한도 없다.

광야에서 유혹을 받으시다 4,1-11

4,8 악마는 다시 그분을 매우 높은 산으로 데리고
가서, 세상의 모든 나라와 그 영광을 보여 주며,
9 "당신이 땅에 엎드려 나에게 경배하면 저 모든
것을 당신에게 주겠소." 하고 말하였다.

31 그러나 내가 아버지를 사랑한다는 것과 아버지
께서 명령하신 대로 내가 한다는 것을 세상이 알
아야 한다.
일어나 가자."

겟세마니에서 기도하시다 26,36-46

26,46 "일어나 가자. 보라, 나를 팔아넘길 자가 가까
이 왔다."

| 요한 14,15 // 14,21-24; 15,10.14
| 요한 14,16-17 // 14,26; 15,26; 16,7.13
| 요한 14,19 // 16,16
| 요한 14,20 // 15,4-5.10; 17,21-23.26
| 요한 14,20-21 // 13,34-35
| 요한 14,21 // 14,23; 15,10; 16,27; 17,26
| 요한 14,21-24 // 14,15
| 요한 14,23 // 14,21; 15,10; 16,27
| 요한 14,26 // 15,26; 16,7-8.13-15
| 요한 14,27 // 16,33
| 요한 14,27-28 // 14,1
| 요한 14,29 // 16,1; 19,35
| 요한 14,30 // 12,31
| 요한 14,31 // 17,4

가장 큰 재난 13,14-23

13,22 "거짓 그리스도들과 거짓 예언자들이 나타나,
할 수만 있으면 선택된 이들까지 속이려고 표징
과 이적들을 일으킬 것이다. 23 그러니 너희는 조
심하여라. 내가 이 모든 일을 너희에게 미리 말
해 둔다."

광야에서 유혹을 받으시다 4,1-13

4,6 그분께 말하였다. "내가 저 나라들의 모든 권세
와 영광을 당신에게 주겠소. 내가 받은 것이니 내
가 원하는 이에게 주는 것이오. 7 당신이 내 앞에
경배하면 모두 당신 차지가 될 것이오."

불을 지르러 왔다 12,49-50

12,50 "내가 받아야 하는 세례가 있다. 이 일이 다 이
루어질 때까지 내가 얼마나 짓눌릴 것인가?"

겟세마니에서 기도하시다 14,32-42

14,42 "일어나 가자. 보라, 나를 팔아넘길 자가 가까
이 왔다."

나는 참포도나무다

요한 15,1-17

1 “나는 참포도나무요 나의 아버지는 농부이시다. 2 나에게 붙어 있으면서 열매를 맺지 않는 가지는 아버지께서 다 쳐 내시고, 열매를 맺는 가지는 모두 깨끗이 손질하시어 더 많은 열매를 맺게 하신다. 3 너희는 내가 너희에게 한 말로 이미 깨끗하게 되었다. 4 내 안에 머물러라. 나도 너희 안에 머무르겠다. 가지가 포도나무에 붙어 있지 않으면 스스로 열매를 맺을 수 없는 것처럼, 너희도 내 안에 머무르지 않으면 열매를 맺지 못한다. 5 나는 포도나무요 너희는 가지다. 내 안에 머무르고 나도 그 안에 머무르는 사람은 많은 열매를 맺는다. 너희는 나 없이 아무것도 하지 못한다. 6 내 안에 머무르지 않으면 잘린 가지처럼 밖에 던져져 말라 버린다. 그러면 사람들이 그런 가지들을 모아 불에 던져 태워 버린다.

마태

열매를 보면 나무를 안다 7,15-20

7,15 “너희는 거짓 예언자들을 조심하여라. 그들은 양의 옷차림을 하고 너희에게 오지만 속은 게걸든 이리들이다. 16 너희는 그들이 맺은 열매를 보고 그들을 알아볼 수 있다. 가시나무에서 어떻게 포도를 거두어들이고, 엉겅퀴에서 어떻게 무화과를 거두어들이겠느냐? 17 이와 같이 좋은 나무는 모두 좋은 열매를 맺고 나쁜 나무는 나쁜 열매를 맺는다. 18 좋은 나무가 나쁜 열매를 맺을 수 없고 나쁜 나무가 좋은 열매를 맺을 수 없다. 19 좋은 열매를 맺지 않는 나무는 모두 잘려 불에 던져진다. 20 그러므로 너희는 그들이 맺은 열매를 보고 그들을 알아볼 수 있다.”

세례자 요한의 설교 3,1-12

3,10 “도끼가 이미 나무뿌리에 닿아 있다. 좋은 열매를 맺지 않는 나무는 모두 찍혀서 불 속에 던져진다.”

가라지의 비유를 설명하시다 13,36-43

13,40 “그러므로 가라지를 거두어 불에 태우듯이, 세상 종말에도 그렇게 될 것이다. 41 사람의 아들이 자기 천사들을 보낼 터인데, 그들은 그의 나라에서 남을 죄짓게 하는 모든 자들과 불의를 저지르는 자들을 거두어, 42 불구덩이에 던져 버릴 것이다. 그러면 그들은 거기에서 울며 이를 갈 것이다.”

15,1-6 // 이사 5,1 내 친구를 위하여 나는 노래하리라, 내 애인이 자기 포도밭을 두고 부른 노래를. 내 친구에게는 기름진 산등성이에 포도밭이 하나 있었네. 2 땅을 일구고 돌을 골라내어 좋은 포도나무를 심었네. 그 가운데에 탑을 세우고 포도 확도 만들었네. 그러고는 좋은 포도가 맺기를 바랐는데 들포도를 맺었다네. 3 자 이제, 예루살렘 주민들아 유다 사람들아 나와 내 포도밭 사이에 시비를 가려다오! 4 내 포도밭을 위하여 내가 무엇을 더 해야 했더란 말이냐? 내가 해 주지 않은 것이 무엇이란 말이냐? 나는 좋은 포도가 맺기를 바랐는데 어찌하여 들포도를 맺었느냐? 5 이제 내가 내 포도밭에 무슨 일을 하려는지 너희에게 알려 주리라. 울타리를 걷어치워 뜯어 먹히게 하고 담을 허물어 짓밟히게 하리라. 6 그것을 황폐하게 내버려두어 가지치기도 못 하고 김매기도 못 하게 하여 가시덤불과 엉겅퀴가 올라오게 하리라. 또 구름에게 명령하여 그 위에 비를 내리지 못하게 하리라. 7 만군의 주님의 포도밭은 이스라엘 집안이요 유다 사람들은 그분께서 좋아하시는 나무라네. 그분께서는 공정을 바라셨는데 피 흘림이 웬 말이냐? 정의를 바라셨는데 울부짖음이 웬 말이냐?

15,1 // 2바룩 39,7 그러나 그 완결의 때가 가까이 다가오면 그것도 몰락할 것이다. 그 다음에는 샘이나 포도나무와 비슷한 나의 메시아의 주권이 드러날 것이다. 그 주권이 드러날 때 그것은 그의 큰 군대를 뿌리째 뽑아버릴 것이다.

15,1-6 // 에제 15,1 주님의 말씀이 나에게 내렸다. 2 “사람의 아들아, 포도나무가 다른 어떤 나무보다, 숲의 나무들 사이에 있는 덩굴보다 나은 게 무엇이냐? 3 거기에서 무엇을 만들 재목이 나오겠느냐? 아니면 무엇이라도 걸어 둘 못을 만들 수 있겠느냐? 4 보아라, 그것은 땔감으로 불에 들어간다. 양쪽 끝은 불에 타 버리고 가운데는 그을렸으니 그것을 무엇에 쓰겠느냐? 5 그것이 온글 때에도 무엇 하나 만들 수 없었는데 하물며 불에 타고 그을렸으니 무엇을 만들 수 있겠느냐? 6 그러므로 주 하느님이 말한다. 숲의 나무들 사이에 있는 포도나무를 땔감으로 불에 집어넣듯이 너가 예루살렘 주민들도 그렇게 하리라. 7 나는 그들에게 얼굴을 돌리리라. 그들이 불에서 빠져나온다 해도 불이 다시 그들을 삼켜 버리리라. 이렇게 내가 그들에게 얼굴을 돌릴 때에야 너희는 내가 주님임을 알게 되리라. 8 그들이 배신을 하였기에 나는 그 땅을 황무지가 되게 하리라. 주 하느님의 말이다.”

15,6 // 예레 5,10 그들의 포도밭 두둑 사이로 올라가 파괴하여라. 그러나 끝장은 내지 말고 그 가지들만 잘라 내어라. 그것들은 주님에게 속해 있지 않다.

마르

루카

열매를 맺지 못하는 무화과나무의 비유 13,6-9

13,6 예수님께서 이러한 비유를 말씀하셨다. "어떤
사람이 자기 포도밭에 무화과나무 한 그루를 심
어 놓았다. 그리고 나중에 가서 그 나무에 열매
가 달렸나 하고 찾아보았지만 하나도 찾지 못하였
다. 7 그래서 포도 재배인에게 일렀다. '보게, 내가
삼 년째 와서 이 무화과나무에 열매가 달렸나 하
고 찾아보지만 하나도 찾지 못하네. 그러니 이것
을 잘라 버리게. 땅만 버릴 이유가 없지 않은가?'
8 그러자 포도 재배인이 그에게 대답하였다. '주인
님, 이 나무를 올해만 그냥 두시지요. 그동안에
제가 그 둘레를 파서 거름을 주겠습니다. 9 그러
면 내년에는 열매를 맺겠지요. 그러지 않으면 잘
라 버리십시오.'"

세례자 요한의 설교 3,1-18

3,9 "도끼가 이미 나무뿌리에 닿아 있다. 좋은 열
매를 맺지 않는 나무는 모두 찍혀서 불 속에 던
져진다."

15,7 // 예레 29,12 그러니 너희가 나를 부르며 다가와 나에게 기도하면 너희 기도를 들어 주겠다. [13] 너희가 나를 찾으면 나를 만나게 될 것이다. 온 마음으로 나를 구하면 [14] 내가 너희를 만나 주겠다.

15,7 // 시편 91,15 그가 나를 부르면 나 그에게 대답하고 환난 가운데 내가 그와 함께 있으며 그를 해방하여 영예롭게 하리라.

15,7 // 이사 65,24 그들이 부르기도 전에 내가 대답하고 그들이 말을 마치기도 전에 내가 들어 주리라.

[7] 너희가 내 안에 머무르고 내 말이 너희 안에 머무르면, 너희가 원하는 것은 무엇이든지 청하여라. 너희에게 그대로 이루어질 것이다.

무화과나무를 저주하시다 21,18-22

21,22 "그리고 너희가 기도할 때에 믿고 청하는 것은 무엇이든지 다 받을 것이다."

청하여라, 찾아라, 문을 두드려라 7,7-11

7,7 "청하여라, 너희에게 주실 것이다. 찾아라, 너희가 얻을 것이다. 문을 두드려라, 너희에게 열릴 것이다."

[8] 너희가 많은 열매를 맺고 내 제자가 되면, 그것으
로 내 아버지께서 영광스럽게 되실 것이다. [9] 아버지께서 나를 사랑하신 것처럼 나도 너희를 사랑하였
다. 너희는 내 사랑 안에 머물러라. [10] 내가 내 아버지의 계명을 지켜 그분의 사랑 안에 머무르는 것처럼,
너희도 내 계명을 지키면 내 사랑 안에 머무를 것이다.
[11] 내가 너희에게 이 말을 한 이유는, 내 기쁨이 너희 안에 있고 또 너희 기쁨이 충만하게 하려는 것이다.

[12] 이것이 나의 계명이다. 내가 너희를 사랑한 것처
럼 너희도 서로 사랑하여라. [13] 친구들을 위하여
목숨을 내놓는 것보다 더 큰 사랑은 없다.

가장 큰 계명 22,34-40

22,39 "둘째도 이와 같다. '네 이웃을 너 자신처럼 사랑해야 한다.'는 것이다."

출세와 섬김 20,20-28

20,28 "사람의 아들도 섬김을 받으러 온 것이 아니라 섬기러 왔고, 또 많은 이들의 몸값으로 자기 목숨을 바치러 왔다."

[14] 내가 너희에게 명령하는 것을 실천하면 너희는 나의 친구가 된다.

예수님의 참가족 12,46-50

12,50 "하늘에 계신 내 아버지의 뜻을 실행하는 사람이 내 형제요 누이요 어머니다."

말라 버린 무화과나무의 교훈 11,20-25

11,24 "그러므로 내가 너희에게 말한다. 너희가 기도
하며 청하는 것이 무엇이든 그것을 이미 받은 줄
로 믿어라. 그러면 너희에게 그대로 이루어질 것
이다."

청하여라, 찾아라, 문을 두드려라 11,9-13

11,9 "내가 너희에게 말한다. 청하여라, 너희에게 주
실 것이다. 찾아라, 너희가 얻을 것이다. 문을 두
드려라, 너희에게 열릴 것이다."

15,10 // 사도들의 편지 24. [그분께서] 우리에게 화를 내시며 말씀하셨습니다. "불신자들아! 너희는 언제까지 질문만 하려느냐? 그러나 너희가 원하는 것을 내게 말해 보아라. 나는 악의 없이 너희에게 말해 주겠다. 다만 내 계명을 지키고 내가 너희에게 말하는 것들을 실행하여라. 그리고 어느 누구에게서도 얼굴을 돌리지 마라. 그러면 나도 내 얼굴을 너희에게서 돌리지 않겠다. 주저하거나 수줍어하지 말고 어떤 사람이든 상관없이 곧고 좁고 협소한 길에서 봉사하여라. 내 아버지의 방식이 바로 그러하다. 그분께서 너희를 보고 기뻐하실 것이다."

15,10 // 사도들의 편지 39. 사람아, 너는 무엇 때문에 나를 떠나고 나를 부인했느냐? 그리고 나를 믿는다고 고백했다가 무엇 때문에 나를 부인했느냐? 사람은 저마다 살 권한과 죽을 권한이 있지 않느냐? 내 계명들을 지킨 사람은, 빛 곧 내 안에 계신 아버지의 자녀가 될 것이다. 나는 내 말들을 파괴하는 사람들 때문에 하늘에서 내려왔다. 나는 로고스다.

가장 큰 계명 12,28-34

12,31 "둘째는 이것이다. '네 이웃을 너 자신처럼 사
랑해야 한다.' 이보다 더 큰 계명은 없다."

가장 큰 계명 10,25-28

10,27 그가 "'네 마음을 다하고 네 목숨을 다하고 네
힘을 다하고 네 정신을 다하여 주 너의 하느님을
사랑하고' '네 이웃을 너 자신처럼 사랑해야 한다.'
하였습니다." 하고 대답하자, 28 예수님께서 그에게
이르셨다. "옳게 대답하였다. 그렇게 하여라. 그러
면 네가 살 것이다."

출세와 섬김 10,35-45

10,45 "사실 사람의 아들은 섬김을 받으러 온 것이
아니라 섬기러 왔고, 또 많은 이들의 몸값으로 자
기 목숨을 바치러 왔다."

성찬례를 제정하시다 22,14-20

22,19 예수님께서는 또 빵을 들고 감사를 드리신 다
음, 그것을 떼어 사도들에게 주시며 말씀하셨다.
"이는 너희를 위하여 내어 주는 내 몸이다. 너희
는 나를 기억하여 이를 행하여라." 20 또 만찬을 드
신 뒤에 같은 방식으로 잔을 들어 말씀하셨다.
"이 잔은 너희를 위하여 흘리는 내 피로 맺는 새
계약이다."

예수님의 참가족 3,31-35

3,35 "하느님의 뜻을 실행하는 사람이 바로 내 형제
요 누이요 어머니다."

예수님의 참가족 8,19-21

8,21 그러자 예수님께서 그들에게 이르셨다. "내 어
머니와 내 형제들은 하느님의 말씀을 듣고 실행하
는 이 사람들이다."

15 나는 너희를 더 이상 종이라고 부르지 않는다.
종은 주인이 하는 일을 모르기 때문이다. 나는 너
희를 친구라고 불렀다. 내가 내 아버지에게서 들
은 것을 너희에게 모두 알려 주었기 때문이다.

하느님 아버지와 아들 11,25-27

11,27 "나의 아버지께서는 모든 것을 나에게 넘겨주
셨다. 그래서 아버지 외에는 아무도 아들을 알지
못한다. 또 아들 외에는, 그리고 그가 아버지를 드
러내 보여 주려는 사람 외에는 아무도 아버지를
알지 못한다."

16 너희가 나를 뽑은 것이 아니라 내가 너희를 뽑
아 세웠다. 너희가 가서 열매를 맺어 너희의 그 열
매가 언제나 남아 있게 하려는 것이다. 그리하여
너희가 내 이름으로 아버지께 청하는 것을 그분께
서 너희에게 주시게 하려는 것이다.

열두 사도를 뽑으시다 10,1-4

10,1 예수님께서 열두 제자를 가까이 부르시고 그
들에게 더러운 영들에 대한 권한을 주시어, 그것
들을 쫓아내고 병자와 허약한 이들을 모두 고쳐
주게 하셨다.

17 내가 너희에게 명령하는 것은 이것이다. 서로 사
랑하여라."

| 요한 15,4 // 8,31; 14,20; 17,21-23
| 요한 15,4-5 // 14,20; 17,21-23
| 요한 15,7 // 14,13-14; 16,24
| 요한 15,8 // 8,31
| 요한 15,9-10 // 17,26
| 요한 15,10 // 14,15.20.21.23; 17,21-23
| 요한 15,12.13.17 // 13,34-35
| 요한 15,14 // 14,15
| 요한 15,16 // 14,13-14; 16,24

가장 큰 계명 22,34-40

22,39 "둘째도 이와 같다. '네 이웃을 너 자신처럼 사
랑해야 한다.'는 것이다."

세상이 너희를 미워할 것이다

요한 15,18—16,4ㄱ

18 "세상이 너희를 미워하거든 너희보다 먼저 나를
미워하였다는 것을 알아라. 19 너희가 세상에 속한
다면 세상은 너희를 자기 사람으로 사랑할 것이
다. 그러나 너희가 세상에 속하지 않을 뿐만 아니
라 내가 너희를 세상에서 뽑았기 때문에, 세상이
너희를 미워하는 것이다.

마태

하느님 아버지와 아들 10,21-24 (루카)

10,22 "나의 아버지께서는 모든 것을 나에게 넘겨주
셨다. 그래서 아버지 외에는 아들이 누구인지 아
무도 알지 못한다. 또 아들 외에는, 그리고 그가
아버지를 드러내 보여 주려는 사람 외에는 아버지
께서 누구이신지 아무도 알지 못한다."

열두 사도를 뽑으시다 3,13-19 (마르)

3,14 그분께서는 열둘을 세우시고 그들을 사도라
이름하셨다. 그들을 당신과 함께 지내게 하시고,
그들을 파견하시어 복음을 선포하게 하시며, 15 마
귀들을 쫓아내는 권한을 가지게 하시려는 것이
었다.

열두 사도를 뽑으시다 6,12-16 (루카)

6,13 그리고 날이 새자 제자들을 부르시어 그들 가
운데에서 열둘을 뽑으셨다. 그들을 사도라고도 부
르셨는데,

가장 큰 계명 12,28-34 (마르)

12,31 "둘째는 이것이다. '네 이웃을 너 자신처럼 사
랑해야 한다.' 이보다 더 큰 계명은 없다."

가장 큰 계명 10,25-28 (루카)

10,27 그가 "'네 마음을 다하고 네 목숨을 다하고 네
힘을 다하고 네 정신을 다하여 주 너의 하느님을
사랑하고' '네 이웃을 너 자신처럼 사랑해야 한다.'
하였습니다." 하고 대답하자, 28 예수님께서 그에게
이르셨다. "옳게 대답하였다. 그렇게 하여라. 그러
면 네가 살 것이다."

15,16 // 토마 복음 94 예수님께서 [말씀하셨]다. "찾는 자는 찾을 것이다. [두드리는 이에게는] 열릴 것이다."

15,16 // 사도들의 편지 28. 그분께서 말씀하셨습니다. "진실로 너[희]에게 말한다. 나를 믿은 모든 사람과 나를 보내신 분을 믿[은] 모든 사람을, 내 아버지께서 뽑힌 이들을 위해 [마련해] 두신 곳, 하늘로 [데리고] 올라갈 것이다. 그리고 너희에게 안식과 영원한 생명이 있는 선택된 하늘 나라를 줄 것이다.

15,17 // 토마 복음 25 예수님께서 말씀하셨다. "네 형제를 네 영혼처럼 사랑하여라. 그를 네 눈의 눈동자처럼 지켜주어라."

15,17 // 사도들의 편지 18. 나는 그분께 어떤 것이 되었다. 곧 [나는] 예형면에서 완전한 생[각이다]. 나는 주일인 여덟[째] 날에 생겨났다. 너희는 나에게 일어난 구원을 통하여 완전성의 완성을 보게 될 것이다. 그리고 너희는 내가 하늘에 계신 내 아버지를 향하여 하늘에 올라가는 것을 보게 될 것이다. 자, 내가 너희에게 새 계명을 준다. 너희는 서로 사랑하여라.

마르

루카

[20]'종은 주인보다 높지 않다.'고 내가 너희에게 한
말을 기억하여라.

박해를 각오하여라 10,16-25
[10,24]"제자는 스승보다 높지 않고 종은 주인보다
높지 않다."

사람들이 나를 박해하였으면 너희도 박해할 것이
고, 내 말을 지켰으면 너희 말도 지킬 것이다. [21]그
러나 그들은 내 이름 때문에 너희에게 그 모든 일
을 저지를 것이다. 그들이 나를 보내신 분을 알지
못하기 때문이다.

재난의 시작 24,3-14
[24,9]"그때에 사람들이 너희를 환난 속에 몰아넣고
죽일 것이다. 너희는 내 이름 때문에 모든 민족
들에게 미움을 받을 것이다. [10]그러면 많은 사람
이 떨어져 나가 서로 팔아넘기고 서로 미워하며,
[11]거짓 예언자들이 많이 나타나 많은 이를 속일
것이다. [12]또 불법이 성하여 많은 이의 사랑이 식
어 갈 것이다."

[22]내가 와서 그들에게 말하지 않았으면 그들은 죄가 없었을 것이다. 그러나 이제는 자기들의 죄를 변명
할 구실이 없다. [23]나를 미워하는 자는 내 아버지까지 미워한다. [24]일찍이 다른 그 누구도 하지 못한 일
들을 내가 그들 가운데에서 하지 않았으면, 그들은 죄가 없었을 것이다. 그러나 그들은 내가 한 일을 보
고 나와 내 아버지까지 미워하였다. [25]이는 그들의 율법에 '그들은 까닭 없이 저를 미워하였습니다.'라고
기록된 말이 이루어지려고 그리된 것이다.
[26]내가 아버지에게서 너희에게로 보낼 보호자, 곧
아버지에게서 나오시는 진리의 영이 오시면, 그분
께서 나를 증언하실 것이다.

15,25 // 시편 35,19 음흉한 제 원수들이 저를 두고 기뻐하지 못하게 하소서. 까닭 없이 저를 미워하는 자들이 서로 눈짓하지 못하게 하소서.

15,25 // 시편 69,5 저를 까닭 없이 미워하는 자들이 제 머리카락보다 더 많습니다. 저를 파멸시키려는 자들, 음흉한 제 원수들이 힘도 셉니다. 제가 빼앗지도 않았는데 물어내라 합니다.

15,27 // 이사 43,10 주님의 말씀이다. 너희가 나의 증인이다. 너희는 내가 선택한 나의 종이다. 이는 너희가 깨쳐서 나를 믿고 내가 바로 그분임을 깨닫게 하려는 것이다. 나 이전에 신이 만들어진 일이 없고 나 이후에 어떤 신도 존재하지 않으리라.

[27]그리고 너희도 처음부터 나와 함께 있었으므로
나를 증언할 것이다."

제자들에게 나타나시어 사명을 부여하시다 28,16-20
[28,19]"그러므로 너희는 가서 모든 민족들을 제자로
삼아, 아버지와 아들과 성령의 이름으로 세례를
주고, [20]내가 너희에게 명령한 모든 것을 가르쳐
지키게 하여라. 보라, 내가 세상 끝 날까지 언제나
너희와 함께 있겠다."

남을 심판하지 마라 6,37-42 (루카)

[6,40]“제자는 스승보다 높지 않다. 그러나 누구든지 다 배우고 나면 스승처럼 될 것이다.”

재난의 시작 13,3-13 (마르)

[13,9]“너희는 스스로 조심하여라. 사람들이 너희를 의회에 넘기고, 회당에서는 너희가 매를 맞을 것이다. 또 너희는 나 때문에 총독들과 임금들 앞에 서서 증언할 것이다. [10]먼저 복음이 모든 민족들에게 선포되어야 한다. [11]사람들이 너희를 끌어다가 법정에 넘길 때, 무슨 말을 할까 미리 걱정하지 마라. 그저 그때에 너희에게 일러 주시는 대로 말하여라. 사실 말하는 이는 너희가 아니라 성령이시다. [12]형제가 형제를 넘겨 죽게 하고 아버지가 자식을 그렇게 하며, 자식들이 부모를 거슬러 일어나 죽게 할 것이다. [13]그리고 너희는 내 이름 때문에 모든 사람에게 미움을 받을 것이다. 그러나 끝까지 견디어 내는 이는 구원을 받을 것이다.”

재난의 시작 21,7-19 (루카)

[21,12]“그러나 이 모든 일에 앞서, 사람들이 너희에게 손을 대어 박해할 것이다. 너희를 회당과 감옥에 넘기고, 내 이름 때문에 너희를 임금들과 총독들 앞으로 끌고 갈 것이다. [13]이러한 일이 너희에게는 증언할 기회가 될 것이다. [14]그러나 너희는 명심하여, 변론할 말을 미리부터 준비하지 마라. [15]어떠한 적대자도 맞서거나 반박할 수 없는 언변과 지혜를 내가 너희에게 주겠다. [16]부모와 형제와 친척과 친구들까지도 너희를 넘겨 더러는 죽이기까지 할 것이다.”

제자들에게 나타나시어 사명을 부여하시다 24,36-49 (루카)

[24,48]“너희는 이 일의 증인이다. [49]그리고 보라, 내 아버지께서 약속하신 분을 내가 너희에게 보내 주겠다. 그러니 너희는 높은 데에서 오는 힘을 입을 때까지 예루살렘에 머물러 있어라.”

제자들에게 나타나시어 사명을 부여하시다 16,14-18 (마르)

[16,15]예수님께서는 이어서 그들에게 이르셨다. “너희는 온 세상에 가서 모든 피조물에게 복음을 선포하여라.”

16,1 “내가 너희에게 이 말을 한 이유는 너희가 떨어
져 나가지 않게 하려는 것이다. 2 사람들이 너희를
회당에서 내쫓을 것이다. 게다가 너희를 죽이는
자마다 하느님께 봉사한다고 생각할 때가 온다.
3 그들은 아버지도 나도 알지 못하기 때문에 그러
한 짓을 할 것이다. 4ㄱ 내가 너희에게 이 말을 한
이유는, 그들의 때가 오면 내가 너희에게 한 말을
기억하게 하려는 것이다.”

| 요한 15,18-21 // 16,2
| 요한 15,20ㄱ // 13,16
| 요한 15,26 // 14,16-17.26; 16,7.13
| 요한 15,26-27 // 14,16-17
| 요한 16,1 // 13,19; 14,29; 16,4ㄱ
| 요한 16,2 // 15,18-21
| 요한 16,4ㄱ // 16,1

재난의 시작 24,3-14

24,9 “그때에 사람들이 너희를 환난 속에 몰아넣고
죽일 것이다. 너희는 내 이름 때문에 모든 민족
들에게 미움을 받을 것이다. 10 그러면 많은 사람
이 떨어져 나가 서로 팔아넘기고 서로 미워하며,”

박해를 각오하여라 10,16-25

10,17 “사람들을 조심하여라. 그들이 너희를 의회에
넘기고 회당에서 채찍질할 것이다. 18 또 너희는 나
때문에 총독들과 임금들 앞에 끌려가, 그들과 다
른 민족들에게 증언할 것이다. 19 사람들이 너희를
넘길 때, 어떻게 말할까, 무엇을 말할까 걱정하지
마라. 너희가 무엇을 말해야 할지, 그때에 너희에
게 일러 주실 것이다. 20 사실 말하는 이는 너희가
아니라 너희 안에서 말씀하시는 아버지의 영이시
다. 21 형제가 형제를 넘겨 죽게 하고 아버지가 자
식을 그렇게 하며, 자식들도 부모를 거슬러 일어
나 죽게 할 것이다. 22 그리고 너희는 내 이름 때문
에 모든 사람에게 미움을 받을 것이다. 그러나 끝
까지 견디는 이는 구원을 받을 것이다.”

성령께서 하시는 일

요한 16,4ㄴ-15

4ㄴ “내가 처음부터 이 말을 너희에게 하지 않은 것
은 내가 너희와 함께 있었기 때문이다.
5 이제 나는 나를 보내신 분께 간다. 그런데도 ‘어
디로 가십니까?’ 하고 묻는 사람이 너희 가운데
아무도 없다. 6 오히려 내가 이 말을 하였기 때문
에 너희 마음에 근심이 가득 찼다.
7 그러나 너희에게 진실을 말하는데, 내가 떠나는
것이 너희에게 이롭다. 내가 떠나지 않으면 보호
자께서 너희에게 오지 않으신다. 그러나 내가 가

마태

마르

재난의 시작 13,3-13

13,9 “너희는 스스로 조심하여라. 사람들이 너희를
의회에 넘기고, 회당에서는 너희가 매를 맞을 것
이다. 또 너희는 나 때문에 총독들과 임금들 앞
에 서서 증언할 것이다. 10 먼저 복음이 모든 민족
들에게 선포되어야 한다. 11 사람들이 너희를 끌어
다가 법정에 넘길 때, 무슨 말을 할까 미리 걱정
하지 마라. 그저 그때에 너희에게 일러 주시는 대
로 말하여라. 사실 말하는 이는 너희가 아니라 성
령이시다. 12 형제가 형제를 넘겨 죽게 하고 아버지
가 자식을 그렇게 하며, 자식들이 부모를 거슬러
일어나 죽게 할 것이다. 13 그리고 너희는 내 이름
때문에 모든 사람에게 미움을 받을 것이다. 그러
나 끝까지 견디어 내는 이는 구원을 받을 것이다.”

루카

재난의 시작 21,7-19

21,12 “그러나 이 모든 일에 앞서, 사람들이 너희에
게 손을 대어 박해할 것이다. 너희를 회당과 감옥
에 넘기고, 내 이름 때문에 너희를 임금들과 총독
들 앞으로 끌고 갈 것이다. 13 이러한 일이 너희에
게는 증언할 기회가 될 것이다. 14 그러나 너희는
명심하여, 변론할 말을 미리부터 준비하지 마라.
15 어떠한 적대자도 맞서거나 반박할 수 없는 언변
과 지혜를 내가 너희에게 주겠다. 16 부모와 형제와
친척과 친구들까지도 너희를 넘겨 더러는 죽이기
까지 할 것이다. 17 그리고 너희는 내 이름 때문에
모든 사람에게 미움을 받을 것이다.”

마르

승천하시다 16,19-20

16,19 주 예수님께서는 제자들에게 말씀하신 다음
승천하시어 하느님 오른쪽에 앉으셨다.

루카

승천하시다 24,50-53

24,51 이렇게 강복하시며 그들을 떠나 하늘로 올라
가셨다.

제자들에게 나타나시어 사명을 부여하시다 24,36-49

24,49 “그리고 보라, 내 아버지께서 약속하신 분을
내가 너희에게 보내 주겠다. 그러니 너희는 높은 데에
서 오는 힘을 입을 때까지 예루살렘에 머물러 있어라.”

16,11 // 이사 14,12 어찌하다 하늘에서 떨어졌느냐? 빛나는 별, 여명의 아들인 네가! 민족들을 쳐부수던 네가 땅으로 내동댕이쳐지다니. 13 너는 네 마음속으로 생각했었지. '나는 하늘로 오르리라. 하느님의 별들 위로 나의 왕좌를 세우고 북녘 끝 신들의 모임이 있는 산 위에 좌정하리라. 14 나는 구름 꼭대기로 올라가서 지극히 높으신 분과 같아져야지.' 15 그런데 너는 저승으로, 구렁의 맨 밑바닥으로 떨어졌구나.

16,11 // 에제 28,16 너의 그 큰 장사 때문에 너는 폭행을 일삼으며 죄를 지었다. 그래서 나는 너를 더럽게 여겨 하느님의 산에서 쫓아냈다. 보호자 커룹이 너를 불타는 돌들 사이에서 사라지게 하였다. 17 너의 아름다움으로 네 마음이 교만해지고 너의 영화 때문에 너는 네 지혜를 타락시키고 말았다. 그래서 내가 너를 땅바닥에 내던지고 임금들의 구경거리로 내놓았다.

16,11 // 시편 82,6 내가 이르건대 너희는 신이며 모두 지극히 높으신 분의 아들이다. 7 그러나 너희는 사람들처럼 죽으리라. 여느 대관들처럼 쓰러지리라.

16,11 // 이사 24,21 그날에 주님께서 하늘에서는 하늘의 군대를, 땅에서는 땅의 임금들을 벌하시리라. 22 그들은 죄수처럼 구덩이에 한데 모아지고 감옥에 갇혔다가 오랜 시일이 흐른 뒤에 벌을 받으리라.

16,11 // 창세 3,15 나는 너와 그 여자 사이에, 네 후손과 그 여자의 후손 사이에 적개심을 일으키리니 여자의 후손은 너의 머리에 상처를 입히고 너는 그의 발꿈치에 상처를 입히리라.

면 그분을 너희에게 보내겠다. 8 보호자께서 오시
면 죄와 의로움과 심판에 관한 세상의 그릇된 생각을 밝히실 것이다. 9 그들이 죄에 관하여 잘못 생각
하는 것은 나를 믿지 않기 때문이고, 10 그들이 의로움에 관하여 잘못 생각하는 것은 내가 아버지께 가
고 너희가 더 이상 나를 보지 못할 것이기 때문이며,
11 그들이 심판에 관하여 잘못 생각하는 것은 이
세상의 우두머리가 이미 심판을 받았기 때문이
다.
12 내가 너희에게 할 말이 아직도 많지만 너희가 지
금은 그것을 감당하지 못한다. 13 그러나 그분 곧 진리의 영께서 오시면 너희를 모든 진리 안으로 이끌
어 주실 것이다. 그분께서는 스스로 이야기하지 않으시고 들으시는 것만 이야기하시며, 또 앞으로 올
일들을 너희에게 알려 주실 것이다. 14 그분께서 나를 영광스럽게 하실 것이다. 나에게서 받아 너희에게
알려 주실 것이기 때문이다. 15 아버지께서 가지고 계신 것은 모두 나의 것이다. 그렇기 때문에 성령께서
나에게서 받아 너희에게 알려 주실 것이라고 내가 말하였다."

| 요한 16,7.13.15 // 14,16-17.26; 15,26; 16,13
| 요한 16,8-10 // 12,31
| 요한 16,11 // 12,31
| 요한 16,13 // 14,16-17.26; 16,7-8
| 요한 16,14-15 // 14,26; 15,26
| 요한 16,15 // 17,10

이별의 슬픔과 재회의 기쁨

요한 16,16-24

16 "조금 있으면 너희는 나를 더 이상 보지 못할 것이다. 그러나 다시 조금 더 있으면 나를 보게 될 것이다." 17 그러자 제자들 가운데 몇 사람이 서로 말하였다. "'조금 있으면 너희는 나를 보지 못할 것이다. 그러나 다시 조금 더 있으면 나를 보게 될 것이다.', 또 '내가 아버지께 가기 때문이다.' 하고 우리에게 말씀하시는데, 그것이 무슨 뜻일까?"

마태

수난과 부활을 두 번째로 예고하시다 17,22-23

17,22 그들이 갈릴래아에 모여 있을 때에 예수님께서 제자들에게 이르셨다. "사람의 아들은 사람들의 손에 넘겨져 23 그들 손에 죽을 것이다. 그러나 사흗날에 되살아날 것이다." 그러자 그들은 몹시 슬퍼하였다.

부활하시다 28,1-8; 여자들에게 나타나시다 28,9-10

28,7 "그러니 서둘러 그분의 제자들에게 가서 이렇게 일러라. '그분께서는 죽은 이들 가운데에서 되

일흔두 제자가 돌아오다 10,17-20

10,18 그러자 예수님께서 그들에게 이르셨다. "나는
사탄이 번개처럼 하늘에서 떨어지는 것을 보았
다."

마르

수난과 부활을 두 번째로 예고하시다 9,30-32

9,31 그분께서 "사람의 아들은 사람들의 손에 넘겨
져 그들 손에 죽을 것이다. 그러나 그는 죽임을 당
하였다가 사흘 만에 다시 살아날 것이다." 하시면
서, 제자들을 가르치고 계셨기 때문이다.

부활하시다 16,1-8

16,7 "그러니 가서 제자들과 베드로에게 이렇게 일
러라. '예수님께서는 전에 여러분에게 말씀하신 대

루카

16,16-19 // 사도들의 편지 20. 그분께서 [우리에게] 이것들을 말씀하시자 [우리는] 그분께 [말하였습니다.] "주님, 당신께서는 모든 점에서 저희를 가엾이 여기셨고 저희를 구원하셨으며 저희에게 모든 것을 계시해 주셨습니다. 그러나 당신께서 허락하신다면 더 여쭈어보고 싶습니다." 그러자 그분께서 우리에게 말씀하셨습니다. "너희가 견디어 낼 것이며, 내 말을 듣고 기뻐한다는 것을 알고 있다. 너희가 원하는 것을 내게 물어보아라. 너희에게 잘 말해 주겠다."

살아나셨습니다. 이제 여러분보다 먼저 갈릴래아
로 가실 터이니, 여러분은 그분을 거기에서 뵙게
될 것입니다.' 이것이 내가 너희에게 알리는 말이다." 28,8 그 여자들은 두려워하면서도 크게 기뻐하며 서
둘러 무덤을 떠나, 제자들에게 소식을 전하러 달려갔다.
9 그런데 갑자기 예수님께서 마주 오시면서 그 여자들에게 "평안하냐?" 하고 말씀하셨다. 그들은 다가가
엎드려 그분의 발을 붙잡고 절하였다. 10 그때에 예수님께서 그들에게 말씀하셨다. "두려워하지 마라. 가
서 내 형제들에게 갈릴래아로 가라고 전하여라. 그들은 거기에서 나를 보게 될 것이다."

제자들에게 나타나시어 사명을 부여하시다 28,16-20

28,16 열한 제자는 갈릴래아로 떠나 예수님께서 분
부하신 산으로 갔다. 17 그들은 예수님을 뵙고 엎드려 경배하였다. 그러나 더러는 의심하였다. 18 예수님
께서는 그들에게 다가가 이르셨다. "나는 하늘과 땅의 모든 권한을 받았다. 19 그러므로 너희는 가서 모
든 민족들을 제자로 삼아, 아버지와 아들과 성령의 이름으로 세례를 주고, 20 내가 너희에게 명령한 모
든 것을 가르쳐 지키게 하여라. 보라, 내가 세상 끝 날까지 언제나 너희와 함께 있겠다."

18 그들은 또 "'조금 있으면'이라고 말씀하시는데,
그것이 무슨 뜻일까? 무슨 이야기를 하시는지 알 수가 없군." 하고 말하였다. 19 예수님께서는 제자들이
묻고 싶어 하는 것을 아시고 그들에게 이르셨다. "'조금 있으면 너희는 나를 보지 못할 것이다. 그러나
다시 조금 더 있으면 나를 보게 될 것이다.' 하고 내가 말한 것을 가지고 서로 묻고 있느냐?

16,20-22 // 시편 126,4 주님, 저희의 운명을 네겝 땅 시냇물처럼 되돌리소서. 5 눈물로 씨 뿌리던 이들 환호하며 거두리라. 6 뿌릴 씨 들고 울며 가던 이 곡식 단 들고 환호하며 돌아오리라.

20 내가 진실로 진실로 너희에게 말한다. 너희는
울며 애통해하겠지만 세상은 기뻐할 것이다. 너희
가 근심하겠지만, 그러나 너희의 근심은 기쁨으로

참행복 5,3-12

5,4 행복하여라, 슬퍼하는 사람들!
그들은 위로를 받을 것이다.

바뀔 것이다. 21 해산할 때에 여자는 근심에 싸인다. 진통의 시간이 왔기 때문이다. 그러나 아이를 낳으
면, 사람 하나가 이 세상에 태어났다는 기쁨으로 그 고통을 잊어버린다. 22 이처럼 너희도 지금은 근심
에 싸여 있다. 그러나 내가 너희를 다시 보게 되면 너희 마음이 기뻐할 것이고, 그 기쁨을 아무도 너희
에게서 빼앗지 못할 것이다.

23 그날에는 너희가 나에게 아무것도 묻지 않을 것
이다. 내가 진실로 진실로 너희에게 말한다. 너희
가 내 이름으로 아버지께 청하는 것은 무엇이든
지 그분께서 너희에게 주실 것이다. 24 지금까지 너

무화과나무를 저주하시다 21,18-22

21,21 예수님께서 그들에게 대답하셨다. "내가 진실
로 너희에게 말한다. 너희가 믿음을 가지고 의심
하지 않으면, 이 무화과나무에 일어난 일을 할 수
있을 뿐만 아니라, 이 산더러 '들려서 저 바다에 빠

로 여러분보다 먼저 갈릴래아로 가실 터이니, 여러
분은 그분을 거기에서 뵙게 될 것입니다.'"

참행복 6,20-23

6,21 행복하여라, 지금 굶주리는 사람들!
너희는 배부르게 될 것이다.
행복하여라, 지금 우는 사람들!
너희는 웃게 될 것이다.

16,23 // 사도들의 편지 22. 그분께서 우
리에게 말씀하셨습니다. "너희는
언제까지 묻고 또 물을 것이냐?"
23. 우리가 그분께 말하였습니다.
"주님, 저희가 당신께 묻는 것은
당연합니다. 당신께서 저희에게
복음을 선포하라고 명하셨기 때
문입니다. 저희 자신이 확실히 당
신께 잘 배우고 유익한 설교자가
되어 저희를 통해 배우는 사람들
이 당신을 믿게 하려는 것입니다.
그러니 많은 질문을 할 수 있게 허
락해 주십시오." ... 25. 다시 [우리
가] 그분께 말하였습니다. "주님,
저희가 [당신]께 너무 많이 묻고 부
담을 드려서 벌써 부끄럽습니다."
그[때 그분께서] 대답하시며 말씀

말라 버린 무화과나무의 교훈 11,20-25

11,24 "그러므로 내가 너희에게 말한다. 너희가 기도
하며 청하는 것이 무엇이든 그것을 이미 받은 줄
로 믿어라. 그러면 너희에게 그대로 이루어질 것
이다."

희는 내 이름으로 아무것도 청하지 않았다. 청하
여라. 받을 것이다. 그리하여 너희 기쁨이 충만해
질 것이다."

| 요한 16,16 // 7,33; 12,35; 13,33; 14,19
| 요한 16,17 // 20,17
| 요한 16,20-22 // 20,20
| 요한 16,23-24 // 14,13-14; 15,7.16

져라.' 하여도 그대로 이루어질 것이다. [21,22]그리고
너희가 기도할 때에 믿고 청하는 것은 무엇이든지
다 받을 것이다."

청하여라, 찾아라, 문을 두드려라 7,7-11

[7,7]"청하여라, 너희에게 주실 것이다. 찾아라, 너희
가 얻을 것이다. 문을 두드려라, 너희에게 열릴 것
이다. [8]누구든지 청하는 이는 받고, 찾는 이는 얻
고, 문을 두드리는 이에게는 열릴 것이다."

내가 세상을 이겼다

요한 16,25-33

[25]"나는 지금까지 너희에게 이런 것들을 비유로
이야기하였다. 그러나 더 이상 너희에게 비유로 이
야기하지 않고 아버지에 관하여 드러내 놓고 너희
에게 알려 줄 때가 온다.

[26]그날에 너희는 내 이름으로 청할 것이다. 내가
너희를 위하여 아버지께 청하겠다는 말이 아니다.

마태

비유를 들어 가르치시다 13,34-35

[13,34]예수님께서는 군중에게 이 모든 것을 비유로
말씀하시고, 비유를 들지 않고는 그들에게 아무것
도 말씀하지 않으셨다.
[35]예언자를 통하여
"나는 입을 열어 비유로 말하리라.
세상 창조 때부터 숨겨진 것을 드러내리라."
하신 말씀이 이루어지려고 그리된 것이다.

청하여라, 찾아라, 문을 두드려라 7,7-11

[7,7]"청하여라, 너희에게 주실 것이다. 찾아라, 너희
가 얻을 것이다. 문을 두드려라, 너희에게 열릴 것
이다. [8]누구든지 청하는 이는 받고, 찾는 이는 얻
고, 문을 두드리는 이에게는 열릴 것이다."

무화과나무를 저주하시다 21,18-22

[21,21]예수님께서 그들에게 대답하셨다. "내가 진실
로 너희에게 말한다. 너희가 믿음을 가지고 의심하지 않으면, 이 무화과나무에 일어난 일을 할 수 있을
뿐만 아니라, 이 산더러 '들려서 저 바다에 빠져라.' 하여도 그대로 이루어질 것이다. [22]그리고 너희가 기
도할 때에 믿고 청하는 것은 무엇이든지 다 받을 것이다."

하셨습니다. "사실 너희가 믿음을 [가지고] 온 마음을 기울여 내게 질문한다는 것을 잘 알고 있다. 이 때문에 [너희를 보는] 내 마음이 기쁘다. 진실로 [너희에게] 말한다. 나와 내 안에 계신 내 아버지께서는 [너희가] 내게 묻는 것을 [잘 참아] 내신다. 너희의 염치없음이 [내게] 기쁨이 [되며] 너희에게 [많은 것을] 주기 때문이다."

16,24 // 토마 복음 94 예수님께서 [말씀하셨]다. "찾는 자는 찾을 것이다. [두드리는 이에게는] 열릴 것이다."

청하여라, 찾아라, 문을 두드려라 11,9-13

11,9 "내가 너희에게 말한다. 청하여라, 너희에게 주
실 것이다. 찾아라, 너희가 얻을 것이다. 문을 두
드려라, 너희에게 열릴 것이다. 10 누구든지 청하는
이는 받고, 찾는 이는 얻고, 문을 두드리는 이에게
는 열릴 것이다."

마르

비유를 들어 가르치시다 4,33-34

4,33 예수님께서는 그들이 알아들을 수 있을 정도
로, 이처럼 많은 비유로 말씀을 하셨다. 34 비유
를 들지 않고는 그들에게 말씀하지 않으셨다. 그
러나 당신의 제자들에게는 따로 모든 것을 풀이
해 주셨다.

말라 버린 무화과나무의 교훈 11,20-25

11,24 "그러므로 내가 너희에게 말한다. 너희가 기도하며 청하는 것이 무엇이든 그것을 이미 받은 줄로 믿어라. 그러면 너희에게 그대로 이루어질 것이다."

루카

비유로 말씀하신 이유 8,9-10

8,10 예수님께서 이르셨다. "너희에게는 하느님 나라의 신비를 아는 것이 허락되었지만, 다른 이들에게는 비유로만 말하였으니,

'저들이 보아도 알아보지 못하고
들어도 깨닫지 못하게 하려는 것이다.'"

청하여라, 찾아라, 문을 두드려라 11,9-13

11,9 "내가 너희에게 말한다. 청하여라, 너희에게 주
실 것이다. 찾아라, 너희가 얻을 것이다. 문을 두
드려라, 너희에게 열릴 것이다. 10 누구든지 청하는
이는 받고, 찾는 이는 얻고, 문을 두드리는 이에게
는 열릴 것이다."

신약 외경

16,25 // 야고보의 비전 7. 전에는 내가 너희에게 비유로 말하였으며 너희는 깨닫지 못하였다. 이제는 내가 5너희에게 드러내 놓고 말하는데도 너희는 바로 알아듣지 못한다.

16,26-28 // 야고보의 비전 10. 자, 나는 너희를 떠나 (다른 곳으로) 간다. 그리고 더 이상 너희 곁에 머물기를 원하지 않는다. 너희 역시 그것을 바라지 않는 것과 마찬가지다. 그러니 이제 너희는 서둘러 내 뒤를 따라라. 이 때문에 내가 너희에게 '내가 내려온 것은 바로 너희를 위해서였다' 하고 말하는 것이다. 사랑받는 이들은 바로 너희들이다. 많은 이들 사이에서 생명의 이유가 될 이들은 너희들이다. 아버지께 청하여라. 자주 하느님께 기도하여라. 그러면 그분께서 너희에게 주실 것이다.

27 바로 아버지께서 너희를 사랑하신다. 너희가 나
를 사랑하고 또 내가 하느님에게서 나왔다는 것을 믿었기 때문이다. 28 나는 아버지에게서 나와 세상에
왔다가, 다시 세상을 떠나 아버지께 간다.” 29 그러자 제자들이 말하였다. “이제는 드러내 놓고 이야기하
시고 비유는 말씀하지 않으시는군요.
30 저희는 스승님께서 모든 것을 아시고, 또 누가
스승님께 물을 필요도 없다는 것을 이제 알았습
니다. 이로써 저희는 스승님께서 하느님에게서 나
오셨다는 것을 믿습니다.” 31 예수님께서 그들에게
대답하셨다. “이제는 너희가 믿느냐?

베드로가 예수님을 그리스도라고 고백하다 16,13-20

16,16 시몬 베드로가 “스승님은 살아 계신 하느님의
아드님 그리스도이십니다.” 하고 대답하였다.

32 그러나 너희가 나를 혼자 버려두고 저마다 제
갈 곳으로 흩어질 때가 온다. 아니, 이미 왔다.

베드로가 당신을 모른다고 할 것을 예고하시다 26,31-35

26,31 그때에 예수님께서 제자들에게 말씀하셨다.
“오늘 밤에 너희는 모두 나에게서 떨어져 나갈 것
이다. 성경에
‘내가 목자를 치리니
양 떼가 흩어지리라.’고
기록되어 있기 때문이다.”

그러나 나는 혼자가 아니다. 아버지께서 나와 함
께 계시다.
33 내가 너희에게 이 말을 한 이유는, 너희가 내 안
에서 평화를 얻게 하려는 것이다. 너희는 세상에
서 고난을 겪을 것이다. 그러나 용기를 내어라. 내
가 세상을 이겼다.”

| 요한 16,27 // 14,21.23; 17,26
| 요한 16,28-30 // 1,1-3; 3,13; 8,42; 13,3; 17,8
| 요한 16,30 // 2,24-25
| 요한 16,33 // 14,27; 20,19.21; 20,26

16,33 // 이사 41,10 나 너와 함께 있으니 두려워하지 마라. 내가 너의 하느님이니 겁내지 마라. 내가 너의 힘을 북돋우고 너를 도와주리라. 내 의로운 오른팔로 너를 붙들어 주리라.

베드로가 예수님을 그리스도라고 고백하다 8,27-30

8,29 예수님께서 다시, "그러면 너희는 나를 누구라
고 하느냐?" 하고 물으시자, 베드로가 "스승님은
그리스도이십니다." 하고 대답하였다.

베드로가 예수님을 그리스도라고 고백하다 9,18-21

9,20 예수님께서 다시, "그러면 너희는 나를 누구라
고 하느냐?" 하시자, 베드로가 "하느님의 그리스
도이십니다." 하고 대답하였다.

세례자 요한의 설교 1,1-8

1,1 하느님의 아드님 예수 그리스도의 복음의 시작.

베드로가 당신을 모른다고 할 것을 예고하시다 14,27-31

14,27 예수님께서 제자들에게 말씀하셨다. "너희는
모두 떨어져 나갈 것이다. 성경에
'내가 목자를 치리니
양들이 흩어지리라.'고
기록되어 있다."

베드로가 당신을 모른다고 할 것을 예고하시다 22,31-34

22,31 "시몬아, 시몬아! 보라, 사탄이 너희를 밀처럼
체질하겠다고 나섰다. 32 그러나 나는 너의 믿음이
꺼지지 않도록 너를 위하여 기도하였다. 그러니 네
가 돌아오거든 네 형제들의 힘을 북돋아 주어라."

즈카르야의 노래 1,67-79

1,79 "어둠과 죽음의 그늘에 앉아 있는 이들을 비추시고
우리 발을 평화의 길로 이끌어 주실 것이다."

천사가 목자들에게 예수님의 탄생을 알리다 2,8-14

2,14 "지극히 높은 곳에서는 하느님께 영광
땅에서는 그분 마음에 드는 사람들에게 평화!"

예루살렘의 멸망을 예고하며 우시다 19,41-44

19,42 "오늘 너도 평화를 가져다주는 것이 무엇인지 알
았더라면 …… ! 그러나 지금 네 눈에는 그것이 감추
어져 있다."

제자들에게 나타나시어 사명을 부여하시다 24,36-49

24,36 그들이 이러한 이야기를 하고 있을 때 예수님께서
그들 가운데에 서시어, "평화가 너희와 함께!" 하고 그
들에게 말씀하셨다.

당신 자신을 위하여 기도하시다

요한 17,1-5

1 예수님께서는 이렇게 이르시고 나서 하늘을 향하여 눈을 들어 말씀하셨다.
"아버지, 때가 왔습니다.

마태

최후의 만찬을 준비하다 26,17-19

26,18 그러자 예수님께서 이르셨다. "도성 안으로 아무개를 찾아가, '선생님께서 '나의 때가 가까웠으니 내가 너의 집에서 제자들과 함께 파스카 축제를 지내겠다.' 하십니다.' 하여라."

아들이 아버지를 영광스럽게 하도록 아버지의 아들을 영광스럽게 해 주십시오.

겟세마니에서 기도하시다 26,36-46

26,39 그런 다음 앞으로 조금 나아가 얼굴을 땅에 대고 기도하시며 이렇게 말씀하셨다. "아버지, 하실 수만 있으시면 이 잔이 저를 비켜 가게 해 주십시오. 그러나 제가 원하는 대로 하지 마시고 아버지께서 원하시는 대로 하십시오."

2 아버지께서는 아들이 아버지께서 주신 모든 이에게 영원한 생명을 주도록 아들에게 모든 사람에 대한 권한을 주셨습니다.
3 영원한 생명이란 홀로 참하느님이신 아버지를 알고 아버지께서 보내신 예수 그리스도를 아는 것입니다.

제자들에게 나타나시어 사명을 부여하시다 28,16-20

28,18 예수님께서는 그들에게 다가가 이르셨다. "나는 하늘과 땅의 모든 권한을 받았다."

하느님 아버지와 아들 11,25-27

11,27 "나의 아버지께서는 모든 것을 나에게 넘겨주셨다. 그래서 아버지 외에는 아무도 아들을 알지 못한다. 또 아들 외에는, 그리고 그가 아버지를 드러내 보여 주려는 사람 외에는 아무도 아버지를 알지 못한다."

4 아버지께서 저에게 하라고 맡기신 일을 완수하여, 저는 땅에서 아버지를 영광스럽게 하였습니다. 5 아버지, 세상이 생기기 전에 제가 아버지 앞에서 누리던 그 영광으로, 이제 다시 아버지 앞에서 저를 영광스럽게 해 주십시오."

겟세마니에서 기도하시다 26,36-46

26,39 그런 다음 앞으로 조금 나아가 얼굴을 땅에 대고 기도하시며 이렇게 말씀하셨다. "아버지, 하실 수만 있으시면 이 잔이 저를 비켜 가게 해 주십시오. 그러나 제가 원하는 대로 하지 마시고 아버지께서 원하시는 대로 하십시오."

| 요한 17,1 // 11,41; 12,23; 13,31-32
| 요한 17,2 // 5,21
| 요한 17,3 // 6,40; 14,6-7; 17,25
| 요한 17,4 // 4,34; 6,38; 14,31; 19,30

| 요한 17,5 // 1,1-3; 3,13; 6,62; 13,31-32; 16,28

17,2-5 // 다니 7,13 "내가 이렇게 밤의 환시 속에서 앞을 보고 있는데 사람의 아들 같은 이가 하늘의 구름을 타고 나타나 연로하신 분께 가자 그분 앞으로 인도되었다. [14] 그에게 통치권과 영광과 나라가 주어져 모든 민족들과 나라들, 언어가 다른 모든 사람들이 그를 섬기게 되었다. 그의 통치는 영원한 통치로서 사라지지 않고 그의 나라는 멸망하지 않는다."

17,3 // 호세 6,6 정녕 내가 바라는 것은 희생 제물이 아니라 신의다. 번제물이 아니라 하느님을 아는 예지다.

17,3 // 1역대 28,9 "내 아들 솔로몬아, 너는 네 아버지의 하느님을 바로 알고, 한결같은 마음과 기꺼운 마음으로 그분을 섬겨라. 주님께서는 모든 마음을 살피시고 모든 생각을 꿰뚫어 보신다. 네가 그분을 찾으면 그분께서 너를 만나 주시고, 네가 그분을 버리면 너를 영영 저버리실 것이다."

마르

겟세마니에서 기도하시다 14,32-42

14,41 예수님께서는 세 번째 오셔서 그들에게 말씀 하셨다. "아직도 자고 있느냐? 아직도 쉬고 있느냐? 이제 되었다. 시간이 되어 사람의 아들은 죄인들의 손에 넘어간다."

겟세마니에서 기도하시다 14,32-42

14,36 "아빠! 아버지! 아버지께서는 무엇이든 하실 수 있으시니, 이 잔을 저에게서 거두어 주십시오. 그러나 제가 원하는 것을 하지 마시고 아버지께서 원하시는 것을 하십시오."

겟세마니에서 기도하시다 14,32-42

14,36 "아빠! 아버지! 아버지께서는 무엇이든 하실 수 있으시니, 이 잔을 저에게서 거두어 주십시오. 그러나 제가 원하는 것을 하지 마시고 아버지께서 원하시는 것을 하십시오."

루카

겟세마니에서 기도하시다 22,39-46

22,41 그러고 나서 돌을 던지면 닿을 만한 곳에 혼
자 가시어 무릎을 꿇고 기도하셨다. 42 "아버지, 아
버지께서 원하시면 이 잔을 저에게서 거두어 주
십시오. 그러나 제 뜻이 아니라 아버지의 뜻이 이
루어지게 하십시오."

하느님 아버지와 아들 10,21-24

10,22 "나의 아버지께서는 모든 것을 나에게 넘겨주셨다. 그래서 아버지 외에는 아들이 누구인지 아무도 알지 못한다. 또 아들 외에는, 그리고 그가 아버지를 드러내 보여 주려는 사람 외에는 아버지께서 누구이신지 아무도 알지 못한다."

겟세마니에서 기도하시다 22,39-46

22,41 그러고 나서 돌을 던지면 닿을 만한 곳에 혼
자 가시어 무릎을 꿇고 기도하셨다. 42 "아버지, 아
버지께서 원하시면 이 잔을 저에게서 거두어 주
십시오. 그러나 제 뜻이 아니라 아버지의 뜻이 이
루어지게 하십시오."

제자들을 위하여 기도하시다

요한 17,6-19

6 “아버지께서 세상에서 뽑으시어 저에게 주신 이
사람들에게 저는 아버지의 이름을 드러냈습니다.
이들은 아버지의 사람들이었는데 아버지께서 저
에게 주셨습니다. 그래서 이들은 아버지의 말씀
을 지켰습니다. 7 이제 이들은 아버지께서 저에게
주신 모든 것이 아버지에게서 왔다는 것을 알고
있습니다. 8 아버지께서 저에게 주신 말씀을 제가 이들에게 주고, 이들은 또 그것을 받아들였기 때문입
니다. 그리하여 이들은 제가 아버지에게서 나왔다는 것을 참으로 알고, 아버지께서 저를 보내셨다는
것을 믿게 되었습니다.
9 저는 이들을 위하여 빕니다. 세상을 위해서가 아
니라 아버지께서 저에게 주신 이들을 위하여 빕니
다. 이들은 아버지의 사람들이기 때문입니다.
10 저의 것은 다 아버지의 것이고 아버지의 것은
제 것입니다. 이 사람들을 통하여 제가 영광스럽
게 되었습니다. 11 저는 더 이상 세상에 있지 않지
만 이들은 세상에 있습니다. 저는 아버지께 갑니
다. 거룩하신 아버지, 아버지께서 저에게 주신 이
름으로 이들을 지키시어, 이들도 우리처럼 하나가
되게 해 주십시오.
12 저는 이들과 함께 있는 동안, 아버지께서 저에
게 주신 이름으로 이들을 지켰습니다. 제가 그렇
게 이들을 보호하여, 성경 말씀이 이루어지려고
멸망하도록 정해진 자 말고는 아무도 멸망하지 않
았습니다.
13 이제 저는 아버지께 갑니다. 제가 세상에 있으면
서 이런 말씀을 드리는 이유는, 이들이 속으로 저의 기쁨을 충만히 누리게 하려는 것입니다. 14 저는 이
들에게 아버지의 말씀을 주었는데, 세상은 이들을 미워하였습니다. 제가 세상에 속하지 않은 것처럼
이들도 세상에 속하지 않기 때문입니다.

마태

하느님 아버지와 아들 11,25-27

11,27 “나의 아버지께서는 모든 것을 나에게 넘겨주셨다. 그래서 아버지 외에는 아무도 아들을 알지 못한다. 또 아들 외에는, 그리고 그가 아버지를 드러내 보여 주려는 사람 외에는 아무도 아버지를 알지 못한다.”

비유로 말씀하신 이유 13,10-17

13,11 예수님께서 그들에게 대답하셨다. “너희에게는 하늘 나라의 신비를 아는 것이 허락되었지만, 저 사람들에게는 허락되지 않았다.”

제자가 배신할 것을 예고하시다 26,20-25

26,24 “사람의 아들은 자기에 관하여 성경에 기록된 대로 떠나간다. 그러나 불행하여라, 사람의 아들을 팔아넘기는 그 사람! 그 사람은 차라리 태어나지 않았더라면 자신에게 더 좋았을 것이다.”

마르

루카

하느님 아버지와 아들 10,21-24

10,21 그때에 예수님께서 성령 안에서 즐거워하며 말씀하셨다. "아버지, 하늘과 땅의 주님, 지혜롭다는 자들과 슬기롭다는 자들에게는 이것을 감추시고 철부지들에게는 드러내 보이시니, 아버지께 감사를 드립니다. 그렇습니다, 아버지! 아버지의 선하신 뜻이 이렇게 이루어졌습니다."
22 "나의 아버지께서는 모든 것을 나에게 넘겨주셨다. 그래서 아버지 외에는 아들이 누구인지 아무도 알지 못한다. 또 아들 외에는, 그리고 그가 아버지를 드러내 보여 주려는 사람 외에는 아버지께서 누구이신지 아무도 알지 못한다."

17,6 // **사도들의 편지 28.** 그분께서 말씀하셨습니다. "진실로 너[희]에게 말한다. 나를 믿은 모든 사람과 나를 보내신 분을 믿[은] 모든 사람을, 내 아버지께서 뽑힌 이들을 위해 [마련해] 두신 곳, 하늘로 [데리고] 올라갈 것이다. 그리고 너희에게 안식과 영원한 생명이 있는 선택된 하늘 나라를 줄 것이다.

17,6 // **나자렛파 복음.** "나는 나를 위해 좋은 이들, 곧 하늘에 계신 내 아버지께서 내게 주신 좋은 이들을 뽑을 것이다." (에우세비우스 (시리아어) 『신현』 4.12)

마르 비유로 말씀하신 이유 4,10-12

4,11 예수님께서 그들에게 대답하셨다. "너희에게는 하느님 나라의 신비가 주어졌지만, 저 바깥 사람들에게는 모든 것이 그저 비유로만 다가간다."

루카 비유로 말씀하신 이유 8,9-10

8,10 예수님께서 이르셨다. "너희에게는 하느님 나라의 신비를 아는 것이 허락되었지만, 다른 이들에게는 비유로만 말하였으니,
'저들이 보아도 알아보지 못하고
들어도 깨닫지 못하게 하려는 것이다.'"

17,11 // **진리의 복음 38** 아들은 아버지의 이름입니다. 아버지께서, 그분에게서 나온 이들 가운데 처음으로 이름을 주신 이가 바로 아들이십니다. 아들은 아버지 자신이었고, 아버지께서 그분을 아들로 낳으셨습니다. 그분께서 아들에게 본디 제 것인 이름을 주셨습니다.

마르 제자가 배신할 것을 예고하시다 14,17-21

14,21 "사람의 아들은 자기에 관하여 성경에 기록된 대로 떠나간다. 그러나 불행하여라, 사람의 아들을 팔아넘기는 그 사람! 그 사람은 차라리 태어나지 않았더라면 자신에게 더 좋았을 것이다."

루카 유다가 예수님을 배신하다 22,3-6

22,3 그런데 사탄이 열두 제자 가운데 하나로 이스카리옷이라고 하는 유다에게 들어갔다.

17,12 // **베드로 묵시록 1.** ... 그들 가운데 상당수는 거짓 예언자들이다. 그들은 멸망의 다양한 길들과 규정들을 가르칠 것이다. 그리고 그들은 멸망의 아들들이 될 것이다.

17,12 // **목수요셉 32,1** 우리는 대답하며 그분께 말하였다. "우리 주님, 우리 하느님! 당신께서 '멸망의 아들이 물 한 항아리 때문에 그들을 죽일 것이다' 하고 말씀하신 이 두 사람은 누구입니까?" 2 우리 구원자 예수님, 우리의 생명께서 우리에게 말씀하셨다. "그들은 에녹과 엘리야다."

17,15 // 시편 121,7 주님께서 모든 악
에서 너를 지키시고 네 생명을 지
키신다.
17,15 // 시편 97,10 주님을 사랑하는
이들아, 악을 미워하여라. 그분께
서 당신께 충실한 이들의 목숨을
지키시고 악인들의 손에서 그들
을 구출해 주신다.
17,18 // 이사 6,8 그때에 나는 이렇
게 말씀하시는 주님의 소리를 들
었다. "내가 누구를 보낼까? 누가
우리를 위하여 가리오?" "제가 있
지 않습니까? 저를 보내십시오."
하고 내가 아뢰었더니.

15 이들을 세상에서 데려가시라고 비는 것이 아니
라, 이들을 악에서 지켜 주십사고 빕니다. 16 제가
세상에 속하지 않은 것처럼 이들도 세상에 속하
지 않습니다. 17 이들을 진리로 거룩하게 해 주십
시오. 아버지의 말씀이 진리입니다.
18 아버지께서 저를 세상에 보내신 것처럼 저도 이
들을 세상에 보냈습니다. 19 그리고 저는 이들을
위하여 저 자신을 거룩하게 합니다. 이들도 진리
로 거룩해지게 하려는 것입니다."

- 요한 17,6 // 6,37-39
- 요한 17,7-8 // 5,19.30; 5,36; 6,68-69; 7,16; 8,26.28; 12,49-50; 14,10
- 요한 17,8 // 16,28-30
- 요한 17,9 // 10,14-16; 10,26-29
- 요한 17,10 // 16,15
- 요한 17,10-11 // 10,30.38
- 요한 17,11 // 13,33; 14,20
- 요한 17,12 // 6,70-71
- 요한 17,14 // 3,31
- 요한 17,18 // 20,21

주님의 기도 6,9-15

6,13 저희를 유혹에 빠지지 않게 하시고
저희를 악에서 구하소서.

제자들에게 나타나시어 사명을 부여하시다 28,16-20

28,18 예수님께서는 그들에게 다가가 이르셨다. "나
는 하늘과 땅의 모든 권한을 받았다. 19 그러므로
너희는 가서 모든 민족들을 제자로 삼아, 아버지
와 아들과 성령의 이름으로 세례를 주고, 20 내가
너희에게 명령한 모든 것을 가르쳐 지키게 하여
라. 보라, 내가 세상 끝 날까지 언제나 너희와 함
께 있겠다."

박해를 각오하여라 10,16-25

10,16 "나는 이제 양들을 이리 떼 가운데로 보내는
것처럼 너희를 보낸다. 그러므로 뱀처럼 슬기롭고
비둘기처럼 순박하게 되어라."

믿는 이들을 위하여 기도하시다

17,21 // 예레 32,39 내가 그들에게 한
마음과 한길을 주어, 그들이 언제
나 나를 경외하고, 그들 자신뿐만
아니라 그들 뒤를 잇는 자손들까
지도 잘되게 하겠다.

요한 17,20-26

20 "저는 이들만이 아니라 이들의 말을 듣고 저를
믿는 이들을 위해서도 빕니다. 21 그들이 모두 하
나가 되게 해 주십시오. 아버지, 아버지께서 제 안
에 계시고 제가 아버지 안에 있듯이, 그들도 우리
안에 있게 해 주십시오. 그리하여 아버지께서 저
를 보내셨다는 것을 세상이 믿게 하십시오. 22 아
버지께서 저에게 주신 영광을 저도 그들에게 주
었습니다. 우리가 하나인 것처럼 그들도 하나가 되
게 하려는 것입니다. 23 저는 그들 안에 있고 아버
지께서는 제 안에 계십니다. 이는 그들이 완전히

마태

주님의 기도 11,1-4

11,4 저희에게 잘못한 모든 이를 저희도 용서하오니
저희의 죄를 용서하시고
저희를 유혹에 빠지지 않게 하소서.

제자들에게 나타나시어 사명을 부여하시다 16,14-18

16,15 예수님께서는 이어서 그들에게 이르셨다. "너
희는 온 세상에 가서 모든 피조물에게 복음을 선
포하여라."

제자들에게 나타나시어 사명을 부여하시다 24,36-49

24,47 "그리고 예루살렘에서부터 시작하여, 죄의 용
서를 위한 회개가 그의 이름으로 모든 민족들에
게 선포되어야 한다. 48 너희는 이 일의 증인이다."

열두 사도를 뽑으시다 3,13-19

3,14 그분께서는 열둘을 세우시고 그들을 사도라
이름하셨다. 그들을 당신과 함께 지내게 하시고,
그들을 파견하시어 복음을 선포하게 하시며,

마르

루카

17,21 // 필립보 복음 74. 아버지는 아들 안에, 아들은 아버지 안에 계셨습니다. 하늘 나라는 이러합니다.

17,21-23 // 사도들의 편지 17. 우리는 그분께 말하였습니다. "그런데 당신께서 '내가 곧 오겠다!'고 저희에게 말씀하신 것은 무슨 뜻입니까? 어떻게 '곧 오실 분은 나를 보내신 분이시다'라고 하십니까?" 그러자 그분께서 우리에게 말씀하셨습니다. "닮은 형상, 능력과 완전성, 빛, 온전한 규격과 소리를 통하여, 나는 온전히 내 아버지 안에 있고 내 아버지는 내 안에 계신다. 나는 로고스다."

17,24 // 잠언 8,21 그리하여 나는 나
를 사랑하는 이들에게 재산을 물
려주고 그들의 보물 곳간을 채워
준다.

17,24 // 잠언 8,22 주님께서는 그 옛
날 모든 일을 하시기 전에 당신의
첫 작품으로 나를 지으셨다. 23 나
는 한처음 세상이 시작되기 전에
영원에서부터 모습이 갖추어졌
다. … 30 나는 그분 곁에서 사랑받
는 아이였다. 나는 날마다 그분께
즐거움이었고 언제나 그분 앞에
서 뛰놀았다.

하나가 되게 하려는 것입니다. 그리고 아버지께서
저를 보내시고, 또 저를 사랑하셨듯이 그들도 사
랑하셨다는 것을 세상이 알게 하려는 것입니다.
24 아버지, 아버지께서 저에게 주신 이들도 제가 있
는 곳에 저와 함께 있게 되기를 바랍니다. 세상 창
조 이전부터 아버지께서 저를 사랑하시어 저에게
주신 영광을 그들도 보게 되기를 바랍니다.

25 의로우신 아버지, 세상은 아버지를 알지 못하였
지만 저는 아버지를 알고 있었습니다. 그들도 아
버지께서 저를 보내셨다는 것을 알게 되었습니다.
26 저는 그들에게 아버지의 이름을 알려 주었고 앞
으로도 알려 주겠습니다. 아버지께서 저를 사랑
하신 그 사랑이 그들 안에 있고 저도 그들 안에
있게 하려는 것입니다."

| 요한 17,21 // 14,10-11
| 요한 17,21-23 // 10,30; 13,34-35; 14,20; 15,4-5
| 요한 17,24 // 6,39-40; 10,28-29; 12,26; 14,3
| 요한 17,25 // 17,3
| 요한 17,26 // 14,20-21; 15,9-10; 16,27

최후의 심판 25,31-46

25,34 "그때에 임금이 자기 오른쪽에 있는 이들에게
이렇게 말할 것이다. '내 아버지께 복을 받은 이들
아, 와서, 세상 창조 때부터 너희를 위하여 준비된
나라를 차지하여라.'"

탈렌트의 비유 25,14-30

25,21 "그러자 주인이 그에게 일렀다. '잘하였다, 착
하고 성실한 종아! 네가 작은 일에 성실하였으니
이제 내가 너에게 많은 일을 맡기겠다. 와서 네 주
인과 함께 기쁨을 나누어라.' … 23 그러자 주인이
그에게 일렀다. '잘하였다, 착하고 성실한 종아! 네
가 작은 일에 성실하였으니 이제 내가 너에게 많
은 일을 맡기겠다. 와서 네 주인과 함께 기쁨을
나누어라.'"

하느님 아버지와 아들 11,25-27

11,27 "나의 아버지께서는 모든 것을 나에게 넘겨주
셨다. 그래서 아버지 외에는 아무도 아들을 알지
못한다. 또 아들 외에는, 그리고 그가 아버지를 드
러내 보여 주려는 사람 외에는 아무도 아버지를
알지 못한다."

미나의 비유 19,11-27

19,17 그러자 주인이 그에게 일렀다. "잘하였다, 착한
종아! 네가 아주 작은 일에 성실하였으니 열 고을
을 다스리는 권한을 가져라."

하느님 아버지와 아들 10,21-24

10,22 "나의 아버지께서는 모든 것을 나에게 넘겨주
셨다. 그래서 아버지 외에는 아들이 누구인지 아
무도 알지 못한다. 또 아들 외에는, 그리고 그가
아버지를 드러내 보여 주려는 사람 외에는 아버지
께서 누구이신지 아무도 알지 못한다."

17,25-26 // 야고보의 둘째 묵시록 49. 나는 [아버지]의 아들이오. 나는 들은 대로 말하오. 나는 계명을 [받]은 대로 명령을 내리오. 나는 알아[낸] 대로 여러분에게 가르치오.

잡히시다

요한 18,1-11

1 예수님께서는 이렇게 말씀하신 뒤에 제자들과
함께 키드론 골짜기 건너편으로 가셨다. 거기에
정원이 하나 있었는데 제자들과 함께 그곳에 들어
가셨다. 2 예수님께서 제자들과 함께 여러 번 거기
에 모이셨기 때문에, 그분을 팔아넘길 유다도 그
곳을 알고 있었다.
3 그래서 유다는 군대와 함께, 수석 사제들과 바
리사이들이 보낸 성전 경비병들을 데리고 그리로
갔다. 그들은 등불과 횃불과 무기를 들고 있었다.
4 예수님께서는 당신께 닥쳐오는 모든 일을 아시고
앞으로 나서시며 그들에게, "누구를 찾느냐?" 하
고 물으셨다. 5 그들이 "나자렛 사람 예수요." 하고
대답하자, 예수님께서 그들에게 "나다." 하고 말
씀하셨다. 예수님을 팔아넘길 유다도 그들과 함
께 서 있었다. 6 예수님께서 "나다." 하실 때, 그들
은 뒷걸음치다가 땅에 넘어졌다. 7 예수님께서 다
시 그들에게 "누구를 찾느냐?" 하고 물으시니, 그
들이 "나자렛 사람 예수요." 하고 대답하였다. 8 예
수님께서 말씀하셨다. "'나다.' 하지 않았느냐? 너
희가 나를 찾는다면 이 사람들은 가게 내버려 두
어라." 9 이는 "아버지께서 저에게 주신 사람들 가
운데 하나도 잃지 않았습니다." 하고 당신께서 전
에 하신 말씀이 이루어지게 하려는 것이었다.
10 그때에 시몬 베드로가 가지고 있던 칼을 뽑아,
대사제의 종을 내리쳐 오른쪽 귀를 잘라 버렸다.
그 종의 이름은 말코스였다.

마태 26,47-56

성찬례를 제정하시다 26,26-30

26,30 그들은 찬미가를 부르고 나서 올리브산으로
갔다.

26,47 예수님께서 아직 말씀하고 계실 때에 바로 열
두 제자 가운데 하나인 유다가 왔다. 그와 함께 수
석 사제들과 백성의 원로들이 보낸 큰 무리도 칼
과 몽둥이를 들고 왔다. 48 그분을 팔아넘길 자는,
"내가 입 맞추는 이가 바로 그 사람이니 그를 붙
잡으시오." 하고 그들에게 미리 신호를 일러두었
다. 49 그는 곧바로 예수님께 다가가, "스승님, 안녕
하십니까?" 하고 나서 그분께 입을 맞추었다. 50 예
수님께서 "친구야, 네가 하러 온 일을 하여라." 하
고 말씀하셨다. 그때에 그들이 다가와 예수님께
손을 대어 그분을 붙잡았다.

51 그러자 예수님과 함께 있던 이들 가운데 한 사
람이 칼을 빼어 들고, 대사제의 종을 쳐서 그의 귀
를 잘라 버렸다.

18,5-8 // 탈출 3,14 하느님께서 모세에게 "나는 있는 나다." 하고 대답하시고, 이어서 말씀하셨다. "너는 이스라엘 자손들에게 '"있는 나"께서 나를 너희에게 보내셨다.' 하여라."

18,5-8 // 신명 32,39 이제 너희는 보아라! 나, 바로 내가 그다. 나 말고는 하느님이 없다. 나는 죽이기도 하고 살리기도 한다. 나는 치기도 하고 고쳐 주기도 한다. 내 손에서 빠져나갈 자 하나도 없다.

18,5-8 // 이사 43,10 주님의 말씀이다. 너희가 나의 증인이다. 너희는 내가 선택한 나의 종이다. 이는 너희가 깨쳐서 나를 믿고 내가 바로 그분임을 깨닫게 하려는 것이다. 나 이전에 신이 만들어진 일이 없고 나 이후에 어떤 신도 존재하지 않으리라.

마르 14,43-50

성찬례를 제정하시다 14,22-26

14,26 그들은 찬미가를 부르고 나서 올리브산으로
갔다.

14,43 그러자 곧, 예수님께서 아직 말씀하고 계실 때
에 열두 제자 가운데 하나인 유다가 다가왔다. 그
와 함께 수석 사제들과 율법 학자들과 원로들이
보낸 무리도 칼과 몽둥이를 들고 왔다. 44 그분을
팔아넘길 자는, "내가 입 맞추는 이가 바로 그 사
람이니 그를 붙잡아 잘 끌고 가시오." 하고 그들
에게 미리 신호를 일러두었다. 45 그가 와서는 곧바
로 예수님께 다가가 "스승님!" 하고 나서 입을 맞
추었다. 46 그러자 그들이 예수님께 손을 대어 그
분을 붙잡았다.

47 그때 곁에 서 있던 이들 가운데 한 사람이 칼
을 빼어, 대사제의 종을 내리쳐 그의 귀를 잘라
버렸다.

루카 22,47-53

겟세마니에서 기도하시다 22,39-46

22,39 예수님께서 밖으로 나가시어 늘 하시던 대로
올리브산으로 가시니, 제자들도 그분을 따라갔
다.

22,47 예수님께서 아직 말씀하고 계실 때에 한 무리
의 사람들이 나타났는데, 열두 제자 가운데 하나
로 유다라고 하는 자가 앞장서서 왔다. 그가 예수
님께 입 맞추려고 다가오자, 48 예수님께서 그에게
"유다야, 너는 입맞춤으로 사람의 아들을 팔아넘
기느냐?" 하고 말씀하셨다.

49 예수님 둘레에 있던 이들이 사태를 알아차리고,
"주님, 저희가 칼로 쳐 버릴까요?" 하고 말하였다.
50 그들 가운데 한 사람이 대사제의 종을 쳐서 그
의 오른쪽 귀를 잘라 버렸다.

요한 18,11	마태
[11] 그러자 예수님께서 베드로에게 이르셨다. "그 칼을 칼집에 꽂아라.	26,52 그때에 예수님께서 그에게 이르셨다. "칼을 칼집에 도로 꽂아라. 칼을 잡는 자는 모두 칼로 망한다. [53] 너는 내가 내 아버지께 청할 수 없다고 생각하느냐? 청하기만 하면 당장에 열두 군단이 넘는 천사들을 내 곁에 세워 주실 것이다. [54] 그러면 일이 이렇게 되어야 한다는 성경 말씀이 어떻게 이루어지겠느냐?" [55] 그때에 예수님께서는 그 무리에게도 이렇게 이르셨다. "너희는 강도라도 잡을 듯이 칼과 몽둥이를 들고 나를 잡으러 나왔단 말이냐? 내가 날마다 성전에 앉아 가르쳤지만 너희는 나를 붙잡지 않았다. [56] 예언자들이 기록한 성경 말씀이 이루어지려고 이 모든 일이 일어난 것이다." 그때에 제자들은 모두 예수님을 버리고 달아났다.
아버지께서 나에게 주신 이 잔을 내가 마셔야 하지 않겠느냐?" ㅣ 요한 18,3 // 7,32 ㅣ 요한 18,5.7 // 19,19 ㅣ 요한 18,6 // 8,24.28; 13,19	**겟세마니에서 기도하시다 26,36-46** 26,39 "아버지, 하실 수만 있으시면 이 잔이 저를 비켜 가게 해 주십시오. 그러나 제가 원하는 대로 하지 마시고 아버지께서 원하시는 대로 하십시오." … [42] 다시 두 번째로 가서 기도하셨다. "아버지, 이 잔이 비켜 갈 수 없는 것이라서 제가 마셔야 한다면, 아버지의 뜻이 이루어지게 하십시오." **출세와 섬김 20,20-28** 20,22 예수님께서 "너희는 너희가 무엇을 청하는지 알지도 못한다. 내가 마시려는 잔을 너희가 마실 수 있느냐?" 하고 물으셨다. 그들이 "할 수 있습니다." 하고 대답하자,

22,51 그러자 예수님께서 "그만해 두어라." 하시고,
그 사람의 귀에 손을 대어 고쳐 주셨다.

14,48 예수님께서 나서시어 그들에게 말씀하셨다.
"너희는 강도라도 잡을 듯이 칼과 몽둥이를 들
고 나를 잡으러 나왔단 말이냐? 49 내가 날마다 너
희와 함께 성전에 있으면서 가르쳤지만 너희는 나
를 붙잡지 않았다. 성경 말씀이 이루어지려고 이
리된 것이다."

50 제자들은 모두 예수님을 버리고 달아났다.

52 그러고 나서 예수님께서는 당신을 잡으러 온 수
석 사제들과 성전 경비대장들과 원로들에게 이르
셨다. "너희는 강도라도 잡을 듯이 칼과 몽둥이
를 들고 나왔단 말이냐? 53 내가 날마다 너희와 함
께 성전에 있을 때에는 너희가 나에게 손을 뻗치
지 않았다. 그러나 이제는 너희 때요 어둠이 권세
를 떨칠 때다."

겟세마니에서 기도하시다 14,32-42

14,36 "아빠! 아버지! 아버지께서는 무엇이든 하실
수 있으시니, 이 잔을 저에게서 거두어 주십시오.
그러나 제가 원하는 것을 하지 마시고 아버지께서
원하시는 것을 하십시오."

겟세마니에서 기도하시다 22,39-46

22,42 "아버지, 아버지께서 원하시면 이 잔을 저에게
서 거두어 주십시오. 그러나 제 뜻이 아니라 아버
지의 뜻이 이루어지게 하십시오."

출세와 섬김 10,35-45

10,38 예수님께서 그들에게 "너희는 너희가 무엇을
청하는지 알지도 못한다. 내가 마시는 잔을 너희
가 마실 수 있으며, 내가 받는 세례를 너희가 받을
수 있느냐?" 하고 물으셨다. 39 그들이 "할 수 있습
니다." 하고 대답하자, 예수님께서 그들에게 말씀
하셨다. "내가 마시는 잔을 너희도 마시고, 내가
받는 세례를 너희도 받을 것이다."

한나스의 신문과 베드로의 부인

요한 18,12-27

12 군대와 그 대장과 유다인들의 성전 경비병들은
예수님을 붙잡아 결박하고, 13 먼저 한나스에게 데
려갔다. 한나스는 그해의 대사제 카야파의 장인이
었다. 14 카야파는 백성을 위하여 한 사람이 죽는
것이 낫다고 유다인들에게 충고한 자다.
15 시몬 베드로와 또 다른 제자 하나가 예수님을
따라갔다. 그 제자는 대사제와 아는 사이여서,
예수님과 함께 대사제의 저택 안뜰에 들어갔다.
16 베드로는 대문 밖에 서 있었는데, 대사제와 아
는 사이인 그 다른 제자가 나와서 문지기 하녀에
게 말하여 베드로를 데리고 들어갔다.
17 그때에 그 문지기 하녀가 "당신도 저 사람의 제
자 가운데 하나가 아닌가요?" 하자, 베드로가 "나
는 아니오." 하고 말하였다. 18 날이 추워 종들과
성전 경비병들이 숯불을 피워 놓고 서서 불을 쬐
고 있었는데, 베드로도 그들과 함께 서서 불을 쬐
었다.

마태 26,57-75

최고 의회에서 신문을 받으시다 26,57-66

26,57 그들은 예수님을 붙잡아 카야파 대사제에게
끌고 갔다. 그곳에는 율법 학자들과 원로들이 모
여 있었다.

58 베드로는 멀찍이 떨어져 예수님을 뒤따라 대사
제의 저택까지 가서, 결말을 보려고 안뜰로 들어
가 시종들과 함께 앉았다.

19 대사제는 예수님께 그분의 제자들과 가르침에
관하여 물었다. 20 예수님께서 그에게 대답하셨
다. "나는 세상 사람들에게 드러내 놓고 이야기
하였다. 나는 언제나 모든 유다인이 모이는 회당
과 성전에서 가르쳤다. 은밀히 이야기한 것은 하
나도 없다. 21 그런데 왜 나에게 묻느냐? 내가 무슨
말을 하였는지 들은 이들에게 물어보아라. 내가
말한 것을 그들이 알고 있다." 22 예수님께서 이렇
게 말씀하시자, 곁에 서 있던 성전 경비병 하나가

59 수석 사제들과 온 최고 의회는 예수님을 사형에
처하려고 그분에 대한 거짓 증언을 찾았다. 60 거
짓 증인들이 많이 나섰지만 하나도 찾아내지 못
하였다. 마침내 두 사람이 나서서, 61 "이자가 '나
는 하느님의 성전을 허물고 사흘 안에 다시 세울
수 있다.'고 말하였습니다." 하였다. 62 그러자 대사
제가 일어나 예수님께, "당신은 아무런 대답도 하
지 않소? 이자들이 당신에게 불리한 증언을 하는
데 어찌 된 일이오?" 하고 물었다. 63 그러나 예수

마르 14,53-72

최고 의회에서 신문을 받으시다 14,53-64

14,53 그들은 예수님을 대사제에게 끌고 갔다. 그러
자 수석 사제들과 원로들과 율법 학자들이 모두
모여 왔다.

54 베드로는 멀찍이 떨어져서 예수님을 뒤따라 대
사제의 저택 안뜰까지 들어가, 시종들과 함께 앉
아 불을 쬐고 있었다.

루카 22,54-71

베드로가 예수님을 모른다고 하다 22,54-62

22,54 그들은 예수님을 붙잡아 끌고 대사제의 집으
로 데려갔다.

베드로는 멀찍이 떨어져 뒤따라갔다. 55 사람들이
안뜰 한가운데에 불을 피우고 함께 앉아 있었는
데, 베드로도 그들 가운데 끼어 앉았다.

56 그런데 어떤 하녀가 불 가에 앉은 베드로를 보
고 그를 주의 깊게 살피면서 말하였다. "이이도 저
사람과 함께 있었어요." 57 그러자 베드로는 "이 여자야, 나는 그 사람을 모르네." 하고 부인하였다. 58 얼
마 뒤에 다른 사람이 베드로를 보고, "당신도 그들과 한패요." 하고 말하였다. 그러나 베드로는 "이 사람
아, 나는 아닐세." 하였다. 59 한 시간쯤 지났을 때에 또 다른 사람이, "이이도 갈릴래아 사람이니까 저 사
람과 함께 있었던 게 틀림없소." 하고 주장하였다. 60 베드로는 "이 사람아, 나는 자네가 무슨 말을 하는
지 모르겠네." 하고 말하였다. 그가 이 말을 하는 순간에 닭이 울었다. 61 그리고 주님께서 몸을 돌려 베
드로를 바라보셨다. 베드로는 주님께서 "오늘 닭이 울기 전에 너는 나를 세 번이나 모른다고 할 것이다."
하신 말씀이 생각나서, 62 밖으로 나가 슬피 울었다.

55 수석 사제들과 온 최고 의회는 예수님을 사형
에 처하려고 그분에 대한 증언을 찾았으나 찾아
내지 못하였다. 56 사실 많은 사람이 그분께 불리
한 거짓 증언을 하였지만, 그 증언들이 서로 들어
맞지 않았던 것이다. 57 더러는 나서서 이렇게 거짓
증언을 하기도 하였다. 58 "우리는 저자가, '나는 사
람 손으로 지은 이 성전을 허물고, 손으로 짓지
않는 다른 성전을 사흘 안에 세우겠다.'고 말하는
것을 들은 적이 있습니다." 59 그러나 그들의 증언

18,12-24 // 토마 유년기 복음 3,1 율법 학
자 한나스의 아들이 예수와 함께
거기에 있었다. 그가 버드나무 가
지를 집어 예수가 모아놓은 물을
흩어버렸다. 2 예수가 그것을 보고
화가 나서 그에게 말하였다. "야,
불손하고 불경한 바보야, 도대체
연못과 물이 너에게 무슨 나쁜 일
을 했단 말이냐? 자 봐라, 너도 나
무처럼 시들어 버릴 것이다. 그리
고 너는 더 이상 잎도 뿌리도 열
매도 내지 못할 것이다." 3 그러자
곧바로 그 아이는 완전히 시들어
버렸다. 예수는 거기서 물러나 요
셉의 집으로 갔다. 4 시들어 버린
아이의 부모는 아이가 너무 어린
나이임을 슬퍼하면서 아이를 안
아들고 요셉을 찾아왔다. 그리고
그를 향해 "당신 아이는 이런 짓
을 일삼는 아이요!" 하며 비난하
였다.

예수님의 뺨을 치며, "대사제께 그따위로 대답하
느냐?" 하였다. 23 예수님께서 그에게 대답하셨다.
"내가 잘못 이야기하였다면 그 잘못의 증거를 대
보아라. 그러나 내가 옳게 이야기하였다면 왜 나
를 치느냐?" 24 한나스는 예수님을 결박한 채로 카
야파 대사제에게 보냈다.

25 시몬 베드로는 서서 불을 쬐고 있었다. 사람들
이 그에게 "당신도 저 사람의 제자 가운데 하나가
아니오?" 하고 물었다. 베드로는 "나는 아니오."
하며 부인하였다. 26 대사제의 종 가운데 하나로서,
베드로가 귀를 잘라 버린 자의 친척이 말하였다.
"당신이 정원에서 저 사람과 함께 있는 것을 내가
보지 않았소?" 27 베드로가 다시 아니라고 부인하
자 곧 닭이 울었다.

| 요한 18,14 // 11,49-50

님께서는 입을 다물고 계셨다. 대사제가 말하였
다. "내가 명령하오. '살아 계신 하느님 앞에서 맹
세를 하고 당신이 하느님의 아들 메시아인지 밝히
시오.'" 26,64 예수님께서 그에게 말씀하셨다. "네가
그렇게 말하였다.
나는 너희에게 말한다.
이제부터 '너희는 사람의 아들이
전능하신 분의 오른쪽에 앉아 있는 것과
하늘의 구름을 타고 오는 것을 볼 것이다.'"
65 그때에 대사제가 자기 겉옷을 찢고 이렇게 말하
였다. "이자가 하느님을 모독하였습니다. 이제 우
리에게 무슨 증인이 더 필요합니까? 방금 여러분
은 하느님을 모독하는 말을 들었습니다. 66 여러분
의 의견은 어떻습니까?" 그들이 대답하였다. "그
자는 죽을죄를 지었습니다."

예수님을 조롱하다 26,67-68

26,67 그때에 그들은 예수님의 얼굴에 침을 뱉고
그분을 주먹으로 쳤다. 더러는 손찌검을 하면서,
68 "메시아야, 알아맞혀 보아라. 너를 친 사람이 누
구냐?" 하였다.

베드로가 예수님을 모른다고 하다 26,69-75

26,69 베드로는 안뜰 바깥쪽에 앉아 있었는데 하녀
하나가 그에게 다가와 말하였다. "당신도 저 갈릴
래아 사람 예수와 함께 있었지요?" 70 그러자 베드
로는 모든 사람 앞에서, "나는 당신이 무슨 말을
하는지 모르겠소." 하고 부인하였다. 71 그가 대문
께로 나가자 다른 하녀가 그를 보고 거기에 있는
이들에게, "이이는 나자렛 사람 예수와 함께 있었
어요." 하고 말하였다. 72 그러자 베드로는 맹세까
지 하면서 "나는 그 사람을 알지 못하오." 하고 다
시 부인하였다. 73 그런데 조금 뒤에 거기 서 있던

도 서로 들어맞지 않았다. 14,60 그러자 대사제가 한가운데로 나서서
예수님께, "당신은 아무 대답도 하지 않소? 이자들이 당신에게 불리
한 증언을 하는데 어찌 된 일이오?" 하고 물었다. 61 그러나 예수님께
서는 입을 다무신 채 아무 대답도 하지 않으셨다. 대사제는 다시 "당
신이 찬양받으실 분의 아들 메시아요?" 하고 물었다. 62 예수님께서 대
답하셨다. "그렇다.
'너희는 사람의 아들이
전능하신 분의 오른쪽에 앉아 있는 것과
하늘의 구름을 타고 오는 것을 볼 것이다.'"
63 그러자 대사제가 자기 옷을 찢고 이렇게 말하였
다. "이제 우리에게 무슨 증인이 더 필요합니까?
64 여러분도 하느님을 모독하는 말을 듣지 않았습
니까? 여러분의 생각은 어떻습니까?" 그들은 모
두 예수님께서 사형을 받아야 마땅하다고 단죄
하였다.

예수님을 조롱하다 14,65

14,65 어떤 자들은 예수님께 침을 뱉고 그분의 얼굴
을 가린 다음, 주먹으로 치면서 "알아맞혀 보아
라." 하며 놀려 대기 시작하였다. 시종들도 예수님
의 뺨을 때렸다.

베드로가 예수님을 모른다고 하다 14,66-72

14,66 베드로가 안뜰 아래쪽에 있는데 대사제의 하
녀 하나가 와서, 67 불을 쬐고 있는 베드로를 보고
그를 찬찬히 살피면서 말하였다. "당신도 저 나자
렛 사람 예수와 함께 있던 사람이지요?" 68 그러자
베드로는, "나는 당신이 무슨 말을 하는지 알지도
이해하지도 못하겠소." 하고 부인하였다. 그가 바
깥뜰로 나가자 닭이 울었다. 69 그 하녀가 베드로를
보면서 곁에 서 있는 이들에게 다시, "이 사람은
그들과 한패예요." 하고 말하기 시작하였다. 70 그
러나 베드로는 또 부인하였다. 그런데 조금 뒤에

예수님을 조롱하다 22,63-65

22,63 예수님을 지키던 사람들은 그분을 매질하며
조롱하였다. 64 또 예수님의 눈을 가리고 "알아맞
혀 보아라. 너를 친 사람이 누구냐?" 하고 물었다.
65 그들은 이 밖에도 예수님을 모독하는 말을 많
이 퍼부었다.

이들이 베드로에게 다가와, "당신도 그들과 한패
임이 틀림없소. 당신의 말씨를 들으니 분명하오."
하고 말하였다. 26,74 그때에 베드로는 거짓이면 천
벌을 받겠다고 맹세하기 시작하며, "나는 그 사람
을 알지 못하오." 하였다. 그러자 곧 닭이 울었다.
75 베드로는 "닭이 울기 전에 너는 세 번이나 나를
모른다고 할 것이다." 하신 예수님의 말씀이 생각
나서, 밖으로 나가 슬피 울었다.

18,28 // 민수 19,11 누구의 주검이든 그것에 몸이 닿는 이는 이레 동안 부정하다. 12 그가 사흘째 되는 날과 이레째 되는 날에 그 물로 자신을 정화하면 정결하게 된다. 그가 사흘째 되는 날과 이레째 되는 날에 자신을 정화하지 않으면 정결하게 되지 않는다. 13 누구든지 주검, 곧 죽은 사람의 몸에 닿은 이가 자신을 정화하지 않으면, 그는 주님의 성막을 부정하게 만든다. 그런 자는 이스라엘에서 잘려 나가야 한다. 정화의 물을 자기 몸에 뿌리지 않아, 그가 부정한 그대로 이며 그의 부정이 여전히 그에게 남아 있기 때문이다.

18,28 // 신명 16,2 주님께서 당신의 이름을 머무르게 하시려고 선택하시는 곳에서, 양과 소를 주 너희 하느님께 파스카 제물로 잡아 바쳐야 한다. 3 너희는 누룩 넣은 빵을 그 제물과 함께 먹어서는 안 된다. 이레 동안은 누룩 없는 빵, 곧 고난의 빵을 그 제물과 함께 먹어야 한다. 그것은 너희가 이집트 땅에서 급하게 나왔기 때문이다. 또한 너희가 이집트 땅에서 나온 날을 평생토록 기억하게 하려는 것이다.

빌라도에게 신문을 받으시다

요한 18,28-38ㄱ

28 사람들이 예수님을 카야파의 저택에서 총독 관
저로 끌고 갔다. 때는 이른 아침이었다. 그들은 몸
이 더러워져서 파스카 음식을 먹지 못할까 두려
워, 총독 관저 안으로 들어가지 않았다. 29 그래서
빌라도가 그들이 있는 곳으로 나와, "무슨 일로 저 사람을 고소
하는 것이오?" 하고 물었다. 30 그들이 빌라도에게, "저자가 범죄자
가 아니라면 우리가 총독께 넘기지 않았을 것이오." 하고 대답하
였다. 31 빌라도가 그들에게 "여러분이 데리고 가서 여러분의 법대
로 재판하시오." 하자, 유다인들이 "우리는 누구를 죽일 권한이
없소." 하고 말하였다. 32 이는 예수님께서 당신이 어떻게 죽임을
당할 것인지 가리키며 하신 말씀이 이루어지려고 그리된 것이다.

마태 27,1-2.11-14

빌라도 앞으로 끌려가시다 27,1-2

27,1 아침이 되자 모든 수석 사제들과 백성의 원로
들은 예수님을 사형에 처하기로 결의한 끝에, 2 그
를 결박하여 끌고 가서 빌라도 총독에게 넘겼다.

곁에 서 있던 이들이 다시 베드로에게, "당신은 갈
릴래아 사람이니 그들과 한패임에 틀림없소." 하
고 말하였다. 14,71 베드로는 거짓이면 천벌을 받겠
다고 맹세하기 시작하며, "나는 당신들이 말하는
그 사람을 알지 못하오." 하였다. 72 그러자 곧 닭
이 두 번째 울었다. 베드로는 예수님께서, "닭이
두 번 울기 전에 너는 세 번이나 나를 모른다고 할
것이다." 하신 말씀이 생각나서 울기 시작하였다.

최고 의회에서 신문을 받으시다 22,66-71

22,66 날이 밝자 백성의 원로단, 곧 수석 사제들과
율법 학자들이 모여 예수님을 최고 의회로 끌고
가서, 67 "당신이 메시아라면 그렇다고 우리에게 말하시오." 하였다. 그러자 예수님께서 그들에게 말씀하
셨다. "내가 그렇다고 말하여도 너희는 믿지 않을 것이고, 68 내가 물어보아도 너희는 대답하지 않을 것
이다. 69 이제부터 '사람의 아들은 전능하신 하느님의 오른쪽에 앉을' 것이다." 70 그러자 모두 "그렇다면
당신이 하느님의 아들이라는 말이오?" 하고 물었다. 예수님께서 "내가 그러하다고 너희가 말하고 있다."
하시자, 71 그들이 말하였다. "이제 우리에게 무슨 증언이 더 필요합니까? 제 입으로 말하는 것을 우리
가 직접 들었으니 말입니다."

18,28-38ㄱ // 니코데모 복음 2,1 빌라도가 예수님께 말하였다. "이들이 당신을 거슬러 증언하는 말을 듣고 있소? 당신은 대답하지 않을 작정이오?" 예수님께서 답하시며 말씀하셨다. "모든 사람은 말할 권리가 있다. 좋은 것을 원하든 나쁜 것을 원하든. 그러므로 그들도 하고 싶은 말을 할 권리가 있다." 2 유다인들이 그에게 말하였다. "우리가 당신에 대해 무슨 말을 해야겠소? 첫째, 당신은 죄에서 태어났소. 둘째, 당신이 태어났을 때 당신 때문에 영아들이 살해되었소. 셋째, 당신 아버지와 어머니가 이집트로 도망갔소. 그들이 백성에게 아무런 신뢰가 없었던 것이오."

마르 15,1-5

15,1 아침이 되자 수석 사제들은 곧바로 원로들과
율법 학자들, 곧 온 최고 의회와 의논한 끝에, 예
수님을 결박하여 끌고 가서 빌라도에게 넘겼다.

루카 23,1-5

23,1 그리하여 온 무리가 일어나 예수님을 빌라도
앞으로 끌고 갔다. 2 그리고 예수님을 고소하기 시
작하였다. "우리는 이자가 우리 민족을 선동한다
는 사실을 알아냈습니다. 황제에게 세금을 내지
못하게 막고 자신을 메시아 곧 임금이라고 말합
니다."

18,31 // 니코데모 복음 3,1 빌라도는 분노와 격정에 싸여 밖으로 나왔다. 그리고 한나스와 카야파와 예수님을 끌고 왔던 온 백성에게 말하였다. ... "여러분이 이자를 신문하시오. 그리고 여러분에게 율법이 있으니, 여러분의 율법이 명하는 대로 하시오." 유다인들이 말하였다. "저희 율법은 어떤 사람도 사형시키는 것을 허락하지 않습니다." 빌라도가 말하였다. "여러분이 죽이기를 원하지 않는다면, 나는 얼마나 더 그렇겠소?"

18,31 // 니코데모 복음 4,4 빌라도가 유다인들에게 말하였다. "만약 예수가 했다는 말이 하느님을 모욕하는 말로 여겨진다면, 그를 데려가서 여러분의 법에 따라 여러분이 심판하시오." 유다인들이 빌라도에게 말하였다. "저희는 나리께서 그자를 십자가에 못 박으시기를 원합니다." 빌라도가 말하였다. "그것은 좋지 않소."

18,33 // 솔로몬의 시편 17,21 보십시오,
주님! 그들에게 그들의 임금을 일
으켜 주소서! 하느님 당신께서 선
택하신 그 시간에, 당신 종 이스라
엘을 다스릴 다윗의 후손을!

33 그리하여 빌라도가 다시 총독 관저 안으로 들
어가 예수님을 불러, "당신이 유다인들의 임금이
오?" 하고 물었다. 34 예수님께서는 "그것은 네 생
각으로 하는 말이냐? 아니면 다른 사람들이 나
에 관하여 너에게 말해 준 것이냐?" 하고 되물으
셨다. 35 "나야 유다인이 아니잖소? 당신의 동족과
수석 사제들이 당신을 나에게 넘긴 것이오. 당신
은 무슨 일을 저질렀소?" 하고 빌라도가 다시 물
었다. 36 예수님께서 대답하셨다. "내 나라는 이 세
상에 속하지 않는다. 내 나라가 이 세상에 속한다
면, 내 신하들이 싸워 내가 유다인들에게 넘어가
지 않게 하였을 것이다. 그러나 내 나라는 여기에 속하지 않는다." 37 빌라도가 "아무튼 당신이 임금이라
는 말 아니오?" 하고 묻자, 예수님께서 그에게 대답하셨다. "내가 임금이라고 네가 말하고 있다. 나는 진
리를 증언하려고 태어났으며, 진리를 증언하려고 세상에 왔다. 진리에 속한 사람은 누구나 내 목소리
를 듣는다." 38 빌라도가 예수님께 말하였다. "진리가 무엇이오?"

| 요한 18,33 // 6,14-15; 19,3.12.14-15; 19,19.21

빌라도에게 신문을 받으시다 27,11-14

27,11 예수님께서 총독 앞에 서셨다. "당신이 유다
인들의 임금이오?" 하고 총독이 묻자, 예수님께서
"네가 그렇게 말하고 있다." 하고 대답하셨다. 12 그
러나 수석 사제들과 원로들이 당신을 고소하는
말에는 아무 대답도 하지 않으셨다. 13 그때에 빌
라도가 예수님께, "저들이 갖가지로 당신에게 불
리한 증언을 하는데 들리지 않소?" 하고 물었으
나, 14 예수님께서는 어떠한 고소의 말에도 대답
을 하지 않으셨다. 그래서 총독은 매우 이상하게
여겼다.

사형 선고를 받으시다

요한 18,38ㄴ—19,16

38 빌라도는 이 말을 하고 다시 유다인들이 있는 곳
으로 나가 그들에게 말하였다. "나는 저 사람에게
서 아무런 죄목도 찾지 못하겠소.

마태 27,15-31

[15,2] 빌라도가 예수님께 "당신이 유다인들의 임금
이오?" 하고 묻자, 그분께서 "네가 그렇게 말하고
있다." 하고 대답하셨다. [3] 그러자 수석 사제들이
여러 가지로 예수님을 고소하였다. [4] 빌라도가 다
시 예수님께, "당신은 아무 대답도 하지 않소? 보
시오, 저들이 당신을 갖가지로 고소하고 있지 않
소?" 하고 물었으나, [5] 예수님께서는 더 이상 아
무 대답도 하지 않으셨다. 그래서 빌라도는 이상
하게 여겼다.

[23,3] 빌라도가 예수님께 "당신이 유다인들의 임금이
오?" 하고 묻자, 그분께서 "네가 그렇게 말하고 있
다." 하고 대답하셨다. [4] 빌라도가 수석 사제들과
군중에게 말하였다. "나는 이 사람에게서 아무 죄
목도 찾지 못하겠소." [5] 그러나 그들은 완강히 주
장하였다. "이자는 갈릴래아에서 시작하여 이곳
에 이르기까지, 온 유다 곳곳에서 백성을 가르치
며 선동하고 있습니다."

18,33-38 // 니코데모 복음 3,2 그러고 나서 빌라도는 관저로 돌아가 예수님께 말하였다. "내게 말해보시오. 당신이 유다인들의 임금이오?" 예수님께서 답하셨다. "네가 그렇게 말하고 있다. 아니면 다른 유다인들이 당신에게 그렇게 말해서 나에게 물어보는 것인가?" 빌라도가 말하였다. "내가 히브리인이오? 나는 히브리인이 아니오. 당신의 백성과 수석사제들이 당신을 내 손에 넘겼소. 그러니 당신이 유다인들의 임금인지, 내게 말해보시오." 예수님께서 답하셨다. "내 나라는 이 세상에 있지 않다. 내 나라가 이 세상에 있었다면 내 군사들이 내가 잡히도록 놔두지 않았을 것이다. 내 나라는 이 세상에 있지 않다." 빌라도가 말하였다. "그렇다면 당신은 임금이오?" 예수님께서 말씀하셨다. "네가 말하였다. 나는 이것을 위해 곧 진리를 증언하려고 태어났다. 누군가 진리의 사람이라면 내 말을 믿고 그것을 실천한다." 빌라도가 말하였다. "진리가 무엇이오?" 예수님께서 답하셨다. "진리는 하늘에서 나온다." 빌라도가 말하였다. "진리가 땅에는 없소?" 그리스도께서 말씀하셨다. "내가 진리다. 그러니 지상의 권한을 가진 사람들에 의해 어떻게 진리가 심판받을 수 있겠느냐?"

마르 15,6-20

루카 23,13-25

[13] 빌라도는 수석 사제들과 지도자들과 백성을 불
러 모아 [14] 그들에게 말하였다. "여러분은 이 사람이 백성을 선동한다고 나에게 끌고 왔는데, 보다시피
내가 여러분 앞에서 신문해 보았지만, 이 사람에게서 여러분이 고소한 죄목을 하나도 찾지 못하였소.
[15] 헤로데가 이 사람을 우리에게 돌려보낸 것을 보면 그도 찾지 못한 것이오. 보다시피 이 사람은 사형
을 받아 마땅한 짓을 하나도 저지르지 않았소. [16] 그러니 이 사람에게 매질이나 하고 풀어 주겠소." [17]

18,38ㄴ-19,16 // 니코데모 복음 4,1 빌라도는 그리스도만 남겨두고 밖으로 나와서 유다인들에게 말하였다. "나는 이 사람에게서 아무런 잘못도 찾지 못하겠소." 유다인들이 답하였다. "그자가 무어라고 말하고 다녔는지, 각하께 말씀드리겠습니다. 그자는 '나는 하느님의 성전을 무너뜨렸다가 사흘 안에 다시 세울 수 있다'고 말했습니다." 빌라도가 말하였다. "그가 무슨 성전을 무너뜨린다고 말했소?" 히브리인들이 말하였다. "솔로몬의 성전이오. 솔로몬이 사십육 년 동안 세운 것입니다."

18,38ㄴ-19,16 // 니코데모 복음 9,1 그 뒤 빌라도는 니코데모와 하느님을 경외하는 유다인들 열둘을 소환하여 그들에게 말하였다. "내가 어떻게 해야 할지 여러분이 말해주시오. 백성이 크게 동요하고 있소." 그들이 말하였다. "저희는 모르겠습니다. 원하시는 대로 하십시오. 그런데 백성이 지금 하는 일은 불의한 처사입니다. 그들이 그분을 없애려 하기 때문입니다." 빌라도는 다시 밖으로 나가서 백성에게 말하였다. "무교절 축제 때 여러분을 위해 수감 중인 죄수 하나를 풀어주는 것이 관습임을 여러분도 압니다. 감옥에 악당이 하나 있는데 바라빠라는 이름의 강도요. 그리고 예수가 있소. 악행을 저지른 적이 전혀 없는 사람이오. 내가 둘 중에 누구를 풀어주기를 원하오?" 백성이 답했다. "바라빠를 풀어주시오!" 빌라도가 말하였다. "내가 예수는 어떻게 해야겠소?" 그들이 말하였다. "십자가에 못 박으시오!" 그들 가운데 다른 몇몇이 다시 소리쳤다. "예수를 풀어주면 당신은 황제의 친구가 아닙니다. 그자가 자신을 하느님의 아들이요 임금이라고 칭하기 때문입니다. 그자를 석방하면 그자가 임금이 되어 황제의 왕국을 차지할 것입니다." ... [4] 빌라도는 물로 손을 씻으면서 백성에게 말하였다. "나는 이 선한 사람의 피에 책임이 없소. 여러분은, 그가 불의하게 살해당하는 것을 보게 될 것이오. 나는

39 그런데 여러분에게는 내가 파스카 축제 때에 죄
수 하나를 풀어 주는 관습이 있소. 내가 유다인들
의 임금을 풀어 주기를 원하오?" 40 그러자 그들이
다시 "그 사람이 아니라 바라빠를 풀어 주시오."
하고 외쳤다. 바라빠는 강도였다.

사형 선고를 받으시다 27,15-26

27,15 축제 때마다 군중이 원하는 죄수 하나를 총
독이 풀어 주는 관례가 있었다. 16 마침 그때에 예
수 바라빠라는 이름난 죄수가 있었다. 17 사람들
이 모여들자 빌라도가 그들에게, "내가 누구를 풀
어 주기를 원하오? 예수 바라빠요 아니면 메시아
라고 하는 예수요?" 하고 물었다. 18 그는 그들이
예수님을 시기하여 자기에게 넘겼음을 알고 있었
던 것이다.

19,1 그리하여 빌라도는 예수님을 데려다가 군사들
에게 채찍질을 하게 하였다. 2 군사들은 또 가시나무로 관을 엮어 예수님 머리에 씌우고 자주색 옷을 입
히고 나서, 3 그분께 다가가 "유다인들의 임금님, 만세!" 하며 그분의 빰을 쳐 댔다.
4 빌라도가 다시 나와 그들에게 말하였다. "보시오, 내가 저 사람을 여러분 앞으로 데리고 나오겠소. 내
가 저 사람에게서 아무런 죄목도 찾지 못하였다는 것을 여러분도 알라는 것이오." 5 이윽고 예수님께서
가시나무 관을 쓰시고 자주색 옷을 입으신 채 밖으로 나오셨다. 그러자 빌라도가 그들에게 "자, 이 사
람이오." 하고 말하였다.

19 빌라도가 재판석에 앉아 있는데 그의 아내가 사
람을 보내어, "당신은 그 의인의 일에 관여하지 마
세요. 지난밤 꿈에 내가 그 사람 때문에 큰 괴로
움을 당했어요." 하고 말하였다.

6 그때에 수석 사제들과 성전 경비병들은 예수님
을 보고, "십자가에 못 박으시오! 십자가에 못 박
으시오!" 하고 외쳤다. 빌라도가 그들에게 "여러분
이 데려다가 십자가에 못 박으시오. 나는 이 사람
에게서 죄목을 찾지 못하겠소." 하자,

20 그동안 수석 사제들과 원로들은 군중을 구슬
려 바라빠를 풀어 주도록 요청하고 예수님은 없
애 버리자고 하였다. 21 총독이 그들에게 "두 사람
가운데에서 누구를 풀어 주기를 바라는 것이오?"
하고 물었다. 그들은 "바라빠요." 하고 대답하였
다. 22 빌라도가 그들에게 "그러면 메시아라고 하
는 이 예수는 어떻게 하라는 말이오?" 하니, 그들은 모두 "십자가에 못 박으시오!" 하였다.

19,7 // 레위 24,16 주님의 이름을 모독한 자는 사형을 받아야 한다. 온 공동체가 그에게 돌을 던져야 한다. 이방인이든 본토인이든 주님의 이름을 모독하면 사형을 받아야 한다.

7 유다인들이 그에게 대답하였다. "우리에게는 율
법이 있소. 이 율법에 따르면 그자는 죽어 마땅하
오. 자기가 하느님의 아들이라고 자처하였기 때
문이오."

최고 의회에서 신문을 받으시다 26,57-66

26,63 그러나 예수님께서는 입을 다물고 계셨다. 대
사제가 말하였다. "내가 명령하오. '살아 계신 하느
님 앞에서 맹세를 하고 당신이 하느님의 아들 메
시아인지 밝히시오.'" 64 예수님께서 그에게 말씀하

사형 선고를 받으시다 15,6-15

15,6 빌라도는 축제 때마다 사람들이 요구하는 죄
수 하나를 풀어 주곤 하였다. 7 마침 바라빠라고
하는 사람이 반란 때에 살인을 저지른 반란군들
과 함께 감옥에 있었다. 8 그래서 군중은 올라가 자
기들에게 해 오던 대로 해 달라고 요청하기 시작
하였다. 9 빌라도가 그들에게 "유다인들의 임금을
풀어 주기를 바라는 것이오?" 하고 물었다. 10 그는
수석 사제들이 예수님을 시기하여 자기에게 넘겼
음을 알고 있었던 것이다.

이 사람에게서 아무런 죄목을 찾
지 못했기 때문이오. 헤로데도 마
찬가지였소. 그래서 곧바로 이 사
람을 내게 돌려보냈던 것이오." 유
다인들이 말하였다. "그자의 피는
우리와 우리 자손의 책임이오!"
5 빌라도는 선고를 내리려고 재판
석에 앉았다. 그가 명을 내리자 예
수님께서 그 앞에 왔다. 사람들이
가시나무로 만든 관을 가져와 그
분 머리에 씌우고 그분 오른손에
갈대를 들렸다. 빌라도가 선고를
내리고 그분께 말하였다. "당신네
종족이 당신이 임금이 되려 한다
고 증언하고 있소. 따라서 임금들
의 법률이 명하는 대로 먼저 당신
을 몽둥이로 사십 대를 치라고 명
할 것이오. 그런 다음 그들이 당신
을 조롱하고 마지막에 당신을 십
자가에 못 박을 것이오."

19,3 // 니코데모 복음 10,1 빌라도에게
서 이런 선고가 내려지자 유다인
들은 예수님을 치기 시작하였다.
어떤 이들은 몽둥이로, 어떤 이들
은 손으로, 또 어떤 이들은 발로
쳤다. 또 어떤 이들은 그분 얼굴에
침을 뱉기도 하였다. 그리고 그들
은 곧바로 십자가를 준비하여 그
것을 그분께 주고는 길을 나서게
하였다.

11 그러나 수석 사제들은 군중을 부추겨 그분이 아
니라 바라빠를 풀어 달라고 청하게 하였다. 12 빌
라도가 다시 그들에게, "그러면 여러분이 유다인
들의 임금이라고 부르는 이 사람은 어떻게 하기
를 바라는 것이오?" 하고 물었다. 13 그러자 그들은
"십자가에 못 박으시오!" 하고 거듭 소리 질렀다.

18 그러자 그들은 일제히 소리를 질렀다. "그자는
없애고 바라빠를 풀어 주시오." 19 바라빠는 예루
살렘에서 일어난 반란과 살인으로 감옥에 갇혀
있던 자였다. 20 빌라도는 예수님을 풀어 주고 싶어
서 그들에게 다시 이야기하였지만, 21 그들은 "그
자를 십자가에 못 박으시오! 십자가에 못 박으시
오!" 하고 외쳤다.

19,7 // 니코데모 복음 4,4 빌라도가 유
다인들에게 말하였다. "만약 예
수가 했다는 말이 하느님을 모욕
하는 말로 여겨진다면, 그를 데려
가서 여러분의 법에 따라 여러분
이 심판하시오." 유다인들이 빌라
도에게 말하였다. "저희는 나리께
서 그자를 십자가에 못 박으시기
를 원합니다." 빌라도가 말하였다.
"그것은 좋지 않소."

최고 의회에서 신문을 받으시다 14,53-64

14,61 그러나 예수님께서는 입을 다무신 채 아무 대
답도 하지 않으셨다. 대사제는 다시 "당신이 찬양
받으실 분의 아들 메시아요?" 하고 물었다. 62 예수
님께서 대답하셨다. "그렇다.

최고 의회에서 신문을 받으시다 22,66-71

22,70 그러자 모두 "그렇다면 당신이 하느님의 아들
이라는 말이오?" 하고 물었다. 예수님께서 "내가
그러하다고 너희가 말하고 있다." 하시자, 71 그들
이 말하였다. "이제 우리에게 무슨 증언이 더 필요

셨다. "네가 그렇게 말하였다. 나는 너희에게 말
한다.
이제부터 '너희는 사람의 아들이
전능하신 분의 오른쪽에 앉아 있는 것과
하늘의 구름을 타고 오는 것을 볼 것이다.'"
26,65 그때에 대사제가 자기 겉옷을 찢고 이렇게 말
하였다. "이자가 하느님을 모독하였습니다. 이제
우리에게 무슨 증인이 더 필요합니까? 방금 여러
분은 하느님을 모독하는 말을 들었습니다. 66 여
러분의 의견은 어떻습니까?" 그들이 대답하였다.
"그자는 죽을죄를 지었습니다."

8 빌라도는 이 말을 듣고 더욱 두려운 생각이 들었
다. 9 그리하여 다시 총독 관저로 들어가 예수님께, "당신은 어디서 왔소?" 하고 물었다. 그러나 예수님께
서는 그에게 아무 대답도 하지 않으셨다. 10 그러자 빌라도가 예수님께 말하였다. "나에게 말을 하지 않
을 작정이오? 나는 당신을 풀어 줄 권한도 있고 당신을 십자가에 못 박을 권한도 있다는 것을 모르시
오?" 11 예수님께서 그에게 대답하셨다. "네가 위로부터 받지 않았으면 나에 대해 아무런 권한도 없었을
것이다. 그러므로 나를 너에게 넘긴 자의 죄가 더 크다." 12 그때부터 빌라도는 예수님을 풀어 줄 방도를
찾았다. 그러나 유다인들은 "그 사람을 풀어 주면 총독께서는 황제의 친구가 아니오. 누구든지 자기가
임금이라고 자처하는 자는 황제에게 대항하는 것
이오." 하고 외쳤다.
13 빌라도는 이 말을 듣고 예수님을 밖으로 데리고
나가 리토스트로토스라고 하는 곳에 있는 재판
석에 앉았다. 리토스트로토스는 히브리 말로 가
빠타라고 한다. 14 그날은 파스카 축제 준비일이었
고 때는 낮 열두 시쯤이었다. 빌라도가 유다인들
에게 말하였다. "보시오, 여러분의 임금이오." 15 그
러자 그들이 외쳤다. "없애 버리시오. 없애 버리시
오. 그를 십자가에 못 박으시오." 빌라도가 그들에
게 "여러분의 임금을 십자가에 못 박으라는 말이
오?" 하고 물으니, 수석 사제들이 "우리 임금은 황
제뿐이오." 하고 대답하였다.

사형 선고를 받으시다 27,15-26

27,23 빌라도가 다시 "도대체 그가 무슨 나쁜 짓을
하였다는 말이오?" 하자, 그들은 더욱 큰 소리로
"십자가에 못 박으시오!" 하고 외쳤다. 24 빌라도는
더 이상 어찌할 수가 없을 뿐만 아니라 오히려 폭
동이 일어나려는 것을 보고, 물을 받아 군중 앞
에서 손을 씻으며 말하였다. "나는 이 사람의 피
에 책임이 없소. 이것은 여러분의 일이오." 25 그러
자 온 백성이 "그 사람의 피에 대한 책임은 우리
와 우리 자손들이 질 것이오." 하고 대답하였다.

'너희는 사람의 아들이
전능하신 분의 오른쪽에 앉아 있는 것과
하늘의 구름을 타고 오는 것을 볼 것이다.'"
14,63 그러자 대사제가 자기 옷을 찢고 이렇게 말
하였다. "이제 우리에게 무슨 증인이 더 필요합니
까? 64 여러분도 하느님을 모독하는 말을 듣지 않
았습니까? 여러분의 생각은 어떻습니까?" 그들은
모두 예수님께서 사형을 받아야 마땅하다고 단
죄하였다.

합니까? 제 입으로 말하는 것을 우리가 직접 들
었으니 말입니다."

19,12 // 베드로 복음 3,6 주님을 붙잡은
사람들이 그분을 밀고 뛰어가면
서 말하였다. "우리가 하느님의 아
들을 끌고 갑시다. 우리에게 그자
에 대한 권한이 있지 않소?" 7 그
러고는 그분에게 자주색 옷을 입
히고 재판석에 앉히며 말하였다.
"공정한 심판을 내려 보시오, 이
스라엘의 임금이시여!" 8 그들 가
운데 어떤 사람이 가시관을 가져
와서 주님의 머리에 씌웠다. 9 그리
고 거기 서 있던 사람들 가운데 어
떤 사람들은 그분 눈에다 침을 뱉
고 또 어떤 사람들은 그분 뺨을 때
렸다. 어떤 사람들은 그분을 갈대
로 찌르고 또 어떤 사람들은 그분
을 채찍으로 치면서 말하였다. "우
리, 하느님의 아들에게 이런 식으
로 경의를 표합시다."

사형 선고를 받으시다 15,6-15

15,14 빌라도가 그들에게 "도대체 그가 무슨 나쁜 짓
을 하였다는 말이오?" 하자, 그들은 더욱 큰 소리
로 "십자가에 못 박으시오!" 하고 외쳤다.

사형 선고를 받으시다 23,13-25

23,22 빌라도가 세 번째로 그들에게, "도대체 이 사
람이 무슨 나쁜 짓을 하였다는 말이오? 나는 이
사람에게서 사형을 받아 마땅한 죄목을 하나도
찾지 못하였소. 그래서 이 사람에게 매질이나 하
고 풀어 주겠소." 하자, 23 그들이 큰 소리로 예수
님을 십자가에 못 박으라고 다그치며 요구하는데,
그 소리가 점점 거세졌다. 24 마침내 빌라도는 그들
의 요구를 들어주기로 결정하였다.

16 그리하여 빌라도는 예수님을 십자가에 못 박으
라고 그들에게 넘겨주었다.

| 요한 19,3.12.14–15 // 18,33
| 요한 19,7 // 10,33
| 요한 19,15 // 6,15

27,26 그래서 빌라도는 바라빠를 풀어 주고 예수님
을 채찍질하게 한 다음 십자가에 못 박으라고 넘
겨주었다.

군사들이 예수님을 조롱하다 27,27–31

27,27 그때에 총독의 군사들이 예수님을 총독 관저
로 데리고 가서 그분 둘레에 온 부대를 집합시킨
다음, 28 그분의 옷을 벗기고 진홍색 외투를 입혔
다. 29 그리고 가시나무로 관을 엮어 그분 머리에
씌우고 오른손에 갈대를 들리고서는, 그분 앞에
무릎을 꿇고 "유다인들의 임금님, 만세!" 하며 조
롱하였다. 30 또 그분께 침을 뱉고 갈대를 빼앗아
그분의 머리를 때렸다. 31 그렇게 예수님을 조롱하
고 나서 외투를 벗기고 그분의 겉옷을 입혔다. 그
리고 예수님을 십자가에 못 박으러 끌고 나갔다.

십자가에 못 박히시다

요한 19,16ㄴ–27

16ㄴ 그들은 예수님을 넘겨받았다.

마태 27,32–44

32 그들은 나가다가 시몬이라는 키레네 사람을 보
고 강제로 예수님의 십자가를 지게 하였다.

[15,15] 그리하여 빌라도는 군중을 만족시키려고, 바라빠를 풀어 주고 예수님을 채찍질하게 한 다음 십자가에 못 박으라고 넘겨주었다.

군사들이 예수님을 조롱하다 15,16-20

[15,16] 군사들은 예수님을 뜰 안으로 끌고 갔다. 그곳은 총독 관저였다. 그들은 온 부대를 집합시킨
다음, [17] 그분께 자주색 옷을 입히고 가시관을 엮
어 머리에 씌우고서는, [18] "유다인들의 임금님, 만
세!" 하며 인사하기 시작하였다. [19] 또 갈대로 그
분의 머리를 때리고 침을 뱉고서는, 무릎을 꿇고
엎드려 예수님께 절하였다. [20] 그렇게 예수님을 조
롱하고 나서 자주색 옷을 벗기고 그분의 겉옷을 입혔다. 그리고 예수님을 십자가에 못 박으러 끌고 나갔다.

[23,25] 그리하여 그는 반란과 살인으로 감옥에 갇혀 있던 자를 그들이 요구하는 대로 풀어 주고, 예수님은 그들의 뜻대로 하라고 넘겨주었다.

19,16 // 베드로 복음 1,1 [...] 그러나 유다인들 가운[데] 어느 누구도 손을 씻지 않았다. 헤로데는 물론 헤로데의 재판관들 가운데서도 한 명도 그렇게 하지 않았다. 그들이 손을 씻으려 하[지 않자] 빌라도가
자리에서 일어났다. [2] 그때 헤로데
임금이 주님을 내보[내]라고 그들에게 명하면서 말하였다. "여러분은, 내가 그에게 하라고 명한 대로
하시오." [2,3] 빌라도의 친구이자 주님의 친구인 요셉이 거기에 있었다. 그들이 그분을 십자가에 못 박으려 하자 요셉은 빌라도에게 다가가 주님의 시신을 묻을 수 있도록 나중에 내어달라고 청하였다.
[4] 그리하여 빌라도는 헤로데에게
사람을 보내어 그분의 시신을 요
청하였다. [5] 이에 헤로데가 말하였다. "빌라도 형제, 그를 요구하는 사람이 없으면 우리라도 그를 묻을 것이오. 안식일이 밝아오고 있기 때문이오. '처형된 사람 위로 해가 져서는 안 된다'고 율법에 기록되어 있소." 빌라도는 그들의 축제인 무교절 하루 전날 그분을 백성에게 넘겨주었다.

마르 15,21-32

[21] 그들은 지나가는 어떤 사람에게 강제로 예수님의 십자가를 지게 하였다. 그는 키레네 사람 시몬으로서 알렉산드로스와 루포스의 아버지였는데, 시골에서 올라오는 길이었다.

루카 23,26-43

[26] 그들은 예수님을 끌고 가다가, 시골에서 오고 있던 시몬이라는 어떤 키레네 사람을 붙잡아 십
자가를 지우고 예수님을 뒤따르게 하였다. [27] 백성
의 큰 무리도 예수님을 따라갔다. 그 가운데에는 예수님 때문에 가슴을 치며 통곡하는 여자들도
있었다. [28] 예수님께서는 그 여자들에게 돌아서서 이르셨다. "예루살렘의 딸들아, 나 때문에 울지 말고
너희와 너희 자녀들 때문에 울어라. [29] 보라, '아이를 낳지 못하는 여자, 아이를 배어 보지 못하고 젖을
먹여 보지 못한 여자는 행복하여라!' 하고 말할 날이 올 것이다. [30] 그때에 사람들은

'산들에게
'우리 위로 무너져 내려라.' 하고
언덕들에게
'우리를 덮어 다오.' 할' 것이다.

[31] 푸른 나무가 이러한 일을 당하거든 마른나무야

19,24 // 시편 22,19 제 옷을 저희끼리
나누어 가지고 제 속옷을 놓고서
는 제비를 뽑습니다.

17 예수님께서는 몸소 십자가를 지시고 '해골 터'라
는 곳으로 나가셨다. 그곳은 히브리 말로 골고타
라고 한다. 18 거기에서 그들은 예수님을 십자가에
못 박았다. 그리고 다른 두 사람도 예수님을 가
운데로 하여 이쪽저쪽에 하나씩 못 박았다. 19 빌
라도는 명패를 써서 십자가 위에 달게 하였는데,
거기에는 '유다인들의 임금 나자렛 사람 예수'라
고 쓰여 있었다. 20 예수님께서 십자가에 못 박히
신 곳이 도성에서 가까웠기 때문에, 많은 유다인
이 그 명패를 읽게 되었다. 그것은 히브리 말, 라
틴 말, 그리스 말로 쓰여 있었다. 21 그래서 유다인
들의 수석 사제들이 빌라도에게 말하였다. "'유다
인들의 임금'이라고 쓸 것이 아니라, '나는 유다인
들의 임금이다.' 하고 저자가 말하였다고 쓰시오."
22 그러나 빌라도는 "내가 한번 썼으면 그만이오."
하고 대답하였다.

23 군사들은 예수님을 십자가에 못 박고 나서, 그
분의 옷을 가져다가 네 몫으로 나누어 저마다 한
몫씩 차지하였다. 속옷도 가져갔는데 그것은 솔기
가 없이 위에서부터 통으로 짠 것이었다. 24 그래서
그들은 서로, "이것은 찢지 말고 누구 차지가 될지
제비를 뽑자." 하고 말하였다.
"그들이 제 옷을 저희끼리 나누어 가지고 제 속옷
을 놓고서는 제비를 뽑았습니다."
하신 성경 말씀이 이루어지려고 그리된 것이다.
그래서 군사들이 그렇게 하였다.

27,33 이윽고 골고타 곧 '해골 터'라는 곳에 이르렀
다. 34 그들이 쓸개즙을 섞은 포도주를 예수님께
마시라고 건넸지만, 그분께서는 맛을 보시고서는
마시려고 하지 않으셨다. 35 그들은 예수님을 십자
가에 못 박고 나서 제비를 뽑아 그분의 겉옷을 나
누어 가진 다음, 36 거기에 앉아 예수님을 지켰다.
37 그들은 또 그분의 머리 위에 죄명을 붙여 놓았
다. 거기에는 '이자는 유다인들의 임금 예수다.'라
고 쓰여 있었다.

38 그때에 강도 두 사람도 예수님과 함께 십자가
에 못 박혔는데, 하나는 오른쪽에 하나는 왼쪽
에 못 박혔다.

39 지나가던 자들이 머리를 흔들어 대며 예수님을
모독하면서 40 이렇게 말하였다. "성전을 허물고 사
흘 안에 다시 짓겠다는 자야, 너 자신이나 구해 보
아라. 네가 하느님의 아들이라면 십자가에서 내려
와 보아라." 41 수석 사제들도 이런 식으로 율법 학
자들과 원로들과 함께 조롱하며 말하였다. 42 "다
른 이들은 구원하였으면서 자신은 구원하지 못하
는군. 이스라엘의 임금님이시면 지금 십자가에서
내려와 보시지. 그러면 우리가 믿을 터인데. 43 하
느님을 신뢰한다고 하니, 하느님께서 저자가 마음
에 드시면 지금 구해 내 보시라지. '나는 하느님의
아들이다.' 하였으니 말이야." 44 예수님과 함께 십
자가에 못 박힌 강도들도 마찬가지로 그분께 비
아냥거렸다.

15,22 그들은 예수님을 골고타라는 곳으로 데리고
갔다. 이는 번역하면 '해골 터'라는 뜻이다. 23 그들
이 몰약을 탄 포도주를 예수님께 건넸지만 그분
께서는 받지 않으셨다. 24 그들은 예수님을 십자가
에 못 박았다. 그러고 나서
그분의 겉옷을 나누어 가졌는데
누가 무엇을 차지할지 제비를 뽑아 결정하였다.
25 그들이 예수님을 십자가에 못 박은 때는 아침
아홉 시였다. 26 그분의 죄명 패에는 '유다인들의
임금'이라고 쓰여 있었다.
27 그들은 예수님과 함께 강도 둘을 십자가에 못
박았는데, 하나는 오른쪽에 다른 하나는 왼쪽에
못 박았다. [28]
29 지나가는 자들이 머리를 흔들며 그분을 이렇게
모독하였다. "저런! 성전을 허물고 사흘 안에 다시
짓겠다더니. 30 십자가에서 내려와 너 자신이나 구
해 보아라." 31 수석 사제들도 이런 식으로 율법 학
자들과 함께 조롱하며 서로 말하였다. "다른 이
들은 구원하였으면서 자신은 구원하지 못하는군.
32 우리가 보고 믿게, 이스라엘의 임금 메시아는
지금 십자가에서 내려와 보시지." 예수님과 함께
십자가에 못 박힌 자들도 그분께 비아냥거렸다.

어떻게 되겠느냐?"
23,32 그들은 다른 두 죄수도 처형하려고 예수님과
함께 끌고 갔다.
33 '해골'이라 하는 곳에 이르러 그들은 예수님과
함께 두 죄수도 십자가에 못 박았는데, 하나는 그
분의 오른쪽에 다른 하나는 왼쪽에 못 박았다.
34 그때에 예수님께서 말씀하셨다. "아버지, 저들
을 용서해 주십시오. 저들은 자기들이 무슨 일을
하는지 모릅니다." 그들은 제비를 뽑아 그분의 겉
옷을 나누어 가졌다. 35 백성들은 서서 바라보고
있었다. 그러나 지도자들은 "이자가 다른 이들을
구원하였으니, 정말 하느님의 메시아, 선택된 이라
면 자신도 구원해 보라지." 하며 빈정거렸다. 36 군
사들도 예수님을 조롱하였다. 그들은 예수님께 다
가가 신 포도주를 들이대며 37 말하였다. "네가 유
다인들의 임금이라면 너 자신이나 구원해 보아
라." 38 예수님의 머리 위에는 '이자는 유다인들의
임금이다.'라는 죄명 패가 붙어 있었다.
39 예수님과 함께 매달린 죄수 하나도, "당신은 메
시아가 아니시오? 당신 자신과 우리를 구원해 보
시오." 하며 그분을 모독하였다. 40 그러나 다른 하
나는 그를 꾸짖으며 말하였다. "같이 처형을 받는
주제에 너는 하느님이 두렵지도 않으냐? 41 우리야
당연히 우리가 저지른 짓에 합당한 벌을 받지만,
이분은 아무런 잘못도 하지 않으셨다." 42 그리고
나서 "예수님, 선생님의 나라에 들어가실 때 저를
기억해 주십시오." 하였다. 43 그러자 예수님께서 그에게 이르셨다. "내
가 진실로 너에게 말한다. 너는 오늘 나와 함께 낙원에 있을 것이다."

19,17 // 니코데모 복음 10,1 그분께서 이렇게 십자가를 지고 걸어가시다 예루살렘 도성의 성문 앞까지 이르렀다. 많이 맞으시기도 했고 십자가의 무게 때문에도 그분께서 더 이상 걸어가실 수가 없었다. 유다인들은 가능한 빨리 그분을 십자가에 못 박고 싶은 마음에 그분에게서 십자가를 빼앗았다. 그리고 그것을 그들과 마주친, 시몬이라는 사람에게 주었다. 그에게는 알렉산드로스와 루푸스라는 아들이 둘 있었다. 그는 도시 키레네 출신이었다. 그들이 그에게 십자가를 준 것은 예수님을 가엾이 여겨서도, 십자가의 무게를 덜어 주려는 것도 아니었다. 다만 앞에 말한 대로, 되도록 빨리 그분을 죽이고 싶었기 때문이다.

19,18 // 니코데모 복음 10,3 마침내 그들이 해골이라는 곳에 이르렀다. 그곳 바닥에는 돌이 깔려 있었다. 유다인들은 거기에 십자가를 세웠다. 이어서 그들은 예수님의 옷을 벗겼다. 그리고 군사들이 그분의 겉옷을 가져다가 자기들끼리 나누었다. 그리고 그분께 주홍색 누더기를 입히고는 그분을 십자가에 오르게 하였다. 그리고 그날 낮 여섯째 시각에 십자가에 매달았다. 그 뒤 그들은 다른 강도 둘을 데려와 하나는 그분 오른쪽에 다른 하나는 왼쪽에 세웠다.

19,18 // 니코데모 복음 10,5 그때 예수님께서 큰 소리로 부르짖으며 말씀하셨다. "아버지, 그들에게 이 죄를 그들 앞에 세우지 마십시오. 그들은 자기가 무엇을 하는지 알지 못합니다." 그런 다음 "목마르다." 하고 말씀하셨다. 그러자 군사들 가운데 하나가 달려가 해면을 집어 쓸개와 신포도주 섞은 것으로 적신 뒤 그것을 갈대에 꽂아 예수님께 마시라고 주었다. 그분께서는 맛을 보시고서는 드시려고 하지 않으셨다. 거기 서서 지켜보고 있던 유다인들은 그분을 비웃으며 말하였다. "네가 하느님의 아들이라고 한 말이 사실이라면, 십자가에서 내려와 보아라! 그러면 바로 우리도 너를 믿겠다." 다른 사람들도 비웃으며 말하였다. "다른 사람들을 구하고 다른 사람들을 고치고, 아픈 사람들, 중풍환자들, 나환자들과 마귀 들린 이들, 눈먼 이들, 절름발이들, 죽은 이들은 낫게 하더니! 자기 자신을 고치지 못 하는군!" 6 마찬가지로 그분 왼편 십자가에 못 박혀 있던 강도도 그분께 말하였다. "당신이 하느님의 아들이라면, 내려가서 당신과 우리를 구원해 보시오." 그의 이름은 기스타스였다. 오른편 십자가에 못 박혀 있던 뒤스

[25]예수님의 십자가 곁에는 그분의 어머니와 이모,
클로파스의 아내 마리아와 마리아 막달레나가 서
있었다. [26]예수님께서는 당신의 어머니와 그 곁에
선 사랑하시는 제자를 보시고, 어머니에게 말씀
하셨다. "여인이시여, 이 사람이 어머니의 아들입
니다." [27]이어서 그 제자에게 "이분이 네 어머니시
다." 하고 말씀하셨다. 그때부터 그 제자가 그분을
자기 집에 모셨다.

| 요한 19,19 // 18,5.7
| 요한 19,19.21 // 18,33
| 요한 19,19-22 // 1,49
| 요한 19,25-27 // 2,1
| 요한 19,26-27 // 21,20

숨을 거두시다

요한 19,28-30

19,28 // 시편 22,15 저는 물처럼 엎질러지고 제 뼈는 다 어그러졌으며 제 마음은 밀초같이 되어 속에서 녹아내립니다.

[28]그 뒤에 이미 모든 일이 다 이루어졌음을 아신
예수님께서는 성경 말씀이 이루어지게 하시려고
"목마르다." 하고 말씀하셨다.

마태 27,45-56

[45]낮 열두 시부터 어둠이 온 땅에 덮여 오후 세 시
까지 계속되었다.
[46]오후 세 시쯤에 예수님께서 큰 소리로, "엘리 엘
리 레마 사박타니?" 하고 부르짖으셨다. 이는 "저의 하느님, 저의 하
느님, 어찌하여 저를 버리셨습니까?"라는 뜻이다. [47]그곳에 서 있던
자들 가운데 몇이 이 말씀을 듣고, "이자가 엘리야를 부르네." 하고
말하였다.

19,29 // 시편 69,22 그들은 저에게 음식으로 독을 주고 목말라할 때 초를 마시게 하였습니다.
19,29 // 시편 22,16 저의 힘은 옹기 조각처럼 마르고 저의 혀는 입속에 들러붙었습니다. 당신께서 저를 죽음의 흙에 앉히셨습니다.

요한

[29]거기에는 신 포도주가 가득 담긴 그릇이 놓여
있었다. 그래서 사람들이 신 포도주를 듬뿍 적
신 해면을 우슬초 가지에 꽂아 예수님의 입에 갖
다 대었다.

마태

[48]그러자 그들 가운데 한 사람이 곧 달려가서 해
면을 가져와 신 포도주에 듬뿍 적신 다음, 갈대에
꽂아 그분께 마시게 하였다. [49]그러나 다른 사람
들은 "가만, 엘리야가 와서 그를 구해 주나 봅시
다." 하고 말하였다.

마스라는 자는 그 강도를 꾸짖으
며 말하였다. "초라하고 비참한 자
야, 너는 하느님이 두렵지도 않느냐? 우리야 우리가 저지른 짓에 합당한 고초를 겪는다만, 이분은 아무런 잘못도 하지 않으셨다." 그러고는 예수님께 고개를 돌리며 그분께 말하였다. "주님, 당신께서 다스리실 때 저를 잊지 마십시오." 그분께서 그자에게 말씀하셨다. "내가 너에게 진실을 말한다. 오늘 너를 낙원에 나와 함께 있게 하겠다."

19,18 // 사도들의 편지 9. 지금 [우리가] 증언하는 그분은 주님, 곧 본시오 빌라도[와] 아르켈라오스에 의해 두 도둑 사이에서 십자가에 못 박히시[고] '[해]골 터'라 불리는 곳에 묻히신 분이십니다.

19,18-24 // 베드로 복음 4,10 그리고 그들은 죄인 두 사람을 더 데려와 주님을 그들 사이에 두고 십자가에 못 박았다. 그러나 그분께서는 아무런 고통도 없는 것처럼 줄곧 입을 다물고 계셨다. 11 그들은 십자가를 세우고 거기에 "이 사람은 이스라엘의 임금"이라고 기록하였다. 12 그리고 그들은 그분 앞에 그분의 옷을 놓고 찢은 뒤 그것들을 두고 제비를 뽑았다. 13 그러자 죄수들 가운데 한 사람이 그들을 나무라며 말하였다. "우리야 우리가 저지른 나쁜 짓들 때문에 이런 고초를 당한다지만, 사(람)들의 구원자가 되신 이분이야 여러분들에게 무슨 잘못을 저질렀단 말이오?" 14 그러자 그들은 그분께 화가 나서 그분이 몹시 고통당하다 돌아가시도록 다리를 부러뜨리지 말라고 명하였다.

19,26-27 // 마리아영면 7. 거룩한 '하느님의 어머니'(테오토코스)는 나 요한이 그녀에게 온 일을 두고 하느님을 찬양하였다. 다음과 같이 말씀하신 주님의 목소리를 기억해냈던 것이다. "보라, 네 어머니시다." 그리고 "보십시오, 당신 아들입니다."

19,27 // 니코데모 복음 10,4 그때 하느님의 어머니가 일어나 그 광경을 보고 큰 소리로 울부짖으며 말하였다. "내 아들아, 내 아들아!" 예수님께서 어머니 쪽으로 몸을 돌렸다. 그리고 요한이 어머니 곁에서 다른 여자들과 함께 우는 것을 보시고 말씀하셨다. "보십시오. 이 사람이 당신 아들입니다." 그런 다음 요한에게도 말씀하셨다. "보아라. 이분이 네 어머니시다." 그러나 어머니는 몹시 울면서 말하였다. "내 아들아, 내가 우는 것은 네가 불의하게 고통당하고 있기 때문이다. 범법자 유다인들이 너를 통렬한 죽음에 넘겼기 때문이다. 너 없이, 내 아들아, 내가 어떻게 되겠느냐? 내가 너 없이 어떻게 산단 말이냐? 내가 도대체 어떤 삶을 살게 되겠느냐? 너와 함께 죽겠다고 장담하던 네 제자들은 어디 있느냐? 너로 인해 낫게 된 사람들은 어디 있느냐? 어떻게 너를 도와주겠다는 사람이 한 명도 없느냐?" 그리고 어머니는 십자가를 보고 말하였다. "십자가야, 몸을 기울여라. 내 아들을 안고 내 아들에게 입 맞추게 해다오! 내가 남자를 알지 못하여 서툴게 이 가슴의 젖을 물려준 아이이다. 십자가야, 몸을 기울여라. 내 아들을 포옹하고 싶다. 십자가야 몸을 기울여라. 어미로서 내 아들과 작별인사를 나누게 해 다오." 이 말을 들은 유다인들은 다가와 그녀와 여자들과 요한을 멀리 쫓아버렸다.

마르 15,33-41

33 낮 열두 시가 되자 어둠이 온 땅에 덮여 오후 세
시까지 계속되었다.
34 오후 세 시에 예수님께서 큰 소리로, "엘로이 엘
로이 레마 사박타니?" 하고 부르짖으셨다. 이는 번역하면, '저의 하느
님, 저의 하느님, 어찌하여 저를 버리셨습니까?'라는 뜻이다. 35 곁에
서 있던 자들 가운데 몇이 이 말씀을 듣고, "저것 봐! 엘리야를 부르
네." 하고 말하였다.
36 그러자 어떤 사람이 달려가서 해면을 신 포도주
에 적신 다음, 갈대에 꽂아 예수님께 마시라고 갖
다 대며, "자, 엘리야가 와서 그를 내려 주나 봅시
다." 하고 말하였다.

루카 23,44-49

44 낮 열두 시쯤 되자 어둠이 온 땅에 덮여 오후 세
시까지 계속되었다.

19,28-30 // 베드로 복음 5,15 정오가 되자 어둠이 유다 전역을 뒤덮었다. 그러자 그들은 동요하면서 그분이 아직 살아 계시는 동안에 해가 지지 않을까 걱정하였다. 사실 '처형된 사람 위로 해가 져서는 안 된다'고 기록되어 있었던 것이다. 16 그리하여 그들 가운데 누군가가 말하였다. "그자에게 신 포도주와 쓸개즙을 먹이시오." 그러자 그것들을 섞어서 그분께 마시게 하였다. 17 그렇게 그들은 모든 것을 다 이루고 자기네 머리에 대고 자기들의 죄를 끝까지 다 채웠다. 18 많은 사람들이 "밤이라 넘어질지 모르겠다"고 생각하면서 등불을 들고 지나다녔다. 19 그때 주님께서 큰 소리를 지르시며 말씀하셨다. "저의 힘이시여, 저의 힘이시여, 당신께서 저를 저버리셨습니다." 이렇게 말씀하신 다음 그분께서는 위로 올림을 받으셨다. 20 바로

30 예수님께서는 신 포도주를 드신 다음에 말씀하
셨다. "다 이루어졌다." 이어서 고개를 숙이시며
숨을 거두셨다.

| 요한 19,30 // 17,4

27,50 예수님께서는 다시 큰 소리로 외치시고 나서
숨을 거두셨다.

51 그러자 성전 휘장이 위에서 아래까지 두 갈래
로 찢어졌다. 땅이 흔들리고 바위들이 갈라졌다.
52 무덤이 열리고 잠자던 많은 성도들의 몸이 되살
아났다. 53 예수님께서 다시 살아나신 다음, 그들
은 무덤에서 나와 거룩한 도성에 들어가 많은 이
들에게 나타났다.
54 백인대장과 또 그와 함께 예수님을 지키던 이들
이 지진과 다른 여러 가지 일들을 보고 몹시 두려
워하며, "참으로 이분은 하느님의 아드님이셨다."
하고 말하였다.
55 거기에는 많은 여자들이 멀리서 지켜보고 있었
는데, 그들은 갈릴래아에서부터 예수님을 따르며
시중들던 이들이다. 56 그들 가운데에는 마리아 막
달레나, 야고보와 요셉의 어머니 마리아, 제베대
오 아들들의 어머니도 있었다.

군사들이 예수님의 옆구리를 창으로 찌르다

19,31 // 신명 21,22 죽을죄를 지어서 처형된 사람을 나무에 매달 경우, 23 그 주검을 밤새도록 나무에 매달아 두어서는 안 된다. 반드시 그날로 묻어야 한다. 나무에 매달린 사람은 하느님의 저주를 받은 자이기 때문이다. 너희는 주 너희 하느님께서 너희에게 상속 재산으로 주시는 땅을 부정하게 만들어서는 안 된다.

요한 19,31-37

31 그날은 준비일이었고 이튿날 안식일은 큰 축일
이었으므로, 유다인들은 안식일에 시신이 십자가
에 매달려 있지 않게 하려고, 십자가에 못 박힌 이
들의 다리를 부러뜨리고 시신을 치우게 하라고 빌
라도에게 요청하였다.

마태

경비병들이 무덤을 지키다 27,62-66

27,62 이튿날 곧 준비일 다음 날에 수석 사제들과 바
리사이들이 함께 빌라도에게 가서

[23,45] 해가 어두워진 것이다. 그때에 성전 휘장 한가
운데가 두 갈래로 찢어졌다.

그때, 예루살렘 성전 휘장이 찢겨
두 갈래로 갈라졌다.

[15,37] 예수님께서는 큰 소리를 지르시고 숨을 거두
셨다.

[46] 그리고 예수님께서 큰 소리로 외치셨다. "아버
지, '제 영을 아버지 손에 맡깁니다.'" 이 말씀을 하
시고 숨을 거두셨다.

19,28-30 // 니코데모 복음 11,1 그리고 예수님께서 큰 소리로 "아버지, 제 영을 당신 손에 맡깁니다." 하고 외치신 다음 숨을 거두셨다. 그 즉시 바위들이 갈라지는 것이 보였다. 온 땅에 지진이 일어났는데, 지진이 너무 강력하고 커서 바위들도 갈라졌던 것이다. 그리고 죽은 자들의 무덤들도 열렸다. 그리고 성전의 휘장이 찢어졌다. 어둠이 여섯째 시각부터 아홉째 시각까지 계속되었다. 유다인들은 일어난 이 모든 일들에 두려워져서 "이 사람은 정말로 의로운 분이셨다" 하고 말하였다. 거기 서 있던 백인대장 롱기누스는 "참으로 이 분은 하느님의 아들이셨다" 하고 말하였다. 다른 사람들도 와서 그 분을 보고는 두려움에 가슴을 치면서 돌아갔다.

[38] 그때에 성전 휘장이 위에서 아래까지 두 갈래
로 찢어졌다.

[39] 그리고 예수님을 마주 보고 서 있던 백인대장이
그분께서 그렇게 숨을 거두시는 것을 보고, "참
으로 이 사람은 하느님의 아드님이셨다." 하고 말
하였다.

[47] 그 광경을 보고 있던 백인대장은 하느님을 찬
양하며, "정녕 이 사람은 의로운 분이셨다." 하고
말하였다.

[40] 여자들도 멀리서 지켜보고 있었는데, 그들 가
운데에는 마리아 막달레나, 작은 야고보와 요세
의 어머니 마리아, 그리고 살로메가 있었다. [41] 그
들은 예수님께서 갈릴래아에 계실 때에 그분을
따르며 시중들던 여자들이었다. 그 밖에도 예수
님과 함께 예루살렘에 올라온 다른 여자들도 많
이 있었다.

[48] 구경하러 몰려들었던 군중도 모두 그 광경을 바
라보고 가슴을 치며 돌아갔다. [49] 예수님의 모든
친지와 갈릴래아에서부터 그분을 함께 따라온 여
자들은 멀찍이 서서 그 모든 일을 지켜보았다.

19,31 // 베드로 복음 2,3 빌라도의 친구이자 주님의 친구인 요셉이 거기에 있었다. 그들이 그분을 십자가에 못 박으려 하자 요셉은 빌라도에게 다가가 주님의 시신을 묻을 수 있도록 나중에 내어달라고 청하였다. [4] 그리하여 빌라도는 헤로데에게 사람을 보내어 그분의 시신을 요청하였다. [5] 이에 헤로데가 말하였다. "빌라도 형제, 그를 요구하는 사람이 없으면 우리라도 그를 묻을 것이오. 안식일이 밝아오고 있기 때문이오. '처형된 사람 위로 해가 져서는 안 된다'고 율법에 기록되어 있소."

마르

루카

묻히시다 15,42-47

[15,42] 이미 저녁때가 되어 있었다. 그날은 준비일 곧
안식일 전날이었으므로, [43] 아리마태아 출신 요셉이 빌라도에게 당당히 들어가, 예수님의 시신을 내
달라고 청하였다. 그는 명망 있는 의회 의원으로서 하느님의 나라를 열심히 기다리던 사람이었다.

19,34 // 이사 53,5 그러나 그가 찔린 것은 우리의 악행 때문이고 그가 으스러진 것은 우리의 죄악 때문이다. 우리의 평화를 위하여 그가 징벌을 받았고 그의 상처로 우리는 나았다.
19,36 // 탈출 12,46 어느 집이든 한 집에서 먹어야 한다. 고기를 집 밖으로 가지고 나가면 안 된다. 뼈를 부러뜨려서도 안 된다.
19,36 // 민수 9,12 아침까지 아무것도 남겨서는 안 되고, 뼈를 부러뜨려서도 안 된다. 파스카 축제의 모든 규정에 따라 그것을 지내야 한다.
19,36 // 시편 34,21 그의 뼈들을 모두 지켜 주시니 그 가운데 하나도 부러지지 않으리라.
19,37 // 즈카 12,10 나는 다윗 집안과 예루살렘 주민들 위에 은총과 자비를 구하는 영을 부어 주겠다. 그리하여 그들은 나를, 곧 자기들이 찌른 이를 바라보며, 외아들을 잃고 곡하듯이 그를 위하여 곡하고, 맏아들을 잃고 슬피 울듯이 그를 위하여 슬피 울 것이다.

32 그리하여 군사들이 가서 예수님과 함께 십자가
에 못 박힌 첫째 사람과 또 다른 사람의 다리를
부러뜨렸다. 33 예수님께 가서는 이미 숨지신 것을
보고 다리를 부러뜨리는 대신, 34 군사 하나가 창
으로 그분의 옆구리를 찔렀다. 그러자 곧 피와 물
이 흘러나왔다.
35 이는 직접 본 사람이 증언하는 것이므로 그의
증언은 참되다. 그리고 그는 여러분이 믿도록 자기
가 진실을 말한다는 것을 알고 있다. 36 "그의 뼈가
하나도 부러지지 않을 것이다." 하신 성경 말씀이
이루어지려고 이런 일들이 일어난 것이다.
37 또 다른 성경 구절은 "그들은 자기들이 찌른 이
를 바라볼 것이다." 하고 말한다.

| 요한 19,31 // 11,55
| 요한 19,34 // 7,38-39
| 요한 19,35 // 14,29; 20,30-31; 21,24

숨을 거두시다 27,45-56

27,54 백인대장과 또 그와 함께 예수님을 지키던 이
들이 지진과 다른 여러 가지 일들을 보고 몹시
두려워하며, "참으로 이분은 하느님의 아드님이셨
다." 하고 말하였다. 55 거기에는 많은 여자들이 멀
리서 지켜보고 있었는데, 그들은 갈릴래아에서부
터 예수님을 따르며 시중들던 이들이다.

묻히시다

요한 19,38-42	마태 27,57-61
	57 저녁때가 되자
38 그 뒤에 아리마태아 출신 요셉이 예수님의 시신을 거두게 해 달라고 빌라도에게 청하였다.	아리마태아 출신의 부유한 사람으로서 요셉이라는 이가 왔는데,
그는 예수님의 제자였지만 유다인들이 두려워 그 사실을 숨기고 있었다.	그도 예수님의 제자였다.
빌라도가 허락하자 그가 가서 그분의 시신을 거두었다.	58 이 사람이 빌라도에게 가서 예수님의 시신을 내달라고 청하자, 빌라도가 내주라고 명령하였다.

십자가에 못 박히시다 23,26-43

23,33 '해골'이라 하는 곳에 이르러 그들은 예수님과 함께 두 죄수도 십자가에 못 박았는데, 하나는 그분의 오른쪽에 다른 하나는 왼쪽에 못 박았다.

머리말 1,1-4

1,2 처음부터 목격자로서 말씀의 종이 된 이들이 우리에게 전해 준 것을 그대로 엮은 것입니다.

19,34 // 베드로 복음 4,10 그리고 그들
은 죄인 두 사람을 더 데려와 주님
을 그들 사이에 두고 십자가에 못
박았다. 그러나 그분께서는 아무
런 고통도 없는 것처럼 줄곧 입을
다물고 계셨다. 11 그들은 십자가
를 세우고 거기에 "이 사람은 이스
라엘의 임금"이라고 기록하였다.
12 그리고 그들은 그분 앞에 그분
의 옷을 놓고 찢은 뒤 그것들을 두
고 제비를 뽑았다. 13 그러자 죄수
들 가운데 한 사람이 그들을 나무
라며 말하였다. "우리야 우리가 저
지른 나쁜 짓들 때문에 이런 고초
를 당한다지만, 사(람)들의 구원자
가 되신 이분이야 여러분들에게
무슨 잘못을 저질렀단 말이오?"
14 그러자 그들은 그분께 화가 나
서 그분이 몹시 고통당하다 돌아
가시도록 다리를 부러뜨리지 말라
고 명하였다.

숨을 거두시다 15,33-41

15,39 그리고 예수님을 마주 보고 서 있던 백인대장이 그분께서 그렇게 숨을 거두시는 것을 보고, "참으로 이 사람은 하느님의 아드님이셨다." 하고 말하였다.

숨을 거두시다 23,44-49

23,47 그 광경을 보고 있던 백인대장은 하느님을 찬양하며, "정녕 이 사람은 의로운 분이셨다." 하고 말하였다.

19,34 // 니코데모 복음 11,2 유다인들이 그에게 말하였다. "내일이면 우리는 무교절 축제를 지냅니다. 그래서 나리께 청합니다. 십자가에 달린 자들이 아직 숨이 붙어 있기에 그들의 뼈를 부러뜨리고 끌어내려 주시기 바랍니다." 빌라도가 "그리 될 것이오" 하고 말한 뒤 군사들을 보냈다. 그들은 아직 두 강도가 숨이 붙어 있는 것을 보았다. 그래서 그들의 다리를 부러뜨렸다. 그러나 예수님은 벌써 돌아가신 상태였기에 그분께는 전혀 손을 대지 않았다. 다만 군사 하나가 그분의 오른쪽 옆구리를 창으로 찔렀다. 그랬더니 곧바로 거기서 피와 물이 흘러나왔다.

마르 15,42-47

42 이미 저녁때가 되어 있었다. 그날은 준비일 곧 안식일 전날이었으므로,

43 아리마태아 출신 요셉이 빌라도에게 당당히 들어가, 예수님의 시신을 내 달라고 청하였다.

그는 명망 있는 의회 의원으로서 하느님의 나라를 열심히 기다리던 사람이었다.

루카 23,50-56

50 요셉이라는 사람이 있었는데, 그는 의회 의원이며 착하고 의로운 이였다.

51 이 사람은 의회의 결정과 처사에 동의하지 않았다. 그는 유다인들의 고을 아리마태아 출신으로서 하느님의 나라를 기다리고 있었다.

52 이 사람이 빌라도에게 가서 예수님의 시신을 내 달라고 청하였다.

19,38-42 // 베드로 복음 6,21 그러자 그
들은 주님의 손에서 못을 빼내
고 그분을 땅바닥에 내렸다. 그
러자 온 땅이 흔들리고 엄청난
공포가 밀려들었다. 22 그때 태양
이 비치고 아홉째 시각임이 드러
났다. 23 그러자 유다인들은 다행
이라 여기면서 그분의 몸을 묻도
록 요셉에게 내어 주었다. 그는 그
분께서 행하신 좋은 일들을 보았
었다. 24 그는 주님을 모셔와 몸을
씻기고 아마포로 감싼 다음 '요셉
의 정원'이라 불리는 자기 무덤에
다 모셨다.

39 언젠가 밤에 예수님을 찾아왔던 니코데모도 몰
약과 침향을 섞은 것을 백 리트라쯤 가지고 왔다.
40 그들은 예수님의 시신을 모셔다가 유다인들의
장례 관습에 따라, 향료와 함께 아마포로 감쌌다.
41 예수님께서 십자가에 못 박히신 곳에 정원이 있
었는데, 그 정원에는 아직 아무도 묻힌 적이 없는
새 무덤이 있었다.
42 그날은 유다인들의 준비일이었고 또 무덤이 가
까이 있었으므로, 그들은 예수님을 그곳에 모셨
다.

| 요한 19,39 // 3,1-2; 7,50-51

27,59 요셉은 시신을 받아 깨끗한 아마포로 감싼 다
음, 60 바위를 깎아 만든 자기의 새 무덤에 모시고
나서, 무덤 입구에 큰 돌을 굴려 막아 놓고 갔다.

61 거기 무덤 맞은쪽에는 마리아 막달레나와 다른
마리아가 앉아 있었다.

15,44 빌라도는 예수님께서 벌써 돌아가셨을까 의아
하게 생각하여, 백인대장을 불러 예수님께서 돌
아가신 지 오래되었느냐고 물었다. 45 빌라도는 백
인대장에게 알아보고 나서 요셉에게 시신을 내주
었다.

46 요셉은 아마포를 사 가지고 와서, 그분의 시신
을 내려 아마포로 싼 다음 바위를 깎아 만든 무덤
에 모시고, 무덤 입구에 돌을 굴려 막아 놓았다.

47 마리아 막달레나와 요세의 어머니 마리아는 그
분을 어디에 모시는지 지켜보고 있었다.

23,53 그리고 시신을 내려 아마포로 감싼 다음, 바위
를 깎아 만든 무덤에 모셨다. 그것은 아직 아무도
묻힌 적이 없는 무덤이었다.

54 그날은 준비일이었는데 안식일이 시작될 무렵이
었다.

55 갈릴래아에서부터 예수님과 함께 온 여자들도
뒤따라가 무덤을 보고 또 예수님의 시신을 어떻
게 모시는지 지켜보고 나서, 56 돌아가 향료와 향
유를 준비하였다. 그리고 안식일에는 계명에 따
라 쉬었다.

19,38-42 // 니코데모 복음 11,3 저녁이 되어 준비일이 다가오고 있었다. 부유한 귀족으로서 하느님을 경외하는 유다인인 요셉이라는 남자가 니코데모를 발견하고 말하였다 — 일전에 그가 한 말이 그 심중을 드러낸 터였다. “예수님이 살아 계실 때 당신이 그분을 사랑했으며 그분 말씀을 기쁘게 들었다는 것을 알고 있소. 그리고 당신이 그분을 위해 유다인들과 싸우는 것도 보았소. 그래서 혹시 괜찮다면, 함께 빌라도에게 가서 예수님의 몸을 무덤에 모시도록 청해봅시다. 그분께서 묻히지도 않은 채 누워계신 것은 큰 죄이기 때문이오.” 니코데모가 말하였다. “혹시 빌라도가 역정을 내지 않을까, 그래서 내가 무슨 나쁜 일을 겪지 않을까 두렵소. 만약 당신 혼자 부탁하러 가서 돌아가신 분을 모셔오면 그때는 나도 당신과 함께 가서 안치에 필요한 모든 일을 같이 하겠소.” 니코데모가 이렇게 말하자 요셉은 하늘로 눈을 들어 자신의 청을 물리치지 말아 달라고 기도하였다. 그리고 빌라도에게 가서 인사한 다음 자리에 앉았다. 그리고 그에게 말하였다. “당신께 청합니다, 나리. 제가 각하께 해괴한 것을 청하더라도 제게 역정을 내지 말아 주십시오.” 그가 말하였다. “원하는 것이 무엇이오?” 요셉이 말하였다. “예수님입니다. 선한 사람이지만 유다인들이 질투 때문에 십자가에 못 박으려고 끌고 간 사람이지요. 이분을 묻을 수 있도록 제게 내어 주시기를 청합니다.” 빌라도가 말하였다. “도대체 무슨 일이오? 그의 동족이 그가 마술을 부린다고 증언했소. 그리고 그는 황제 폐하의 왕국을 취하려 한다는 의심을 받아 결국 우리에 의해 죽음에 넘겨졌소. 그런 사람의 시신에 경의를 갖추라고 우리가 시신을 내어주어야 한다는 말이오?” 요셉은 슬퍼하고 울면서 빌라도 발치에 엎드렸다. 그리고 말하였다. “나리, 죽은 사람에게는 어떤 증오도 품지 않으시기를 바랍니다! 모든 재앙은 그 사람의 죽음과 함께 사라져야 하기 때문입니다. 예수님을 십자가에 못 박지 않도록 나리께서 얼마나 애쓰셨는지 잘 압니다. 그리고 그분을 위해 유다인들에게 얼마나 변호하셨는지, 때로는 충고하시다가 때로는 역정도 내시다가, 결국에는 당신 손을 씻고 그분을 죽이고 싶어 하는 자들과는 엮이지 않으시겠다고 선언하신 것도 압니다. 그러므로 제 청을 물리치지 말아주시기를 나리께 청합니다.” 빌라도는 요셉이 그렇게 바닥에 엎드려 간청하며 우는 것을 보고 그를 일으키며 말하였다. “가시오. 돌아가신 분을 내어주겠소. 이분을 모셔다 당신이 원하는 대로 하시오!”
4 요셉은 빌라도에게 감사를 표한 다음 그의 손과 옷에 입 맞추었다. 그리고 자기가 원하던 것을 얻어 마음 깊이 기뻐하며 밖으로 나왔다. 그의 눈에는 아직 눈물이 맺혀 있었다. 슬프면서 기뻤기 때문이다. 그는 니코데모에게 가서 일어난 모든 일을 말해주었다. 그리고 그들은 몰약과 침향 백 리트라, 그리고 새 무덤을 샀다. 그리고 하느님의 어머니와 마리아 막달레나, 살로메, 요한과 다른 여자들과 함께 관습에 따라 그분을 흰 아마포로 감싸서 무덤에 모셨다.

19,39 // 니코데모 복음 프롤로그 한나스와 카야파가 예루살렘의 대사제로 봉직하던 때 로마제국 지방영주 니코데모는 아이네아스라는 이름의 유다인을 불러 한나스와 카야파 시절에 그리스도와 관련하여 예루살렘에 일어난 일들을 기록해 달라고 요청하였다. 그 유다인은 요청을 실행에 옮겨 그 기록을 니코데모에게 넘겼다. 그리고 니코데모는 그것을 히브리어 문자에서 로마 언어로 번역하였다.

부활하시다

요한 20,1-10

1 주간 첫날 이른 아침, 아직도 어두울 때에
마리아 막달레나가 무덤에 가서 보니,

무덤을 막았던 돌이 치워져 있었다.

2 그래서 그 여자는 시몬 베드로와 예수님께서 사
랑하신 다른 제자에게 달려가서 말하였다. "누가
주님을 무덤에서 꺼내 갔습니다. 어디에 모셨는지
모르겠습니다."

마태 28,1-8

1 안식일이 지나고 주간 첫날이 밝아 올 무렵,
마리아 막달레나와 다른 마리아가 무덤을 보러
갔다.

2 그런데 갑자기 큰 지진이 일어났다. 그리고 주님
의 천사가 하늘에서 내려오더니 무덤으로 다가가
돌을 옆으로 굴리고서는 그 위에 앉는 것이었다.
3 그의 모습은 번개 같고 옷은 눈처럼 희었다. 4 무
덤을 경비하던 자들은 천사를 보고 두려워 떨다
가 까무러쳤다.
5 그때에 천사가 여자들에게 말하였다. "두려워하
지 마라. 너희가 십자가에 못 박히신 예수님을 찾
는 줄을 나는 안다. 6 그분께서는 여기에 계시지 않
는다. 말씀하신 대로 그분께서는 되살아나셨다.
와서 그분께서 누워 계셨던 곳을 보아라.
7 그러니 서둘러 그분의 제자들에게 가서 이렇게
일러라. '그분께서는 죽은 이들 가운데에서 되살
아나셨습니다. 이제 여러분보다 먼저 갈릴래아로
가실 터이니, 여러분은 그분을 거기에서 뵙게 될
것입니다.' 이것이 내가 너희에게 알리는 말이다."
8 그 여자들은 두려워하면서도 크게 기뻐하며 서
둘러 무덤을 떠나, 제자들에게 소식을 전하러 달
려갔다.

마르 16,1-8

1 안식일이 지나자,
마리아 막달레나와 야고보의 어머니 마리아와 살
로메는 무덤에 가서 예수님께 발라 드리려고 향료
를 샀다. 2 그리고 주간 첫날 매우 이른 아침, 해가
떠오를 무렵에 무덤으로 갔다.

3 그들은 "누가 그 돌을 무덤 입구에서 굴려 내 줄
까요?" 하고 서로 말하였다. 4 그러고는 눈을 들어
바라보니 그 돌이 이미 굴려져 있었다. 그것은 매
우 큰 돌이었다. 5 그들이 무덤에 들어가 보니, 웬
젊은이가 하얗고 긴 겉옷을 입고 오른쪽에 앉아
있었다. 그들은 깜짝 놀랐다.

6 젊은이가 그들에게 말하였다. "놀라지 마라. 너
희가 십자가에 못 박히신 나자렛 사람 예수님을
찾고 있지만 그분께서는 되살아나셨다. 그래서 여
기에 계시지 않는다. 보아라, 여기가 그분을 모셨
던 곳이다.

7 그러니 가서 제자들과 베드로에게 이렇게 일러
라. '예수님께서는 전에 여러분에게 말씀하신 대
로 여러분보다 먼저 갈릴래아로 가실 터이니, 여러
분은 그분을 거기에서 뵙게 될 것입니다.'"

8 그들은 무덤에서 나와 달아났다. 덜덜 떨면서 겁
에 질렸던 것이다. 그들은 두려워서 아무에게도
말을 하지 않았다.

루카 24,1-12

1 주간 첫날 새벽 일찍이
그 여자들은 준비한 향료를 가지고 무덤으로 갔
다.

2 그런데 그들이 보니 무덤에서 돌이 이미 굴려져
있었다. 3 그래서 안으로 들어가 보니 주 예수님의
시신이 없었다. 4 여자들이 그 일로 당황하고 있
는데, 눈부시게 차려입은 남자 둘이 그들에게 나
타났다. 5 여자들이 두려워 얼굴을 땅으로 숙이자

두 남자가 그들에게 말하였다. "어찌하여 살아 계
신 분을 죽은 이들 가운데에서 찾고 있느냐? 6 그
분께서는 여기에 계시지 않는다. 되살아나셨다.

그분께서 갈릴래아에 계실 때에 너희에게 무엇이
라고 말씀하셨는지 기억해 보아라. 7 사람의 아들
은 죄인들의 손에 넘겨져 십자가에 못 박히셨다가
사흘 만에 다시 살아나셔야 한다고 말씀하셨다."

8 그러자 여자들은 예수님의 말씀을 기억해 내었
다. 9 그리고 무덤에서 돌아와 열한 제자와 그 밖
의 모든 이에게 이 일을 다 알렸다.
10 그들은 마리아 막달레나, 요안나, 그리고 야고보
의 어머니 마리아였다. 그들과 함께 있던 다른 여
자들도 사도들에게 이 일을 이야기하였다. 11 사도
들에게는 그 이야기가 헛소리처럼 여겨졌다. 그래
서 사도들은 그 여자들의 말을 믿지 않았다.

20,1 // 사도들의 편지 9. [세] 여인, 곧 마리아, 마르타의 딸, 그리고 마리아 [막]달레나가 그곳에 갔습니다. 그 여인네들은 앞서 일어[난 일]을 애도하고 울면서 그분 몸[에] 발라드리려고 향료를 가져간 것입니다. 그런데 그들이 그[곳]에 다가가 안을 들여다보았을 때 시신을 찾을 수 없었습니다.

20,1-10 // 베드로 복음 12,50 주일 이른 아침에 주님의 제자 마리아 막달레나는, 분노에 찬 유다인들이 두려워서 주님의 무덤 앞에서 여인네들이 사랑하는 망자에게 하는 관습을 하지 못했기에, 51 친구들을 데리고 그분이 누워 계신 무덤에 갔다. 52 그녀는 유다인들이 자기들을 보지 않을까 두려워하며 말하였다. "그분이 십자가에 못 박히신 그날은 우리가 울지도 못하고 가슴을 치지도 못했지만 지금이라도 그분 무덤에서 그렇게 합시다. 53 그런데 누가 우리를 위해 무덤 입구에 놓인 돌을 굴려줄까요? 그래야 안으로 들어가 그분 앞에 앉아 해야 할 일을 할 수 있을 텐데요. 54 돌은 너무 크고 누군가 우리를 볼까 무섭습니다. 이마저도 할 수 없다면, 그분을 기념하여 가져가는 것을 문 앞에 두고 집으로 돌아옵시다. 그리고 돌아오는 길에 계속 울면서 가슴을 치도록 합시다." 13,55 그들이 그곳에 당도했을 때 무덤이 열려 있는 것을 보았다. 그들이 그곳으로 다가가 몸을 굽혀 안을 들여다보니 웬 젊은이가 무덤 한가운데 앉아 있었다. 그는 잘생기고 환히 빛나는 옷을 입고 있었으며 여자들에게 다음과 같이 말하였다. 56 "무엇 때문에 왔습니까? 누구를 찾습니까? 십자가에 못 박히신 분을 찾는 것은 아니겠지요? 그분은 일어나 떠나셨습니다. 여러분이 못 믿겠다면, 몸을 굽혀 그분께서 누워 계시던 자리를 보십시오. 그분은 없습니다. 그분은 다시 일어나셔

[3]베드로와 다른 제자는 밖으로 나와 무덤으로 갔
다. [4]두 사람이 함께 달렸는데, 다른 제자가 베드
로보다 빨리 달려 무덤에 먼저 다다랐다. [5]그는
몸을 굽혀 아마포가 놓여 있는 것을 보기는 하였
지만, 안으로 들어가지는 않았다. [6]시몬 베드로가
뒤따라와서 무덤으로 들어가 아마포가 놓여 있는
것을 보았다. [7]예수님의 얼굴을 쌌던 수건은 아마
포와 함께 놓여 있지 않고, 따로 한곳에 개켜져 있
었다. [8]그제야 무덤에 먼저 다다른 다른 제자도 들
어갔다. 그리고 보고 믿었다. [9]사실 그들은 예수님
께서 죽은 이들 가운데에서 다시 살아나셔야 한
다는 성경 말씀을 아직 깨닫지 못하고 있었던 것
이다. [10]그 제자들은 다시 집으로 돌아갔다.

마리아 막달레나에게 나타나시다

요한 20,11-18

[11]마리아는 무덤 밖에 서서 울고 있었다. 그렇게
울면서 무덤 쪽으로 몸을 굽혀 [12]들여다보니 하얀 옷을 입은 두 천사가 앉아 있었다. 한 천사는 예수
님의 시신이 놓였던 자리 머리맡에, 다른 천사는 발치에 있었다. [13]그들이 마리아에게 "여인아, 왜 우
느냐?" 하고 묻자, 마리아가 그들에게 대답하였다. "누가 저의 주님을 꺼내 갔습니다. 어디에 모셨는지
모르겠습니다."
[14]이렇게 말하고 나서 뒤로 돌아선 마리아는 예
수님께서 서 계신 것을 보았다. 그러나 예수님이
신 줄은 몰랐다. [15]예수님께서 마리아에게 "여인
아, 왜 우느냐? 누구를 찾느냐?" 하고 물으셨다. 마리아는 그분을 정원지기로 생각하고, "선생님, 선생
님께서 그분을 옮겨 가셨으면 어디에 모셨는지 저에게 말씀해 주십시오. 제가 모셔 가겠습니다." 하고
말하였다.
[16]예수님께서 "마리아야!" 하고 부르셨다. 마리아
는 돌아서서 히브리 말로 "라뿌니!" 하고 불렀다.
이는 '스승님!'이라는 뜻이다.

마태 28,9-10(여자들에게 나타나시다)

[9]그런데 갑자기 예수님께서 마주 오시면서 그 여
자들에게 "평안하냐?" 하고 말씀하셨다. 그들은
다가가 엎드려 그분의 발을 붙잡고 절하였다.

[24,12] 그러나 베드로는 일어나 무덤으로 달려가서
몸을 굽혀 들여다보았다. 그곳에는 아마포만 놓
여 있었다. 그는 일어난 일을 속으로 놀라워하며
돌아갔다.

서 그분을 보내신 곳으로 되돌아 가셨습니다." [57] 그러자 여자들은 두려움에 차서 달아났다.

20,1-10 // 니코데모 복음 13,1 그런데 무덤을 지키던 군사들 가운데 하나가 회당에 와서 말하였다. "예수님이 다시 일어나셨다는 것을 아십시오." 유다인들이 말하였다. "어떻게 말입니까?" 그가 말하였다. "먼저 지진이 일어났소. 그 다음 주님의 천사가 번개처럼 번쩍이며 하늘에서 내려오더니 무덤에서 돌을 굴리고서는 그 위에 앉았소. 그분을 보고 두려워져 우리 군사들 모두 죽은 사람처럼 되었소. 우리는 도망을 칠 수도 말을 할 수도 없었소. 그런데 천사가 무덤을 보러 거기 온 여자들에게 이렇게 말하는 것을 들었소. '너희는 두려워하지 마라. 너희가 예수님을 찾고 있다는 것을 알고 있다. 그분은 여기에 계시지 않는다. 전에 너희에게 말씀하신 대로 그분께서 일어나셨다. 몸을 굽혀 그분의 몸이 눕혀져 있던 무덤 안을 들여다보아라. 그리고 가서 그분의 제자들에게 '그분께서 죽은 이들 가운데에서 되살아나셨습니다!' 하고 말하여라. 그리고 그들에게 갈릴래아로 가야 한다고 전하여라. 그들이 거기서 그분을 뵙게 될 것이기 때문이다.' 이런 이유로 내가 여러분에게 제일 먼저 말하고 있소."

마르 16,9-11

[9] 예수님께서는 주간 첫날 새벽에 부활하신 뒤, 마
리아 막달레나에게 처음으로 나타나셨다. 그는 예
수님께서 일곱 마귀를 쫓아 주신 여자였다.

루카

20,11-18 // 사도들의 편지 10. 그래서 [그들이] 슬퍼하며 울고 있을 때, 주님께서 그들에게 나타나셔서 말씀하셨습니다. "너희는 누구 때문에 울고 있느냐? 울음을 그쳐라. 내가 바로 너희가 찾고 있는 사람이다. 너희 가운데 한 명을 형제들에게 보내어 '보십시오, 스승님께서 죽[은] 이들 가운데서 일어나셨습니다!' 하고 전하여라." 그래서 마르타가 와서 우리에게 이 사실을 전해주었습니다. 우리는 그녀에게 말하였습니다. "우리에게 무얼 원하시오, 여인이여! 돌아[가신] 그분께서는 벌써 묻[히]셨소. 그분께서 살아 계신다는 게 가능한 일이오?" 우리는 구원자께서 죽은 이들 가운데서 일어나셨다는 그녀의 말을 [믿]지 않았습니다. [그]러자 그녀는 돌아가서 주님께 말하였습니다. "그들 가운데 아무도 당

[17] 예수님께서 마리아에게 말씀하셨다. "내가 아직
아버지께 올라가지 않았으니 나를 더 이상 붙들지
마라. 내 형제들에게 가서, '나는 내 아버지시며 너
희의 아버지신 분, 내 하느님이시며 너희의 하느님
이신 분께 올라간다.' 하고 전하여라."
[18] 마리아 막달레나는 제자들에게 가서 "제가 주님
을 뵈었습니다." 하면서, 예수님께서 자기에게 하
신 이 말씀을 전하였다.

| 요한 20,14 // 21,4
| 요한 20,17 // 16,17
| 요한 20,18 // 20,25

[28,10] 그때에 예수님께서 그들에게 말씀하셨다. "두
려워하지 마라. 가서 내 형제들에게 갈릴래아로
가라고 전하여라. 그들은 거기에서 나를 보게 될
것이다."

제자들에게 나타나시어 사명을 부여하시다

요한 20,19-23

[19] 그날 곧 주간 첫날 저녁이 되자, 제자들은 유다
인들이 두려워 문을 모두 잠가 놓고 있었다. 그런
데 예수님께서 오시어 가운데에 서시며, "평화가
너희와 함께!" 하고 그들에게 말씀하셨다.

[20] 이렇게 말씀하시고 나서 당신의 두 손과 옆구리
를 그들에게 보여 주셨다. 제자들은 주님을 뵙고
기뻐하였다.

[21] 예수님께서 다시 그들에게 이르셨다. "평화가 너
희와 함께! 아버지께서 나를 보내신 것처럼 나도
너희를 보낸다." [22] 이렇게 이르시고 나서 그들에
게 숨을 불어넣으며 말씀하셨다. "성령을 받아라.

마태 28,16-20

[16] 열한 제자는 갈릴래아로 떠나 예수님께서 분부
하신 산으로 갔다. [17] 그들은 예수님을 뵙고 엎드려
경배하였다. 그러나 더러는 의심하였다.

[18] 예수님께서는 그들에게 다가가 이르셨다. "나는
하늘과 땅의 모든 권한을 받았다. [19] 그러므로 너
희는 가서 모든 민족들을 제자로 삼아, 아버지와
아들과 성령의 이름으로 세례를 주고, [20] 내가 너
희에게 명령한 모든 것을 가르쳐 지키게 하여라.

16,10 그 여자는 예수님과 함께 지냈던 이들이 슬퍼
하며 울고 있는 곳으로 가서, 그들에게 이 소식을
전하였다. 11 그러나 그들은 예수님께서 살아 계시
며 그 여자에게 나타나셨다는 말을 듣고도 믿지
않았다.

신께서 살아나셨다는 제 말을 믿
지 않았습니다." 그분께서 말씀하
셨습니다. "너희 가운데 다른 사
람을 그들에게 보내어 그들에게
다시 알려주어라." 마리아가 와서
우리에게 다시 그 사실을 말하였
습니다. 그러나 우리는 그녀의 말
을 믿지 않았습니다. 그녀는 주님
께로 되돌아가 그분께 이 사실을
말하였습니다.

마르 16,14-18

14 마침내, 열한 제자가 식탁에 앉아 있을 때에 예
수님께서 나타나셨다. 그리고 그들의 불신과 완고
한 마음을 꾸짖으셨다. 되살아난 당신을 본 이들
의 말을 그들이 믿지 않았기 때문이다.

루카 24,36-49

36 그들이 이러한 이야기를 하고 있을 때 예수님께
서 그들 가운데에 서시어, "평화가 너희와 함께!"
하고 그들에게 말씀하셨다. 37 그들은 너무나 무섭
고 두려워 유령을 보는 줄로 생각하였다. 38 그러
자 예수님께서 그들에게 이르셨다. "왜 놀라느냐?
어찌하여 너희 마음에 여러 가지 의혹이 이느냐?

39 내 손과 내 발을 보아라. 바로 나다. 나를 만져 보아라. 유령은 살과 뼈가 없지만, 나는 너희도
보다시피 살과 뼈가 있다." 40 이렇게 말씀하시고 나서 그들에게 손과 발을 보여 주셨다. 41 그들
은 너무 기쁜 나머지 아직도 믿지 못하고 놀라워하는데, 예수님께서 그들에게 "여기에 먹을 것
이 좀 있느냐?" 하고 물으셨다. 42 그들이 구운 물고기 한 토막을 드리자, 43 예수님께서는 그것을
받아 그들 앞에서 잡수셨다.

15 예수님께서는 이어서 그들에게 이르셨다. "너희
는 온 세상에 가서 모든 피조물에게 복음을 선포
하여라. 16 믿고 세례를 받는 이는 구원을 받고 믿
지 않는 자는 단죄를 받을 것이다. 17 믿는 이들에
게는 이러한 표징들이 따를 것이다. 곧 내 이름으

44 그리고 그들에게 이르셨다. "내가 전에 너희와
함께 있을 때에 말한 것처럼, 나에 관하여 모세의
율법과 예언서와 시편에 기록된 모든 것이 다 이
루어져야 한다." 45 그때에 예수님께서는 그들의 마
음을 여시어 성경을 깨닫게 해 주셨다. 46 이어서

20,19-23 // 니코데모 복음 14,1 며칠 뒤
세 사람이 갈릴래아에서 예루살
렘에 왔다. 그들 가운데 하나는 피
느아스라는 이름의 사제, 다른 사
람은 앙가이우스라는 이름의 레
위인, 다른 사람은 아다스라는 이
름의 군인이었다. 그들은 수석사
제들에게 와서 그들과 백성에게
말하였다. "우리가 갈릴래아에서
여러분이 십자가에 못 박으신 예
수님을 보았습니다. 열한 명의 제
자와 함께 올리브 산에 계셨습니
다. 그분께서 그들을 가르치시며
이렇게 말씀하셨습니다. '온 세상
에 가서 복음을 선포하여라. 믿고
세례를 받는 사람은 누구나 구원
을 받을 것이다. 그러나 믿지 않는
사람은 누구든 단죄 받을 것이다.'
그분께서 이 말씀을 하시며 하늘
로 올라가셨습니다. 우리와 오백
명이 넘는 다른 많은 사람들이 모
두 지켜보고 있었습니다."
20,19-23 // 사도들의 편지 11. 그리하여
그분께서 (제자인 우리에게) 오시

보라, 내가 세상 끝 날까지 언제나 너희와 함께
있겠다."

23 너희가 누구의 죄든지 용서해 주면 그가 용서
를 받을 것이고, 그대로 두면 그대로 남아 있을
것이다."

| 요한 20,19 // 16,33
| 요한 20,20 // 16,20-22
| 요한 20,21 // 17,18

베드로가 예수님을 그리스도라고 고백하다 16,13-20

16,19 "또 나는 너에게 하늘 나라의 열쇠를 주겠다.
그러니 네가 무엇이든지 땅에서 매면 하늘에서도
매일 것이고, 네가 무엇이든지 땅에서 풀면 하늘
에서도 풀릴 것이다."

형제가 죄를 지으면 깨우쳐 주어라 18,15-18

18,18 "내가 진실로 너희에게 말한다. 너희가 무엇이
든지 땅에서 매면 하늘에서도 매일 것이고, 너희
가 무엇이든지 땅에서 풀면 하늘에서도 풀릴 것
이다."

예수님과 토마스

요한 20,24-29

24 열두 제자 가운데 하나로서 '쌍둥이'라고 불리
는 토마스는 예수님께서 오셨을 때에 그들과 함
께 있지 않았다.
25 그래서 다른 제자들이 그에게 "우리는 주님을 뵈
었소." 하고 말하였다. 그러나 토마스는 그들에게,
"나는 그분의 손에 있는 못 자국을 직접 보고 그
못 자국에 내 손가락을 넣어 보고 또 그분 옆구
리에 내 손을 넣어 보지 않고는 결코 믿지 못하겠

마태

여자들에게 나타나시다 28,9-10

28,10 그때에 예수님께서 그들에게 말씀하셨다. "두
려워하지 마라. 가서 내 형제들에게 갈릴래아로
가라고 전하여라. 그들은 거기에서 나를 보게 될
것이다."

로 마귀들을 쫓아내고 새로운 언어들을 말하며,
16,18 손으로 뱀을 집어 들고 독을 마셔도 아무런
해도 입지 않으며, 또 병자들에게 손을 얹으면 병
이 나을 것이다."

그들에게 이르셨다. "성경에 기록된 대로, 그리스
도는 고난을 겪고 사흘 만에 죽은 이들 가운데에
서 다시 살아나야 한다. 24,47 그리고 예루살렘에서
부터 시작하여, 죄의 용서를 위한 회개가 그의 이
름으로 모든 민족들에게 선포되어야 한다. 48 너희
는 이 일의 증인이다. 49 그리고 보라, 내 아버지께
서 약속하신 분을 내가 너희에게 보내 주겠다. 그
러니 너희는 높은 데에서 오는 힘을 입을 때까지
예루살렘에 머물러 있어라."

어 우리가 (집) 안에 있는 것을 보셨습니다. 그분께서 우리를 부르셨지만 우리는 그분을 유령이라고 생각하였습니다. 우리는 그분이 주님이라는 것을 믿지 않았습니다. 그러자 [그분께서] 우리에게 [말씀하셨습니다.] "자, 두려워 마라. 나는 [주님이다.] 베드로야, 너는 (전에도) 세 번 [부인]하더니 지금도 [부]인하느냐?" 그래서 우리는 설마 그분일까 마음속[으]로 의심하면서 그분께 다가갔습니다. 그러자 그분께서 우리에게 말씀하셨습니다. "너희는 왜 아직도 의심하느냐? 너희는 믿음이 없구나. 내 육신과 내 죽음과 내 부활에 관해 너희에게 말해 준 이가 바로 내가 아니더냐? 내가 바로 그라는 것을 너희가 알 수 있도록, 베드로야 네 손가락들을 내 손의 못 자국에 넣어 보아라. ... 그러자 주님이신 우리 구원자께서 말씀하셨습니다. "일어나라. 내가 너희에게 하늘 위에 있는 것들과 하늘 안에 있는 것들, 그리고 하늘 나라에 있는 너희의 안식처에 대해 알려주겠다. 내 아버[지]께서 나에게 나를 믿는 사람들과 너희를 위로 데려갈 권한을 주셨기 때문이다."

20,19 // 베드로 복음 7,26 나(베드로)와 동료들은 비탄에 잠겼다. 우리는 마음에 상처를 입고 몸을 숨겼다. 마치 우리가 범죄자나 성전에 불을 지를 사람이기나 한 것처럼 그들이 우리를 찾아다니고 있었기 때문이다. 27 우리는 이 모든 일을 두고 안식일까지 밤낮으로 슬퍼하고 울며 앉아서 단식하였다.

20,21 // 마리아 복음 8 복되신 분께서 이 말씀을 하신 다음 그들을 모두 안아 주시며 말씀하셨습니다. "평화가 너희와 함께 하기를! 내 평화를 받아라! 아무도 '보라, 이쪽이다. 보라, 저쪽이다' 하고 말하면서 너희를 오류로 이끌지 않도록 조심하여라. 사람의 아들은 너희 가운데 있기 때문이다. 그분의 뒤를 따라라! 그분을 찾는 사람은 그분을 발견할 것이다."

20,21 // 마리아영면 5. "내 주님, 예수 그리스도여! ... 나에게 당신의 사도 요한을 보내주세요. ... 그리고 당신의 나머지 사도들도 나에게 보내주세요. 이미 당신에게 돌아간 이들과 지금 이 세상에 있는 이들, 곧 당신의 거룩한 명령에 따라 각지에 흩어져 지내고 있는 이들을 보내주세요." ... 6. 그녀가 기도를 하고 있을 때 나 요한이 도착하였다. 거룩한 영(성령)께서 에페소에서 구름으로 나를 낚아채시어 내 주님의 어머니가 누워계시던 곳에 나를 내려놓으셨다. ... 12. ... 성령께서 사도들에게 말씀하셨다. "너희 모두 구름을 타고 세상 끝에서 오너라. 그리고 모두 거룩한 베들레헴에 함께 모여라. 우리 주 예수 그리스도의 어머니를 위해, 회오리바람에 실려! 베드로는 로마에서, 바오로는 티베리아에서, 토마는 이국인들의 인도에서, 야고보는 예루살렘에서 오라!" 13. 베드로의 형제 안드레아와 필립보, 루카와 열혈당원 시몬, 타대오 등, 이미 잠든 이들은 성령에 의해 무덤에서 일으켜졌다. ... 14. 마르코도 비슷하게 왔다. 그는 알렉산드리아에서 다른 사람들과 함께 왔다. '각지에서'라고 말해진 대로였다.

마르

제자들에게 나타나시어 사명을 부여하시다 16,14-18

16,14 마침내, 열한 제자가 식탁에 앉아 있을 때에
예수님께서 나타나셨다. 그리고 그들의 불신과 완
고한 마음을 꾸짖으셨다. 되살아난 당신을 본 이
들의 말을 그들이 믿지 않았기 때문이다.

루카

제자들에게 나타나시어 사명을 부여하시다 24,36-49

24,36 그들이 이러한 이야기를 하고 있을 때 예수
님께서 그들 가운데에 서시어, "평화가 너희와 함
께!" 하고 그들에게 말씀하셨다. 37 그들은 너무나
무섭고 두려워 유령을 보는 줄로 생각하였다. 38 그
러자 예수님께서 그들에게 이르셨다. "왜 놀라느

20,24-29 // 사도들의 편지 11. 그리고 너 토마야, 네 손가락들을 내 옆구리에 난 창에 찔린 자국에 넣어 보아라. 그리고 안드레아야, 내 발들을 보고 그것들이 땅에 닿지 않는지 확인해 보아라. 사실 예언서에 악마의 유령은 발이 땅에 닿지 않는다고 기록되어 있다." 12. 그래서 우리는 그분께서 육신으로 [일어나셨다는] 것이 사실인지 알아보려고 그분께 손을 대 보았습니다. 그리고 바닥에 엎드려 [불]신자가 된 우리 죄를 고백하였습니다.

소." 하고 말하였다.
[26] 여드레 뒤에 제자들이 다시 집 안에 모여 있었
는데 토마스도 그들과 함께 있었다. 문이 다 잠겨
있었는데도 예수님께서 오시어 가운데에 서시며,
"평화가 너희와 함께!" 하고 말씀하셨다. [27] 그러고
나서 토마스에게 이르셨다. "네 손가락을 여기 대
보고 내 손을 보아라. 네 손을 뻗어 내 옆구리에
넣어 보아라. 그리고 의심을 버리고 믿어라."

[28] 토마스가 예수님께 대답하였다. "저의 주님, 저
의 하느님!" [29] 그러자 예수님께서 토마스에게 말씀
하셨다. "너는 나를 보고서야 믿느냐? 보지 않고
도 믿는 사람은 행복하다."

| 요한 20,24 // 11,16; 21,2
| 요한 20,25 // 20,18
| 요한 20,26 // 14,27; 16,33
| 요한 20,28 // 21,7; 21,12

20,26 // 이사 9,6 다윗의 왕좌와 그의 왕국 위에 놓인 그 왕권은 강대하고 그 평화는 끝이 없으리이다. 그는 이제부터 영원까지 공정과 정의로 그 왕국을 굳게 세우고 지켜 가리이다. 만군의 주님의 열정이 이를 이루시리이다.

20,26 // 시편 29,11 주님께서 당신 백성에게 권능을 주시리라. 주님께서 당신 백성에게 평화로 강복하시리라.

베드로가 예수님을 그리스도라고 고백하다 16,13-20

[16,16] 시몬 베드로가 "스승님은 살아 계신 하느님의
아드님 그리스도이십니다." 하고 대답하였다.

복음서를 쓴 목적

요한 20,30-31

[30] 예수님께서는 이 책에 기록되지 않은 다른 많은
표징도 제자들 앞에서 일으키셨다.

마태

냐? 어찌하여 너희 마음에 여러 가지 의혹이 이느
냐? 24,39 내 손과 내 발을 보아라. 바로 나다. 나를
만져 보아라. 유령은 살과 뼈가 없지만, 나는 너희
도 보다시피 살과 뼈가 있다." 40 이렇게 말씀하시
고 나서 그들에게 손과 발을 보여 주셨다. 41 그들
은 너무 기쁜 나머지 아직도 믿지 못하고 놀라워
하는데, 예수님께서 그들에게 "여기에 먹을 것이
좀 있느냐?" 하고 물으셨다.

20,28-29 // 압가루스 2. 압가루스여, 당신과 에데사라 불리는 당신의 도시는 행복하오. 나를 보지 않고도 나를 믿었으니 말이오. ... 당신이 나에게 아주 작다고 알려 준 당신의 도시에 대해서는, 그것을 크게 확장시켜 이 세대가 끝날 때까지 당신의 적들 가운데 어느 누구도 이기지 못하게 만들어 주겠소. 나에 관해, 나를 보고 믿은 사람들은 행복하다고 기록되어 있소. 그러나 나를 보지 않고도 믿은 사람들은 더욱 행복하오.

20,28 // 목수요셉 32,3 우리는 그분께 감사와 영광을 드렸다. 그분은 우리 주님, 우리 하느님, 우리 구원자 예수 그리스도이시다. 그분을 통하여 모든 영광과 모든 영예가 아버지와 그분과 생명을 주시는 성령께, 이제와 모든 순간과 영원 무궁히, 아멘.

20,28 // 마리아영면 10. 나 요한은 그녀(마리아)에게 말하였다. "우리 주 예수 그리스도, 우리 하느님께서 오십니다."

20,29 // 사도들의 편지 29. 우리가 그분께 말하였습니다. "주님, 당신을 [뵙고] 당신께서 하시는 이런 [말씀을] 들으니 저희는 행복합니다. 저희 눈이 당신께서 행하신 큰 이적을 보았습니다." 그분께서 대답하시며 말씀하셨습니다. "사실 보지 않고도 믿은 사람들이 더 행복하다. 이런 [이들이] (하늘) 나라의 자[녀]들이라 불리고 완전하신 분[처럼] 완전해질 것이기 때문이다. 나는 내 아버지의 나라에서 그들의 [모퉁이] 돌이 될 것이다."

20,29 // 야고보의 비전 12. 내가 너희 곁에 있는 동안에 내 말에 귀를 기울이고 내 말을 들어라. 그러나 내가 너희에게서 멀리 떠나가면 나를 기억하여라. 나를 기억하여라, 내가 너희 곁에 있을 때에는 너희가 나를 몰랐기 때문이다. 행복할 것이다, 나를 안 사람들! 불행하다, 듣고도 믿지 않은 사람들! 행복할 것이다, 13. 보지 않고도 [믿은] 사람들!

베드로가 예수님을 그리스도라고 고백하다 8,27-30

8,29 예수님께서 다시, "그러면 너희는 나를 누구라
고 하느냐?" 하고 물으시자, 베드로가 "스승님은
그리스도이십니다." 하고 대답하였다.

베드로가 예수님을 그리스도라고 고백하다 9,18-21

9,20 예수님께서 다시, "그러면 너희는 나를 누구라
고 하느냐?" 하시자, 베드로가 "하느님의 그리스
도이십니다." 하고 대답하였다.

세례자 요한의 설교 1,1-8

1,1 하느님의 아드님 예수 그리스도의 복음의 시작.

예수님의 탄생 예고 1,26-38

1,32 "그분께서는 큰 인물이 되시고 지극히 높으신
분의 아드님이라 불리실 것이다. 주 하느님께서 그
분의 조상 다윗의 왕좌를 그분께 주시어, 33 그분
께서 야곱 집안을 영원히 다스리시리니 그분의 나
라는 끝이 없을 것이다."

마르

루카

20,31 // 4바룩 9,14 사흘이 지난 뒤 예레미야의 영혼이 그의 몸으로 들어왔다. 그러자 그는 그들 한가운데서 소리를 높여 말하였다. “한 목소리로 하느님을 찬양하십시오! 여러분 모두 하느님과, 우리를 잠에서 깨어나게 해주시는 하느님의 아들 예수 그리스도를 찬양하십시오! 그분께서는 모든 시대들의 빛, 꺼지지 않는 등불, 신앙의 생명이십니다!”

31 이것들을 기록한 목적은 예수님께서 메시아시며 하느님의 아드님이심을 여러분이 믿고, 또 그렇게 믿어서 그분의 이름으로 생명을 얻게 하려는 것이다.

| 요한 20,30 // 12,37; 21,25
| 요한 20,30-31 // 19,35; 21,24
| 요한 20,31 // 3,16; 5,24; 11,25-26; 19,35

베드로가 예수님을 그리스도라고 고백하다 16,13-20

16,16 시몬 베드로가 “스승님은 살아 계신 하느님의 아드님 그리스도이십니다.” 하고 대답하였다.

숨을 거두시다 27,45-56

27,54 백인대장과 또 그와 함께 예수님을 지키던 이들이 지진과 다른 여러 가지 일들을 보고 몹시 두려워하며, “참으로 이분은 하느님의 아드님이셨다.” 하고 말하였다.

일곱 제자에게 나타나시다

요한 21,1-14

1 그 뒤에 예수님께서는 티베리아스 호숫가에서 다시 제자들에게 당신 자신을 드러내셨는데, 이렇게 드러내셨다.

마태

베드로가 당신을 모른다고 할 것을 예고하시다 26,31-35

26,32 “그러나 나는 되살아나서 너희보다 먼저 갈릴래아로 갈 것이다.”

부활하시다 28,1-8

28,7 “그러니 서둘러 그분의 제자들에게 가서 이렇게 일러라. ‘그분께서는 죽은 이들 가운데에서 되살아나셨습니다. 이제 여러분보다 먼저 갈릴래아로 가실 터이니, 여러분은 그분을 거기에서 뵙게 될 것입니다.’ 이것이 내가 너희에게 알리는 말이다.”

제자들에게 나타나시어 사명을 부여하시다 28,16-20

28,16 열한 제자는 갈릴래아로 떠나 예수님께서 분부하신 산으로 갔다.

2 시몬 베드로와 ‘쌍둥이’라고 불리는 토마스, 갈릴
래아 카나 출신 나타나엘과 제베대오의 아들들, 그리고 그분의 다른 두 제자가 함께 있었다. 3 시몬 베
드로가 그들에게 “나는 고기 잡으러 가네.” 하고 말하자, 그들이 “우리도 함께 가겠소.” 하였다. 그들이 밖으로 나가 배를 탔지만 그날 밤에는 아무것도 잡지 못하였다.

마르

베드로가 예수님을 그리스도라고 고백하다 8,27-30

8,29 예수님께서 다시, "그러면 너희는 나를 누구라
고 하느냐?" 하고 물으시자, 베드로가 "스승님은
그리스도이십니다." 하고 대답하였다.

세례자 요한의 설교 1,1-8

1,1 하느님의 아드님 예수 그리스도의 복음의 시작.

숨을 거두시다 15,33-41

15,39 그리고 예수님을 마주 보고 서 있던 백인대
장이 그분께서 그렇게 숨을 거두시는 것을 보고,
"참으로 이 사람은 하느님의 아드님이셨다." 하고
말하였다.

루카

베드로가 예수님을 그리스도라고 고백하다 9,18-21

9,20 예수님께서 다시, "그러면 너희는 나를 누구라
고 하느냐?" 하시자, 베드로가 "하느님의 그리스
도이십니다." 하고 대답하였다.

신약 외경

20,31 // 사도들의 편지 28. 나는 모든 악과 지배자들의 [권한에서] 너희와 너희를 통해 나를 믿[는] 모든 사람을 구출해 내었다. 실제로 내가 [너희에게] 약속한 것들을 그들에게도 줄 것이다. 그리하여 그들은 감옥과 지배자들의 속박과 강력한 불[에서] 빠져 나올 것이다.

마르

베드로가 당신을 모른다고 할 것을 예고하시다 14,27-31

14,28 "그러나 나는 되살아나서 너희보다 먼저 갈릴
래아로 갈 것이다."

부활하시다 16,1-8

16,7 "그러니 가서 제자들과 베드로에게 이렇게 일
러라. '예수님께서는 전에 여러분에게 말씀하신 대
로 여러분보다 먼저 갈릴래아로 가실 터이니, 여러
분은 그분을 거기에서 뵙게 될 것입니다.'"

루카

21,2-3 // 베드로 복음 14,58 한편 무교절 마지막 날, 축제일이 끝나자 많은 사람들이 각자 자기 집으로 돌아갔다. [59] 그러나 주님의 열두 제자인 우리는 슬퍼하며 울고 있었다. 마침내 우리도 저마다 일어난 일 때문에 슬퍼하며 각자 자기네 집으로 흩어졌다. [60] 나 시몬 베드로와 내 형제 안드레아는 그물을 가지고 바다로 갔다. 주님께서 [...] 하셨던 알패오의 아들 레위도 우리와 함께 있었다.

[4]어느덧 아침이 될 무렵, 예수님께서 물가에 서 계셨다. 그러나 제자들은 그분이 예수님이신 줄을 알지 못하였다.

[5]예수님께서 그들에게, "얘들아, 무얼 좀 잡았느냐?" 하시자, 그들이 대답하였다. "못 잡았습니다."
[6]예수님께서 그들에게 이르셨다. "그물을 배 오른쪽에 던져라. 그러면 고기가 잡힐 것이다." 그래서 제자들이 그물을 던졌더니, 고기가 너무 많이 걸려 그물을 끌어 올릴 수가 없었다.

21,9-13 // 탈출 16,13 그날 저녁에 메추라기 떼가 날아와 진영을 덮었다. 그리고 아침에는 진영 둘레에 이슬이 내렸다. [14] 이슬이 걷힌 뒤에 보니, 잘기가 땅에 내린 서리처럼 잔 알갱이들이 광야 위에 깔려 있는 것이었다. [15] 이것을 보고 이스라엘 자손들은 그것이 무엇인지 몰라, "이게 무엇이냐?" 하고 서로 물었다. 모세가 그들에게 말하였다. "이것은 주님께서 너희에게 먹으라고 주신 양식이다."
21,9-13 // 민수 11,7 만나는 고수 씨앗과 비슷하고 그 빛깔은 브델리움 같았다. [8] 백성은 돌아다니며 그것을 거두어서, 맷돌에 갈거나 절구에 빻아 냄비에다 구워 과자를 만들었다. 그 맛은 기름과자 맛과 같았다. [9] 밤에 이슬이 진영 위로 내리면, 만나도 함께 내리곤 하였다.

[7]예수님께서 사랑하신 그 제자가 베드로에게 "주님이십니다." 하고 말하였다. 주님이시라는 말을 듣자, 옷을 벗고 있던 베드로는 겉옷을 두르고 호수로 뛰어들었다. [8]다른 제자들은 그 작은 배로 고기가 든 그물을 끌고 왔다. 그들은 뭍에서 백 미터쯤밖에 떨어져 있지 않았던 것이다.
[9]그들이 뭍에 내려서 보니, 숯불이 있고 그 위에 물고기가 놓여 있고 빵도 있었다. [10]예수님께서 그들에게 말씀하셨다. "방금 잡은 고기를 몇 마리 가져오너라." [11]그러자 시몬 베드로가 배에 올라 그물을 뭍으로 끌어 올렸다. 그 안에는 큰 고기가 백쉰세 마리나 가득 들어 있었다. 고기가 그토록 많은데도 그물이 찢어지지 않았다. [12]예수님께서 그들에게 "와서 아침을 먹어라." 하고 말씀하셨다. 제자들 가운데에는 "누구십니까?" 하고 감히 묻

베드로가 예수님을 그리스도라고 고백하다 16,13-20
[16,16] 시몬 베드로가 "스승님은 살아 계신 하느님의 아드님 그리스도이십니다." 하고 대답하였다.

오천 명을 먹이시다 14,13-21
[14,19]군중에게 풀밭에 자리를 잡으라고 지시하셨다. 그리고 빵 다섯 개와 물고기 두 마리를 손에 들고 하늘을 우러러 찬미를 드리신 다음 빵을 떼어 제자들에게 주시니, 제자들이 그것을 군중에게 나누어 주었다. [20]사람들은 모두 배불리 먹었다. 그리고 남은 조각을 모으니 열두 광주리에 가득 찼다. [21]먹은 사람은 여자들과 아이들 외에 남자만도 오천 명가량이었다.

엠마오로 가는 두 제자에게 나타나시다 24,13-35

24,13 바로 그날 제자들 가운데 두 사람이 예루살
렘에서 예순 스타디온 떨어진 엠마오라는 마을로 가고 있었다. … 15 그렇게 이야기하고 토론하는데, 바
로 예수님께서 가까이 가시어 그들과 함께 걸으셨다. 16 그들은 눈이 가리어 그분을 알아보지 못하였다.

고기잡이 기적 — 어부들을 제자로 부르시다 5,1-11

5,4 예수님께서 말씀을 마치시고 나서 시몬에게 이
르셨다. "깊은 데로 저어 나가서 그물을 내려 고기를 잡아라." 5 시몬이 "스승님, 저희가 밤새도록 애썼
지만 한 마리도 잡지 못하였습니다. 그러나 스승님의 말씀대로 제가 그물을 내리겠습니다." 하고 대답
하였다. 6 그렇게 하자 그들은 그물이 찢어질 만큼 매우 많은 물고기를 잡게 되었다. 7 그래서 다른 배에
있는 동료들에게 손짓하여 와서 도와 달라고 하였다. 동료들이 와서 고기를 두 배에 가득 채우니 배가
가라앉을 지경이 되었다.
8 시몬 베드로가 그것을 보고 예수님의 무릎 앞에 엎드려 말하였다. "주님, 저에게서 떠나 주십시오. 저
는 죄 많은 사람입니다." 9 사실 베드로도, 그와 함께 있던 이들도 모두 자기들이 잡은 그 많은 고기를
보고 몹시 놀랐던 것이다. 10 시몬의 동업자인 제베대오의 두 아들 야고보와 요한도 그러하였다. 예수님
께서 시몬에게 이르셨다. "두려워하지 마라. 이제부터 너는 사람을 낚을 것이다." 11 그들은 배를 저어다
뭍에 대어 놓은 다음, 모든 것을 버리고 예수님을 따랐다.

베드로가 예수님을 그리스도라고 고백하다 8,27-30

8,29 예수님께서 다시, "그러면 너희는 나를 누구라고 하느냐?" 하고 물으시자, 베드로가 "스승님은 그리스도이십니다." 하고 대답하였다.

베드로가 예수님을 그리스도라고 고백하다 9,18-21

9,20 예수님께서 다시, "그러면 너희는 나를 누구라고 하느냐?" 하시자, 베드로가 "하느님의 그리스도이십니다." 하고 대답하였다.

오천 명을 먹이시다 6,30-44

6,41 예수님께서는 빵 다섯 개와 물고기 두 마리를
손에 들고 하늘을 우러러 찬미를 드리신 다음 빵
을 떼어 제자들에게 주시며, 사람들에게 나누어
주도록 하셨다. 물고기 두 마리도 모든 사람에게
나누어 주셨다. 42 사람들은 모두 배불리 먹었다.
43 그리고 남은 빵 조각과 물고기를 모으니 열두
광주리에 가득 찼다. 44 빵을 먹은 사람은 장정만
도 오천 명이었다.

오천 명을 먹이시다 9,10-17

9,16 예수님께서는 빵 다섯 개와 물고기 두 마리를
손에 들고 하늘을 우러러 그것들을 축복하신 다
음 떼어 제자들에게 주시며, 군중에게 나누어 주
도록 하셨다. 17 사람들은 모두 배불리 먹었다. 그
리고 남은 조각을 모으니 열두 광주리나 되었다.

제자들에게 나타나시어 사명을 부여하시다 24,36-49

24,41 그들은 너무 기쁜 나머지 아직도 믿지 못하고
놀라워하는데, 예수님께서 그들에게 "여기에 먹
을 것이 좀 있느냐?" 하고 물으셨다. 42 그들이 구

는 사람이 없었다. 그분이 주님이시라는 것을 알
고 있었기 때문이다.

13 예수님께서는 다가가셔서 빵을 들어 그들에게
주시고 고기도 그렇게 주셨다.

14 이렇게 예수님께서는 죽은 이들 가운데에서 되
살아나신 뒤에 세 번째로 제자들에게 나타나셨
다.

| 요한 21,2 // 20,24
| 요한 21,4 // 20,14
| 요한 21,7 // 20,28
| 요한 21,9 // 6,9-13
| 요한 21,12 // 9,36; 20,28

성찬례를 제정하시다 26,26-30

26,26 그들이 음식을 먹고 있을 때에 예수님께서 빵
을 들고 찬미를 드리신 다음, 그것을 떼어 제자들
에게 주시며 말씀하셨다. "받아 먹어라. 이는 내
몸이다."

예수님과 베드로

21,15-17 // 에제 34,11 주 하느님이 이렇게 말한다. 나 이제 내 양 떼를 찾아서 보살펴 주겠다. 12 자기 가축이 흩어진 양 떼 가운데에 있을 때, 목자가 그 가축을 보살피듯, 나도 내 양 떼를 보살피겠다. 캄캄한 구름의 날에, 흩어진 그 모든 곳에서 내 양 떼를 구해 내겠다.

21,15-17 // 시편 23,1 주님은 나의 목자, 나는 아쉬울 것 없어라. 2 푸른 풀밭에 나를 쉬게 하시고 잔잔한 물가로 나를 이끄시어 3 내 영혼에 생기를 돋우어 주시고 바른길로 나를 끌어 주시니 당신의 이름 때문이어라.

21,15-19 // 2바룩 44,2 보라. 나는 온 땅의 길에 따라 내 조상들에게로 간다. 3 너희들은 율법의 길에서 멀

요한 21,15-19

15 그들이 아침을 먹은 다음에 예수님께서 시몬
베드로에게 물으셨다. "요한의 아들 시몬아, 너는
이들이 나를 사랑하는 것보다 더 나를 사랑하느
냐?" 베드로가 "예, 주님! 제가 주님을 사랑하는
줄을 주님께서 아십니다." 하고 대답하자, 예수님
께서 그에게 말씀하셨다. "내 어린양들을 돌보아
라." 16 예수님께서 다시 두 번째로 베드로에게 물
으셨다. "요한의 아들 시몬아, 너는 나를 사랑하
느냐?" 베드로가 "예, 주님! 제가 주님을 사랑하
는 줄을 주님께서 아십니다." 하고 대답하자, 예
수님께서 그에게 말씀하셨다. "내 양들을 돌보아
라." 17 예수님께서 세 번째로 베드로에게 물으셨

마태

베드로가 당신을 모른다고 할 것을 예고하시다 26,31-35

26,33 그러자 베드로가 예수님께 말하였다. "모두 스
승님에게서 떨어져 나갈지라도, 저는 결코 떨어져
나가지 않을 것입니다." 34 예수님께서 그에게 말씀
하셨다. "내가 진실로 너에게 말한다. 오늘 밤 닭
이 울기 전에 너는 세 번이나 나를 모른다고 할 것
이다." 35 베드로가 다시 예수님께 말하였다. "스승
님과 함께 죽는 한이 있더라도, 저는 스승님을 모
른다고 하지 않겠습니다." 다른 제자들도 모두 그
렇게 말하였다.

베드로가 예수님을 그리스도라고 고백하다 16,13-20

16,18 "나 또한 너에게 말한다. 너는 베드로이다. 내
가 이 반석 위에 내 교회를 세울 터인즉, 저승의

운 물고기 한 토막을 드리자, [24,43] 예수님께서는 그
것을 받아 그들 앞에서 잡수셨다.

성찬례를 제정하시다 14,22-26

[14,22] 그들이 음식을 먹고 있을 때에 예수님께서 빵
을 들고 찬미를 드리신 다음, 그것을 떼어 제자
들에게 주시며 말씀하셨다. "받아라. 이는 내 몸
이다."

성찬례를 제정하시다 22,14-20

[22,19] 예수님께서는 또 빵을 들고 감사를 드리신 다
음, 그것을 떼어 사도들에게 주시며 말씀하셨다.
"이는 너희를 위하여 내어 주는 내 몸이다. 너희
는 나를 기억하여 이를 행하여라."

마르

베드로가 당신을 모른다고 할 것을 예고하시다 14,27-31

[14,29] 그러자 베드로가 예수님께 말하였다. "모두
떨어져 나갈지라도 저는 그러지 않을 것입니다."
[30] 예수님께서 그에게 말씀하셨다. "내가 진실로 너
에게 말한다. 오늘 이 밤, 닭이 두 번 울기 전에 너
는 세 번이나 나를 모른다고 할 것이다." [31] 그러자
베드로가 더욱 힘주어 장담하였다. "스승님과 함
께 죽는 한이 있더라도, 저는 결코 스승님을 모
른다고 하지 않겠습니다." 다른 이들도 모두 그렇
게 말하였다.

루카

베드로가 당신을 모른다고 할 것을 예고하시다 22,31-34

[22,31] "시몬아, 시몬아! 보라, 사탄이 너희를 밀처럼
체질하겠다고 나섰다. [32] 그러나 나는 너의 믿음이
꺼지지 않도록 너를 위하여 기도하였다. 그러니 네
가 돌아오거든 네 형제들의 힘을 북돋아 주어라."
[33] 베드로가 "주님, 저는 주님과 함께라면 감옥에
갈 준비도 되어 있고 죽을 준비도 되어 있습니다."
하고 말하였다. [34] 그러자 예수님께서 말씀하셨다.
"베드로야, 내가 너에게 말한다. 오늘 닭이 울기
전에 너는 세 번이나 나를 모른다고 할 것이다."

어지지 마라. 그리고 남은 백성이
능하신 분의 계명에서 멀어지지
않도록 그들을 잘 지키고 돌보아
라. 4 우리가 섬기는 분은 의로우시
며 우리의 창조자는 사람을 차별
하지 않으신다는 것을 너희는 알
고 있다. 5 시온에 일어난 일을 보
아라! 예루살렘에 무슨 일이 닥쳤
는지 보아라! 6 능하신 분의 심판
과 그분의 헤아릴 길 없는 올바른
길이 알려질 것이다. 7 너희가 인내
하고 그분에 대한 두려움 안에 머
물면서 그분의 율법을 잊지 않는
다면, 시절이 너희에게 좋은 쪽으
로 바뀔 것이다. 그리고 너희는 시
온의 위안을 보게 될 것이다.

다. "요한의 아들 시몬아, 너는 나를 사랑하느냐?"
베드로는 예수님께서 세 번이나 "나를 사랑하느
냐?" 하고 물으시므로 슬퍼하며 대답하였다. "주
님, 주님께서는 모든 것을 아십니다. 제가 주님을
사랑하는 줄을 주님께서는 알고 계십니다." 그러
자 예수님께서 베드로에게 말씀하셨다. "내 양들
을 돌보아라.
18 내가 진실로 진실로 너에게 말한다. 네가 젊었
을 때에는 스스로 허리띠를 매고 원하는 곳으로
다녔다. 그러나 늙어서는 네가 두 팔을 벌리면 다
른 이들이 너에게 허리띠를 매어 주고서, 네가 원
하지 않는 곳으로 데려갈 것이다." 19 예수님께서
는 이렇게 말씀하시어, 베드로가 어떠한 죽음으
로 하느님을 영광스럽게 할 것인지 가리키신 것이
다. 이렇게 이르신 다음에 예수님께서는 베드로에
게 "나를 따라라." 하고 말씀하셨다.

| 요한 21,15-17 // 10,11-16; 13,37-38
| 요한 21,18-19 // 13,36

세력도 그것을 이기지 못할 것이다. 16,19 또 나는 너
에게 하늘 나라의 열쇠를 주겠다. 그러니 네가 무
엇이든지 땅에서 매면 하늘에서도 매일 것이고,
네가 무엇이든지 땅에서 풀면 하늘에서도 풀릴
것이다."

예수님을 어떻게 따라야 하는가 16,24-28

16,24 그때에 예수님께서 제자들에게 말씀하셨다.
"누구든지 내 뒤를 따라오려면, 자신을 버리고 제
십자가를 지고 나를 따라야 한다."

버림과 따름 10,37-39

10,38 "또 제 십자가를 지고 나를 따르지 않는 사람
도 나에게 합당하지 않다."

예수님께서 사랑하신 제자와 베드로

요한 21,20-23

20 베드로가 돌아서서 보니 예수님께서 사랑하시
는 제자가 따라오고 있었다. 그 제자는 만찬 때
에 예수님 가슴에 기대어 앉아 있다가, "주님, 주
님을 팔아넘길 자가 누구입니까?" 하고 물었던 사
람이다.

마태

제자가 배신할 것을 예고하시다 26,20-25

26,22 그러자 그들은 몹시 근심하며 저마다 "주님,
저는 아니겠지요?" 하고 묻기 시작하였다. 23 예수
님께서 그들에게 대답하셨다. "나와 함께 대접에
손을 넣어 빵을 적시는 자, 그자가 나를 팔아넘길
것이다. 24 사람의 아들은 자기에 관하여 성경에 기
록된 대로 떠나간다. 그러나 불행하여라, 사람의
아들을 팔아넘기는 그 사람! 그 사람은 차라리 태
어나지 않았더라면 자신에게 더 좋았을 것이다."

예수님을 어떻게 따라야 하는가 8,34-38

8,34 예수님께서 제자들과 함께 군중을 가까이 부
르시고 그들에게 말씀하셨다. “누구든지 내 뒤를
따르려면 자신을 버리고 제 십자가를 지고 나를
따라야 한다.”

예수님을 어떻게 따라야 하는가 9,23-27

9,23 예수님께서 모든 사람에게 말씀하셨다. “누구
든지 내 뒤를 따라오려면, 자신을 버리고 날마다
제 십자가를 지고 나를 따라야 한다.”

마르

제자가 배신할 것을 예고하시다 14,17-21

14,19 그러자 그들은 근심하며 차례로 “저는 아니겠
지요?” 하고 묻기 시작하였다.

루카

제자가 배신할 것을 예고하시다 22,21-23

22,23 그러자 사도들은 자기들 가운데 그러한 짓을
저지를 자가 도대체 누구일까 하고 서로 묻기 시
작하였다.

21 그 제자를 본 베드로가 예수님께, "주님, 이 사
람은 어떻게 되겠습니까?" 하고 물었다. 22 예수님
께서는 "내가 올 때까지 그가 살아 있기를 내가 바
란다 할지라도, 그것이 너와 무슨 상관이 있느냐?
너는 나를 따라라." 하고 말씀하셨다. 23 그래서 형
제들 사이에 이 제자가 죽지 않으리라는 말이 퍼
져 나갔다. 그러나 예수님께서는 그가 죽지 않으
리라고 말씀하신 것이 아니라, "내가 올 때까지 그
가 살아 있기를 내가 바란다 할지라도, 그것이 너
와 무슨 상관이 있느냐?" 하고 말씀하신 것이다.

| 요한 21,20 // 13,23-25; 19,26-27

예수님을 어떻게 따라야 하는가 16,24-28

16,27 "사람의 아들이 아버지의 영광에 싸여 천사
들과 함께 올 터인데, 그때에 각자에게 그 행실대
로 갚을 것이다.

28 내가 진실로 너희에게 말한다. 여기에 서 있는
이들 가운데에는 죽기 전에 사람의 아들이 자기
나라에 오는 것을 볼 사람들이 더러 있다."

엮은이의 맺음말

요한 21,24-25

24 이 제자가 이 일들을 증언하고 또 기록한 사람
이다. 우리는 그의 증언이 참되다는 것을 알고 있
다.

25 예수님께서 하신 일은 이 밖에도 많이 있다. 그
래서 그것들을 낱낱이 기록하면, 온 세상이라도
그렇게 기록된 책들을 다 담아내지 못하리라고
나는 생각한다.

| 요한 21,24 // 19,35; 20,30-31
| 요한 21,25 // 12,37

마태

예수님을 어떻게 따라야 하는가 8,34—9,1

[8,38] "절개 없고 죄 많은 이 세대에서 누구든지 나
와 내 말을 부끄럽게 여기면, 사람의 아들도 아버
지의 영광에 싸여 거룩한 천사들과 함께 올 때에
그를 부끄럽게 여길 것이다."
[9,1] 예수님께서 또 그들에게 말씀하셨다. "내가 진
실로 너희에게 말한다. 여기에 서 있는 사람들 가
운데에는 죽기 전에 하느님의 나라가 권능을 떨치
며 오는 것을 볼 사람들이 더러 있다."

예수님을 어떻게 따라야 하는가 9,23-27

[9,26] "누구든지 나와 내 말을 부끄럽게 여기면, 사
람의 아들도 자기의 영광과 아버지와 거룩한 천
사들의 영광에 싸여 올 때에 그를 부끄럽게 여
길 것이다.
[27] 내가 참으로 너희에게 말한다. 이곳에 서 있는
이들 가운데에는 죽기 전에 하느님의 나라를 볼
사람들이 더러 있다."

마르

루카

머리말 1,1-4

[1,1] 우리 가운데에서 이루어진 일들에 관한 이야기
를 엮는 작업에 많은 이가 손을 대었습니다. [2] 처음
부터 목격자로서 말씀의 종이 된 이들이 우리에게
전해 준 것을 그대로 엮은 것입니다. [3] 존귀하신 테
오필로스 님, 이 모든 일을 처음부터 자세히 살펴
본 저도 귀하께 순서대로 적어 드리는 것이 좋겠
다고 생각하였습니다. [4] 이는 귀하께서 배우신 것
들이 진실임을 알게 해 드리려는 것입니다.

성경

『성경』,
(한국천주교중앙협의회 2005).

구약 외경

바룩 2서,
송혜경, 『구약 외경 2』
(한님성서연구소 2023),
162-334.
바룩 3서,
『구약 외경 2』, 336-424.
바룩 4서,
『구약 외경 2』, 428-484.
솔로몬의 시편,
송혜경, 『구약 외경 1』
(한님성서연구소 2022개정판),
166-243.
아리스테아스의 편지,
『구약 외경 1』, 348-440.
에녹 1서,
『구약 외경 1』, 68-160.
에즈라 4서,
『구약 외경 2』, 12-159.
예언자들의 생애,
『구약 외경 1』, 308-345.
요셉과 아세넷,
『구약 외경 1』, 250-306.

신약 외경

나자렛파 복음,
송혜경, 『신약 외경 1』
(한님성서연구소 2021개정판),
418-431.
니코데모 복음,
『신약 외경 1』, 252-302.
마리아 복음,
송혜경, 『영지주의자들의 성서』
(한님성서연구소 2022개정판),
316-342.
마리아의 영면,
송혜경, 『신약 외경 3』
(한님성서연구소 2025),
188-248.
목수 요셉 이야기,
『신약 외경 3』, 250-315.
바오로 묵시록,
『신약 외경 3』, 130-183.
바오로와 세네카의 교환 서신,
『신약 외경 3』, 74-91.
베드로 묵시록 (콥트어),
『영지주의자들의 성서』, 66-89.
베드로 복음,
『신약 외경 1』, 226-250.
사도들의 편지,
『신약 외경 1』, 316-349.
야고보의 비전,
『영지주의자들의 성서』,
124-154.
야고보 원복음,
『신약 외경 1』, 86-113.
야고보의 첫째 묵시록,
『영지주의자들의 성서』,
96-121.
야고보의 둘째 묵시록,
『영지주의자들의 성서』,
262-286.
에게르톤 복음,
『신약 외경 1』, 446-458.
에비온파 복음,
『신약 외경 1』, 406-415.
예수님과 압가루스의 교환 서신,
『신약 외경 3』, 56-71.
옥시린쿠스 840,
『신약 외경 1』, 460-469.
옥시린쿠스 1224,
『신약 외경 1』, 472-476.
유다 복음,
『영지주의자들의 성서』,
288-314.
이집트인들의 복음,
『신약 외경 1』, 212-221.
진리의 복음,
『신약 외경 1』, 354-389.
코린토 3서(바오로와 코린토인들의 교환 서신),
『신약 외경 3』, 16-36.
토마 복음,
『신약 외경 1』, 140-210.
토마 유년기 복음,
『신약 외경 1』, 116-136.
파윰 단편,
『신약 외경 1』, 478-481.
프리어 로기온,
『신약 외경 1』, 306-313.
필립보 복음,
『영지주의자들의 성서』,
344-414.
히브리인들의 복음,
『신약 외경 1』, 434-441.

일반 문헌

Aland, K. (ed.),
Synopsis Quattuor Evangeliorum (Stuttgart 1996).
Synopsis of the Four Gospels (Greek-English Edition of the Synopsis Quattuor Evangeliorum; 3th 1979).
Bratcher, R.G. (ed.), *Old Testament Quotations in the New Testament* (London 1961).
Funk, R.W. (ed.),
New Gospel Parallesl Vol.1: The Synoptic Gospels (Philadelphia 1985).
New Gospel Parallesl Vol.2: John and the Other Gospels (Philadelphia 1985).
Throckmorton, Jr., B.H. (ed.),
Gospel Parallels - A Comparison of the Synoptic Gospels (Nashville 1992).
정양모·배은주·김윤주 엮음,
『네 복음서 대조』 (200주년 신약성서 별책; 분도출판사 1993).

웹사이트

https://biblehub.com
(최종 검색일 2025/10/15).
https://intertextual.bible
(최종 검색일 2025/10/15).

표지디자인 한님성서연구소
표지이미지 레닌그라드 사본 일부 | 로르쉬의 코덱스 아우레우스 | 요한의 비전 콥트어 필사본 단편